다윗의 생애

The Life of David

Arther W. Pink

다윗의 생애 ❶

아더 핑크 지음 | 김광남 옮김

뉴라이프

일러두기

1. 본서는 아더 핑크가 쓴 *The Life of David*를 완역한 책이다.
2. 본서는 총 96편의 설교로 구성되어 있고 편집상의 편의를 위해 세 권으로 분책했다.
3. 부 제목과 각 장의 중간제목은 원서에는 없는 것을 역자가 임의로 넣었다.
4. 핑크가 사용한 성경 본문은 《흠정역》(*King James Version*, KJV)이었고, 이 번역서에서는 《성경전서 개역개정판》 본문을 사용하고 있다. 그러나 KJV와 《개역개정판》의 번역이 현저히 다를 경우 《표준새번역》 혹은 《우리말성경》 본문을 사용하거나, KJV의 원문을 역자의 사역(私譯)으로 실어 놓았다.
5. 본문에 성경 본문이 실려 있기는 하나 먼저 각장에 해당하는 성경 본문을 읽은 후 읽는다면 독서의 효율이 높아질 것이다.

차례

제1부 등장

제1장 소년 다윗 | 15

다윗, 하나님의 새로운 출발점 17 | 하나님의 선택의 원리 21 | 목동 다윗 23 |

제2장 기름 부음 | 29

기도의 응답 30 | 하나님의 은혜 32 | 기름 부음의 예표적 성격 34 | 하나님의 새로운 통치의 시작 36 | 기름 부음 이후의 시련 38 | 거룩한 노래, 거룩한 도시 40 |

제3장 사울을 섬김 | 43

사울의 불순종과 그 결과 45 | 은밀한 섭리 48 | 이새와 다윗의 반응 51 | 섭리를 통한 훈련 52 | 작은 일에 대한 충성 55 |

제4장 골리앗을 죽임 | 57

블레셋의 도발 58 | 골리앗, 사탄의 상징 61 | 들판의 고독을 통

해 배운 것 63 | 전장을 향해 65 | 거부와 조롱 67 | 하나님의 관점 69 | 다윗의 승리 71 |

제5장 초기의 경험들 (I) | 74

요나단의 호의 75 | 사울의 신임 77 | 여인들의 노래 80 | 사울의 질투 82 | 조심해야 할 칭찬 84 | 사울의 공격 86 |

제6장 초기의 경험들 (II) | 89

커져가는 사울의 불안 90 | 사울의 어리석은 대응 93 | 다윗의 지혜로운 처신 95 | 사울의 꼼수 96 | 겸손한 자기 인식 98 | 미갈의 사랑 100 |

제7장 사울을 피해 달아남 | 104

사울의 노골적인 적의 105 | 요나단의 탄원 107 | 사울의 헛된 약속 108 | 도피 112 | 사무엘을 찾아감 117 |

제8장 방황 | 119

불신앙 121 | 육체와 성령 124 | 제사장을 속이다 127 | 두려움 130 |

제9장 시글락으로 도망침 | 134

믿음의 시련 135 | 자기를 의지함 138 | 불신앙자의 비상식적인 행동 142 | 미친 체하는 다윗 144 | 몇 가지 교훈들 145 |

제2부 사울을 넘어서

제10장 아둘람 굴에서 | 151

아둘람, 기도의 골방 153 | 놀랍고 복된 예표 156 | 다윗을 찾아온 자들 158 |

제11장 유다로 돌아감 | 165

부모를 모압에 의탁하다 169 | 순종을 배워감 173 | 자기 사람들을 협박하는 사울 174 | 도엑의 고발 176 |

제12장 그일라를 구함 | 179

회복의 증거 181 | 하나님의 약속과 다윗의 믿음 182 | 그일라의 탈환 185 | 사울의 아전인수 187 | 여호와께 물음 189 | 그일라

사람들의 배은망덕 192 |

제13장 십 광야에 머묾 | 195

광야, 신앙의 제련소 197 | 믿지 못할 사람들 200 | 광야에서 드린 기도 202 | 응답 206 |

제14장 사울을 살려 줌 | 209

구원의 씨앗 210 | 불신앙의 굴레 212 | 강력한 유혹 216 | 육과 영의 싸움 221 |

제15장 사울을 향한 연설 | 224

자책과 회개 225 | 사울의 부하들을 비난함 228 | 자신의 결백을 호소함 231 | 자신의 결의를 밝힘 233 | 자신을 한없이 낮춤 235 | 하나님께 호소함 236 |

제16장 사울에 대한 승리 | 238

용서를 통한 승리 239 | 다윗의 말에 대한 사울의 반응 242 | 사울의 부탁 247 |

제17장 나발에게 모욕당함 | 251

탁월한 성도가 실패하는 이유 253 | 사무엘의 죽음 257 | 바보에 대한 아첨 258 | 바보에게 받은 모욕 261 | 경솔한 반응 262 |

제18장 아비가일의 개입 | 266

교만한 자가 받은 상처 268 | 아비가일의 기민한 대응 271 | 제어하시는 은혜 273 | 지혜로운 말 276 | 책망을 받아들임 278 |

제19장 아비가일을 아내로 맞이함 | 281

보응하시는 하나님 282 | 나발의 죽음 285 | 청혼과 수락 292 |

제20장 징계 | 295

하나님의 의로운 통치 296 | 사울의 적의가 되살아나다 299 | 신중함과 용기 303 | 섭리를 가장한 유혹 305 |

제21장 사울과의 마지막 대화 | 309

아브넬에 대한 비난 3130 | 사울을 향한 항변 313 | 다윗이 두려워했던 것 315 | 사울의 한탄 319 | 사울과의 이별 320 |

제3부 유다 지파의 왕

제22장 불신앙 | 327

불신앙의 원인 329 | 불신앙의 결과 334 | 표면과 이면 338 |

제23장 시글락에 머뭄 | 342

기독교적 경험의 이중성 344 | 불안한 동거 347 | 아말렉에 대한 공격 351 | 어리석음과 거짓말 354 |

제24장 딜레마 | 356

뜻밖의 요구 358 | 당시 사울의 상황 362 | 예기치 않은 구원 365 |

제25장 시글락에서 맛본 슬픔 | 371

은밀한 보호의 역사 373 | 은혜와 의 375 | 비탄에 잠김 379 |

제26장 슬픔 속에서 주를 의지함 | 384

여호와를 힘입다 386 | 회개 388 | 여호와를 힘입음의 의미 391

| 회개의 결과 395 |

제27장 아말렉 사람들을 추격함 | 398

여호와의 응답 400 | 믿음의 증거 402 | 하나님의 섭리적 개입 404 | 복음과의 유사성 406 |

제28장 잃은 것을 되찾음 | 412

세상 사람들의 좋은 시간 413 | 애굽인 노예가 얻은 구원 415 | 되찾음 417 | 의로운 지도자 419 | 전리품을 유다로 보냄 423 |

제29장 사울을 위한 애가 | 426

사울이 버림받은 이유 427 | 사울의 죽음 430 | 아말렉 사람의 거짓 보고 432 | 다윗의 반응 435 |

제30장 유다 지파의 왕이 됨 | 439

하나님의 인도를 기다림 440 | 하나님의 뜻을 물음 442 | 헤브론 으로 444 | 유다 지파의 왕이 되다 446 | 유다 왕으로서의 처사 448 | 반대 세력 450 |

제31장 시험 | 453

언약 백성의 의무 455 | 하나님의 변함없는 통치 원리 457 | 용서의 이유 461 | 은혜의 조건 463 |

제32장 도덕적 실패 | 465

당파간의 분쟁 468 | 조건적 약속 470 | 육신의 정욕 474 |

제1부

등장

01

소년 다윗

사무엘상 16-17장

다윗의 생애는 구속(救贖)이라는 하나님의 목적과 계획의 전개과정에서 중요한 신기원을 이뤘다. 하나님은 자신의 모든 활동이 지향하는 웅대한 목표를 여기서 조금, 저기서 조금씩 알려 주셨다. 과거에 그분은 갖가지 기회에 다양한 방식으로 말씀하셨다. 그리스도의 오심을 위한 길은 다양한 방식으로 그리고 서로 다른 방법들을 통해 준비되었다. 구속 사역은, 그 주된 목적과 관련해, 인간의 타락 때부터 시작해 세상 끝날까지 서로 다른 세대에서 나타나는 연속적인 행위와 섭리들을 통해 수행된다. 그러나 그 모든 것은 하나의 큰 전체의 부분들을 이루고, 하나의 정해진 영광스러운 정점을 향해 나아간다.

"그리스도가 오시기 전, 하나님은 자신의 교회와 백성들을 위해 수많은 작은 구원과 해방들을 수행하셨다. 그러나 그것들은 모두 그리스도가 오실 때 수행하실 큰 구원의 다양한 형상과 전조들에 불과했다. 과거에 교회는 하나님의 계시 혹은 하나님의 말씀이라는 빛을 받아 누렸다. 그것들은 어느 정도 복음의 빛을 지니고 있었다. 그러나 그 모든 계시들은 '세상의 빛'이 되기 위해 오신 분이 가져다주실 큰 빛의 전조와 징조에 불과했다. 말하자면, 그 이전의 시간 전체는 밤이었다. 물론 그 동안에도 하나님의 교회에 빛이 전혀 없던 것은 아니다. 그러나 그것은 우리가 밤에 볼 수 있는 달이나 별과 같았다. 그것은 태양에 비한다면 희미한 빛이었다. 그 모든 시간 동안 교회는 소수자였다 [갈 4:1-3 참조]"(Jonathan Edwards).

나는 여기에서 인간의 역사 초기에 주어진 하나님의 약속이나 언약 혹은 그 무렵에 하나님이 앞으로 다가올 것들에 대한 예시로 사용하셨던 그림자와 상징들을 개괄할 생각이 없다. 그렇게 하려면 아마도 우리는 모세오경 전체를 살펴봐야 할 것이다. 독자들 대부분은 이스라엘의 초기 역사에 대해, 그리고 그 역사가 대체로 기대했던 것에 대해 어느 정도 알고 있을 것이다. 그러나 상대적으로 다윗 시대에 하나님의 은혜로우신 뜻의 전개과정에서 이루어진 현저한 진보에 대해 아는 사람은 거의 없다. 그 무렵에 하늘로부터 놀라운 빛줄기가 내려와 아직 다가오고 있는 것들을 비췄다. 그후 구약 시대의 교회에는 여러 가지 새로운 특권들이 주어졌다.

다윗, 하나님의 새로운 출발점

하나님의 아들이 성육신하리라는 것은 오래 전부터 알려져 있었다. 거룩하신 분 외에는 아무도 사탄의 머리를 짓밟을 수 없었고(유다서 참고), 그분이 그런 일을 하시는 것은 여자의 "후손"이 되심으로써만 가능했기 때문이나(창 3:15). 하나님은 아브라함에게 구속자가 육체적으로 그의 후손이 될 것이라고 알려 주셨다. 모세와 아론 시절에는 그 구속자의 제사장적 직무와 사역에 관한 많은 것들이 예표적(豫表的)으로 알려졌다(기독론적 예표론에서 예표[Type]는 대형[對型, Antitype]의 상대어로서 구약의 인물들이 훗날 그리스도가 이루실 일을 미리 보여 준다는 개념이다—역주). 그러나 이제 하나님은 이스라엘 모든 부족들 중 그리스도의 조상이 될 사람을 특별히 택해 공표하고자 하셨는데, 그가 바로 다윗이었다. 아브라함의 수많은 후손들 중 이새의 아들 다윗에게 가장 명예로운 구별의 표시가 주어졌다. 그는 기름 부음을 받아 백성들의 왕이 되었다. 이것은 하나님의 구속 사역을 진척시키는 중요한 발걸음이었다. 다윗은 그리스도의 조상일 뿐 아니라, 어떤 의미로는 구약성경 전체에서 그리스도를 가장 분명하게 대표하는 인물이었다.

"하나님이 다윗의 가문에서 자신의 교회라는 왕국을 시작하신 것은 그리스도의 왕국의 새로운 건설을 의미했다. 즉 그분은 이후로 지속되었던 한 가시적인 나라 안에서 그 왕국을 시작하신 셈이다. 말하자면, 하나님이 한 나무의 뿌리를 심으시고 그 뿌리로부터 훗날 하나님의 교회의 영원한 왕이 되실 의로운 가지 하나가 솟아나오게 하셨던 것이다. 그로 인해 그 영원한 왕은 '이새의 줄기에서 나온 가지'라고 불린다. '이새의 줄기에서 한 싹이 나며 그 뿌리에서 한 가지가 나서 결실할 것이요'[사 11:1]. '보라 때가 이르리니 내가 다윗에게 한 의로운 가지를 일으킬 것이라 그가 왕이 되어 지혜롭게 다스리며 세상에서 정의와 공의를 행할 것이며'[렘 23:5]. 그렇게 해서 신약성경에서 그리스도는 '다윗의 뿌리요 자손'[계 22:16]이라고 불리게 된다"(Jonathan Edwards).

하나님의 은혜로운 계획의 전개과정에서 이루어진 각각의 진보가 인간의 이성이 그것을 전혀 기대하지 않았던 시기에 일어났다는 사실은 우리의 가장 깊은 관심을 끌고 우리의 가장 깊은 존경을 요구할 만하다. 하나님의 성육신에 대한 최초의 선언이 이루어진 것은 아담과 하와가 순결한 상태에 있을 때가 아니라 그들이 창조주에게 반역한 후였다. 영원한 언약에 대한 최초의 공개적인 언명과 예시가 이루어진 것은 지상에 있는 모든 육체가 타락해 홍수가 그들을 거의 쓸어버린 후였다. 특정한 인물로부터 메시아가 출현하리라는 최초의 선언이 나타난 것은 사람들이 바벨탑을 쌓아 하나님을 향해 총체적인 반역을 행한 후였다. 모세오경 중 마지막 네 권의 책들에서 발견되는 놀라운 계시가 주어진 것은 요셉 시절이 아니라 이스라엘 온 민족이 배교한 후였다(겔 20:5-9 참고).

윗 문단에서 제시된 원리는 하나님이 다윗을 부르시는 것을 통해 보다 분명한 예증(例證)을 얻는다. 우리는 사사기를 몇 장만 읽어도 여호수아의 죽음 이후 이스라엘이 얼마나 무섭게 타락했는지 알게 된다. 무법한 상태가 5백년 이상이나 지속되었다. "그때에 이스라엘에 왕이 없으므로 사람이 각기 자기의 소견에 옳은 대로 행하였더라"(삿 21:25). 그후 이스라엘 백성은 왕을 요구했다. 그것은 자기들도 "다른 나라들 같이 되기"(삼상 8:20) 위해서였다. 그러자 여호와께서 다음과 같이 선포하셨다. "내가 분노하므로 네게 왕을 주고, 진노하므로 폐하였노라"(호 13:11). 그 왕은 배교자였다. 사울의 이야기는 그가 신접한 여인을 찾아가는 것(삼상 28)과 전쟁터에서 죽는 것(삼상 31)으로 끝난다.

하나님의 통치의 영광은 바로 그런 어두운 배경을 바탕으로 빛을 발한다. 그리고 바로 그것이 이제부터 우리가 살펴보고자 하는 인물이 살았던 시대의 역사적 배경이다. 이것을 주의 깊게 생각할수록, 우리는 이스라엘에 아무 희망도 없어 보이던 시절에 발생한 자비로우신 하나님의 놀라운 개입에 대해 더욱 감사하지 않을 수 없다. 하나님은 그런 어두운 시간에조차 구원의 도구, 즉 "그의 마음에 맞는 사람"(삼상 13:14)을 준비해 두셨다. 그러나 그가 누구이고 어디에서 사는지는 오직 그분만이 알고 계셨다. 선지자 사무엘조차 그를 찾아내기 위해 특별한 계시를 받아야 했다. 그리고 이것은 우리를 성경이 처음으로 우리에게 소년 다윗을 소개하는 장면으로 이끌어 간다.

"여호와께서 사무엘에게 이르시되 내가 이미 사울을 버려 이스라엘 왕이 되지 못하게 하였거늘 네가 그를 위하여 언제까지 슬퍼하겠느냐 너는 뿔에 기름을 채워 가지고 가라 내가 너를 베들레헴 사람 이새에게로 보내리니 이는 내가 그의 아들 중에서 한 왕을 보았느니라 하시는지라"(삼상 16:1). 이것은 사무엘상 15장 10-12절에 실려 있는 이야기의 속편이다. 사울은 여호와를 멸시했고, 결국 그분께 버림을 받았다(삼상 15:23). 물론 사울은 그후로도 얼마간 왕권을 유지했다. 그러나 이제 그는 더이상 하나님의 사람이 아니었다. 여기에서 한 가지 중요한 원리가 제시된다. 그것은 성령의 가르침을 받은 사람만이 이해할 수 있는 원리로서 종종 어떤 사람이나 제도나 집단이 그 엄정한 사실이 공개적으로 드러나기 한참 전에 이미 하나님에 의해 비밀리에 버림을 받는다는 것이다. 유대교는 십자가 앞에서 즉각 버림받았지만(마 23:38), 유대교의 성전은 A.D. 70년까지도 여전히 건재했다!

하나님의 선택의 원리

하나님은 사무엘에게 베들레헴 사람 이새의 아들들 중에서 왕을 택하게 하셨다. 그런데 미가 5장 2절에 의하면, 베들레헴 에브라다는 "유다 족속 중에 작았다." 아, 하나님은 "세상의 미련한 것들을 택하사 지혜 있는 자들을 부끄럽게 하려 하시고, 세상의 약한 것들을 택하사 강한 것들을 부끄럽게 하려 하시며, 세상의 천한 것들과 멸시 받는 것들과 없는 것들을 택하사 있는 것들을 폐하려 하신다"(고전 1:27-28). 왜인가? 그것은 "아무 육체도 하나님 앞에서 자랑하지 못하게 하려 하시기 위해서다"(고전 1:29). 하나님은 자신의 명예에 대해 질투하신다. 그런 이유로 그분은, 그리스도께서 갈릴리의 무식한 어부들을 택해 십자가의 최초의 전령들로 삼으셨던 것처럼, 가장 그럴듯하지 않고 가망 없어 보이는 도구를 택해 자신이 기뻐하는 일을 행하신다. 이것은 권능이 오직 자신의 것임을 보다 확실하게 드러내시려는 것이다.

내가 방금 거론한 원리는 하나님이 택하신 이새의 특별한 아들에게서 보다 분명한 예증을 얻었다. 이새와 그의 아들들이 사무엘 앞에 섰을 때 사무엘은 "엘리압을 보고 마음에 이르기를 여호와의 기름 부으실 자가 과연 주님 앞에 있도다"(삼상 16:6) 하고 생각했다. 그러나 그는 헛짚었다. 엘리압에게 무엇이 잘못되었던 것일까? 다음 절은 이렇게 전한다. "여호와께서 사무엘에게 이르시되 그의 용모와 키를 보지 말라 내가 이미 그를 버렸노라 내가 보는 것은 사람과 같지 아니하니 사람은 외모를 보거니와 나 여호와는 중심을 보느니라 하시더라"(7절). 아, 독자들이여, 이것은 엄숙한 사실이다. 거룩한 분이 보시는 것은 중심이다! 지금 그분은 당신 안에서 무엇을 보고 계시는가? 믿음으로 정화된 마음인가(행 15:9), 그 무엇보다도 하나님을 사랑하는 마음인가(신 6:5), 아니면 심히 부패한 마음인가(렘 17:9)?

이새의 일곱 아들들이 하나씩 차례로 선지자 앞으로 지나가며 검증을 받았다. 그러나 그들 중에는 하나님의 마음에 맞는 자가 없었다. 앞에서 선지자는 이새의 아들들 전부를 제사에 초청했다(5절). 하지만 이새의 입장에서는 가장 어린 아들 다윗은 그 자리에 오라고 알려 주기에는 너무나 하찮게 보였다. 그러나 "사람의 마음에는 많은 계획이 있어도 오직 여호와의 뜻만이 완전히 설 것이다"(잠 19:21). 결국 선지자는 이새에게 혹시 다른 아들은 없는지 물었고, 마침내 아비에게 무시되었던 아들을 불러오라고 요구했다. "이에 사람을 보내어 그를 데려오매 그의 빛이 붉고 눈이 빼어나고 얼굴이 아름답더라 여호와께서 이르시되 이가 그니 일어나 기름을 부으라 하시는지라"(삼상 16:12). 이 말씀을 아가 5장 10-16절에 실려 있는 우리 주님에 대한 말씀과 비교하는 것은 복되다. "내 사랑하는 자는 희고도 붉어 많은 사람 가운데에 뛰어나구나 … 입은 심히 달콤하니 그 전체가 사랑스럽구나."

하나님의 선택의 원리는 인간의 교만한 마음을 낮추기 위해 고안된 것이다. 이런 사실을 아는 것은 놀랍고도 소중하다. 하나님은 육체가 영광 받는 것을 허락하지 않으신다. 하나님의 선택을 받은 자는 이스마엘이 아니라 이삭이었다. 그분의 영원한 사랑의 대상은 에서가 아니라 야곱이었다. 하나님의 가장 큰 약속의 복된 진리를 드러내기 위해 선택된 자들은 이집트나 바벨론이나 그리스 사람들이 아니라 이스라엘 백성이었다. 여기에서도 이새의 나이 많은 아들들은 모두 거부되었고, 가장 어린 다윗이 하나님의 기름 부음을 받았다. 이것 역시 우리가 주목해야 할 사항이다. 다윗은 여덟째 아들이었다. 그리고 성경에서 여덟이라는 숫자는 새로운 시작과 관련되어 있다. 그러므로 다윗이 하나님의 선택된 백성의 역사에서 새롭고도 분명한 기원을 이루는 자가 된 것은 적절할 뿐 아니라 하나님의 섭리에 의한 것이라고 할 수 있다.

목동 다윗

하나님이 택하신 자들은 때가 되면 그들 안에서 일어나는 거듭님의 기적을 통해 명백하게 모습을 드러낸다. 이것이 항상 하나님의 자녀들을 마귀의 자녀들과 구분해 준다. 하늘이 사랑하는 자를 확인하는 기준은 바로 하나님의 부르심 혹은 거듭남이다. 하나님은 "미리 정하신 그들을 또한 부르시고"(롬 8:30), "어두운 데서 불러내어 그의 기이한 빛에 들어가게"(벧전 2:9) 하신다. 이런 거듭남의 기적 – 그것은 하나님이 택하신 자들의 출생증명이다 – 은 철저한 마음의 변화로 이루어진다. 마음의 갱신으로 인해 하나님이 그들의 가장 큰 기쁨의 대상이 되고, 그분을 기쁘게 해드리는 것이 그들의 가장 우선적인 바람과 목적이 되고, 하나님의 백성을 사랑하는 것이 그들의 특징이 된다. 하나님이 택하신 자들은 또한 세상에서도 특별한 자들로 변화된다. 왜냐하면 그리스도의 신비한 몸의 구성원들은 그들의 영광스러운 머리가 되시는 분의 "형상을 본받게"(롬 8:29) 되어 있기 때문이다. 그리고 그들은 이 세상에서 그런 식으로 각자의 분량대로 하나님께 영광을 돌린다.

다윗의 생애 초기에 나타나는 거듭남의 열매 혹은 결과들을 추적해 보는 것은 아름다운 일이다. 사무엘이 하나님의 보내심을 받아 그에게 기름을 부어 왕을 삼고자 했을 때, 다윗은 소년에 불과했다. 그러나 그때조차 그는 하나님의 은혜의 변화시키는 능력을 가장 분명하게 드러내 보였다. "또 사무엘이 이새에게 이르되 네 아들들이 다 여기 있느냐 이새가 이르되 아직 막내가 남았는데 그는 양을 지키나이다"(삼상 16:11). 우리가 하나님의 말씀 안에서 다윗을 만나는 첫 번째 장면은 우리에게 그를 양떼를 돌보는 마음을 지닌 자로 제시한다. "과거에 그랬던 것처럼, 즉 바로의 치하에서 하나님의 백성들의 기력이 허비되고 있었을 때 그들의 구원자 모세가 광야에서 양치기로 숨어 살았던 것처럼, 이스라엘이 또다시 보다 깊은 위험에 처해 있을 때 우리는 다시 이스라엘의 희망이 비천한 양떼를 지키는 이름 없는 목자 안에 숨어 있음을 발견하게 된다"(B. W. Newton).

성경에는 다윗의 인물됨을 드러내고 그의 미래를 예시해 주는 한 사건이 그의 목동 생활과 관련해 기록되어 있다. 골리앗과 싸우러 나가기 직전, 다윗은 사울 왕에게 이렇게 말한다. "주의 종이 아버지의 양을 지킬 때에 사자나 곰이 와서 양떼에서 새끼를 물어 가면 내가 따라가서 그것을 치고 그 입에서 새끼를 건져내었고 그것이 일어나 나를 해하고자 하면 내가 그 수염을 잡고 그것을 쳐죽였나이다"(삼상 17:34-35). 이 구절에서 두 가지를 주목해 보라. 첫째, 하찮은 양 한 마리를 잃어버리는 것이 다윗에게는 그의 용맹한 기상을 보여 주는 기회가 되었다. 오늘날 얼마나 많은 목자들이 그런 경우들을 자신의 생명을 걸기에는 너무나 하찮은 것으로 여기고 있는가! 아, 다윗을 움직여 행동하게 했던 것은 잃은 양에 대한 사랑과 자신이 맡은 일에 대한 충성이었다. 둘째, 그러나 어떻게 어린 소년이 사자나 곰을 쳐죽일 수 있었을까? 그것은 살아 계신 하나님에 대한 믿음 때문이었다. 그는 여호와를 신뢰했고, 승리를 거뒀다. 하나님에 대한 참된 믿음이야말로 그분이 택하신 자들에게서 나타나는 가장 확실한 징표다(딛 1:1).

성경에는 다윗의 생애 초기의 영적 상태를 보여 주는 또다른 구절이 있다. 그것은 각각의 성경 구절들을 신중히 숙고하는 데 익숙한 사람들만이 이해할 수 있을 것이다. "여호와여 다윗을 위하여 그의 모든 겸손을 기억하소서 그가 여호와께 맹세하며 야곱의 전능자에게 서원하기를 내가 내 장막 집에 들어가지 아니하며 내 침상에 오르지 아니하고 내 눈으로 잠들게 하지 아니하며 내 눈꺼풀로 졸게 하지 아니하기를 여호와의 처소 곧 야곱의 전능자의 성막을 발견하기까지 하리라 하였나이다 우리가 그것이 에브라다에 있다 함을 들었더니 나무 밭에서 찾았도다"(시 132:1-6). 그 시편 전체를 신중하게 읽어보면 우리는 소년 다윗이 관심을 두었던 것이 무엇인지 알게 된다. 그는 베들레헴 에브라다의 목초지 가운데서 여호와의 영광을 깊이 사모했던 것이다.

마지막으로 다윗의 목자로서의 특성이 그의 생애 초기에 얼마나 잘 드러났는지 주목해 보자. 우리는 성경을 통해 다윗이 사울 왕에게 유용한 도움을 주고 나서(사울이 악한 영에게 시달릴 때 수금을 타서 그 악한 영을 내쫓았던 일[삼상 16:14-23] - 역주) 사울에게로 왕래하며 베들레헴에서 그의 아버지의 양을 쳤다는 사실을 알게 된다(삼상 17:15). 그는 왕궁의 매력 혹은 산만함을 떠나 양떼에게 돌아갔다. 지위가 높아진 것이 그를 겸손한 섬김에서 멀어지게 하지 않았던 것이다! 여기에 목자의 마음이 어떠해야 하는지 보여 주는 말씀이 있지 않은가? 복음 전도 현장이나 성경을 가르치는 강단은 여러 가지 매력적인 시험거리들을 제공할 수 있다. 그러나 당신의 의무는 선한 목자께서 당신에게 맡기신 양떼를 돌보는 것이다. 당신이 주님께 받은 사역에 유의하라. 당신은 그것을 완수해야 한다.

하나님의 종으로서의 당신의 신분은 하찮고 눈에 띄지 않는 것일 수 있다. 하나님이 당신에게 돌보라고 맡기신 양떼는 작은 무리일 수 있다. 그러나 당신에게 요구되는 것은 당신에게 맡겨진 일에 충성을 다하는 것이다. 다윗의 경우처럼 당신에게도 "들에 있는 양들을 누구에게 맡겼느냐"(삼상 17:28) 하고 말하며 조롱하는 엘리압 같은 자들이 있을 수 있다. 그러나 그들의 조롱에 괘념치 말라. 성경은 말씀한다. "그 주인이 이르되 잘하였도다 착하고 충성된 종아 네가 적은 일에 충성하였으매 내가 많은 것을 네게 맡기리니 네 주인의 즐거움에 참여할지어다"(마 25:21).

다윗은 하나님이 그에게 맡기셨던 초라한 일에서 충성을 다했기에 훗날 더 중요한 자리로 부르심을 받았다. 그리고 그는 그 위치에서도 역시 명예롭게 처신했다. "또 그의 종 다윗을 택하시되 양의 우리에서 취하시며 젖양을 지키는 중에서 그들을 이끌어 내사 그의 백성인 야곱, 그의 소유인 이스라엘을 기르게 하셨더니 이에 그가 그들을 자기 마음의 완전함으로 기르고 그의 손의 능숙함으로 그들을 지도하였도다"(시 78:70-72).

02
기름 부음

사무엘상 16-17장

앞 장에서 우리는 다윗의 삶의 무대가 되었던 시대에 대해 살펴보았다. 당시 이스라엘의 영성은 쇠퇴일로에 있었다. 하나님의 율법은 더이상 주목의 대상이 되지 않았다. 당시에는 "사람이 각기 자기의 소견에 옳은 대로 행하였"(사 21:25)기 때문이다. 성직의 끔직한 타락은 엘리 제사장의 아들들의 인격을 통해 분명하게 드러났다(삼상 2:22). 나라 전체가 여호와를 거부했고, 그로 인해 그분은 그들을 다스리실 수 없었다(삼상 8:7). 당시 왕위에 있던 사람은 심각하게 타락한 자였기에 "여호와께서는 사울을 이스라엘 왕으로 삼으신 것을 후회하셨"(삼상 15:35)을 정도였다. 이스라엘 백성이 성막을 얼마나 무시했는지는 그것이 "나무밭"(시 132:6)에 초라한 모습으로 버려져 있었다는 끔찍한 사실을 통해 잘 드러난다. 우리의 주인공이 "여호와여 도우소서 경건한 자가 끊어지며 충실한 자들이 인생 중에 없어지나이다"(시 12:1)라고 부르짖었던 것도 무리가 아니었다.

기도의 응답

그러나 하나님은, 비록 그분의 의로운 통치로 인해 이스라엘의 죄를 매섭게 징계하기는 하셨지만, 그들을 완전히 버리지는 않으셨다. 죄가 넘치는 곳에 그보다 큰 은혜가 넘쳤다. 만연한 어둠 속에서 간혹 강한 영적 능력을 지닌 자가 일어나 하나님을 향해 빛을 비췄다. 한 연약한 여인의 마음이 여호와의 능력을 의지했다. "가난한 자를 진토에서 일으키시며 빈궁한 자를 거름더미에서 올리사 귀족들과 함께 앉게 하시며 영광의 자리를 차지하게 하시는도다 땅의 기둥들은 여호와의 것이라 여호와께서 세계를 그것들 위에 세우셨도다 그가 그의 거룩한 자들의 발을 지키실 것이요 악인들을 흑암 중에서 잠잠하게 하시리니 힘으로는 이길 사람이 없음이로다 여호와를 대적하는 자는 산산이 깨어질 것이라 하늘에서 우레로 그들을 치시리로다 여호와께서 땅 끝까지 심판을 내리시고 자기 왕에게 힘을 주시며 자기의 기름 부음을 받은 자의 뿔을 높이시리로다"(삼상 2:8-10). 그것은 참된 신앙의 언어였다. 그리고 하나님은 신앙을 지닌 자를 결코 실망시키지 않으신다. 한나가 성령의 영감을 통해 얻은 자신의 비전이 실현되는 것을 보지 못하고 죽었을 것은 거의 확실하다. 그러나 때가 되었을 때 그 비전은 실현되었다.

이것은 이 어두운 시대에 얼마 남지 않은 하나님의 선민들에게 얼마나 큰 위로와 격려가 되는가! 얼핏 보아도 오늘날 우리 주변에는 우리를 괴롭히고 낙심케 하는 것들이 많다, 아주 많다. 참으로 "사람들이 세상에 임할 일을 생각하고 무서워하므로 기절할 것이다"(눅 21:26). 그러나 주님의 이름은 참으로 복되다! 왜냐하면 "여호와의 길은 회오리바람 안에"(나 1:3) 있기 때문이다. 믿음을 지닌 자는 죄와 분쟁으로 얼룩진 이 세상 너머, 즉 "모든 일을 그의 뜻의 결정대로 일하시는"(엡 1:11) 지존자께서 앉으신 보좌를 바라본다. 믿음을 지닌 자는 "어두워 갈 때에 빛이 있으리로다"(슥 14:7)라고, 또한 "여호와께서 그 기운에 몰려 급히 흐르는 강물 같이 오실 것임이로다"(사 59:19)라고 선포하시는 하나님의 약속을 의지한다. 어쨌든 하나님의 은혜는 그분을 참으로 의지하는 가장 약한 자들에게는 항상 넘치도록 충분하다.

선지자 사무엘은 한나의 기도에 대한 하나님의 응답으로 태어났다. 그렇기에 그는 다윗 역시 여호와의 영광을 구했던 이들의 간절한 탄원에 대한 응답이라는 것을 의심할 수 없었다. 그리고 오늘날에도 주님의 귀는 그런 탄원을 듣지 못하실 만큼 무겁지 않다. 그러나 오늘날 자칭 그리스도인들의 행동은 그들이 하나님의 귀가 무거워졌다고 믿고 있음을 보여 준다! 만약 우리가 시대의 징조로 간주되는 감각적인 사건들을 찾기 위해 일간지를 들추거나 사경회(查經會)에 쏟는 시간을 우리의 죄를 고백하고 하나님께 그분의 마음에 맞는 사람, 즉 그분이 그분의 엇나간 백성들을 의의 길로 인도하기 위해 사용하실 자를 일으켜 달라고 부르짖는 일에 바친다면, 그것은 우리에게 훨씬 더 유익이 될 것이다. 오늘의 상황은 중세 말기처럼 절망스럽거나 하나님이 휫필드(George Whitefield)를 일으키셨을 때처럼 나쁘지는 않다. 그러니, 형제들이여, 무릎을 꿇으라. 하나님의 팔은 구원을 이루지 못하실 만큼 짧지 않다.

하나님의 은혜

하나님이 다윗을 일으키신 것은 가차 없는 심판을 받아야 마땅한 백성들 가운데서 역사하시는 그분의 은혜에 대한 중요한 표현이었을 뿐 아니라, 앞에서도 지적했듯이, 하나님의 계획의 전개 과정에서의 하나의 중요한 단계였으며 또 영원한 언약 안에서 결정된 일에 대한 추가적이고 복된 예증이었다. 요즘 저자들은 이것을 충분히 강조하지 않는다. 그들은 모세의 경륜이라는 율법적 요소를 힘써 강조하느라 그동안 작용해 왔던 은혜라는 요소를 지나치게 자주 간과한다. 다윗 시대에는 그 어떤 새로운 "세대"도 시작되지 않았다 (핑크는 세대주의[Dispensationalism]에 강력하게 반대한다. 세대주의자들은 세계의 역사를 일곱 세대로 구분하고 각 세대마다 각기 다른 구원의 방법이 있다고 주장한다. 또 그들은 성경을 문자 그대로 해석하는 문자주의자들이기도 하다 – 역주). 그러나 메시아가 통치하는 나라에 대한 거룩한 전조와 관련해서는 매우 중요한 진전이 이루어졌다. 우리의 중재자께서는 으뜸가는 선지자와 대제사장이실뿐 아니라 또한 왕 중의 왕이시다. 그리고 이것이야말로 이제부터 특별하게 예시될 내용이다. 제단은 물론이고 왕좌(王座)까지도 그리스도께 속해 있다!

아브라함 시대 이후 1천여 년 동안 하나님의 섭리의 역사는 주로 그리스도의 조상이 될 백성들을 중심으로 이루어졌다. 그러나 이제 초점은 그분의 조상이 될 한 특별한 인물에 맞춰진다. 이번에 하나님은 그리스도의 조상이 될 특별한 인물인 다윗을 구별하기를 기뻐하셨다. "다윗이 그리스도의 조상이자 위대한 예표가 되는 것, 또한 그분의 교회라는 나라가 그의 가계를 통해 영원토록 계속되게 하기 위해 그가 엄숙하게 기름 부음을 받아 왕이 되는 것은 어느 면에서 그리스도 자신의 기름 부음으로 간주될 수 있다. 사실 그리스도께서 그 안에서 기름 부음을 받으셨다. 그리고 그렇기에 성경에서 그리스도의 기름 부음과 다윗의 기름 부음은 동일한 것으로 언급된다. '내가 내 종 다윗을 찾아내어 나의 거룩한 기름을 그에게 부었도다'

[시 89:20]. 그리고 다윗의 왕위와 그리스도의 왕위 역시 동일한 것으로 언급된다. '주 하나님께서 그 조상 다윗의 왕위를 그에게 주시리니' [눅 1:32]. '그 [다윗-역쥐는 선지자라 하나님이 이미 맹세하사 그 자손 중에서 한 사람을 그 위에 앉게 하리라 하심을 알고' [행 2:30]"(Jonathan Edwards).

기름 부음의 예표적 성격

다윗이라는 인물의 예표적 성격은 우리에게 아주 소중한 연구 노선을 제시해 준다. 그의 이름은 "사랑받는 자"(the Beloved)를 의미한다. 그가 베들레헴 주민이었던 것은 하나님의 마음에 맞는 자가 태어날 곳을 가리켜 주기 위함이었다. 그의 얼굴이 아름다웠던 것(삼상 16:12)은 "사람들보다 아름다우신"(시 45:2) 분에 관해 이야기한다. 그가 목동이었던 것은 하나님이 택하신 자들과 그리스도 사이의 특별한 관계를 보여 주고 그분의 구속 사역의 본질을 암시한다. 그가 목동의 역할을 충실하게 이행했던 것은 위대한 목자의 사랑과 충성을 예시한다. 그가 왕위에 오르기 전에 비천한 일에 종사했던 것은 구주께서 영광스럽게 높임을 받으시기 전에 당하셨던 치욕을 예시한다. 그가 골리앗을 무찔렀던 것은 하나님과 그분의 백성들의 대적에 대한 그리스도의 승리를 상징한다. 그가 이스라엘의 예배를 완성하고 새로운 성직제도를 시작한 것은 교회의 머리이자 율법의 수여

자이신 그리스도를 예기한다.

그러나 우리가 우리의 예표의 가장 중요한 특징에 이르는 것은 그의 기름 부음을 통해서다. "그리스도"라는 이름 혹은 칭호는 "기름 부음을 받은 자"를 의미한다. 그리고 다윗은 그분을 그런 식으로 예시했던 이스라엘의 왕들 중 첫 번째 인물이었다. 사실 사울 역시 기름 부음을 받았다. 하지만 그는 적그리스도의 어두운 전조가 되면서 다윗과 엄정한 대조를 이룬다. 보다 이른 시기에 아론은 기름 부음을 받아 성직에 올랐다(레 8:12). 그리고 보다 후대에는 선지자 엘리사가 기름 부음을 받았다(왕상 19:16). 그러므로 중재자가 갖고 있는 선지자, 제사장, 그리고 왕이라는 삼중적 직무의 성격은 그분이 이 세상에 공식적으로 나타나시기 훨씬 전에 이미 완전하게 예표되었던 셈이다.

다윗이 세 번 기름 부음을 받았던 것은 놀랍다. 첫 번째는 베들레헴에서 은밀하게(삼상 16:13), 두 번째는 유다인들로부터(삼하 2:4), 그리고 세 번째는 이스라엘 장로들에게서였다(삼하 5:3). 그리고 그가 예표했던 존엄한 분 역시 그러하셨다. 이것은 우리가 다음과 같은 성경구절을 인용해 본다면 보다 분명하게 드러날 것이다. "사무엘이 기름 뿔병을 가져다가 그의 형제 중에서 그에게 부었더니 이 날 이후로 다윗이 여호와의 영에게 크게 감동되니라"(삼상 16:13). 우리 주님과 관련해 말한다면, 첫째, 그분은 성령에 의해 기적적으로 잉태되고 성화되셨으며, 처녀 마리아의 태 안에서 큰 은혜를 입으셨다(눅 1:35). 둘째, 그분은 세례시에 공개적으로 "성령과 능력을 기름 붓듯"(행 10:38) 받으심으로써 자신의 사역을 위한 준비를 하셨다(사 61:1 참고). 셋째, 그분이 승천하실 때 하나님은 그에게 "즐거움의 기름을"(시 45:6-7) 부어주셨다. 다윗의 기름 부음이 보다 특별하게 지적하는 것이 바로 이것이었다.

하나님의 새로운 통치의 시작

하나님이 사울 이후에 다윗에게 기름을 부어 그를 대신해 통치하게 하신 것은 놀라운 일이다. 그분은 지위상으로 본다면 그의 백성들 중 가장 높았던 이로부터 왕관을 취해 그것을 "유다 족속 중에서도 작은"(미 5:2) 베들레헴에 거주하던 한 인물에게 넘기셨다. 이런 식으로 하나님은 세상에서 사람들에게 조롱과 거부를 당하셨던 이가 세상의 위대한 인물들로부터 나라를 넘겨받게 될 것을 예시하고자 하셨다. 이것은 훗날 보다 분명하게 계시되었다. 다니엘이 느브갓네살의 꿈에 관한 해몽을 하면서 다음과 같이 선언했기 때문이다. "이 여러 왕들의 시대에 하늘의 하나님이 한 나라를 세우시리니 이것은 영원히 망하지도 아니할 것이요 그 국권이 다른 백성에게로 돌아가지도 아니할 것이요 도리어 이 모든 나라를 쳐서 멸망시키고 영원히 설 것이라 손대지 아니한 돌이 산에서 나와서 쇠와 놋과 진흙과 은과 금을 부서뜨린 것을 왕께서 보신 것은 크신 하나님이 장래 일을 왕께 알게 하신 것이라"(단 2:44-45).

다윗이 예시했던 것은 그리스도의 중재적 통치였다. 그것에 대해 그는 다음과 같이 예언했다. "하나님이여 주의 보좌는 영원하며 주의 나라의 규는 공평한 규이니이다"(시 45:6). 그 "보좌"는 그분의 중재적 보좌이고, 그 "규"(scepter, 笏)는 그분이 중재하시는 나라의 권위에 대한 상징이다. 여기에서 이런 은유들은 위엄과 주권을 지니고 왕직을 시삭하시는 그리스도에게 적용된다. 그분이 앉으신 보좌는 "하늘에서 지극히 크신 이의 보좌다"(히 8:1). "왕은 정의를 사랑하고 악을 미워하시니 그러므로 하나님 곧 왕의 하나님이 즐거움의 기름을 왕에게 부어 왕의 동료보다 뛰어나게 하셨나이다"(시 45:7). 이것은 그분이 "멸시를 받아 사람들에게 버림 받았던"(사 53:3) 날들과 비교된다. 이것은 그분의 승리와 고양(高揚)을 의미한다. 그분이 "영화와 존귀로 관을 쓰신"(시 8:5) 것은 그분의 승천 때였다.

그리스도의 제사장직과 그 직무가 멜기세덱과 아론에 의해 예표되었던 것처럼, 중재자의 왕권과 그분의 나라는 다윗과 솔로몬에 의해 예표되었다. 여기에서 이 문제를 확대하는 것은 우리를 너무 멀리 나가게 할 것이다. 그러나 이 문제에 대해 흥미를 갖고 있는 독자들은 사무엘하 7장 12-16절, 이사야 16장 5절, 예레미야 23장 5-6절과 33장 14-17절, 사도행전 13장 34절, 요한계시록 3장 7절과 5장 5절 등을 참고하면 도움이 될 것이다. 그리고 나는 독자들이 그들에게 그런 구절은 오직 미래에 속할 뿐이라고 믿게 하려는 이들의 꾐에 넘어가 그런 구절들의 소중한 가르침을 잃어버리지 않기를 바란다. 여러 경우에 성경의 많은 구절들을 문자적으로 해석해야 한다는 그들의 주장은 그 구절들을 세속적인 것으로 만들고, 그로 인해 그것들의 참되고 영적인 의미를 잃어버리는 결과를 낳는다. 우리는 기독교로부터 하나님의 말씀의 그 어떤 부분이라도 빼앗아 가려는 그 어떤 해석체계에 대해서도 조심해야 한다. 모든 성경은 "교훈과 책망과 바르게 함과 의로 교육하기에 유익하다"(딤후 3:16).

기름 부음 이후의 시련

다윗의 첫 번째와 세 번째 기름 부음 사이에 혹은 사무엘이 그를 왕으로 성별한 사건과 그가 실제로 왕좌(王座)에 오른 사건 사이에 극심한 시련과 시험의 시기가 있었다. 그 기간 동안 우리의 주인공은 수많은 고통과 낮아짐을 경험했다. 다윗의 자손이자 주님이셨던 분은 성령이 처음으로 그분 위에 내렸던 때부터 그분이 하늘의 지존자의 오른편으로 올라가시기 전까지 말할 수 없는 고난의 길을 걸으셨다. 사무엘상 전체에서 하나님이 사울이 죽을 때까지 다윗의 생명을 보호하기 위해 베푸셨던 일련의 놀라운 섭리들을 인식하는 것은 참으로 귀하다. 그러나 그런 섭리들 안에서 마태복음 2장 16절, 누가복음 4장 29절, 요한복음 8장 59절, 요한복음 10장 31과 39절 같은 구절들에 기록된 내용들에 대한 수많은 예시들을 발견하는 것은 더욱 귀한 일이다.

앞으로 더 나아가기 전에 위에서 언급한 내용을 우리 자신에게 적용해 보자. 하나님은 아브라함에게 세상의 모든 나라들이 그로 말미암아 복을 얻게 될 아들을 약속하셨다(창 12:3). 그러나 그분은 그 약속을 30년 동안이나 이행하지 않으셨다(창 21:2). 하나님은 다윗에게 기름을 부어 이스라엘의 왕으로 삼으셨다. 그러나 실제로 그에게 왕국이 주어지기 전에 그의 믿음은 극심한 시험에 처해야 했고, 그는 여러 가지 극심한 고통을 견뎌내야 했다. 그는 미움을 받고, 박해를 당하고, 추방되고, 산의 메추라기처럼 쫓겼다(삼상 26:20 등). 그럼에도 그는 "내가 여호와를 기다리고 기다렸더니 귀를 기울이사 나의 부르짖음을 들으셨도다"(시 40:1)라고 말할 수 있었다. 마찬가지로, 우리 그리스도인들은 영광스러운 유업을 물려받았다. 그러나 우리가 하나님의 나라에 들어가려면 많은 환난을 겪어야 한다(행 14:22). 그리고 우리가 하나님의 약속을 기업으로 받는 것은 "믿음과 오래 참음"을 통해서다(히 6:12).

거룩한 노래, 거룩한 도시

하나님이 위대한 구속 사역을 진척시키기 위해 그 시절에 행하신 또다른 일은, 다윗에게 영감을 주셔서 그리스도와 그분의 구원을 그의 거룩한 노래들을 통해 드러내 보이셨던 것이다. 다윗은 예언의 영을 받았고 "선지자"라고 불린다(행 2:29-30). 그리고 바로 이 점에서 그는 또한 그리스도의 예표였다. "이것은 이 건설 [하나님 나라의 건설 – 역쥐에 있어서 하나님이 이루신 위대한 진전이었다. 또 타락 이후 점차적으로 커져 오던 복음의 빛이 그것 [다윗의 노래를 통한 예언활동 – 역쥐으로 인해 극적으로 증대되었다. 왜냐하면 전에는 그리스도에 관한 예언이 여러 세대에 걸쳐 드문드문 주어졌지만, 이제 그분은 다윗이 그분의 성육신, 삶, 죽음, 부활, 승천, 속죄, 중재, 그분의 선지자적·왕적·제사장적 직무, 그분이 이생과 오는 세상에서 주실 영광스러운 은혜, 그분의 교회와의 연합과 그분 안에 있는 교회의 복됨, 이방인들에 대한 부르심 등과 관련해 지은 수많은 노래들을 통해 언급되고 있기 때문이다. 그리스도와 그분의 구속에 관련된 이 모든 것들은 시편을 통해 풍성하게 이야기되고 있다"(Jonathan Edwards).

성령의 가르침을 받은 이 사람(조나단 에드워즈 – 역주)의 글을 다시 인용해 보자. "하나님이 자신의 거룩한 이름을 두시려고 이스라엘의 모든 부족들의 거주지들 중 특별한 도시 하나를 택하는 일에 착수하신 것은 이번이 처음이었다. 모세의 율법은 이스라엘 백성이 하나님이 택하실 장소에 헌신하는 것에 대해 여러 차례 언급한다. 가령 신명기 12장 5-7절 같은 것이다. 그러나 하나님은 이때까지 결코 그 일에 착수하신 적이 없었다. 성막과 언약궤는 설치된 적이 없었다. 다만 때로는 이곳에, 그리고 때로는 다른 곳에 놓여 있었을 뿐이다. 그러나 이제 하나님은 예루살렘을 택하셨다. 이스라엘은 여부스 족속이 장악하고 있던 예루살렘을 다윗 시대에까지도 정복하지 못하고 있었다. 여호수아 15장 63절에는 다음과 같이 기록되어 있다. '예루살렘 주민 여부스 속속을 유다 자손이 쫓아내지 못하였으므로 여부스 족속이 오늘까지 유다 자손과 함께 예루살렘에 거주하니라.' 그러나 이제 다윗이, 우리가 사무엘하 5장에서 읽는 것처럼, 그것을 완전히 정복했다. 그리고 이제 하나님은 그 도시에 자신의 이름을 두기 위한 일에 착수하셨다. 이것은 다윗이 여부스 족속을 정복한 직후 그곳으로 언약궤를 메어오는 것을 통해 가시화된다. 그리고 그로 인해 이것은 이후에 하나님이 자신의 이름을 두기로 한 도시를 택하셨던 첫 번째 경우로 언급되고 있다. 가령 역대하 6장 5-6절과 12장 13절 같은 구절들에서 그렇게 언급된다.

"예루살렘은 그렇게 해서 '거룩한 도시'로 불리게 되었다. 그리고 그 도시는 구약성경 전체에서 그리스도의 교회에 대한 가장 위대한 예표였다. 그것은 이스라엘 백성의 우두머리인 다윗에 의해 여부스 족속의 손에서 구속함을 받아 하나님의 도시, 즉 하나님이 거하실 그분의 영원한 안식처가 되었다. 이것은 그분의 백성들의 구원을 이루실 그리스도가 마귀들의 손에서 그분의 거룩한 교회를 구속해 그분의 거룩하고 사랑받는 도시로 삼으신 것과 같다. 그렇기에 성경은 자주 그리스도가 하나님의 교회를 구속하신 것에 대해 말씀하면서 그 교회를 '시온과 예루살렘'이라는 이름으로 부른다! 예루살렘은 하나님이 그리스도의 부활 후 기독교 교회의 첫 번째 모임과 설립을 위한 장소로, 사도들과 최초의 그리스도인들에게 하나님의 성령을 현저하게 부어주실 장소로, 그리고 그후 복음이 온 세상으로 퍼져나갈 장소로, '율법이 시온에서부터 나올 것이요 여호와의 말씀이 예루살렘에서부터 나올 것임이니라'는 이사야 2장 3-4절의 예언을 따라 세상의 모든 다른 교회들의 어머니가 될 최초의 기독교 교회가 세워질 장소로 지목하신 도시였다"(Jonathan Edwards).

03
사울을 섬김

사무엘상 16-17장

앞 장에서 우리는 다윗의 기름 부음에 대해 고찰했다. 이 장에서는 그의 다양한 경험 중에서도 아주 색다른 것에 대해 살펴보도록 하자. 사무엘상 16장의 전반부와 후반부는 각각 서로 날카롭게 대조되는 사건들을 보여 준다. 전반부에서는 다윗이 왕위를 얻도록 부름을 받고, 후반부에서는 그가 사울을 섬기는 자리로 들어간다. 전반부에서는 여호와의 영이 다윗에게 크게 내리고(13절), 후반부에서는 여호와의 영이 사울에게서 떠나간다(14절). 전반부에서는 다윗이 거룩한 기름으로 기름 부음을 받고(13절), 후반부에서는 사울이 악한 영으로 인해 번뇌한다(14절). 사무엘은 "슬퍼했고"(1절), 사울은 "상쾌해졌다"(23절). 사무엘은 제사용 암송아지를 끌고 이새에게 갔고(2절), 이새는 떡과 포도주와 염소 새끼와 함께 다윗을 사울에게 보냈다(20절). 다윗은 여호와의 눈에 들었고(12절), 사울에게서 은총을 얻었다(22절). 다윗은 전에는 양을 돌보았는데(11절), 이제는 왕궁에서 수금을 탄다(23절).

하나님은 다윗이 즉각 왕위에 오르게 하지 않으셨다. 그의 기름 부음 후에 혹독한 시련의 계절이 찾아 왔다. 그에게 성령이 임한 후 그는 대적과 마주해야 했다. 다윗의 자손이자 주님이셨던 분, 즉 여러 면에서 다윗이 예시했던 분 역시 마찬가지였다. 그리스도는 세례시에 성령이 자기 위에 임하는 경험을 한 후 40일 동안이나 마귀에게 시험을 받으셨다. 여기서도 마찬가지다. 우리는 다윗이 왕이 되도록 기름 부음을 받은 후 악한 영에게 시달리던 사울을 진정시키도록 불려가고, 그후에는 사탄의 상징이라고 할 수 있는 골리앗과 싸우러 나가야 했던 것에 대해 읽는다. 여기에서 제시되는 원리는 마음에 새겨 둘 만하다. 그 원리란, 우리는 하나님이 우리를 위해 예비하신 가장 좋은 것을 얻기 전에 우리의 인내와 관련해 시험을 받아야 하고, 겸손을 드러내야 하고, 믿음이 강화되어야 한다는 것이다. 또 만약 하나님이 우리에게 더 많은 것을 주시기를 바란다면, 먼저 우리가 하나님이 우리에게 주신 것을 바르게 사용해야 한다는 것이다.

사울의 불순종과 그 결과

"여호와의 영이 사울에게서 떠나고 여호와께서 부리시는 악령이 그를 번뇌하게 한지라"(삼상 16:14). 이 구절은 아주 엄중하다. 특히 우리가 이보다 앞선 구절을 생각해 본다면 더욱 그러하다. 사무엘상 15장 1-3절에서 여호와께서는 사무엘을 통해 사울에게 분명한 명령을 내리셨다. "지금 가서 아말렉을 쳐서 그들의 모든 소유를 남기지 말고 진멸하되 남녀와 소아와 젖 먹는 아이와 우양과 낙타와 나귀를 죽이라." 그러나 사울은 그렇게 하는 대신 절충하는 쪽을 택했다. "사울과 백성이 아각과 그의 양과 소의 가장 좋은 것 또는 기름진 것과 어린 양과 모든 좋은 것을 남기고 진멸하기를 즐겨 아니하고 가치 없고 하찮은 것은 진멸하니라"(삼상 15:9). 그후 왕은 하나님의 신실한 선지자와 대면했을 때 다음과 같이 변명했다. "백성이 당신의 하나님 여호와께 제사하려 하여 양들과 소들 중에서 가장 좋은 것을 남김이요 그 외의 것은 우리가 진멸하였나이다"(15절). 그러자 사무엘이 말했다. "여호와께서 번제와 다른 제사를 그의 목소리를 청종하는 것을 좋아하심 같이 좋아하시겠나이까 순종이 제사보다 낫고 듣는 것이 숫양의 기름보다 나으니"(22절).

사울은 하나님의 분명한 명령에 교묘하게 불순종함으로써 여호와께 공공연히 도전했다. 그런 까닭에 선지자는 그에게 다음과 같이 말했다. "거역하는 것은 점치는 죄와 같고 완고한 것은 사신 우상에게 절하는 죄와 같음이라 왕이 여호와의 말씀을 버렸으므로 여호와께서도 왕을 버려 왕이 되지 못하게 하셨나이다"(23절) 그리고 이제 우리는 그 예언의 무서운 결과와 마주하게 된다. "여호와의 영이 사울에게서 떠나고 여호와께서 부리시는 악령이 그를 번뇌하게 한지라." 그가 하나님을 버렸기에 하나님이 그를 버리셨다. 매튜 헨리(Matthew Henry)가 이 구절에 대해 옳게 말했듯이, "자기들에게서 선한 영을 떠나게 한 자들은 그렇게 함으로써 악한 영의 먹이가 된다. 만약 하나님과 그분의 은혜가 우리를 다스리지 않는다면, 죄와 사탄이 우리를 소유하게 될 것이다."

"여호와의 영이 사울에게서 떠나고 여호와께서 부리시는 악령이 그를 번뇌하게 한지라." 우리는 이 말씀 속에 그 말씀 안에 실제로 들어 있지 않은 것을 집어넣어 읽지 않도록 크게 조심해야 한다. 그렇지 않는다면 우리는 성경의 한 부분을 다른 부분과 모순되는 것으로 만들게 될 것이다. 사울에게는 중생과 성화의 영으로서의 성령이 내린 적이 없었다. 다만 그에게는 예언의 영이 내렸을 뿐이고(삼상 10:10을 보라. 그리고 그것을 삼상 28:6과 비교해 보라), 또한 그가 왕으로서의 직무를 수행할 수 있도록 현세적 통치를 위한 지혜의 영이 주어졌을 뿐이다. 마찬가지로, 우리는 "하나님이 [사울에게 – 역쥐 새 마음을 주셨고"(삼상 10:9)라는 말씀을 읽을 때, 그것을 에스겔

서에 나오는 "새 마음"(겔 36:26)과 혼동하지 말아야 한다. 사울이 받았던 마음은 도덕적이고 영적인 의미에서의 "새 마음"이 아니라, 국가 운영을 위한 지혜, 통치를 위한 신중함, 적들과 맞서 싸우기 위한 용기, 어려움과 실망스러운 일들과 맞서는 용맹함이라는 측면에서 "다른 마음"이었을 뿐이다.

많은 기독교인들이 중생과 성화의 영으로서의 성령을 경험하지 못한 것을 이유 삼아 자기들에게 성령이 찾아오시지 않았다고 추정하는 것은 심각한 잘못이다. 오늘날 많은 이들은 깨우침을 얻고(히 6:4 참고), 영적 갈망을 지니고(민 24:2; 23:10 참고), "세상의 더러움"(벧후 2:20)으로부터 구함을 받게 하는 영으로서의 성령을 받고서도 죽음을 떠나 생명으로 나아가지 않는다. 성령의 특별한 사역들뿐 아니라 일반적인 사역들도 있다. 그러므로 우리 모두는 우리의 육체를 굴복시키고, 우리를 속됨으로부터 구해내고, 우리로 하여금 그리스도의 형상을 닮아가게 하는 성화자(聖化者, Sanctifier)로서의 성령이 우리 안에 거하고 계신지 알아보기 위해 자신의 마음과 삶을 진지하게 그리고 부지런히 살펴야 한다. "우리가 고의적인 죄를 지어 성령을 근심케 하고 소멸시키면, 성령은 우리를 떠나시고, 우리를 위해 애쓰지 않으실 것이다"(Matthew Henry).

은밀한 섭리

사울의 신하들은 왕의 상태에 대해 불안을 느꼈다. 그들은 하나님으로부터 오는 악한 영이 그를 괴롭히고 있다는 사실을 알고 있었다. 그래서 그들은 왕에게 다음과 같이 말하면서 수금 타는 재주를 지닌 사람을 찾아내야 한다고 제안했다. "하나님께서 부리시는 악령이 왕에게 이를 때에 그가 손으로 타면 왕이 나으시리이다"(삼상 16:16). 가련한 세상 사람들이 문제에 빠진 이들에게 제안할 수 있는 최선의 조언이란 그런 것이다. 매튜 헨리가 말하듯이, "만약 그들이 그에게 그 악한 영은 하나님으로부터 온 것이므로 참된 회개를 통해 하나님과 화해하고 사무엘에게 사람을 보내 기도와 중재를 부탁하라고 조언했다면, 그들은 그에게 얼마나 좋은 친구가 되었겠는가! 그랬다면 사울은 얼마간 직접적인 도움을 얻을 뿐 아니라, 하나님이 영이 그에게 돌아왔을지도 모를 일이다."

자신들의 부주의하고 죄로 가득 차고 하나님을 무시하는 삶의 방식들로 인해 마음에 찔림을 받는 이들과 지옥에서의 영원한 고통에 대한 깨달음 때문에 두려워하는 이들 중 얼마나 많은 이들이 계속해서 육체적 쾌락을 즐기는 것을 통해 자신들의 영혼의 염려를 억누르고 있는가! 세상 사람들의 표어는 "먹고, 마시고, 즐기라"이다. 그리고 그들은 자기들이 계속 그렇게 할 수 있기는커녕 그들의 견딜 수 없는 고통을 누그러뜨려 줄 물 한 방울조차 얻지 못할 때가 가까이 온 것에 대한 근심을 억누르기 위해 갖은 애를 쓴다. 젊은 독자들은 다음의 말씀을 진지하게 생각하기 바란다. "청년이여 네 어린 때를 즐거워하며 네 청년의 날들을 마음에 기뻐하여 마음에 원하는 길들과 네 눈이 보는 대로 행하라 그러나 하나님이 이 모든 일로 말미암아 너를 심판하실 줄 알라"(전 11:9).

사울은 신하들의 제안에 솔깃해 그 제안에 동의했다. 그러자 신하들 중 하나가 그에게 말했다. "내가 베들레헴 사람 이새의 아들을 본즉 수금을 탈 줄 알고 용기와 무용과 구변이 있는 준수한 자라 여호와께서 그와 함께 계시더이다"(삼상 16:18). 다윗에게 높은 평가가 주어진다. 이것은 앞으로 그가 수행하게 될 낯선 일에 아주 적합한 평가였다. 그는 궁중에만 그리고 수금을 타는 데만 적합했던 것이 아니다. 그는 용기와 무용으로도 잘 알려져 있었다. 여기에서 사울의 신하들 중 하나가 그를 "용기와 무용"이 있는 자로 부르는 것은 그가 맨손으로 사자와 곰을 죽였던 사실(삼상 17:37)이 이미 널리 알려져 있었음을 암시한다. 결국 "여호와께서 그와 함께 계신다"는 것이 알려져 있었던 셈이다. 이것은 중생과 성화의 영으로서의 성령을 받은 사람은 다른 이들에게 그 사실에 대한 분명한 증거를 제시한다는 것을 잘 보여 준다! 사람의 마음 안에서 은혜의 기적이 일어날 때, 그 은혜의 열매는 틀림없이 온 세상에 드러나게 된다. 이것은 매우 엄중한 사실이다. 우리가 매일 접촉하는 사람들이 여호와께서 우리와 함께 계시다는 사실을 볼 수 있는가? 오, 우리의 빛이 "사람 앞에 비치게 하여 그들로 너희 착한 행실을 보고 하늘에 계신 너희 아버지께 영광을 돌리게 하라"(마 5:16).

"사울이 이에 전령들을 이새에게 보내어 이르되 양 치는 네 아들 다윗을 내게로 보내라 하매"(삼상 16:19). 사울은 자신이 이런 명령을 내림으로써 사무엘이 "여호와께서 오늘 이스라엘 나라를 왕에게서 떼어 왕보다 나은 왕의 이웃에게 주셨나이다"(삼상 15:28)라고 말했을 때 언급했던 바로 그 사람을 자신의 왕궁 안으로 불러들이고 있다고는 생각하지 못했을 것이다. 하나님은 무대 뒤에서 일하시면서, 또 자신의 목적을 이루시면서 얼마나 기이하게 행동하시는가! 그러므로 우리가 "사람의 걸음은 여호와로 말미암나니 사람이 어찌 자기의 길을 알 수 있으랴"(잠 20:24) 하고 말하는 것은 당연하다. 그러나 비록 우리가 그분이 하시는 일에 대해 철학적으로 혹은 심리학적으로 분석할 수는 없을지라도, 우리는 성경이 "만물이 주에게서 나오고 주로 말미암고 주에게로 돌아감이라 그에게 영광이 세세에 있을지어다"(롬 11:36) 하고 말씀하는 분을 존경해야 하고 그분 앞에서 두려움을 갖고 살아가야 한다.

이새와 다윗의 반응

"사울이 이에 전령들을 이새에게 보내어 이르되 양 치는 네 아들 다윗을 내게로 보내라 하매." 이것은 다윗에게 얼마나 큰 시험이었는가! 다른 이들에게 명령하고 그들을 다스리는 자리에 오르도록 기름 부음을 받았던 그가 이제 누군가를 섬기도록 부름을 받고 있다. 이에 대한 그의 반응을 지적하는 것은 복되다. 그에게는 아무런 거리낌이나 주저함도 없었다. 그는 자기 아버지의 바람에 즉각 순응했다. 이것은 또한 그의 용기에 대한 시험이기도 했다. 사울이 그의 비밀을 알고서 그의 생명을 노리고 있는 것이 아닐까? 왕궁으로의 이런 초대는 그를 파멸시키기 위한 음모가 아닐까? 아, "여호와의 천사가 주를 경외하는 자를 둘러 진 치고 그들을 건지시는도다"(시 34:7). 하나님을 두려워하는 자는 사람을 두려워하지 않는다.

"이새가 떡과 한 가죽부대의 포도주와 염소 새끼를 나귀에 실리고 그의 아들 다윗을 시켜 사울에게 보내니"(삼상 16:20). 이것은 얼마나 아름다운 예표적 모습인가! 이새가 기름 부음을 받은 자신의 아들을 보내야 했던 것은 사울의 무서운 요구 때문이었다. 성부 하나님이 그의 사랑하는 아들을 세상에 보내셨던 것은 죄에 빠진 세상 때문이었다. 다윗이 이새가 사울에게 보내는 선물들을 풍성하게 싣고 떠나는 모습을 보라! 이새는 자기 아들의 손에 전쟁 무기가 아니라 자신의 선한 의지의 증거들을 들려 사울에게 보냈다. 성부 하나님이 자기 아들을 보내신 것 역시 "세상을 심판하려 하심이 아니요 그로 말미암아 세상이 구원을 받게 하려 하심이었다"(요 3:17).

섭리를 통한 훈련

"다윗이 사울에게 이르러"(삼상 16:21). 그렇다, 다윗은 아버지의 명령을 따라 기꺼이 집을 떠났다. 기름 부음을 받았음에도 그는 섬김을 받기 위해서가 아니라 섬기기 위해 떠났다. 이것은 성경이 다음과 같이 기록하고 있는 분을 얼마나 복되게 예시하는가! "그는 근본 하나님의 본체시나 하나님과 동등됨을 취할 것으로 여기지 아니하시고 오히려 자기를 비워 종의 형체를 가지사 사람들과 같이 되셨고 사람의 모양으로 나타나사 자기를 낮추시고 죽기까지 복종하셨으니 곧 십자가에 죽으심이라"(빌 2:6-8). 오, 우리 모두가 성령으로 충만케 되어 우리의 아버지의 명령을 불평 없이 기쁘게 이행하기를!

"다윗이 사울에게 이르러." 우리는 여기에서 다시 한 번 하나님의 놀라운 역사에 감탄하게 된다. 다윗은 이스라엘을 다스리도록 부르심을 받았다. 그러나 그가 왕위를 차지할 시간은 아직 이르지 않았다. 배운 것 없는 목동에게는 훈련이 필요했다. 그를 한 동안 왕궁에 머물게 함으로써 왕궁의 방식들을 익히고, 그것의 부패에 대해 관찰하고, 그것의 요구들을 깨닫게 하셨던 하나님의 섭리에 주목하라. 또한 우리는 그것이 다윗이나 그의 친구들 편의 그 어떤 계획이나 노력 없이 이루어졌음을 기억할 필요가 있다. 여호와께서 보내신 악한 영이 왕을 괴롭혔다. 그로 인해 신하들은 고민을 했고 그에게 한 가지 계획을 제안했다. 그리고 그들의 제안은 사울의 승인을 얻었다. 다윗은 그 문제를 해결하기 위해 불러와야 할 사람으로 지목되었고, 왕은 동의했고, 이새는 그 명령에 이의를 제기하지 않았고, 다윗은 기꺼이 순종했고, 그로 인해 하나님의 계획은 은밀하게 그러나 확실하게 이루어졌다. 우리가 일상적인 일들 너머를 보고, 하나님의 계획의 성취와 그분의 백성들의 유익을 위해 그런 일상적인 일들을 이리저리 조정하고 꿰맞추시는 하나님의 손길을 보는 것은 오직 믿음의 눈을 통해서만 가능하다.

여기서 한 가지 중요한 원리가 예시된다. 그 원리란, 하나님이 어떤 그리스도인으로 하여금 자신을 섬기게 하실 때면 그분의 섭리가 그분의 은혜와 함께 작용해 그 사람이 그 일에 적합해지도록 준비시킨다는 것이다. 또한 종종 예민한 정신의 소유자가 하나님의 뜻을 분별하는 것은 하나님의 섭리라는 수단을 통해서라는 것이다. 하나님은 다윗이 힘을 쓰거나 문을 두드리는 수고조차 하지 않았음에도 왕궁으로 들어가는 문을 열어 주셨다. 우리가 어떤 일을 시작하거나, 무언가를 손에 넣으려 하거나, 우리 스스로 길을 열고자 할 때, 대개 우리는 자신의 육신의 힘을 사용해 그렇게 한다. 그러나 "네 길을 여호와께 맡기라 그를 의지하면 그가 이루시고 네 의를 빛 같이 나타내시며 네 공의를 정오의 빛 같이 하시리로다 여호와 앞에 잠잠하고 참고 기다리라"(시 37:5-7). 이런 권면에 순종하는 것은 혈과 육에게는 쉬운 일이 아니다. 그러나 만약 우리가 하나님이 예비하신 최상의 것을 잃지 않으려면 우리는 이런 권면을 따라야 한다. 우리가 하나님의 그런 명령을 자신을 위한 것으로 삼아 따를수록, 우리를 위해 섭리하시는 하나님의 손길이 보다 분명하게 드러날 것이다. 생래적인 열정에 바탕을 둔 열띤 행동은 하나님의 섭리의 아름다움을 숨기는 먼지 구름만 일으킬 뿐이다.

"다윗이 사울에게 이르러 그 앞에 모셔 서매 사울이 그를 크게 사랑하여 자기의 무기를 드는 자로 삼고 또 사울이 이새에게 사람을 보내어 이르되 원하건대 다윗을 내 앞에 모셔 서게 하라 그가 내게 은총을 얻었느니라 하니라"(삼상 16:21-22). 여기서도 우리는 하나님의 은밀한 섭리의 역사를 깨닫고 경탄하게 된다. "왕의 마음이 여호와의 손에 있음이 마치 봇물과 같아서 그가 임의로 인도하시느니라"(잠 21:1). 다윗이 궁중에서 한 시절을 보내야 했던 것은 하나님의 계획이었고 다윗의 유익을 위한 것이었다. 그래서 여호와께서는 사울의 마음을 다윗에게 기울게 하셨다. 우리는 이런 사실을 얼마나 자주 망각하는가! 우리는 우리를 향한 사람들의 호의와 친절을 얼마나 빨리 여호와 하나님이 아닌 다른 무언가의 탓으로 여기는가! 오, 독자들이여, 만약 하나님이 당신으로 하여금 여러 사람들 앞에서, 혹은 당신의 고용주나 고객들로부터 호의를 얻게 하셨다면, 그것으로 인해 하나님께 영광을 돌리고 그분께 감사하라.

작은 일에 대한 충성

"하나님께서 부리시는 악령이 사울에게 이를 때에 다윗이 수금을 들고 와서 손으로 탄즉 사울이 상쾌하여 낫고 악령이 그에게서 떠나더라"(삼상 16:23). 여기에서 우리는 다윗이 자기에게 맡겨진 모든 일을 얼마나 기꺼이 수행했는지 알게 된다. 이를 통해 그는 앞으로 그가 수행하게 될 중요한 역할을 위한 도덕적 적합성을 입증했다. "네가 적은 일에 충성하였으매 내가 많은 것을 네게 맡기리니"(마 25:21). 이것은 하나님의 통치의 중요한 원리를 표현하며, 우리는 그것을 마음에 새겨 둘 필요가 있다. 만약 우리가 주일학교 교사로서 자신의 존재의 의미를 충실하게 이해하지 못하고 있다면, 우리는 하나님이 우리를 목회자로 부르지 않으실지라도 그것에 놀라서는 안 된다. 또 만약 우리가 우리의 아이들을 가르치고 훈육하는 데 충실하지 않는다면, 우리는 우리가 다른 이들의 아이들을 가르치고자 할 때 하나님이 우리에게서 그분의 능력과 은혜를 거둬 가실지라도 그것에 놀라서는 안 된다.

우리는 다윗이 수금을 타서 사울의 영혼을 잠잠케 하고 그에게서 일시적으로 마귀를 몰아냈던 것을 그의 재능이나 그가 연주하는 음악의 매력 탓으로 여겨서는 안 된다. 우리는 그것을 오직 이런 목적을 위해 이런 수단에 은혜 내리기를 기뻐하셨던 여호와 때문인 것으로 여겨야 한다. 도구는-약하건 강하건, 그럴듯하건 그렇지 않건-그 자체로는 완전히 무력하다. 바울이 심고 아볼로가 물을 줄지라도, 하나님이 자라게 하시지 않는다면, 그 어떤 성장도 있을 수 없다(고전 3:6). 어떤 이들은 사무엘상 17장 55-56절(다윗이 골리앗과 싸우러 나가는 모습을 보고 사울이 아브넬에게 그가 누구의 아들인지 알아보라고 지시하는 내용-역주)에 비추어 사무엘상 16장 마지막 구절에서 이야기되는 내용이 순서상 잘못 놓였다는 결론을 내려왔다. 그러나 꼭 그렇게 생각할 필요는 없다. 더 나아가, 사무엘상 17장 15절은 그런 주장을 분명하게 논박한다. 우리는 다윗이 왕궁에 얼마나 오래 머물렀는지 알지 못한다. 아마도 그는 잠시 그곳에 머물다가 다시 비천한 일을 수행하기 위해 양떼에게 돌아갔을 것이다.

04

골리앗을 죽임

사무엘상 17장

사무엘은 사울이 지은 첫 번째 큰 죄를 비난하고 그의 왕국이 계속되지 않으리라고 예언하면서 다음과 같이 말했다. "여호와께서 그의 마음에 맞는 사람을 구하여 여호와께서 그를 그의 백성의 지도자로 삼으셨느니라"(삼상 13:14). 훗날 바울은 안디옥에 있는 회당에서 연설을 하다가 이것에 대해 언급한 바 있다. "[하나님이] 다윗을 왕으로 세우시고 증언하여 이르시되 내가 이새의 아들 다윗을 만나니 내 마음에 맞는 사람이라 내 뜻을 다 이루리라 하시더니"(행 13:22). 이것은 다윗이라는 인물에 대한 참으로 놀라운, 그러나 우리가 그의 삶의 과정을 통해 대체로 수긍할 수 있는 찬사였다. 우리의 주인공의 주된 특성은 하나님과 그분의 목적과 그분의 말씀에 대한 성실하고 비길 데 없는 헌신이었다. 하나님의 마음에 맞는 사람은 하나님의 명예와 영광을 다른 모든 것들보다 우선적으로 고려하면서 온전히 그분을 위해 살아가는 사람이다.

사무엘상 17장 15절은 우리가 앞의 교훈을 통해 생각했던 것과 이제부터 생각해 볼 문제 사이의 소중한 연결고리를 제공한다. 거기에는 "다윗은 사울에게로 왕래하며 베들레헴에서 그의 아버지의 양을 칠 때에"라고 쓰여 있다. 다윗이 이스라엘의 다음 왕이 될 것을 아는 우리로서는 자연스럽게 그가 취할 최선의 방책은 궁정에 머물면서 기회를 엿보고 나라의 장관들의 호의를 얻어내는 것이라고 생각할 수 있다. 그러나 이새의 아들은 그렇게 하는 대신 자기와 관련된 하나님의 뜻은 하나님께 맡기고 양떼에게 돌아갔다. 다윗은 자기를 강화하고자 애쓰는 사람이 아니었다. 왕을 섬기는 일을 마친 지금, 그는 다시 자기 아버지의 농장으로 돌아가고 있다.

블레셋의 도발

"블레셋 사람들이 그들의 군대를 모으고 싸우고자 하여 유다에 속한 소고에 모여 소고와 아세가 사이의 에베스담밈에 진 치매"(삼상 17:1). 요세푸스(Josephus, 1세기의 유대인 역사가 – 역주)는 이 일이 우리가 앞 장에서 살폈던 일들이 있은 후 얼마 되지 않아서 일어났다고 전한다(『유대고대사』 50:6, c. 9, sect. 1). 블레셋 사람들은 사무엘이 사울을 버렸으며 사울이 우울증과 악한 영에 의한 정신착란에 시달리고 있다는 소식을 들었다. 따라서 그들은 지금이야말로 전에 이스라엘 사람들이 자기 백성들을 학살했던 것(삼상 14장)에 대해 복수할 절호의 기회라고 여겼던 것 같다. 하나님의 백성의 적들은 그들에게 주어진 기회를 붙잡는 데 기민하다. 또 그들에게는 하나님의 백성의 지도자들이 하나님의 영과 하나님의 예언자들의 화를 돋워 그 백성들을 떠나게 할 때보다 더 좋은 기회는 없다. 그럼에도 여기에서 하나님이 "사람의 노여움"을 자신이 찬송 받으실 기회로 삼으시는 것(시 76:10)을 보는 것은 복되다.

"사울과 이스라엘 사람들이 모여서 엘라 골짜기에 진 치고 블레셋 사람들을 대하여 전열을 벌였으니"(삼상 17:2). 이때 사울은 잠시 동안이나마 악한 영으로부터 해방되어 있었다. 그러나 이후의 결과를 통해 분명하게 드러나듯이, 여호와의 영이 그에게 돌아왔던 것은 아니었다. 사울과 그의 군대는 초라해 보였다. "블레셋 사람들의 진영에서 싸움을 돋우는 자가 왔는데 그의 이름은 골리앗이요 가드 사람이라 그의 키는 여섯 규빗 한 뼘이요 … 그가 서서 이스라엘 군대를 향하여 외쳐 이르되 너희가 어찌하여 나와서 전열을 벌였느냐 나는 블레셋 사람이 아니며 너희는 사울의 신복이 아니냐 너희는 한 사람을 택하여 내게로 내려보내라 그가 나와 싸워서 나를 죽이면 우리가 너희의 종이 되겠고 만일 내가 이겨 그를 죽이면 너희가 우리의 종이 되어 우리를 섬길 것이니라 그 블레셋 사람이 또 이르되 내가 오늘 이스라엘의 군대를 모욕하였으니 사람을 보내어 나와 더불어 싸우게 하라 한지라 사울과 온 이스라엘이 블레셋 사람의 이 말을 듣고 놀라 크게 두려워하니라"(4, 8-11절). 골리앗이 제기했던 오만한 도전에 대해 생각해 보기 전에, 성경의 무오성에 대한 믿음을 강화하기 위해 하나님의 말씀의 정확성과 조화를 보여 주는 작은 부분들에 주목해 보자.

민수기 13장에서 우리는 모세가 약속의 땅을 살피기 위해 파견했던 정탐꾼들이 "우리가 두루 다니며 정탐한 땅은 그 거주민을 삼키는 땅이요 거기서 본 모든 백성은 신장이 장대한 자들이며 거기서 네피림 후손인 아낙 자손의 거인들을 보았나니 우리는 스스로 보기에도 메뚜기 같으니 그들이 보기에도 그와 같았을 것이니라"(32-33절) 하고 말하는 소리를 듣는다. 이제 이것을 여호수아 11장 21-22절의 말씀과 연결시켜 보자. "그때에 여호수아가 가서 산지와 헤브론과 드빌과 아납과 유다 온 산지와 이스라엘의 온 산지에서 아낙 사람들을 멸절하고 그가 또 그들의 성읍들을 진멸하여 바쳤으므로 이스라엘 자손의 땅에는 아낙 사람들이 하나도 남지 아니하였고 가사와 가드와 아스돗에만 남았더라." 그리고 우리의 본문에서 아주 부수적으로 언급되는 말이 있다. "그의 이름은 골리앗이요 가드 사람이라!" 그렇게 해서 세 사람의 증인들-모세, 여호수아, 그리고 사무엘-의 입을 통해 그 말씀이 확증된다. 그들은 아주 자연스러운 방식으로 힘을 합쳐 하나의 특정한 내용의 사실성을 입증한다. 하나님은 자신의 말씀에 대해 조금도 방심하지 않으신다! 하나님의 말씀은 우리의 믿음이 의지해야 할 얼마나 확실한 토대인가!

골리앗, 사탄의 상징

골리앗은 우리에게 여호와의 이름을 지닌 자들을 위협하고 사로잡으려 하는 하나님과 인간의 대적인 마귀의 모습을 보여 준다. 그의 거대한 몸집-아마 3m쯤 되었을 것이다-은 사탄의 큰 능력을 상징한다. 그가 착용한 군장(軍裝)-이것을 누가복음 11장 22절에 나오는 "무장"(武裝)이라는 단어와 비교해 보라-은 우리가 혈과 육의 자원으로는 사탄을 정복할 수 없음을 예시한다. 그의 떠들썩한 도전은 우리의 대적인 사자가 "삼킬 자를 찾으며"(벧전 5:8) 포효하는 모습을 예시한다. 이스라엘 백성이 "사울의 신복"(8절)이라는 그의 선언은 유감스럽지만 사실이었다. 왜냐하면 그들은 더이상 여호와께 순종하지 않았기 때문이다(삼상 8:7). 사울이 두려워하는 모습(11절)은 사무엘상 11장 5-11절과 14장 47절에 실려 있는 그의 용맹함과 엄중하게 대비된다. 그때는 여호와의 영이 그에게 머물러 있었다. 이스라엘 백성의 두려움(11절)은 그들에게 "여호와의 두려움"(11:7)이 더이상 존재하지 않음에 대한 안타까운 증거였다. 그러나 이 모든 것은 하나님의 마음에 맞는 사람의 용기를 더욱 두드러지게 하기 위한 배경을 제공할 뿐이다.

골리앗은 40일 동안이나—이것은 성경에서 시련이나 시험과 관련된 기간이다—계속해서 아침과 저녁으로 나와서 이스라엘 군대를 위협했다. 그 기간이 그렇게 오래도록 지속되었던 것은 하나님과의 교제에서 멀어진 백성의 무능함을 더욱 분명하게 드러낸다. 이스라엘에는 다른 누구보다도 사울이 있었다. 그의 "키는 모든 백성보다 어깨 위만큼 더 컸다"(9:2). 또한 요나단이 있었다. 그는 "무기를 든 자" 한 명만 대동하고 블레셋 땅으로 들어가 이십 명의 블레셋 사람들을 죽였다(14:4). 또한 아브넬이 있었다. 그는 "군사령관"(14:50)이었고 "용사"(26:15)였다. 그러나 그 역시 골리앗의 도전을 회피했다. 오, 독자들이여, 최상의 그리고 가장 용감한 사람들조차 하나님의 피조물에 불과하다. 하나님이 그들의 용기를 북돋우지 않으신다면, 가장 강건한 사람조차 겁쟁이에 불과하다. 그러나 하나님은 자의적으로 행동하지 않으신다. 사람이 겁쟁이가 되는 것은 그가 하나님과의 교제를 잃어버렸기 때문이다. "악인은 쫓아오는 자가 없어도 도망하나 의인은 사자 같이 담대하니라"(잠 28:1).

들판의 고독을 통해 배운 것

인간의 곤경은 하나님의 기회다. 그러나 우리가 곤경에 처할 때 그분이 늘 그리고 대개 즉시 행동하시는 것은 아니다. 아니다, 그분은 "은혜를 베풀기 위해 기다리신다"(사 30:18). 이것은 우리가 자신의 무력함을 보다 온전하게 깨닫고, 그분의 구원의 손길을 보다 분명히 인식하고, 그분의 자비로운 중재를 보다 분명히 이해할 수 있게 하시기 위함이다. 그러나 이때조차, 즉 이스라엘 백성의 눈에 모든 것이 끝난 듯 보이던 때조차, 하나님은 자신의 사람을 보존해 두셨고, 그 사람은 적당한 때가 되자 무대에 등장해 여호와의 영화로운 이름을 회복시켰다. 그러나 그렇게 하나님의 택함을 받은 자는 인간적인 지혜와 군사적 신중함을 지닌 사람들에게는 약하고 어리석을 뿐 아니라 그가 감당해야 할 일에 완전히 부적합해 보였다. 아, 하나님이 사용하시는 자는 그런 자다. 어째서인가? 그것은 영광이 그분의 것이 되게 하시기 위해서다. "이는 아무 육체도 하나님 앞에서 자랑하지 못하게 하려 하심이라"(고전 1:29). 여호와께서 다윗을 통해 이루신 위대한 승리에 대해 살펴보기 전에, 우리는 그가 하나님의 학교에서 받았던 훈련에 대해 신중하게 생각해 보자. 이것은 우리에게 아주 중요하다.

다윗이 믿는 자들이 사용할 수 있는 하나님 안에 있는 놀라운 자원들에 대해 배운 것은 군중과 떨어진 곳, 즉 목동 생활의 고요함 속에서였다. 그는 베들레헴의 들판에서 하나님이 주신 능력을 힘입어 사자와 곰들을 죽였다(삼상 17:34-35). 그것이 하나님의 방식이다. 그분은 자신이 택한 자가 공개적으로 자신을 섬기게 하기 위해 먼저 그를 은밀하게 가르치신다. 아, 독자들이여, 우리는 우리의 실패의 이유를 바로 여기에서 찾아야 하지 않겠는가? 그것은 우리가 "지존자의 은밀한 곳"(시 91:1)에 충분하게 거하지 않았기 때문이다. 우리에게 우선적으로 요구되는 것이 바로 그것이다. 그러나 과연 우리가 하나님과의 교제를 우리의 최고의 특권으로 여기고 있는가? 우리는 하나님과의 동행이 우리의 힘의 근원임을 알고 있는가?

그 들판의 고독 속에서 다윗의 영혼과 하나님 사이의 긴밀한 교제가 이루어졌다. 그리고 우리 중 누구라도 승리를 얻는 법을 배우는 것은 그런 식으로만 가능하다. 형제자매들이여, 당신은 골방이야말로 믿음의 위대한 전쟁터임을 아는가? 믿음이란 자기에 대한 참된 부인, 매일 자기의 십자가를 지는 것, 하나님 아는 것을 대적하여 높아진 것을 모두 무너뜨리고 모든 생각을 사로잡아 그리스도에게 복종하게 하는 것이다(고후 10:5). 은밀한 곳에서 적과 마주하고 그것을 정복하라. 그러면 공적인 장소에서 그 적과 마주할 때 패배하여 울지 않게 될 것이다. 오, 성령께서 우리 모두에게 우리가 하나님을 섬기고자 할 경우 하나님의 임재를 경험하는 것이 얼마나 중요한지 알려 주시기를! 바로 그것이 성공과 실패를 가름한다. 복된 구주께서 이 원리를 따라 행동하셨던 것에 주목하라(눅 6:12-13 참고)!

전장을 향해

"이새가 그의 아들 다윗에게 이르되 지금 네 형들을 위하여 이 볶은 곡식 한 에바와 이 떡 열 덩이를 가지고 진영으로 속히 가서 네 형들에게 주고 이 치즈 열 덩이를 가져다가 그들의 천부장에게 주고 네 형들의 안부를 살피고 증표를 가져오라"(삼상 17:17-18). 이것은 우리 주님이 성부의 일을 수행하기 위해 하늘을 떠나시는 것에 대한, 그리고 그분이 자기 형제들의 유익을 구하시는 것에 대한 또 다른 아름다운 예표다. 비슷한 내용이 창세기 37장 13-14절에서도 발견된다. 그러나 여기에서 이런 생각을 발전시키느라 지체하지 말고, 곧장 하나님이 자신의 목적을 이루기 위해 모든 일을 어떻게 이끄시는지 살펴보자. 이새에게는 여덟 명의 아들이 있었고(삼상 16:10-11), 그들 중 세 명만 사울의 군대에 합류해 있었다(17:13). 그러므로 이새의 집에는 다섯 명의 아들이 있었던 셈이다. 그럼에도 그들 중 가장 어린 다윗이 보냄을 받았다. 이새 자신은 그 사실을 몰랐지만, 하나님은 다윗에게 시키실 일을 갖고 계셨던 것이다. 이 세상의 아무 일도 우연히 일어나지 않는다. 모든 것이 위에 계신 분에 의해 통제되고 지시된다(요 19:11).

"다윗이 아침에 일찍이 일어나서 양을 양 지키는 자에게 맡기고 이새가 명령한 대로 가지고 가서 진영에 이른즉 마침 군대가 전장에 나와서 싸우려고 고함치며"(삼상 17:20). 이것은 다윗이 자기 아버지의 명령에 얼마나 기꺼이 그리고 열심히 순종했는지 보여 준다. 여기에서 우리가 예표(豫表)에서 눈을 돌려 그것의 대형(對型)을 바라본다면, 우리는 그분이 "하나님이여 보시옵소서 … [내가] 하나님의 뜻을 행하러 왔나이다"(히 10:7)라고 말씀하시는 소리를 들을 수 있을 것이다. 다윗이 자기 아버지의 명령에 대해서뿐 아니라 그의 양떼에 대해서도 신경을 썼던 것에 주목하는 것은 복되다. 그는 양떼를 "양 지키는 자에게 맡기고" 길을 떠났다. 이것은 그가 자기가 맡은 일에 얼마나 관심을 갖고 충성했는지 보여 준다. 몇 가지 일에 대한 그의 충성은 그로 하여금 여러 가지 일에 대한 지배자가 되게 해주었다. 명령하는 일에 가장 적합한 사람은 그 일에 앞서 순종하는 법을 배웠던 사람이다.

"하나님의 섭리가 그를 아주 적절한 때에 진영에 이르게 했다. 그때 양쪽 군대는 진을 벌이고 있었고, 바야흐로 지난 40여 일 동안보다 훨씬 더 교전을 벌일 가능성이 컸다. 양쪽 군대는 싸울 준비를 하고 있었다. 이새는 자기가 그런 중대한 시점에 자기 아들을 군 진영으로 심부름을 보냈다는 것을 생각하지도 못했을 것이다. 그러나 지혜로우신 하나님은 모든 행동과 사건들의 시간과 상황을 정하신다. 그렇게 하심으로써 그런 시간과 상황이 이스라엘의 유익을 보존하고 자신의 마음에 맞는 자를 내세우려는 자신의 계획에 도움이 되게 하신다"(Matthew Henry).

다윗은 이제 막 오랜 여행을 마쳤음에도 "군대로 달려가서 형들에게 문안했다"(삼상 17:22). 이것은 우리에게 잠언 22장 29절의 말씀을 떠올리게 한다. "네가 자기의 일에 능숙한[부지런한 diligent, KJV-역주] 사람을 보았느냐 이러한 사람은 왕 앞에 설 것이다." 다윗이 형들에게 말하고 있을 때 골리앗이 다시 앞으로 나와 험한 소리를 반복했다. 그러자 온 군대가 "심히 두려워했다"(24절). 그들은 서로에게 그 거인을 죽인 자를 기다리고 있는 왕이 약속한 보상을 상기시켰지만, 정작 아무도 그것을 위해 자기 목숨을 걸려고 하지는 않았다. 사울이 제공했던 그런 보상들은 죽음의 위협 앞에서는 하찮은 것이 되고 말았던 것이다. 다윗은 자기 곁에 있던 자들에게 골리앗이 "살아 계시는 하나님의 군대"(26절)를 모욕하고 있음을 일깨우며 부드러운 말로 싸움을 권유했다.

거부와 조롱

"큰형 엘리압이 다윗이 사람들에게 하는 말을 들은지라 그가 다윗에게 노를 발하여 이르되 네가 어찌하여 이리로 내려왔느냐

들에 있는 양들을 누구에게 맡겼느냐 나는 네 교만과 네 마음의 완악함을 아노니 네가 전쟁을 구경하러 왔도다"(삼상 17:28). 이것은 우리에게 다윗의 자손이자 주님이신 분에 관한 요한복음 1장 11절 말씀"[그가] 자기 땅에 오매 자기 백성이 영접하지 아니하였다"-역주)을 떠올리게 한다. 이것은 그리스도의 모든 참된 사역자들이 새겨 두면 좋을 교훈이다. 그렇게 함으로써 그들은 여러 가지 실망스럽고 낙담케 하는 경우들에 대비할 수 있을 것이다. 제자는 주인만큼만 되면 충분하다. 만약 성육하신 성자께서 사람들에게 이해를 얻지 못하셨다면, 그분의 종들이 사람들에게 이해를 얻으리라고 기대해서는 안 된다. "내가 지금까지 사람들의 기쁨을 구하였다면 그리스도의 종이 아니니라"(갈 1:10). 일반적으로 사람들은 신앙의 행위를 기뻐하지 않는다. 뿐만 아니라 저급한 상태에 있는 하나님의 백성들 역시 그런 행위를 이해하거나 높이 평가하지 않는다. 하나님의 사람은 오해를 당하고 고립되는 것에 대비해야 한다.

다윗이 자기 형의 냉정한 조롱에 어떻게 응대했는지 살펴보는 것은 복되다. 그것은 그의 온유함에 대한 시험이었다. 다윗은 형에게 매도당했지만 그를 되받아 헐뜯지 않았다. 그는 자기를 정당화하거나 자기의 행동에 대해 설명하려고 하지 않았다. 그는 단지 "내가 무엇을 하였나이까?"(삼상 17:29a) 하고 물었을 뿐이다. 내가 어떤 잘못을 저질렀기에 그토록 꾸짖음을 당해야 하느냐는 질문이었다.

이것은 우리에게 우리 주님이 이보다 훨씬 더 강한 도발을 당하셨을 때 보이셨던 온유한 반응을 상기시킨다. "네가 어찌하여 나를 치느냐"(요 18:23). 다음으로 다윗은 "어찌 이유가 없으리이까?"(29b절)하고 말했다. 그가 군 진영에 온 데에는 이유가 있었다. 그의 아버지가 그를 그곳으로 보냈고, 골리앗에 의해 더럽혀진 이스라엘의 명예가 그를 요구했고, 또 하나님의 영광이 그를 필요로 하고 있었던 것이다. 그리고 이제 그는 "돌아서서 다른 사람을 향했다"(30절).

하나님의 관점

다윗이 이 사람 저 사람에게 싸움을 권하고 있다는 소식은 곧 사울의 귀에까지 들어갔다. 그리고 사울은 사람을 시켜 다윗을 불러왔다(삼상 17:31). 다윗은 즉시 왕에게 말했다. "그로 말미암아 사람이 낙담하지 말 것이라 주의 종이 가서 저 블레셋 사람과 싸우리이다"(32절). 하지만 그는 사울로부터 다음과 같은 답을 들었을 뿐이다. "네가 가서 저 블레셋 사람과 싸울 수는 없을 것이다." 아, "위대한 공적 과업을 수행하는 자들은, 설령 그들이 그들로부터의 지원과 원조를 기대할 이유가 있는 사람들에게 무안과 반대를 당할지라도, 그것을 이상하게 여기지 말아야 한다. 오히려 그들은 적들의 위협 앞에서뿐 아니라 친구들의 술책과 의심 앞에서도 겸손하게 자신의 일을 계속해 나가야 한다"(Matthew Henry). 다윗이 왕 앞에서 했던 말은 허풍선이의 허세가 아니라, 하나님께 영광 돌리기 원했던 믿음의 사람의 증언이었다. 사울과 그의 백성들은 눈에 보이는 것에 사로잡혀 절망에 빠져 있었다. 그러나 믿음의 사람은 골리앗을 오만하게 무시했다. 왜냐하면 그는 그를 하나님의 관점에서 바라보았기 때문이다. 그는 하나님의 적이었고, "할례 받지 않은 자"(36절)였을 뿐이다. 다윗이 자신이 과거에 거뒀던 승리를 어떻게 하나님의 덕분으로 돌리는지, 또 그가 어떻게 그것을 더 큰 승리를 얻기 위해 하나님을 의지하는 이유로 삼는지에 주목하라(37절).

사울이 다윗의 탄원을 듣고 보인 반응은 매우 익살스럽다. 첫째, 그는 다윗에게 "가라 여호와께서 너와 함께 계시기를 원하노라"(삼상 17:37) 하고 말했다. 이것은 입에 발린 말이었다. 다음으로 우리는 "사울이 자기 군복을 다윗에게 힙혔다"(38절)는 말씀을 읽는다. 아마도 그것은 그의 무기고에 보관되어 있던 군복이었을 것이다. 이를 통해 그는 자기가 하나님보다 군복을 더 믿고 있음을 드러냈다. 그러나 다윗은 즉시 그 옷이 자기에게 맞지 않는다는 것을 알아차렸다. 사적으로 하나님과 교제하고 있는 사람은 공적인 자리에서 세상적인 수단이나 방법을 사용해서는 안 된다. 믿음의 사람에게는 육신의 무기가 필요하지 않다. 교회의 직책이나 의복이나 각종 의식들은 자연인의 눈에는 인상적으로 보일지 모르나, 영적인 사람에게는 거품이나 잡동사니에 불과하다. 다윗은 군복을 "곧 벗고"(39절) 물매

하나와 매끄러운 돌 다섯 개를 들고서 그 오만한 블레셋 사람을 맞으러 나아갔다. 여기에서 우리는 다음과 같이 물어야 하지 않을까? "그런데도 우리가 수단을 사용해서는 안 된다는 말인가?" 그 대답은 "매끄러운 돌"처럼 하나님이 제공하시는 수단에 대해서는 "된다"(Yes)이고, 사울의 "군복"처럼 인간이 제공하는 수단에 대해서는 "안 된다"(No)이다.

다윗의 승리

"그 블레셋 사람이 둘러보다가 다윗을 보고 업신여기니"(삼상 17:42). 먼저는 엘리압이 그를 조롱했고, 다음으로는 사울이 그를 낙심시키려 했고, 이제는 골리앗이 그를 업신여기고 있다. 아, 하나님의 은혜로 믿음 안에서 살아가는 자는 사람들로부터 인기를 얻는 것을 기대하지 말아야 한다. 왜냐하면 그들은 그를 행동하게 만드는 요소를 이해할 능력을 갖고 있지 않기 때문이다. 그러나 참된 믿음의 사람은 냉담한 반응 앞에서 위축되거나, 외적인 어려움 앞에서 얼어붙지 않는다. 그는 그런 것들을 넘어서 자신이 상관하고 있는 분을 바라본다. 만약 "하나님이 우리를 위하시면"(롬 8:31), 누가 우리를 대적하든 문제가 되지 않는다. 그럼에도 믿음은 시험을 받아야 한다. 그것은 그 참됨을 입증하고, 내성을 강화하고, 실행에 옮겨져야 한다. 우리 모두 "주여, 우리에게 믿음을 더하소서"(눅 17:5)

하고 기도하자.

그 블레셋 사람은 "그의 신들의 이름으로 다윗을 저주하고"(삼상 17:43), "네 살을 공중의 새와 들짐승들에게 주리라"(44절)고 공언했다. 그러나 성경에는 "빠른 경주자들이라고 선착하는 것이 아니며 용사들이라고 전쟁에 승리하는 것이 아니며"(전 9:11), "하나님이 교만한 자를 물리치시고 겸손한 자에게 은혜를 주신다"(약 4:6)고 기록되어 있다. 이에 대해 다윗이 보인 반응은 즉시 그의 확신의 비밀, 그의 강함의 근거, 그리고 그의 승리에 대한 확신을 드러냈다. "너는 칼과 창과 단창으로 내게 나아 오거니와 나는 만군의 여호와의 이름 곧 네가 모욕하는 이스라엘 군대의 하나님의 이름으로 네게 나아가노라"(삼상 17:45). 아, "여호와의 이름은 견고한 망대라 의인은 그리로 달려가서 안전함을 얻느니라"(잠 18:10).

독자들은 이 이야기의 복된 결과에 대해 이미 익숙할 것이므로 그것에 대해 더 언급하는 것은 불필요할 것이다. 하나님을 무대 위로 불러오는 믿음을 지닌 자는 미리 승리를 선언할 수 있다(삼상 17:46). 그의 손에 들린 돌 하나는 불신자 거인의 몸에 걸린 블레셋의 모든 갑옷보다 훨씬더 귀하다. 어째서인가? 그 돌은, 비록 다윗이 던진 것이지만, 하나님의 손에 의해 조준되고 효과를 냈기 때문이다. 최고의 주석가들 중 일부가 여기에서 참으로 중요한 것을 놓치고 있는 것은 안타까운 일이다. 본문 5절은 골리앗의 무장에 대해 설명하면서 "머리에는 놋 투구를 썼고"라고 말한다. 어떤 주석가들은 골리앗이 자기의 신들의 이름으로 다윗을 저주하기 위해 손을 들어 올렸을 때(43절) 이 투구가 떨어졌다고 주장해 왔다. 그리고 다른 이들은 그가 앞을 더 잘 보기 위해 얼굴에 쓰고 있던 면갑(面甲)을 밑으로 내렸다고 주장해 왔다. 그러나 다윗이 던진 돌은 그의 눈이 아니라 그의 "이마"(49절)를 쳤다. 하나님의 능력이 그 돌로 하여금 놋 투구를 뚫고 들어가게 했던 것이다. 다윗이 골리앗의 머리를 베는 장면에서(51절) 우리는 히브리서 2장 14절에 기록된 내용("죽음의 세력을 잡은 자 곧 마귀를 멸하시며" - 역주)에 대한 전조를 발견한다.

05

초기의 경험들 (I)

사무엘상 18장

만약 내가 이 장에 원칙적인 제목을 붙이고자 했다면, 아마도 "유명세의 대가(代價)"라는 제목이 선택되었을 것이다. 사무엘상 17장은 다윗이 골리앗이라는 블레셋 거인에 대해 기념할 만한 승리를 거두는 이야기로 끝난다. 그리고 사무엘상 18장은 우리에게 그 주목할 만한 성취 후에 나타난 일련의 일들에 대해 이야기한다. 사무엘상 18장은 야심적이며 세속적인 영광을 구하는 자들이 새겨 두면 좋을 여러 가지 교훈들을 포함하고 있다. 또한 인간의 본성의 서로 다른 측면들에 대한 정확한 묘사를 제공하기에 그 문제를 제대로 살펴보고자 하는 사람들에게 도움이 될 만한 교훈들도 여럿 포함하고 있다.

작은 이야기 속에 여러 가지 것들이 농축되어 있지만, 거기에서 제공되는 생생한 교훈을 얻는 데에는 별다른 상상력이 필요하지 않다. 한 이야기에 이어서 신속하게 다른 이야기가 뒤따른다. 그러나 하나님의 마음에 맞는 자는 그 모든 이야기들을 통해 존경할 만하게 처신한다. 주님께서 우리 모두가 우리를 위한 교훈으로 기록된 내용들에서 유익을 얻게 해주시기 바란다.

요나단의 호의

"다윗이 사울에게 말하기를 마치매 요나단의 마음이 다윗의 마음과 하나가 되어 요나단이 그를 자기 생명 같이 사랑하니라"(삼상 18:1. 그리고 3-4절 참고). 여기에서 우리는 하나님의 은혜에 대해 탄복하지 않을 수 없다. 그분이 우리를 다루시는 복된 원리에 대한 한 가지 예증을 보라. 요나단은 사울의 아들이었고 왕권의 분명한 계승자였다. 그러나 우리가 이미 알듯이 다윗은 바로 그 자리를 위해 기름 부음을 받았다. 그러므로 요나단은 다윗을 자신의 라이벌로 여기고 그에 대한 질투와 증오로 가득 차야 마땅했다. 그럼에도 그의 마음은 오히려 부드러운 애정으로 다윗에게 이끌렸다. 우리는 이것을 요나단의 온화한 성품 탓으로 여겨서는 안 된다. 오히려 그것은 모든 마음과 길들을 좌우하시는 분의 탓으로 간주되어야 한다.

내가 방금 주의를 환기한 내용은 오늘날처럼 악한 시대에는 하나님의 백성들 사이에서조차 충분히 인식되거나 상고되지 않는다. 요나단이 구원받은 자였음을 보여 주는 말씀은 아무데도 나오지 않는다. 오히려 그와는 반대였다. 특히 그가 삶을 마감하는 장면에서는 더욱 그러했다. 어떤 세상 사람이 한 성도에게 마음이 끌려 그에게 친절함을 보일 때, 우리는 늘 그 속에서 우리를 위해 은혜롭게 행사되는 하나님의 권능의 역사를 인식해야 한다. 까마귀를 시켜서 자신의 종 엘리야에게 먹을 것을 공급하셨던 분(왕상 17)은 종종 중생하지 못한 사람들의 마음과 정신을 움직여 자신의 자녀들에게 친절을 베풀게 하신다. 요셉에게 "인자를 더하사 간수장에게 은혜를 받게"(창 39:21) 하시고, 출애굽 당시의 이스라엘 백성을 위해 "애굽 사람으로 이 백성에게 은혜를 입히게"(출 39:21) 하시고, 아하수에로 왕이 에스더 보았을 때 "매우 사랑스러우므로 손에 잡았던 금 규를 그에게 내밀게"(에 5:2) 하셨던 분은 여호와셨다. 그것은 지금도 마찬가지다. 그리고 우리는 우리를 향한 하나님의 그런 은혜를 인식할 때 오직 그분께만 영광과 찬송을 돌려야 한다.

다윗이 요나단에게 호의를 얻은 것은, 사울이 곧 그를 향해 질투와 적의를 드러냈던 것에 비추어 볼 때, 좀더 주목해 볼 만한 가치가 있다. 다윗이 자기 대적의 집안에서 참된 친구를 얻은 것은 하나님으로부터 온 얼마나 큰 은혜였던가! 그것의 가치는 나중에 보다 분명하게 드러날 것이다. 우리의 영웅이 그의 목숨에 대한 경고와 안전을 얻을 수 있었던 것은 바로 이런 수단을 통해서였다. 마찬가지로 하나님은 위중한 시기에 그분의 자녀들에게 그들을 향해 좋은 마음을 품고 여러 가지 방법으로 그들을 돕고 지원하는 사람들을 일으키지 않으시는 적이 없다. 그것은 내 삶에서도 그래왔고, 의심할 것 없이 독자 여러분의 삶에서도 마찬가지일 것이다. 그러므로 여호와의 선하심을 찬양하고 그분의 신실하심을 숭배하자. 그분은 우리로 하여금 이 적대적인 세상에서 구원받지 못한 자들로부터 동정과 지원을 얻게 하시는 분이다.

사울의 신임

"그날에 사울은 다윗을 머무르게 하고 그의 아버지의 집으로 다시 돌아가기를 허락하지 아니하였고"(삼상 18:2). 다윗에 대한 하나님의 계획은 무르익기 시작했다. 첫째, 그분은 모든 일을 통제하심으로써 사울로 하여금 자신이 우울증에 빠질 때 자기를 수종하도록 다윗을 불러오게 하셨다. 그리고 이제 다윗은 계속해서 궁정에 거주해야 하는 자가 되었다. 이것은 그가 골리앗과 대적하기 전에 왕이 약속했던 내용에 비추어 본다면 이해할 수 있는 일이었다. 즉 만약 누군가 골리앗을 무너뜨린다면, 사울의 딸이 그 사람의 아내가 되도록 되어 있었던 것이다(삼상 17:25). 그렇게 해서 다윗은 자신의 왕으로서의 의무를 위한 준비를 하게 되었다. 우리가 우리의 삶의 모든 섭리적 변화가 우리와 관련된 하나님의 계획의 수행을 위한 또다른 발걸음임을 깨달을 수 있다면, 그것은 복된 일이다.

"다윗은 사울이 보내는 곳마다 가서 지혜롭게 행하매 사울이 그를 군대의 장으로 삼았더니 온 백성이 합당히 여겼고 사울의 신하들도 합당히 여겼더라"(5절). 이미 왕으로 기름 부음을 받은 자가 보이는 이런 겸손과 충성을 목도하는 것은 아름다운 일이다. 그는 베들레헴에서 양떼를 돌보는 일을 성실히 수행했다. 그리고 이제 그는 왕의 명령을 의무감을 갖고 수행하고 있다. 지금 자기들이 처한 상황에서 안달하고 있는 자들은 이것을 마음 깊이 새길 필요가 있다. "네 손이 일을 얻는 대로 힘을 다하여 할지어다"(전 9:10)라는 말씀은 우리 모두의 의무를 분명히 규정해 준다. 신약성경의 가르침 역시 마찬가지다. "부지런하여 게으르지 말고 열심을 품고 주를 섬기라"(롬 12:11). 당신이 어떤 지위에 있든, 또 그 일이 아무리 비천하고 마음에 들지 않을지라도, "무슨 일을 하든지 마음을 다하여 주께 하듯 하고 사람에게 하듯 하지 말라"(골 3:23).

"지혜롭게 행하매." 거의 아무도 그렇게 하지 않는다! 얼마나 많은 이들이 지각없는 행동을 통해 자신들의 영적 성장을 방해할 뿐 아니라, 또한 자신들의 세상적인 가능성마저 파괴하고 마는가!

지금 우리 앞에 놓인 이 말씀은 우리의 기도가 될 필요가 있다. 특히 이런 조언은 청년들에게 필요한 것일 수 있다. 우리는 하나님이 우리를 처하게 하신 모든 상황에서 지혜롭게 행동할 수 있기 위해 간절히 기도해야 한다. 또한 우리가 세월을 아끼고, 모든 유혹에 맞서고, 최선을 다해 우리의 의무를 수행할 수 있게 해주시기를 기도해야 한다. "그러므로 너희는 뱀 같이 지혜롭고 비둘기 같이 순결하라"(마 10:16)는 말씀은 타협하는 자나 시류에 휩쓸리는 자나 교활하게 남을 속이는 자가 되라는 의미가 아니라, 인간의 본성의 변덕스러움을 감안해 하나님 외에는 아무도 신뢰하지 말라는 의미다. 다윗은 이렇듯 지혜로운 행동을 통해 하나님이 "보라 내 종이 형통하리니 받들어 높이 들려서 지극히 존귀하게 되리라"(사 52:13)고 말씀하셨던 분을 다시 예표한다.

이제 사울은 다윗을 "군대의 장으로 삼았다." 다윗은 사령관 자리는 아니었지만 꽤 높은 직책을 얻었다. 아마 왕의 경호 책임자 정도였을 것이다. 이것은 다윗으로 하여금 그의 일생의 과업을 준비하게 하기 위한 추가적인 조치였다. 그의 앞에는 수많은 싸움과 강력한 적들이 기다리고 있었다. 아무튼 그렇게 하나님은 모든 것이 합력하여 선을 이루게 하셨다. 그것은 미천하지만 평온했던 목동이 조신(朝臣)과 군인으로 탈바꿈하는 놀라운 변화였다. "백성이 합당히 여겼고 사울의 신하들도 합당히 여겼더라." 하나님은 이스라엘의 미래의 통치자가 일반 백성과 궁정의 신하들 모두에게 호의를 얻게 하셨다. 이것은 그의 대형(對型, Antitype)이신 분에 대한 다음과 같은 말씀을 떠올리게 한다. "예수는 지혜와 키가 자라가며 하나님과 사람에게 더욱 사랑스러워 가시더라"(눅 2:52).

여인들의 노래

"무리가 돌아올 때 곧 다윗이 블레셋 사람을 죽이고 돌아올 때에 여인들이 이스라엘 모든 성읍에서 나와서 노래하며 춤추며 소고와 경쇠를 가지고 왕 사울을 환영하는데 여인들이 뛰놀며 노래하여 이르되 사울이 죽인 자는 천천이요 다윗은 만만이로다 한지라"(삼상 18:6-7). 이 사건은 당시 이스라엘 백성이 영적으로 얼마나 낮은 상태에 있었는지 잘 보여 준다. 우리가 사용하는 말은 우리의 영혼의 상태에 대한 지표다. "그들은 세상에 속한 고로 세상에 속한 말을 하매 세상이 그들의 말을 듣느니라"(요일 4:5). 오늘날 믿음을 고백하는 그리스도인들이 서로 대화를 나눌 때 "듣는 자들에게 은혜를 끼치게"(엡 4:29) 하는 사람이 거의 없다는 사실은 참으로 슬픈 일이지만 놀랄 일도 아니다. 내가 그것을 "놀랄 일이 아니다"라고 말하는 까닭은, 그들 중 대다수가 성결의 능력에 대해 알지 못하기 때문이다.

이스라엘의 여인들이 골리앗의 죽음과 블레셋의 패배를 축하하며 사용했던 말은 그들의 마음과 정신이 오직 승리를 거둔 사람에게만 쏠리고 있음을 분명하게 보여 준다. "그들의 생각 어디에도 하나님은 없었다"(시 10:4, God was not in all their thoughts, KJV – 역주). 아, 이것은 오늘날 우리의 상황과 얼마나 자주 부합하는가! 우리는 영웅을 숭배하는 시대를 살아가고 있다. 기독교 자체도 이런 악한 정신에 물들었다. 모든 곳에서 인간이 칭송과 찬미를 받는다. 세상에서뿐 아니라 교회와 사경회와 기독교 관련 정기간행물들 안에서조차 그러하다. 이것은 사람들이 사경회의 강사들을 홍보하고, 그들의 사진을 인쇄해 돌리고, 그들에게 아첨하는 것을 통해 잘 드러난다. 오늘날처럼 인간을 신으로 받드는 시대에는 모든 거대한 종교 집회의 강단 위에 "너희는 사람을 의지하지 말아라"(사 2:22, 표준새번역는 말씀을 큰 글자로 새겨 둘 필요가 있다. 오늘날 성령이 탄식하시는 것은 놀랄 일이 아니다. 도대체 오늘날 우리가 어디에서 충성스러운 저항의 목소리를 들을 수 있는가?

"여인들이 뛰놀며 노래하여 이르되 사울이 죽인 자는 천천이요 다윗은 만만이로다 한지라." 이것은 우리가 출애굽기 15장에서 발견하는 내용과 얼마나 큰 대조를 이루는가! 엘라 골짜기에서 일어난 일(삼상 17:19)보다는 이스라엘 백성이 홍해에서 목격했던 애굽 군대의 몰살(출 14)이 훨씬 더 큰 사건이었다. 그러나 거기에서 우리는 이 이스라엘 여인들의 어미들이 모세를 찬미하거나 그의 업적을 찬양하는 모습을 찾지 못한다. 다만 우리는 미리암이 자기와 함께했던 여인들을 향해 "너희는 여호와를 찬송하라 그는 높고 영화로우심이요 말과 그 탄 자를 바다에 던지셨음이로다"(출 15:21)라고 말하는 소리를 들을 뿐이다. 거기에서는 여호와께 그분에게 합당한 지위가 주어졌다. 이스라엘이 거둔 승리는 인간이라는 도구 때문이 아니라 하나님 때문인 것으로 간주되었다. 독자들이여, 오늘날 일반화된 악한 관습이 아무리 그것과 정반대 방향으로 나갈지라도, 당신은 모든 영광을 오직 그것을 받기에 합당하신 분에게만 돌리라.

사울의 질투

"사울이 그 말에 불쾌하여 심히 노하여 이르되 다윗에게는 만만을 돌리고 내게는 천천만 돌리니 그가 더 얻을 것이 나라 말고 무엇이냐 하고"(삼상 18:8). 여인들의 노래는 하나님을 모욕하는 것이었을 뿐 아니라, 또한 지각없는 짓이기도 했다. 우리가 본문 5절에서 보았듯이, 다윗은 "지혜롭게 행했다." 그러나 이스라엘의 딸들의 행위는 그의 행동과 날카롭게 대비되었다. 이스라엘의 여인들이 다윗을 자신보다 높이는 것은 오만한 마음을 지닌 사울이 견딜 수 있는 종류의 일이 아니었다. 여인들의 "육"(flesh)의 행위는 사울의 육에 영향을 주었다. 하나님이 다른 사람을 통해 이루신 일을 기뻐할 수 없었던 사울은 여인들이 자기보다 다윗을 높이 칭송하는 소리를 들을 때 질투심에 휩싸였다. 그는 자기가 첫째가 아니라 두 번째라는 사실을 용납할 수 없었다.

혹자는 다음과 같이 묻고 싶을지도 모르겠다. "어째서 하나님은 쉽게 그렇게 하실 수 있었음에도 이 여인들이 사울보다 다윗을 높이는 노래를 하는 것을 억제하지 않으시고, 그로 인해 다윗이 왕에게 질시를 받게 하셨는가?" 이런 질문에 대해서는 다음과 같은 대답이 가능할 수 있다. 즉 그것은 하나님의 계획을 촉진하고 다윗의 영적 유익을 장려하기 위함이었다. 하나님은 종종 타락하고 중생하지 못한 사람들 안에 있는 것을 더 잘 드러나게 하시기 위해 그분의 억제하는 손길을 거둬 가신다. 만약 그분이 그렇게 하시지 않는다면, 하나님의 자녀와 마귀의 자녀들 간의 차이가 그렇게 분명하게 드러나지 않을 것이다. 더구나 다윗은 사람들에게 아첨을 받고 있었다. 아첨은 아주 위험한 것이다. 그렇기에 하나님은 지혜롭게 또한 자비롭게 종종 누군가를 시켜 우리에 대해 나쁘게 생각하고 나쁜 말을 하게 하심으로써 우리의 교만한 마음이 부당하게 양양해지는 것을 막으신다.

"모든 위대하고 선한 일을 한 사람은 자기 이웃들로부터 질시의 대상이 될 것을 예상해야 한다. 그 어떤 특별한 구별됨이나 탁월함을 얻는 것도 예외가 아니다. 그것은 그것을 얻은 자를 중상과 적대감

그리고 아마도 가장 치명적인 결과들에 노출시킬 것이다. 그러나 하나님을 사랑하는 자들에게 그런 시련은 매우 유익하다. 그런 시련은 그들에게 부여되는 명예에 대한 균형추의 역할을 하고, 또한 그의 교만이 증대되고 세상에 집착하는 것을 막아 준다. 그런 시련은 신앙, 인내, 온유함, 그리고 하나님과의 교제 등과 관련해 그들을 훈련시킨다. 그런 시련은 그들에게 가장 어려운 환경에서 지혜롭고 적절하게 행동함으로써 사람들에게 그들의 온유한 본성과 진실로 거룩함을 추구하는 성향을 보여 줄 공정한 기회를 제공해 준다. 그런 시련은 그들이 여호와께서 얼마나 신실하게 그들의 적들을 제어하시고, 그들의 친구들을 일으키시고, 그들에게 그분의 은혜로운 보호를 제공하시는지를 더 많이 경험할 수 있게 해준다. 또한 그런 시련은 그들로 하여금 그들이 처하게 될 상황에 대비하게 할 뿐 아니라, 그런 상황들을 향해 나아갈 수 있게 해준다. 왜냐하면 적당한 때가 되면 그들의 겸손의 미덕이 두 배의 광채를 지니고 빛을 발할 것이기 때문이다"(T. Scott).

조심해야 할 칭찬

더 나아가기 전에, 이 장에 실린 각각의 세부적인 내용들을 다시 떠올려 보자. 구약성경에 실린 모든 말씀들은 "우리의 교훈을 위하여 기록된 것이다"(롬 15:4). 특히 이것은 젊은 사람들의 유익을 위해 강조될 필요가 있다. 오늘과 같은 세상에서 우리를 존경하고 사랑하는 자들로부터 오는 후한 칭찬은 종종 우리에게 실제적인 상처가 된다. 그리고 우리는 그 어떤 경우에도 질투와 반대를 유발할 수 있는 모든 일—하나님과 사람들을 향한 우리의 의무를 이행하는 것만은 제외하고—을 피해야 한다. "모든 사람이 너희를 칭찬하면 화가 있도다"(눅 6:26). 나는 지난 12년 동안 목회를 하면서 설교를 마친 후에는 즉시 내 방으로 물러가는 것을 원칙으로 삼았다. "육"은 사람들의 칭찬 듣기를 좋아한다. 그러나 그런 칭찬은 겸손에 도움이 되지 않는다. "네가 너를 위하여 큰일을 찾느냐 그것을 찾지 말라"(렘 45:5).

"그날 후로 사울이 다윗을 주목하였더라"(삼상 18:9). 다윗이 백성들에게 사랑받고 있음을 알아차리고(5절), 그에게 주어지는 칭송에 대해 질투심을 느끼고(7절), 자신이 곧 왕국을 잃게 될 것을 두려워했던(8절) 사울은 이제 골리앗을 죽인 자를 적대적인 눈으로 바라보게 되었다. 사울은 다윗에게 존경과 감사를 보내기는커녕 그의 행동거지를 질투 섞인 눈으로 주목하면서 그에게 상처를 입힐 때를 기다렸다. 이것은 가련한 인간의 본성이 지닌 모순을 보여 주는 얼마나 엄중한 예인가! 사울은 얼마 전까지만 해도 "그를 크게 사랑했다"(16:21). 그런데 이제 그는 그를 미워하고 있다. 독자들이여, 인간의 마음의 변덕스러움을 조심하라. 참따랗게 "나는 변하지 않는다"(말 3:6)고 말할 수 있는 이는 오직 한분뿐이다.

만약 그동안 다윗이 자신에 대한 사울의 지속적인 애정에 의지하고 있었다면, 또 그가 자신의 군사적 무용에 의지해 자신에 대한 왕의 호의를 확신하고 있었다면, 이제부터 그는 거친 현실에 대한 깨달음에 직면해야 했다. 그리고 이것 역시 우리의 교훈을 위해 기록된 것이다. 성경은 우리에게 하나님의 속성뿐 아니라 인간의 특성에 대해서도 계시해 준다. 우리가 하나님의 말씀을 주의 깊게 성찰하고 그것의 가르침과 원리에 천착할수록, 우리는 비통할 만큼 실망스러운 여러 가지 일들에 맞서서 자신을 더 잘 강화할 수 있을 것이다. 만약 우리가 성경이 제공하는 엄중한 경고들을 마음에 새긴다면, 우리 중 아무도 사람들에게 속는 것에 대해 변명할 수 없을 것이다. 우리는 좀더 조심해야 한다. 그리고 시편 146편 3절, 잠언 17장 18절, 예레미야 9장 4절과 17장 5절, 그리고 미가 7장 5절 등에서 찾을 수 있는 권고들에 유념해야 한다.

사울의 공격

"그 이튿날 하나님께서 부리시는 악령이 사울에게 힘 있게 내리매 그가 집 안에서 정신없이 떠들어대므로 다윗이 평일과 같이 손으로 수금을 타는데 그때에 사울의 손에 창이 있는지라 그가 스스로 이르기를 내가 다윗을 벽에 박으리라 하고 사울이 그 창을 던졌으나 다윗이 그의 앞에서 두 번 피하였더라"(삼상 18:10-11). 승리에 이어서 얼마나 빨리 고난이 뒤따르는가! 여인들의 찬양 소리를 듣는 것과 살인 무기를 피하는 것은 얼마나 대조되는가! 그러나 그런 일은 우리의 삶에서 얼마나 자주 발생하는가! 청교도 중 한 명이 옳게 조언했다. "세상의 그 어떤 나무 위에도 둥지를 틀지 말라. 왜냐하면 숲 전체가 파괴될 운명에 처해 있기 때문이다." 우리가 결코 실망하거나 싫증내지 않을 대상을 발견하는 것은 오직 우리의 마음이 위에 있는 것에 머물 때뿐이다.

"악령이 사울에게 힘 있게 내리매." 그렇다, 의로운 자뿐 아니라 사악한 자도, 거룩한 천사들뿐 아니라 악한 영도 하나님의 절대적이고 직접적인 통제하에 있다(삿 9:23 참고). 그러나 우리는 본문 9절에 기록된 내용과 10절에 기록된 내용 사이의 엄중한 관계의 의미를 놓쳐서는 안 된다. 우리는 질투와 미움에 빠져들 때 악에게 굴복하게 된다(엡 4:26-27). "그가 집 안에서 정신없이 떠들어대므로 [예언하므로 prophesied, KJV - 역주]." 모든 예언이 성령의 영감에 의해 나오는 것은 아니다. 바로 그것이 우리가 "사랑하는 자들아 영을 다 믿지 말고 오직 영들이 하나님께 속하였나 분별하라 많은 거짓 선지자가 세상에 나왔음이라"(요일 4:1)는 말씀에 유의해야 할 이유다. 적의 교묘함에 주목하라. 의심할 바 없이 사울의 떠들어댐은 다윗의 경계를 풀기 위함이었다. 다윗은 그런 상태에 있는 왕이 자기의 목숨을 노릴 것이라고는 예상하지 못했을 것이다. 다윗이 자신의 목숨을 노렸던 사울의 치명적인 공격을 피한 후 그 창을 집어 들어 사울에게 던지지 않았던 것에 주목하는 것은 복되다. 우리가 자신에게 악을 행한 자들에게 보복하고자 하는 유혹을 받을 때, 우리에게도 그런 은혜가 내리기를!

06
초기의 경험들 (II)

사무엘상 18장

인간의 본성은 높은 자리에 있는 사람들을 질시하는 경향이 있다. 흔히 탁월하고 명예로운 자리에 앉은 자들은 그들보다 못한 이들이 누릴 수 없는 각종 이익과 혜택을 누린다고 간주된다. 그러나 이것은 실제라기보다는 인상에 불과하며, 대개 그런 자리의 혜택은 그런 자리가 초래하는 추가적인 책임과 그런 자리에서 만나게 되는 더 많은 유혹들로 인해 상쇄된다. 우리가 앞 장에서 살펴보았던 내용은 우리의 일방적인 착각을 교정하도록 만들기에 충분하다. 다윗은 베들레헴의 들판에 있을 때가 사울 왕의 궁정에 있을 때보다 훨씬 더 좋았다. 양을 지키는 일이 사울의 시중을 드는 것보다 덜 힘들었다. 푸른 초원에 있을 때 다윗은 질시하는 조신들, 궁정의 부자연스러운 예절, 그리고 미친 군주가 던지는 창으로부터 자유로웠다. 여기서 우리가 배워야 할 실제적인 교훈은, 우리는 하나님의 섭리로 인해 처하게 된 자신의 낮은 지위에 만족해야 한다는 것이다. 그리스도와 공동 상속자가 된 우리가 어째서 이 세상의 하찮은 것들에 관심을 두는가?

커져가는 사울의 불안

이제 우리의 이야기로 돌아가 보자. 우리는 "여호와께서 사울을 떠나 다윗과 함께 계시므로 사울이 그를 두려워한지라"(삼상 18:12)라는 말씀을 읽는다. 여기에서 "두려워한지라"라는 단어는 본문 15절에 나오는 동일한 단어보다 느낌이 좀더 부드럽다. 아마도 그것은 "불안한"이라는 정도의 뜻일 것이다. 왕은 미래에 관해 점점 더 불안해지기 시작했다. 그가 하나님께 불순종한 직후 하나님의 선지자가 그에게 "왕이 여호와의 말씀을 버렸으므로 여호와께서도 왕을 버려 왕이 되지 못하게 하셨나이다"(삼상 15:23)라고 분명하게 말했고, 또한 덧붙여서 "여호와께서 오늘 이스라엘 나라를 왕에게서 떼어 왕보다 나은 왕의 이웃에게 주셨나이다" 하고 말했기 때문이다(28절). 당시에 그는 다윗의 기름 부음에 대해 알지 못했을 것이나(삼상 16:13), 이제 점차 어쩌면 골리앗을 죽인 다윗이 여호와께서 자기를 대신해 왕위에 올리기로 택하신 자가 아닐까 하는 두려움을 갖게 되었다. 거기에는 다음과 같은 몇 가지 그럴듯한 이유가 있었다.

첫째, 그 젊은 목동에게 골리앗에 대한 승리를 안겨주신 분은 분명히 여호와셨다. 왜냐하면 이스라엘 백성 중 자신의 용기만으로 그 강력한 거인과 맞서 싸울 수 있는 자는 없었기 때문이다. 둘째, 다윗은 그에게 주어진 모든 지위에서 아주 지혜롭게 처신했기에 그를 "온 백성이 합당히 여겼고 사울의 신하들도 합당히 여겼다"(삼상 18:5). 이것은 만약 그가 왕위에 오른다면 백성들에게 인기를 얻으리라는 증거가 될 수 있었다. 셋째, 여인들의 노래가 그 질투어린 왕으로 하여금 "다윗에게는 만만을 돌리고 내게는 천천만 돌리니 그가 더 얻을 것이 나라 말고 무엇이냐"(8절)라는 결론에 이르게 했다. 게다가 그는 자신이 다윗의 목숨을 노리고 감행했던 공격이 좌절된 것으로 인해(11절) 더욱더 불안해졌다. 왜냐하면 그는 "여호와께서 자기를 떠나 다윗과 함께 계신 것"(12절)을 알고 있었기 때문이다.

"여호와께서 사울을 떠나 다윗과 함께 계시므로 사울이 그를 두려워한지라". 하나님의 특별한 은혜가 다윗에게 머물고 있다는 증거는 사울이 부인하기에는 너무나 분명하고도 많았다. 여호와께서는 다윗을 보호하고 지키시면서 그가 번영과 성공을 누리게 하고 계셨다. 그분은 그에게 적들에 대한 승리를 주셨고 백성들로부터 칭송을 받게 하셨다. 오, 독자들이여, 주님의 미소가 그분의 성도들 중 누군가에게 머물 때면, 아무리 마음이 악한 자들이라도 그것을 주목하고 인정해야 한다. 아비멜렉과 그의 군대 장관은 아브라함에게 "네가 무슨 일을 하든지 하나님이 너와 함께 계시도다"(창 21:22)하고 시인한 바 있었다. 참으로 그것은 이방인들의 입에서 나온 놀라운 증언이었다! 또 우리는 요셉이 보디발의 집에서 일할 때와 관련해 "그의 주인이 여호와께서 그와 함께하심을 보며 또 여호와께서 그의 범사에 형통하게 하심을 보았더라"(창 39:3)라는 말씀을 듣는다. 오늘 우리와 함께 있는 자들이 하늘의 특별한 은혜가 우리 위에 머무는 것을 알아챌 수 있는가? 만약 그렇지 않다면, 우리는 하나님 앞에서 깊이 고민해야 한다.

"여호와께서 사울을 떠나 다윗과 함께 계시므로 사울이 그를 두려워한지라." 사울이 두려워했던 또다른 이유는 그가 여호와께서 자기를 떠나신 것을 알았기 때문이다. 그렇기에 그는 정신력과 용기와 지혜와 신중함을 모두 잃었고, 야비하고 비열해졌고, 백성들의 조롱거리가 되었다. 이것은 우리를 위한 엄중한 경고다. 사울이 하나님으로부터 버림 받은 것은 그가 여호와께 반역했기 때문이었다. 하나님은 그분의 백성들이 각자 자기들의 뜻을 따를 때 얼마나 자주 그들부터 자신의 가시적이고 위로가 되는 임재를 철회하시는가! "나의 계명을 지키는 자라야 나를 사랑하는 자니 나를 사랑하는 자는

내 아버지께 사랑을 받을 것이요 나도 그를 사랑하여 그에게 나를
나타내리라"(요 14:21).

사울의 어리석은 대응

"그러므로 사울이 그를 자기 곁에서 떠나게 하고 그를 천부장으로 삼으매 그가 백성 앞에 출입하며"(삼상 18:13). 여기에서 사울이 어떻게 행동하는지 살펴보는 것은 참으로 중요하다. 그는 하나님 앞에서 자기를 낮추기는커녕 오히려 자기를 괴롭히는 자를 제거하려 하고 있다. 그 가련한 왕은 자기에게서 하나님의 영이 떠나도록 만들었던 자신의 잘못을 가차 없이 정죄하기는커녕 여호와의 은혜가 분명하게 머물고 있는 사람의 모습을 더이상 보고 싶어 하지 않았다. 훗날 죄를 지은 다윗은 얼마나 달리 행동했는가! 그가 하나님께 부르짖는 소리를 들어보라. "무릇 나는 내 죄과를 아오니 내 죄가 항상 내 앞에 있나이다 내가 주께만 범죄하여 주의 목전에 악을 행하였사오니 주께서 말씀하실 때에 의로우시다 하고 주께서 심판하실 때에 순전하시다 하리이다 … 나를 주 앞에서 쫓아내지 마시며 주의 성령을 내게서 거두지 마소서"(시 51:3-4, 11). 아, 바로 이것이 중생하지 못한 자와 중생한 자 사이의 큰 차이다. 중생하지 못한 자는 더욱더 죄 속에서 강퍅해지고, 중생한 자는 그 죄로 인해 하나님 앞에서 자신을 한없이 낮춘다.

"그러므로 사울이 그를 자기 곁에서 떠나게 하고 그를 천부장으로 삼으매 그가 백성 앞에 출입하며." 그러나 여기에서 우리는 그 타락한 군주의 계획을 다스리고 이끄서서 오히려 자신의 계획을 이루시는 하나님의 손길을 보며 다시 한 번 탄복하지 않을 수 없다. 왕이 다윗을 자신의 궁정에서 내쫓으려 했던 것이 부분적으로는 그의 개인적인 증오심 때문이었고, 부분적으로는 백성들을 기쁘게 하려는 것이었고, 또 부분적으로는 그가 전장에서 살해되기를 바랐기 때문이었음에도, 어쨌거나 우리의 영웅은 이제 천부장이 되었다. 더구나 이것은 그에게 백성들을 이끌어 적들에 대해 승리를 거둘 기회를 제공함으로써 그가 백성들로부터 더 큰 환심을 사게 해주었을 뿐이다. 이를 통해 이스라엘 백성은 다윗에 대해 그리고 그의 처신에 대해 알 수 있는 보다 많은 기회를 얻게 되었다.

여기에서 다윗이 보여 주는 또다른 예표적 특성에 주목해 보자. 다윗은 이스라엘의 왕으로 기름 부음을 받았음에도(16:13) 여전히 지배 권력의 증오를 견뎌내야 했다. 그것은 다윗의 자손이자 주님이셨던 분 역시 마찬가지였다. 베들레헴의 구유에 누우셨던 그분은 "그리스도 [기름 부음을 받은 자 the Anointed]"(눅 2:11)셨고, 또한 "유대인의 왕으로 나신 이"(마 2:2)셨다. 그럼에도 유대 왕은, 비록 우리의 예표의 경우에서처럼 무위로 끝나고 말았지만, 그분의 목숨을 찾았다(마 2:16). 보다 훗날에도 마찬가지였다. 예수님이 공생애를 시작하셨을 때와 관련해 우리는 "바리새인들이 나가서 어떻게 하여 예수를 죽일까 의논하거늘"(마 12:14)이라는 말씀을 읽는다. 다윗이 상황을 자신의 손으로 해결하려 하기보다는 조용히 하나님이 그의 즉위를 위해 예비하신 때를 기다리는 것으로 만족했음을 보는 것은 복되다. 마찬가지로 우리의 복된 주님께서도 영광을 얻으시기 전에 기꺼이 고난을 감수하셨다. 우리 모두가 하나님의 은혜를 통해 우리에게 필요한 인내를 얻게 되기를!

다윗의 지혜로운 처신

"다윗이 그의 모든 일을 지혜롭게 행하니라 여호와께서 그와 함께 계시니라"(삼상 18:14). 여기에서 "모든"이라는 작은 단어에 주목하라. 그리고 그것을 당신의 기도와 실천에 적용하라. 하나님의 마음에 맞는 자는 들판에 있을 때든, 궁정에 있을 때든, 혹은 전장에 나가서든, 늘 신중하게 행동했다. 여기에서도 그는 성경이 그에 대해 "그가 모든 것을 잘하였도다"(막 7:37)라고 전하는 분을 예표한다 - 그것이 우리의 갈망과 목표가 되게 하라. 그리고 여호와께서는 그를 지키고 번성케 하시면서 "그와 함께 계셨다." 역대하 15장 2절 말씀은 오늘 우리에게도 여전히 효력이 있다. "너희가 여호와와 함께하면 여호와께서 너희와 함께하실지라 너희가 만일 그를 찾으면 그가 너희와 만나게 되시려니와 너희가 만일 그를 버리면 그도 너희를 버리시리라." 만약 우리가 매일 하나님과 동행하는 삶을 부지런히 추구한다면, 우리의 모든 일이 형통하게 될 것이다.

"사울은 다윗이 크게 지혜롭게 행함을 보고 그를 두려워하였으나 온 이스라엘과 유다는 다윗을 사랑하였으니 그가 자기들 앞에 출입하기 때문이었더라"(삼상 18:15-16). 자신이 다윗보다 유리하지 못하며, 다윗이 자기가 맡은 모든 일에서 성공을 거두고 백성들에게 더욱더 사랑 받고 있음을 알아차린 사울은 이제 자신의 왕국이 자신의 경쟁자에게 넘어갈 때가 가까이 온 것이 아닐까 하여 크게 두려웠다. 사악한 자들은 의인들 위에 하나님의 은혜가 임한 것을 알아차릴 때 그들을 두려워한다. 성경에서 우리는 "헤롯이 요한을 의롭고 거룩한 사람으로 알고 두려워했다"(막 6:20)는 말씀을 읽는다. 하나님이 그분의 성도들의 총회 안에 계심이 알려지면 세상의 위대한 자들조차 그것을 알아차리고 불안해한다(시 48:2-6을 보라).

사울의 꼼수

"사울이 다윗에게 이르되 내 맏딸 메랍을 네게 아내로 주리니 오직 너는 나를 위하여 용기를 내어 여호와의 싸움을 싸우라 하니 이는 그가 생각하기를 내 손을 그에게 대지 않고 블레셋 사람들의 손을 그에게 대게 하리라 함이라"(삼상 18:17). 사울의 이 말은 다윗에 대한 우정과 선의에서 나온 말이 아니라 그에게 덫을 놓기 위한 말이었다. 철저히 질투심에 사로잡혀 있던 왕은 마음 편히 쉴 수가 없었다. 그는, 만약 자기가 직접 죄를 짓지 않고서 그렇게 할 수만 있다면, 다윗의 파멸을 위해 모든 일을 하기로 결심했다. 앞에서 그는 다윗의 목숨을 노리고 직접 공격을 감행했으나(삼상 18:11), 이제는 다윗을 그토록 사랑하는 백성들(16절)이 두려웠다. 그래서 사울은 이런 악한 책략을 쓰는 편이 더 현명하다고 생각했다. 그는 다윗이 스스로 파멸하도록 만들고자 했다. 그러나 이것이 사울 자신의 파멸의 방식이 되었음에 주목할 필요가 있다－그는 블레셋 사람들에 의해 죽임을 당했다(삼상 31:1-5을 보라).

"오직 너는 나를 위하여 용기를 내어 여호와의 싸움을 싸우라 하니 이는 그가 생각하기를 내 손을 그에게 대지 않고 블레셋 사람들의 손을 그에게 대게 하리라 함이라." 다윗이 "그의 입은 우유 기름보다 미끄러우나 그의 마음은 전쟁이요 그의 말은 기름보다 유하나 실상은 뽑힌 칼이로다"(시 55:21)라고 썼을 때, 그는 바로 이런 사건을 염두에 두고 있었던 것이다! 이것은 얼마나 무서운 일이었던가! 여기에 살의를 품고서 교묘하게 동료의 죽음을 획책하면서도 입술로는 "여호와의 싸움을 싸우는 것"에 대해 말하는 사람이 있다! 오, 사악한 위선자들은 얼마나 자주 영적인 언어라는 외투를 입는가! 우리가 그런 교묘한 말에 속아 넘어가기는 얼마나 쉬운가! 사울이 하는 이런 경건한 말을 들은 자들이 그를 거룩한 사람이라고 여기기는 또 얼마나 쉬운가! 오, 독자들이여, 이 진리를 배우라. 말보다 진실된 것은 행위다.

겸손한 자기 인식

"다윗이 사울에게 이르되 내가 누구며 이스라엘 중에 내 친속이나 내 아버지의 집이 무엇이기에 내가 왕의 사위가 되리이까 하였더니"(삼상 18:18). 주석가들 중 몇 사람은 사울이 다윗이 골리앗과 교전하러 나갈 때 그에게 자기의 딸을 아내로 주겠노라고 약속했다고 주장한다. 그러나 성경에는 그런 주장을 뒷받침할 만한 아무런 근거도 나오지 않는다. 사무엘상 17장 25절에 기록된 내용은 이스라엘 백성들의 말이었지 왕 자신의 말이 아니었다—사실 백성들은 사울이 그것보다 더 큰 것이라도 약속하리라고 추정하고 있었다. 사울의 제안에 대해 들었을 때 다윗의 겸손함이 즉시 드러났다. 어떤 이들은 여기에서 다윗이 자기의 가족에 대해 언급한 것은 자신이 모압 사람 룻의 후손이었음을 고려한 발언이었다고 생각한다.

이 경우에 다윗이 보여 준 겸손한 마음에 주목하는 것은 복되다. 그는 자기의 이익을 추구하며 시류에 편승하는 사람이 아니었다. 그의 마음은 자기에게 주어진 모든 의무를 충실하게 이행하는 것으로 가득 차 있었다. 그는 세상의 명예와 육신의 이익을 탐하지 않았다. "내가 누구며…"라는 말은 그가 자신을 얼마나 비천한 존재로 여기고 있었는지 보여 주는 말이다. 아, 이런 사람이야말로 하나님이 사용하고 지원하시는 사람이다! "하나님이 교만한 자를 물리치시고 겸손한 자에게 은혜를 주신다 하였느니라"(약 4:6). "내 친속이나 내 아버지의 집이 무엇이기에"라는 말 역시 동일한 태도를 보여 준다. 그는 자신이 블레셋 사람과 맞서 싸우며 자신의 목숨을 내건 것조차 자기가 왕의 딸과 결혼하는 것을 정당화해 준다고 생각하지 않았다. 여기에서 다시 우리는 이런 이야기가 그의 주님의 완전하심을 암시하고 있음을 알 수 있다. "나는 마음이 온유하고 겸손하니 나의 멍에를 메고 내게 배우라"(마 11:29)는 주님의 말씀은 우리에게 다윗의 겸손함이 불완전하게 예표했던 것을 보여 준다. 우리는 "내게 주신 은혜로 말미암아 너희 각 사람에게 말하노니 마땅히 생각할 그 이상의 생각을 품지 말고 오직 하나님께서 각 사람에게 나누어 주신 믿음의 분량대로 지혜롭게 생각하라"(롬 12:3)는 말씀에 유념하면서 열심히 은혜를 구하자.

"사울의 딸 메랍을 다윗에게 줄 시기에 므홀랏 사람 아드리엘에게 아내로 주었더라"(삼상 18:19). 이런 사람의 말은 과연 얼마나 가치가 있을까? 독자들이여, 타락한 인간의 약속에 의지할 때 신중하라. 왕의 배반은 다윗을 조악하게 모욕해 그로 하여금 자신에게 화를 내게 하려는 것이었다. 그런 치욕적인 처사는 사울에게 약속의 이행을 요구할 권리를 가진 자가 폭동을 일으키도록 부추기기 위해 계획된 것이었다. 그렇게 함으로써 왕은 자신이 다윗에 대해 승기(勝機)를 잡을 수 있으리라고 생각했던 것이다. 그 결혼 위에 하나님의 저주가 임했던 사실을 떠올리는 것은 놀랍고도 엄중하다. 메랍과 므흘랏 사람에게서 난 다섯 명의 아들들은 훗날 기브온 사람들의 손에 넘겨져 교수형을 당했기 때문이다(삼하 21:8-9)!

미갈의 사랑

"사울의 딸 미갈이 다윗을 사랑하매 어떤 사람이 사울에게 알린지라 사울이 그 일을 좋게 여겨 스스로 이르되 내가 딸을 그에게 주어서 그에게 올무가 되게 하고 블레셋 사람들의 손으로 그를 치게 하리라 하고 이에 사울이 다윗에게 이르되 네가 오늘 다시 내 사위가 되리라 하니라"(삼상 18:20-21). 사악한 왕의 목적에 적합한 새로운 기회가 나타났다. 그의 또다른 딸 미갈이 다윗을 사랑하게 되었다. 그러자 사울은 메랍 대신 그녀를 다윗에게 주겠노라고 제안했다. 그러면서 그는 이제 자기가 다윗의 죽음을 초래할 기회를 얻게 되기를 바랐다.

그러나 우리는 이 마귀에 사로잡힌 왕의 행태를 넘어서 자신을 사랑하는 자들에게 "모든 것이 합력하여 선을 이루게"(롬 8:28) 하시는 분의 놀라운 방식을 바라보며 탄복하자. 그 옛날 여호와께서 바로의 딸의 마음을 모세에게 향하게 하시고 그로 인해 히브리 사람들의 모든 남자 아이들을 죽이려 했던 그녀의 아비의 악한 계획을 뒤엎으셨던 것처럼, 이제 그분은 미갈의 마음을 다윗에게 향하게 하시고 그녀를 사용해 다윗을 살해하려는 그녀의 아비의 계획을 망치게 하신다(삼상 19:11-17을 보라). 이것은 모든 사람의 마음이 하나님의 손 안에 있음을 보여 주는 얼마나 큰 증거인가!

자기의 말이 다윗에게 신뢰를 주지 못한다는 것을 알았던 왕은 교활하게도 자기의 신하들을 이용해 다윗의 마음을 움직였다. 그 신하들은 "비밀히" 다윗에게 접근해 그에게 "왕이 너를 기뻐하시고 모든 신하도 너를 사랑하나니 그런즉 네가 왕의 사위가 되는 것이 가하니라"라고 말하면서 확신을 주었다(왕상 18:22). 하나님이 그분의 제어하시는 손길을 거두시면 "인생들이 악을 행하는 데에 마음이 담대해진다"(전 8:11). 그들은 아무런 양심의 가책도 없이 악한 계획의 수행을 위해 가능한 모든 수단들을 사용한다. 그들은 자기들의 원한의 대상을 향해 아첨하고, 칭송하고, 비난하고, 정죄하고, 부추기고, 깎아내린다. 자기들의 목적에 도움이 된다면 무슨 일이든 한다.

다윗이 왕의 의도에 관해 들은 후 보인 반응은 다시 한 번 그의 겸손한 마음을 분명하게 드러낸다. "왕의 사위 되는 것을 너희는 작은 일로 보느냐 나는 가난하고 천한 사람이라"(왕상 18:23). 다음에 나오는 내용에 비추어 본다면, 다윗은 여기에서 자기가 왕의 딸에게 걸맞은 정도의 지참금을 지불할 능력이 없음을 지적하고 있는 것이 분명해 보인다. 이것을 창세기 29장 18과 34장 12절, 그리고 출애굽기 22장 16-17절의 내용들과 비교해 보라. 매튜 헨리가 이 구절에 대한 그의 주석에서 멋지게 지적했듯이, "만약 다윗이 왕의 사위가 되는 영예를 그렇게 크게 여겼다면, 우리는 우리가 율법이 아닌 복음을 따라서 왕 중의 왕이신 분의 자녀가 되는 것을 얼마나 높이 여겨야 할 것인가! '보라 아버지께서 어떠한 사랑을 우리에게 베푸사 하나님의 자녀라 일컬음을 받게 하셨는가'[요일 3:1]. 우리가 무엇이기에 그토록 높임을 받아야 한단 말인가?" 우리는 자신을 하나님께 추천하기 위해 그 어떤 지참금도 가져갈 능력이 없다.

사울의 신하들이 그에게 다윗의 반응에 대해 보고했을 때 왕의 진짜 계획이 모습을 드러냈다. "그 결혼의 조건은 다윗이 블레셋 사람 1백 명을 죽이고, 그가 죽인 자들이 할례를 받지 않은 자들이었음에 대한 증거로 그들의 음경의 포피[包皮]를 가져오는 것이었다. 이것은 블레셋 사람들에 대한 엄청난 모욕이 될 것이었다. 그들은 할례는 하나님의 명령이었다는 이유로 그것을 혐오했다. 그리고 아마도 다윗이 그런 일을 행한다면, 그것은 그들로 하여금 다윗에 대해 격분하게 만들 것이고, 따라서 그들은 다윗에게 복수하려 들 것이다. 바로 그것이 사울이 바라고 계획했던 일이다"(Matthew Henry). 그러나 다윗은 그런 조건에 대해서조차 난색을 표하지 않았다. 하나님이 자기와 함께 계심을 믿었고 그분의 적들을 죽여서 그분의 영광을 드러내고자 하는 열정으로 가득 차 있던 그는 블레셋 사람들에게 가서 자기에게 요구되었던 숫자의 배나 되는 사람들을 죽였다. 참으로 하나님은 사람의 노여움까지도 하나님을 높이는 수단이 되게 하신다(시 76:10).

07
사울을 피해 달아남
사무엘상 19장

사무엘상 18장 마지막 절에는 하나님의 마음에 맞는 자가 제공하는 예표적 모습 중에서도 가장 복된 측면을 보여 주는 말씀이 기록되어 있다. "다윗이 사울의 장군들보다 더 큰 전과를 올렸기 때문에, 다윗은 아주 큰 명성을 얻었다 [much set by, KJV, 표준새번역]"(30절). 이에 대한 난외주(欄外註)는 훨씬 더 시사적이다. "그의 이름이 심히 귀하게 되니라 [precious, 한글 개역성경에는 이미 그렇게 번역되어 있다 – 역쥐]." 이것은 그의 "이름"이 "쏟은 향기름 같은"(아 1:3) 분에 대한 얼마나 사랑스러운 예시인가! 그렇다, 그리스도의 이름은 그분의 아버지와 그분의 백성 모두에게 "심히 귀하다." 그분이 "천사보다 훨씬 뛰어남은 그들보다 더욱 아름다운 이름을 기업으로 얻으셨기 때문이다"(히 1:4). 그렇다, 그분은 "모든 이름 위에 뛰어난 이름"(빌 2:9)을 얻으셨다. 그분의 이름은 설명이 불가능할 만큼 귀하다. 사람들은 그분의 이름으로 기도한다(요 14:13). 그리고 그분의 이름을 "견고한 망대"(잠 18:10)로 삼는다.

사울의 노골적인 적의

"사울이 그의 아들 요나단과 그의 모든 신하에게 다윗을 죽이라 하였더니"(삼상 19:1). 앞 장의 마지막 문장과 이 장의 첫 문장 사이에서 나타나는 차이는 얼마나 생생하고 엄중한가! 그러나 아마도 영적인 사람들이라면 상황이 달리 되리라고는 기대하지 않을 것이다. 우리는 "사랑받는 자"(그것이 "다윗"이라는 이름의 의미였다)의 이름이 심히 귀하게 될 때 그의 적—여기에서는 사울에 의해 인격화되어 나타난다—의 즉각적인 분노를 목격하게 될 것에 대비해야 한다. 그렇다, 여기에서 우리에게 주어지는 설명은 우리의 삶에 그대로 들어맞는다. 여자의 후손에 대한 뱀의 적의(敵意)가 그분의 "이름"을 높이는 것에 대해서보다 더 적나라하게 드러나는 경우는 없다. 이것은 사도들의 시대에도 마찬가지였다. 그들이 "다른 이로써는 구원을 받을 수 없나니 천하 사람 중에 구원을 받을 만한 다른 이름을 우리에게 주신 일이 없음이라"(행 4:12)고 선포했을 때, 유대교 지도자들은 그들에게 "도무지 예수의 이름으로 말하지도 말고 가르치지도 말라"(18절)고 경고했다. 그리고 사도들이 말을 듣지 않자 그들은 사도들을 "채찍질한 후" 다시 한 번 "예수의 이름으로 말하는 것을 금했다"(행 5:40).

다윗의 생명을 노렸던 사울의 앞선 음모는 수포로 돌아갔다. 다윗은 사울의 계획처럼 블레셋 사람들에게 죽임을 당하지 않았다. 오히려 그들이 다윗의 손에 죽었다. 그 결과 이새의 아들은 백성들 사이에서 전보다 훨씬 더 존경을 받게 되었다. 그의 이름은 백성들 사이에서 높이 칭송되었다. 그의 대형(對型)이신 분 역시 마찬가지였다. 대제사장과 바리새인들이 주 예수님을 박해하면 할수록, 백성들은 더욱더 그분을 따랐다. "이 날부터는 그들이 예수를 죽이려고 모의하니라 … 유대인의 유월절이 가까우매 많은 사람이 자기를 성결하게 하기 위하여 유월절 전에 시골에서 예루살렘으로 올라갔더니 그들이 예수를 찾으며"(요 11:53, 55-56). 예수님이 승천하신 후에도 마찬가지였다. 그분의 증인들이 박해를 받을수록, 그분의 복음은 더욱 더 퍼져나갔다. 의심할 여지없이 스데반의 죽음은 하나님이 훗날 이방인을 위한 강력한 사도가 될 자의 양심에 가책을 주기 위해 사용하셨던 일들 중 하나였다. 초대 교회가 박해를 당했을 때와 관련해 우리는 "그 흩어진 사람들이 두루 다니며 복음의 말씀을 전할새"(행 8:4)라는 말씀을 듣는다. 하나님은 그런 식으로 사람의 노여움을 이용해 자신을 높이신다.

요나단의 탄원

사울은 점점 더 절망적이 되어가고 있었다. 그리고 이제는 자기 아들에게 다윗에 대한 자신의 격한 증오를 알리는 것도 주저하지 않았다. 그러나 여기에서 다시 우리는 하나님의 섭리의 손길을 발견하고 탄복하지 않을 수 없다. 왕은 자기 아들 요나단에게 다윗을 살해하려는 자신의 계획을 숨기지 않았던 것이다! 그 아들은 자기 아버지의 저의에 공감하지 않았다. 그로 인해 우리는 성경에서 다음과 같은 말씀을 읽게 된다. "그가 다윗에게 말하여 이르되 내 아버지 사울이 너를 죽이기를 꾀하시느니라 그러므로 이제 청하노니 아침에 조심하여 은밀한 곳에 숨어 있으라 내가 나가서 네가 있는 들에서 내 아버지 곁에 서서 네 일을 내 아버지와 말하다가 무엇을 보면 네게 알려 주리라"(삼상 9:2-3). 이런 참되고 사심 없는 우정을 목도하는 것은 복된 일이다. 우리는 요나단이 왕의 상속자로 태어났다는 사실을 잊어서는 안 된다. 그럼에도 여기에서 우리는 그가 다윗에게 그가 처한 위험에 대해 충실하게 알려 주고 그 위험에 맞서 대책을 세우라고 조언하는 것을 보게 된다.

요나단은 자신이 사랑하는 친구에게 자기 아버지의 악한 계획에 대해 경고했을 뿐 아니라, 또한 그를 위해 왕에게 탄원하기도 했다. 그가 사울 앞에서 자신에게 화가 미칠지도 모를 위험을 감수하면서 친구를 위해 간청하는 모습(4-5절)은 아름답다. 요나단은 사울 왕에게 다윗이 그에게 잘못한 일이 없고, 잘못은커녕 그가 이스라엘을 블레셋 사람들로부터 구해냈고, 그로 인해 왕좌 역시 구해냈음을 상기시켰다. 그리고 왕이 어째서 이런 상황에서 "무죄한 피"(삼상 19:5)를 흘리려 하는지 물었다.

그러나 여기에서 우리가 요나단을 그리스도의 예표로 간주해서는 안 된다. 오히려 그는 그리스도와 생생한 대조를 이룬다. 요나단의 탄원은 다윗의 개인적 공로에 근거를 두고 있었다. 이것은 우리의 중재자의 경우와는 정반대다. 우리의 위대한 대제사장께서는 온 우주의 왕 앞에서 자기 백성을 위해 탄원하실 때 그들이 행한 선한 일이 아니라 자신이 그들을 대신해 하나님의 공의를 위해 제공했던 완전한 희생 또는 순종에 근거해서 그렇게 하신다. 그분은 그들의 장점에 대해 탄원하실 수 없다. 오히려 그분의 완전한 희생이 그들을 위해 효력을 낼 뿐이다.

사울의 헛된 약속

요나단의 간청은 성공적이었다. "사울이 요나단의 말을 듣고"(삼상 19:6a). 사울은 자기 아들의 말에 귀를 기울였을 뿐 아니라, 그가 한 말에 깊은 인상을 받았다. 그리고 자기가 다윗의 목숨을 빼앗으려 했던 것이 잘못이었음을 시인했다. 그러나 여기에서 다시 요나단의 중재와 주 예수님이 행하신 자기 백성들을 위한 중재 사이의 놀라운 차이가 드러난다. 요나단의 중재는 자기 아버지에게 일시적이고 순간적인 효과밖에 주질 못했다. 반면에 우리의 옹호자께서 행하신 중재는 영원한 효력을 갖고 있다. 그분의 이름이 영원토록 찬양받으시기를! "여호와께서 살아 계심을 두고 맹세하거니와 그가 죽임을 당하지 아니하리라"(6b절). 여기에서 다시 한 번 우리는 사악한 사람이 경건한 표현들을 얼마나 쉽게 사용하는지, 그리고 그들의 겉모습만 보는 이들에게 자신을 얼마나 경건한 사람으로 보이게 하는지 알게 된다. 이후의 일들은 왕의 엄중한 맹세가 얼마나 무가치한지 잘 보여 주고, 또 우리에게 세상 지도자들의 약속을 신뢰하지 말 것을 가르쳐 준다. 성경에 익숙한 사람들은 국가와 국가들 사이의 협정이 무가치한 휴지 조각이 될 때 놀라지 않을 것이다.

요나단의 말에 확신을 얻은 다윗은 사울에게 돌아왔다(삼상 19:7). 그리고 얼마 후 블레셋과의 새로운 전쟁이 발발했다. 아마도 그것은 국지적인 소규모 전투였을 것이다. 그러나 아무튼 그로 인해 다윗은 다시 군사 활동을 시작했고, 수많은 적들을 죽이고 나머지는 도망가게 하면서 큰 성공을 거뒀다(8절). 여기에서 하나님의 마음에 맞는 자는 우리에게 아주 복된 예를 보여 준다. 그는 자신의 신실한 노력을 인정해 주기는커녕 오히려 자기를 악하게 대하는 주인을 섬기면서도 자기에게 주어진 의무를 수행하는 것을 거부하지 않았다. "다윗은 왕과 조국을 위해 선한 봉사를 계속했다. 사울이 자신의 선을 악으로 갚았음에도, 또 그가 자신의 국가적인 유용함조차 질투의 대상으로 삼았음에도, 다윗은 그런 것 때문에 부루퉁해져서 자기의 공적 의무를 이행하는 것을 거부하지 않았다. 선한 일에 대해 제대로 보상을 받지 못한 자들은, 그럼에도 불구하고, 선한 일을 하는 데 지치지 말아야 한다. 그들은 우리의 하늘 아버지가 얼마나 풍성하게 보답해 주시는 분인지 기억해야 한다"(Matthew Henry).

"사울이 손에 단창을 가지고 그의 집에 앉았을 때에 여호와께서 부리시는 악령이 사울에게 접하였으므로"(삼상 19:9a). 이 구절의 서두는 다윗이 블레셋에 대해 다시 승리를 거둔 것이 왕에게 악의에 찬 질투심을 불러일으키고, 그로 인해 "마귀에게 틈을 줌"(엡 4:27)으로써 다시 그가 악한 영의 영향을 받게 되었음을 암시하는 듯 보인다. "다윗이 손으로 수금을 탈 때에"(9b절). 다윗은 전장에서 그토록 큰 성공을 거두고 백성들에게 그토록 존경을 받고 있었으므로 그런 일은 자기의 위엄에 맞지 않는다고 생각할 수도 있었다. 그러나 은혜가 충만한 사람은 자기가 그것을 통해 누군가를 위해 선을 베풀 수만 있다면 그 어떤 일도 비천한 것으로 여기지 않는다. 그렇지 않다면 다윗은 지난번에 자기가 사울을 위해 동일한 일을 하다가 겪었던 위험(18:10)을 이유로 그 일을 수행하는 것을 거부할 수도 있었을 것이다. 그러나 그는 자기의 의무를 수행함에 있어서 온전히 하나님을 의지했다.

"사울이 단창으로 다윗을 벽에 박으려 하였으나"(삼상 19:10). 그가 얼마 전에 자기 아들의 탄원에 흔쾌히 동의하고 다윗을 죽이지 않겠노라고 맹세했던 것에 비추어 볼 때, 이 구절은 우리에게 한 가지 엄중하고 무서운 원리에 대한 실례를 제공한다. 구원받지 못한 자들은 어떤 갑작스러운 확신이 들어 악한 행실을 끊고 주님을 섬기다가도 얼마 가지 않아서 마치 "돼지가 씻었다가 더러운 구덩이에 도로 눕듯이"(벧후 2:22) 죄의 길로 되돌아간다! 그런 사람에게는 마음 깊은 곳에서 일어나는 자비로 인한 기적이나 성향의 변화가 존재하지 않는다. 그들은 그들에게 필요한 강함을 얻기 위해 하나님의 은혜에 의지하지 않는다. 그러므로, 설령 그들의 결단이 아무리 진지하고 뜨거울지라도, 그것은 아무런 지속적인 효과도 내지 못한다. 그들의 억제되지 않은 욕망은 가장 엄중한 맹세조차 쉽게 깨뜨려버린다. 하나님에 대한 경외감이 그들의 마음을 사로잡지 못하는 곳에서는 곧 새로운 유혹이 잠복중인 부패를 불러일으키고, 그것은 사탄에게 그 희생자를 완전히 장악할 좋은 기회를 제공한다.

도피

"그는 사울의 앞을 피하고 사울의 창은 벽에 박힌지라 다윗이 그 밤에 도망하매"(삼상 19:10). 하나님이 자신의 사람을 돌보시는 방법은 얼마나 놀라운가! 그분의 보호하시는 손길은 비록 우리의 눈에 보이지는 않을지라도 얼마나 실제적인가! 하나님이 허락하지 않으시면 참새 한 마리도 땅에 떨어지지 않는다(마 10:29). 우리가 "여호와의 천사가 주를 경외하는 자를 둘러 진 치고 그들을 건지시는도다"(시 34:7)라고 노래할 수 있다면, 우리의 마음은 얼마나 큰 평화와 안전을 누리겠는가! 사람들은 우리에 대한 적의로 가득 차고, 사탄은 분노하며 우리의 멸망을 추구할 수 있으나, 하나님이 허락하시지 않는다면, 아무도 우리의 머리카락 한 올도 건드리지 못한다. 전능하신 주님은 그분을 신뢰하는 모든 이에게 "방패와 손 방패"(시 91:4)이시며 "반석과 요새"(시 18:2)이시다. 그러나 다윗이 무모하게 앞뒤를 가리지 않고 행동하지 않았음에 주목하라. 믿음은 허세를 부리지 않는다. 비록 우리가 주님을 신뢰할지라도, 우리는 그분을 시험하려 해서는 안 된다. 그러므로 사람들이 우리를 해치려 할 때는 피하는 것이 우리의 의무다(마 10:23 참고).

"사울이 전령들을 다윗의 집에 보내어 그를 지키다가 아침에 그를 죽이게 하려 한지라 다윗의 아내 미갈이 다윗에게 말하여 이르되 당신이 이 밤에 당신의 생명을 구하지 아니하면 내일에는 죽임을 당하리라 하고"(삼상 19:11). 사울은 완전히 흥분해 있었고, 다윗을 죽이려는 계획이 실패한 것으로 인해 원통해 하고 있었다. 이제 그는 다윗을 암살하기 위해 자신의 경호원들을 보냈다. 그들은 곧장 다윗의 집으로 쳐들어가 엉뚱한 사람을 죽이거나 혼란과 어둠 속에서 다윗이 도망칠 기회를 제공하기보다는 그의 집을 포위하고 날이 밝을 때까지 기다리라는 명령을 받았다. 그러나 인간이 계획할지라도 일을 처리하시는 분은 하나님이시다. 주님은 다윗에게 시키실 다른 일을 갖고 계셨다. 그리고 하나님의 종은 그에게 맡겨진 일이 끝나기 전에는 죽지 않는다. 이번에는 다윗과 결혼한 왕의 딸 미갈이 그를 도왔다. 어떤 방법을 통해서였는지 그녀는 자기 아버지의 계획에 대해 들었고, 즉시 그 계획을 방해하기 위한 수단을 강구했다. 먼저 그녀는 자기 남편에게 그에게 임박한 위험에 대해 알려 주었다.

다음으로 우리는 "미갈이 다윗을 창에서 달아 내리매 그가 피하여 도망하니라"(삼상 19:12)라는 말씀을 읽는다. 비슷한 방식으로 라합은 여리고에 있는 그녀의 집에서 왕의 신하들에게 쫓기던 이스라엘의 정탐꾼들을 달아 내렸고(수 2:15), 예수님의 제자들은 다메섹에서 사도 바울을 달아내려 유대인의 악한 계획으로부터 그를 보호했다(행 9:25). 비록 문들은 철통같이 닫혀 있었지만, 다윗은 그렇게 창문을 통해 빠져나가 빠르고 안전하게 달아날 수 있었다. 여기에서 시편 59편을 참고하는 것은 아주 흥미롭다. 그 시편의 머리글 [上記] 은 우리에게 그것이 "사울이 사람을 보내어 다윗을 죽이려고 그 집을 지킨 때에" 쓰였음을 알려 준다. 그토록 엄중한 상황에서 다윗 은 다음과 같이 기도했다. "나의 하나님이여 나의 원수에게서 나를 건지시고 일어나 치려는 자에게서 나를 높이 드소서 악을 행하는 자에게서 나를 건지시고 피 흘리기를 즐기는 자에게서 나를 구원하 소서 그들이 나의 생명을 해하려고 엎드려 기다리고 강한 자들이 모여 나를 치려하오니 여호와여 이는 나의 잘못으로 말미암음이 아니요 나의 죄로 말미암음도 아니로소이다"(시 59:1-3). 다윗이 이 시편을 완성하기 전에 자신의 구원을 완전히 확신하고 있었음을 보는 것은 복되다. "나는 주의 힘을 노래하며 아침에 주의 인자하심 을 높이 부르오리니 주는 나의 요새이시며 나의 환난 날에 피난처심 이니이다"(16절).

"미갈이 우상을 가져다가 침상에 누이고 염소 털로 엮은 것을 그 머리에 씌우고 의복으로 그것을 덮었더니 사울이 전령들을 보내 어 다윗을 잡으려 하매 미갈이 이르되 그가 병들었느니라"(삼상 19:13-14). 물은 그 자신의 수면 이상으로 오르지 못한다. 우리는 이 세상의 자녀들이 하늘의 원리를 따라 행동할 것을 기대해서는 안 된다. "하나님의 생명에서 떠나"(엡 4:18) "약속의 언약들에 대하여는 외인"(엡 2:12)인 자들은 하나님을 신뢰하지 않는다. 비상시에 그들은 인간적인 계획과 궁리를 하는 것 이상으로 의지할 것을 갖고 있지 않다. 인간적인 관점에서 본다면, 자기 남편에 대한 미갈의 충성은 칭찬할 만하다. 그러나 영적인 관점에서 본다면, 그녀의 속임수와 어리석음은 비난할 만하다. 하나님이 그분의 선한 목적을 이루실 것이라고 믿으며 자신의 목적과 상황을 그분께 의탁하는 사람(시 37:5)은 인간적인 책략과 속임수에 의존할 필요가 없다. 다윗이 불신자와 결혼한 것이 그가 사울의 집안에서 겪게 되는 고통스러운 경험의 이유가 되고 있지 않은가!

"사울이 또 진령들을 보내어 다윗을 보라 하여 이르되 그를 침상째 내게로 들고 오라 내가 그를 죽이리라"(삼상 19:15). 오로지 다윗을 파멸시키는 데만 몰두했던 왕은 그가 병이 들었건 어쨌건 자기 앞으로 끌어오라고 명령했다. 이것은 자기 손으로 그를 죽이려는 특별한 목적 때문이었다. 자기가 보기에 병이 들었다고 생각되는 사람에게 그런 식의 공격을 감행하고 어쩌면 자연의 손에 의해 죽어가고 있을지도 모르는 사람을 죽이겠노라고 공언하는 것은 매우 천박하고 야비한 짓이었다. "처음부터 살인한 자"(요 8:44)였던 자에게 부추김을 받은 사울의 야만스러울 정도의 잔인함은 다윗이 얼마나 극심한 위험에 처해 있었는지 분명하게 보여 준다. 그러나 이것은 반대로 그에 대한 하나님의 보호하심이라는 은혜를 강화시킨다. 우리가 주님께서 자신을 우리와 우리의 악의에 찬 적들 사이에 방패로 세우신다는 사실을 아는 것은 얼마나 귀한 일인가! "산들이 예루살렘을 두름과 같이 여호와께서 그의 백성을 지금부터 영원까지 두르시리로다"(시 125:2).

사울의 전령들이 돌아가 미갈의 집 안으로 들어갔을 때 그녀의 계획이 탄로 났고 다윗이 도망쳤음이 밝혀졌다(삼상 19:16). 그러자 왕이 그녀에게 물었다. "너는 어찌하여 이처럼 나를 속여 내 대적을 놓아 피하게 하였느냐"(삼상 19:17a). 질투와 분노와 증오는 사람의 눈을 얼마나 철저하게 흐려지게 하는가! 이제 사울은 거듭해서 자신을 도왔던 이를 자신의 "대적"으로 간주한다. 여기에는 우리를 위한 엄중한 교훈이 들어 있다. 만약 오만과 편견과 이기심이 우리의 마음을 지배한다면, 우리는 우리의 가장 현명한 조언가들과 지지자들을 우리의 적으로 간주하게 될 것이다. 오직 우리의 눈이 정직할 때만 우리의 존재 전체가 빛으로 가득 찰 수 있다. 사울에 대한 미갈의 대답에 주목하는 것은 아주 중요하다. "그가 내게 이르기를 나를 놓아 가게 하라 어찌하여 나로 너를 죽이게 하겠느냐 하더이다"(17b절). 그녀는 이런 말로써 다윗을 만약 자기가 도망치는 것을 방해한다면 자기 아내조차 죽일 수 있는 막돼먹은 인간으로 묘사했던 것이다. 하나님의 마음에 맞는 자가 이런 여자와 결혼했다는 사실은 참으로 안타깝다.

사무엘을 찾아감

"다윗이 도피하여 라마로 가서 사무엘에게로 나아가서 사울이 자기에게 행한 일을 다 전하였고 다윗과 사무엘이 나욧으로 가서 살았더라"(삼상 19:18). 다윗에게 기름을 부은 것은 사무엘이었다. 또한 다윗은 그를 통해 처음으로 왕국에 대한 약속을 받았다. 어쩌면 지금 다윗이 그 하나님의 선지자를 찾은 것은 자신의 믿음을 강화하고, 이제 자기가 어떻게 해야 할지에 대해 조언을 듣고, 현재의 고난에 대해 위로를 얻고, 그의 우정과 기도를 얻기 위해서였을 것이다. 아마도 그때 다윗은 자신이 주님의 마음을 가장 잘 알 수 있는 것은 사무엘을 통해서일 것이라고 생각했을 것이다. 또한 사무엘이 있는 곳이야말로 자기가 이 세상에서 머물 수 있는 가장 안전한 곳으로 여겼을 것이다. 나욧은 라마에서 가까웠는데, 그곳에는 선지자들의 학교가 있었다.

"어떤 사람이 사울에게 전하여 이르되 다윗이 라마 나욧에 있더이다 사울이 다윗을 잡으러 전령들을 보냈더니 그들이 선지자 무리가 예언하는 것과 사무엘이 그들의 수령으로 선 것을 볼 때에 하나님의 영이 사울의 전령들에게 임하매 그들도 예언을 한지라"(삼상 19:19-20). 다윗이 머문 곳이 신령한 장소임에도 불구하고, 사울은 그를 잡으러 사람들을 보냈다. 그러나 하나님은 그분의 영을 사울의 전령들 위에 임하게 하심으로써 다시 개입하셨다. 전령들은 신령한 감정에 사로잡혀 자기들이 받은 명령을 잊어버렸다. 이것은 우리에게 바리새인과 대제사장들이 그리스도를 잡으러 사람들을 보냈을 때 그들이 자기들의 임무를 이행하기는커녕 자기들의 주인들에게 돌아와 "그 사람이 말하는 것처럼 말한 사람은 이때까지 없었나이다" 하고 말했던 것을 상기시킨다(요 7:32, 45-46)! 사울은 두 번, 세 번에 걸쳐 다른 전령들을 보내 다윗을 잡으려 했다. 그러나 그들이 다윗이 머물던 곳에 이르기도 전에 하나님의 영이 그들에게 내렸고 그들을 일종의 황홀경 속으로 몰아넣었다. 그리고 그들은 종일토록 그런 상태에 머물면서 다윗에게 도망칠 충분한 시간을 제공했다. 때로 여호와께서는 그런 이상한 방법을 사용해 자신의 종들을 해하려는 적들의 노력을 무위로 돌리신다.

08

방황

사무엘상 20-21장

성령께서 성경의 이야기를 통해 다윗의 인품과 삶에 대해 제공하시는 설명은 복합적 성격을 갖고 있다. 얼마간 그것은 흰색과 검정색과 황금색이 주조를 이루는 그림처럼 보인다. 다윗은 여러 가지 상세한 이야기를 통해 우리가 따르면 좋을 모범을 남겼다. 그러나 다른 측면에서 그는 우리가 조심해야 할 엄중한 경고를 주기도 한다. 또다른 측면에서 그는 그리스도의 복된 예표(豫表)였다. 다윗에게서 나타나는 이런 세 가지 주된 특성들이 하나로 모일 때, 그것이 하나의 복합적 성격을 지닌 그림에 비유되는 것은 무리가 아니다. 우리는 자신의 동기가 옳다고 규정하면서 잘못된 추론을 하거나, 그 시편 기자의 인품에 내재된 안타까운 결점들에 천착하느라 그에게 임했던 하나님의 은혜를 변색시키거나 해서는 안 된다. 오히려 만약 우리가 그런 결함들을 적절하게 마음에 새기고 그것들을 우리의 기도 제목으로 삼아 그가 빠졌던 덫으로부터 벗어난다면, 성령의 계획은 이루어질 것이고 우리의 영혼은 유익을 얻게 될 것이다.

앞 장 마지막 구절에서 우리는 다윗이 사울의 살의에 찬 증오에서 벗어나기 위해 나욧에 있는 사무엘에게 피신했던 것을 살펴보았다. 그의 무자비한 적은 그곳까지 그를 따라왔다. 그러나 하나님이 놀랍게 개입하셨다. 왕이 다윗을 잡으라고 보낸 전령들은 세 번씩이나 성령의 능력에 의해 제지되고 두려움에 떨었다. 그뿐 아니라, 사울 자신이 직접 다윗을 잡으러 왔을 때, 하나님의 성령이 그를 압도하고 그를 일종의 황홀경에 빠뜨렸다. 이 정도라면 우리는 다윗의 모든 두려움은 그를 위한 하나님의 이런 주목할 만한 개입으로 인해 누그러졌을 것이고, 그의 영혼은 그를 위해 그토록 강력하게 역사하신 분을 향한 찬양과 감사의 마음으로 가득 찼으리라고 생각할 만하다. 하나님이 자신의 선지자를 통해 기름을 부은 사람을 사울이 해치도록 내버려 두지 않으실 것은 분명하지 않은가? 아, 그러나 다윗은 우리와 같은 성정을 지닌 사람이었다. 그러므로, 그 안에서 하나님의 은혜가 효과적으로 역사하지 않는 한, 그는 그 어떤 외적 섭리를 통해서도 영적으로 생각할 수 없었다. 주님이 우리를 시험하시고 우리가 어떤 존재인지 보이기 위해 우리를 방치하실 때, 우리의 실패는 자명하다.

불신앙

사울의 추적에 놀란 다윗은 나욧에 머물면서 조용히 하나님의 선하심의 다른 증거를 기다리지 못하고 문제를 자기 힘으로 해결하려고 했다. 그는 하나님의 온전하심에 사로잡히는 대신 자기를 쫓고 있는 강력하고 지독하고 피에 굶주린 적의 모습만 바라보았다. 그로 인해 우리는 다음과 같은 말씀을 읽게 된다. "다윗이 라마 나욧에서 도망하여"(삼상 20:1a). 사실 그는 사울을 피해 도망했지만, 그것은 또한 사무엘에게 등을 돌린 것이나 마찬가지였다. "요나단에게 이르되 내가 무엇을 하였으며 내 죄악이 무엇이며 네 아버지 앞에서 내 죄가 무엇이기에 그가 내 생명을 찾느냐"(1b절). 다윗이 하나님의 선지자가 아니라 요나단과 상의하고 있음을 보는 것은 참으로 안타깝다. 하나님의 말씀을 해석하기 위한 열쇠는 대개 문틀 위에 놓여 있다. 이 장의 첫 구절은 우리에게 이후의 구절들에서 나타날 내용을 설명해 준다. 다윗이 친구를 찾아가 도움을 구한 것은 "자연스러운" 일이었다. 그러나 그것이 "영적인" 일이었을까?

다윗이 요나단에게 던진 질문은 그의 마음의 상태를 보여 주는

게 아닐까? 그 질문에 거듭 등장하는 "내가"(I)와 "내"(my) 같은 단어들은 그의 마음 상태를 아주 분명하게 보여 준다. 이제 그의 머릿속에는 하나님이 존재하지 않았다. 그분은 전혀 언급되지 않는다. 자신에 대한 사울의 반복적인 살해 기도는 그를 완전히 낙담시키고 말았다. 그리고 "나와 죽음의 사이는 한 걸음뿐이니라"(삼상 20:3)는 그의 말은 불신앙의 두려움이 그를 완전히 사로잡고 있음을 암시한다. 아, 다윗은 그의 안절부절 못하는 두려움을 진정시키기 위해 요나단보다 유능한 의사, 즉 그에게 손을 얹어 그의 열기를 차분하게 식혀 주실 수 있는 분을 찾아갈 필요가 있었다. 오, 우리가 범사에 그분을 인정하지 않을 때(잠 3:6) 우리는 얼마나 많은 것을 잃어버리는가? 그러나 더 나쁜 것은, 그분과 우리 사이의 교제가 끊어질 때, 우리의 영혼이 그분과의 접촉을 잃어버릴 때, 우리는 필연적으로 시험을 당하고 통탄스러운 죄를 짓게 된다는 사실이다. 여기서도 마찬가지였다. 자기가 사울과 함께하는 식사 자리에 참석하지 않았음이 알려질 경우 사울의 분노가 되살아날 것이 두려웠지만 그렇다고 그 자리에 참석하는 것도 겁났던 다윗은 요나단에게 자기를 위해 교묘하게 거짓말을 해달라고 부탁했다(삼상 20:5-6). 우리가 이것을 통해 주님과의 교제가 단절된 사람에게 찾아오는 두려움의 결과에 대한 심각한 경고를 얻게 되기를!

다윗의 첫 번째 잘못은 그가 사울의 딸과 결혼한 것이었다. 왜냐하면 그녀가 하나님의 마음에 맞는 자에게 적합한 배우자가 아니었음은 성경의 이야기들을 통해 분명하게 드러나기 때문이다. 그의 두 번째 잘못은 그가 나욧에서 도망침으로써 하나님의 선지자에게 등을 돌린 것이었다. 그리고 그의 세 번째 잘못은 그가 요나단에게 도움을 청한 것이었다. 그의 이른바 "친구"의 참된 성격은 이 경우에 잘 드러났다. 다윗이 혼란에 빠진 것을 본 요나단은 사실을 인정할 만한 도덕적 용기를 갖고 있지 않았다. 오히려 그는 얼버무리는 말로 그를 진정시키려고만 했다(삼상 20:2). 분명히 요나단은 사울이 다윗에게 창을 던졌다는 것, 그가 자기 부하들에게 다윗을 죽이라고 지시했던 것(19:11), 그외 전령들이 나욧에 잡으러 급파되었던 것(19:20), 그리고 그 자신이 직접 다윗을 잡으러 갔던 것(19:22)을 모를 리 없었다. 그러나 사울이 다윗을 살해할 마음이 있는가에 대한 모든 의심은 무엇보다도 "사울이 그의 아들 요나단과 그의 모든 신하에게 다윗을 죽이라 말하였더니"(삼상 19:1)라는 구절로 깨끗이 정리된다. 그럼에도 요나단은 교묘하게 그런 사실을 얼버무리고 있다(20:2). 그리고 "악한 동무들은 선한 행실을 더럽힌다"(고전 15:33). 여기서도 마찬가지였다. 다윗 역시 거짓말을 했던 것이다(삼상 20:5-6).

나는 이 장의 모든 내용을 한 구절 한 구절씩 살펴 볼 생각이 없다. 왜냐하면 지금 나는 사무엘서에 대한 주석서를 쓰고 있는 게 아니기 때문이다. 요나단과 다윗은 한 가지 계획을 세웠다. 요나단은 자기 아버지의 최근의 마음 상태를 살핀 후 다윗에게 그것에 대해 알려 주기로 했다. 그들 사이에 신중하게 선택된 언어들로 엄숙한 언약이 체결되었다. 먼저 요나단이 맹세를 했고, 나중에는 다윗이 그렇게 했다(삼하 9장). "다윗이 들에 숨으니라"(삼상 20:24 그리고 35, 41절 참고)는 말은 그가 6절에서 한 말이 거짓임을 즉각 드러낸다-비록 주석가들은 그것에 대해 대충 얼버무려왔지만 말이다. 다윗이 왕의 식탁에 참석하지 않고 왕이 그 연유를 묻자 요나단은 다윗이 그에게 제안했던 거짓말을 그대로 반복했다. 그로 인해 왕은 자기 아들을 책망했고, 다윗을 "죽어야 할 자"(삼상 20:31)라고 선포했다. 요나단이 자기 아버지를 타이르며 다윗이 왜 죽어야 하느냐고 묻자 사울은 그에게 창을 던졌다(33절). 요나단과 다윗이 들에서 만나 가슴 아픈 작별을 하는 장면은 감동적이다(41-42절).

육체와 성령

"다윗이 놉에 가서 제사장 아히멜렉에게 이르니"(삼상 21:1a). 성도가 하나님과의 교제에서 벗어나 타락한 상태에 있을 때, 그의 행동은 낯선 수수께끼처럼 보이고, 그의 일관성 없는 행동방식은 그 어떤 심리학자도 설명해 내지 못한다. 그러나 많은 이들에게-그릇된 정보를 갖고 있는 신자들까지 포함해-설명할 수 없을 듯 보이는 여러 가지 일들이 갈라디아서 5장 17절의 말씀을 통해 해결된다. "육체의 소욕은 성령을 거스르고 성령은 육체를 거스르나니 이 둘이 서로 대적함으로 너희가 원하는 것을 하지 못하게 하려 함이니라." 그동안 나는 이 구절을 통해 그리스도인 안에 있는 두 가지 본성들 사이의 갈등, 즉 인간 행위의 두 가지 주요 원인인 "육체"(flesh)와 "성령"(Spirit) 사이의 타협할 수 없는 대치에 대해 설명해 왔다. 이 두 가지 원인들 중 어느 것이 우리에게 작용하고 우리를 지배하느냐에 따라 우리의 행위가 결정된다. 이 구절의 마지막 말은 이중적인 의미를 갖고 있다. 하나는 "육체"는 "성령"이 이 세상에서 그것이 바라는 것을 완전히 실현하는 것을 가로막는다는 것이고(롬 7:15-25), 다른 하나는 "성령"은 "육체"가 완전히 자기의 길을 가는 것을 가로막는다는 것이다.

갈라디아서 5장 17절은 그리스도인의 삶의 여러 가지 신비로운 경험들에 대한 열쇠를 제공하며, 구약 시대 성도들의 다양한 이야기들에 큰 빛을 비춰준다. 우리는 이 문장을 노아, 아브라함, 이삭, 야곱, 요셉, 모세, 여호수아, 엘리야 등의 삶에 비추어 여러 가지 말을 할 수도 있을 것이다. 그러나 여기에서는 그렇게 하는 대신 우리의 주인공인 다윗의 이야기에만 초점을 맞추기로 하자. 그가 들짐승들의 공격에 맞섰을 때(삼상 17:34-36), 성막을 향해 열심을 품었을 때(시 132:107), 그리고 골리앗과 교전했을 때는 "성령"이 그를 주장하고 있었다. 그리고 그렇기에 그의 마음에는 여호와가 있었다.

그의 용기와 믿음에 대한 극심한 시험이 있었음에도 여호와에 대한 그의 신뢰는 흔들리지 않았다. 그후 한동안 그는 왕의 가속이 되어 지냈는데, 오히려 이때 그는 그의 영성을 유지하는 데 애를 먹었다. 그리고 사울이 그에게 등을 돌리고 거듭 그의 목숨을 노렸을 때, 그는 은혜의 외적 수단들을 빼앗겼고 그의 믿음은 깃발처럼 나부꼈다. 그리고 그의 믿음이 흔들리자 그 자리에 두려움이 들어섰다. 그의 마음은 여호와로 가득 차지 않았고, 그의 눈에는 강력한 적의 모습만 보일 뿐이었다.

사울에게서 도망친 후 다윗은 즉시 사무엘을 찾아갔다. 이것은 아직은 "육체"가 그를 완전히 주장하고 있지 않음을 보여 주는 것이었다. 사실 참으로 중생한 영혼의 상황은 늘 그러하다. "죄가 너희를 주장하지 못하리니"(롬 6:14). 죄는 결코 당신을 자신의 완전한 노예로 만들지 못할 것이다. 그러나 그가 사무엘을 떠나 요나단에게 도움을 요청하러 갔을 때, 우리는 그의 "육체"가 그의 행위를 규제하고 있음을 알게 된다. 이것은 그가 자기 친구의 입에 거짓말을 넣어 주는 것을 통해 더욱 분명하게 드러난다. 그리고 이제 우리는 그가 아히멜렉을 찾아간 후 보인 행동을 통해 그 안에서 작동하고 있는 갈등을 인식하게 된다. 이제 다윗은 자신이 사울에게서 더 좋은 변화를 기대하기가 어렵다는 사실을 분명히 알게 되었다. 왕이 살아 있는 한 그는 위험에 처하게 될 것이다. 궁정에서 쫓겨난 그는 이제 외로운 방랑자가 되었다. 그러나 더 멀리 달아나기 전에 그의 마음은 놉을 향했다. 그곳은 성막(聖幕)이 옮겨져 있던 곳이었다.

제사장을 속이다

　다윗이 놉으로 간 데에는 여러 가지 동기와 생각이 있었던 것으로 보인다. 첫째, 이제 자신이 쫓기는 자가 되었음을 알게 된 그는 언제 다시 보게 될지 모르는 성막에 작별을 고하고 싶었을 것이다. 다윗이 사울에게 쫓기던 시절에 가장 가슴 아프게 생각했던 것이 자신이 하나님의 집으로부터 멀어져 그곳에서 거행되는 공적인 제사에 참석할 수 없다는 것이었음은 그의 여러 시편들을 통해 분명하게 드러난다. "만군의 여호와여 주의 장막이 어찌 그리 사랑스러운지요 내 영혼이 여호와의 궁정을 사모하여 쇠약함이여 내 마음과 육체가 살아 계시는 하나님께 부르짖나이다 … 주의 궁정에서의 한 날이 다른 곳에서의 천 날보다 나은즉 악인의 장막에 사는 것보다 내 하나님의 성전 문지기로 있는 것이 좋사오니"(시 84:1-2, 10 그리고 42:3-4 참고). 둘째, 사무엘상 22장 10절을 통해 분명하게 드러나듯이, 다윗의 목적은 제사장에게 여호와의 뜻을 묻고, 자신이 나아갈 길과 관련해 그분으로부터 지시를 받으려는 것이었다. 셋째, 이후의 내용을 통해 본다면, 음식을 얻으려는 것이 또한 그의 목적이었던 것 같다.

"아히멜렉이 떨며 다윗을 영접하여"(삼상 21:1b). 분명히 제사장은 다윗이 사울의 진노를 샀다는 소식을 들었을 것이고, 따라서 그가 도망자라는 결론을 내렸을 것이다. 왕의 됨됨이을 알고 있던 아히멜렉은 자신이 다윗을 공대함으로써 자기 목숨을 위험에 빠뜨리게 될 것을 두려워했다. 그래서 그는 "어찌하여 네가 홀로 있고 함께 하는 자가 아무도 없느냐"(1c절) 하고 물었다. 당시 다윗에게 몇 명의 시종들이 있었음은 본문 4절과 마태복음 12장 3절을 통해 분명하게 드러난다. 사실 그가 전장과 궁정에서 높은 명성을 얻었음을 감안한다면, 그의 행차에 시종이 딸린 마차가 따랐을 것이라고 기대하는 것은 있을 법한 일이었다. 제사장이 도망자 다윗에게 보인 조롱은 몰락해 가난해진 영웅에 대한 세상의 무자비한 태도를 보여 준다.

"다윗이 제사장 아히멜렉에게 이르되 왕이 내게 일을 명령하고 이르시기를 내가 너를 보내는 것과 네게 명령한 일은 아무것도 사람에게 알리지 말라 하시기로 내가 나의 소년들을 이러이러한 곳으로 오라고 말하였나이다"(삼상 21:2). 여기에서 다시 우리는 다윗이 조악한 거짓말을 하는 것을 보게 된다. 이스라엘의 위대한 시인이 스스로 여호와의 뜻을 물으러 찾아간 하나님의 집 문턱에서 교묘한 거짓말을 하는 모습을 보는 것은 참으로 안타깝다. 참으로 우리 모두는 "거짓 행위를 내게서 떠나게 하소서"(시 119:29) 하고 기도할 필요가 있다. 다윗은 제사장이 던진 당혹스러운 질문에 움찔했다. 그리고 홀로 블레셋의 거인과 맞섰던 그가 이제 진실을 말하기를 두려워하고 있다. 아, 신앙이 작동하지 않는 곳에는 신앙이 제공하는 차분함과 용기도 있을 수 없다. 엘리야는 바알 선지자 4백 명과 맞설 때도 두려워하지 않았으나, 나중에 이세벨이 두려워 도망을 쳤다. 베드로는 배에서 물 위로 발을 내디뎠지만, 어느 하녀 앞에서 무서워 떨었다. "그런즉 선 줄로 생각하는 자는 넘어질까 조심하라"(고전 10:12).

좋은 시절보다는 어렵고 힘든 시절에 하나님을 신뢰하기가 더 어렵다. "참으로 다윗은 전에도 종종 어려움과 위험을 겪었다. 골리앗과 싸운 날 이후에는 어려움이 거의 없었다. 그러나 이런 차이는 있었다. 즉 이전에 어려운 일을 겪을 때 그는 승리를 구가할 수 있었다. 어두운 구름 위로 얼마간 밝은 빛이 비췄던 것이다. 모든 어려움 뒤에는 얼마간의 명예가 기다리고 있었다. 그러나 지금은 하나님이 더이상 자기를 위해 개입하시지 않는 것처럼 보였다. 사울의 끓어오르는 적의는 제어되지 않았고, 하나님은 개입하시지 않았다. 그분은 그의 적의를 누그러뜨리지도 징계하지도 않으셨다. 이제 더이상 그분은 모든 상황 속에서 자기를 높이시려는 것 같지 않았고, 오히려 자기를 그런 상황에 정복되게 하시려는 듯 보였다. 다윗의 마음은 이런 상황을 견디지 못했다. 무언가를 정복하면서 하나님을 신뢰하는 것과 무언가에 정복당하면서 그분을 신뢰하는 것은 전혀 다른 문제다"(B. W. Newton).

두려움

이제 다윗은 아히멜렉에게 다섯 덩이의 떡을 요청했다(삼상 21:3). 그가 제사장의 개인 집 앞이 아니라 성막 문에 서 있었음을 염두에 두라. 거기에서 제공될 수 있는 것은 성소에 있는 황금 식탁 위에 일주일 동안 진설되어 있던 열두 덩이의 떡밖에 없었다. 그것은 다른 열두 덩이의 떡으로 대체되면서 제사장과 그의 가족들의 양식이 될 떡이었다. 다윗은 아히멜렉에게 자기와 자기의 수하들이 출애굽기 19장 15절에 기록된 요구들을 충족시켰음을 보장하면서 그 떡을 자기에게 달라고 재촉했다. 아, 이새의 아들이 얼마나 비참한 상태에 떨어진 것인가! 다윗에 대한 사울의 뿌리 깊은 적의가 이미 널리 알려진 상태였으므로 사람들은 그를 돕는 것을 두려워했고 주저했다. 마태복음 12장에서 우리는 주 예수께서 다윗의 이 행동을 정당화하시는 것을 발견하는데, 그것은 우리에게 종교의 명령들은 생명의 보존이 그것을 요구할 때는 면제될 수 있으며, 의식(儀式)을 지키는 것보다 중요한 것은 도덕적 의무를 수행하는 것이며, 긴급히 식량을 제공해야 할 경우에는 평상시에는 해서는 안 되는 일도 할 수 있음을 보여 준다.

"그날에 사울의 신하 한 사람이 여호와 앞에 머물러 있었는데 그는 도엑이라 이름하는 에돔 사람이요 사울의 목자장이었더라"(삼상 21:7). 그리고 그가 듣고 있었음에도 다윗은 긴급한 요구를 하는 것을 멈추지 않았다. 분명히 자연적인 상식은 그로 하여금 그런 일을 좀더 신중하게 하도록 촉구했을 것이다. 아, 독자들이여, 성도의 영혼이 타락할 때, 그는 종종 세상 사람들보다 더 어리석게 행동한다. 이것은 그에 대한 하나님의 의로운 심판이다. 그분은 우리에게 우리가 기준 삼아 살아가야 할 말씀을 주셨다. 그리고 그 말씀은 유익한 조언들을 담고 있는 지혜의 말씀이다. 우리가 그것으로부터 돌아서면 위험에 빠지고 회복할 수 없는 손실을 입는다. 우리 자신의 생각에 의지하는 것은 확실한 재앙을 초래한다. 그러나, 하나님과의 교제가 깨질 때, 우리는 바로 그런 일을 한다. 그리고 그때 우리는 우리 자신의 악한 방식으로 인한 쓴 열매를 거두는 고통을 당하고 우리의 어리석음의 결과들을 맛보게 된다.

다음으로 다윗은 아히멜렉에게 무기를 달라고 요청했다. 그리고 그곳에 있는 유일한 무기가 이스라엘에 대한 여호와의 선하심을 보여 주는 기념물로 장막 안에 보관되어 있던 "골리앗의 칼"뿐이라는 말을 들은 다윗은 다음과 같이 소리쳤다. "그 같은 것이 또 없나니 내게 주소서"(삼상 21:9). 아, 그토록 강력했던 자가 이 얼마나 크게 무너진 것인가! "확실히 이것은 다윗이 처한 좋지 않은 상태를 보여 주는 증거였다. 한때 이스라엘의 하나님의 성소에 골리앗의 칼을 가져다 놓았던, 그리고 만군의 여호와에 대한 신뢰 때문에 조약돌과 물매를 자신의 강함의 상징으로 취했던 자의 손이 그 무기를 그것이 놓여 있던 곳에서 꺼낸 첫 번째 손이 되고 말았다. 그리고 그는 그 무기를 취함으로써 자신이 하나님으로부터 물러나고 있음을 분명하게 보여 주었다. 지금 다윗의 상황은 그가 골리앗을 쓰러뜨리던 날의 상황과 얼마나 다른가! 그때 이스라엘의 하나님을 신뢰하고 이스라엘과 연합했던 그는 자신의 약한 상태 그대로 앞으로 나섰다. 그러나 이제 그는 골리앗의 칼로 무장한 채 이스라엘과 이스라엘 땅을 버리고 이스라엘의 적이자 하나님의 적인 블레셋에서 교제와 동맹을 얻으려 하고 있는 것이다"(B. W. Newton).

이제 다윗은 그렇게 일시적이나마 식량을 제공 받고 무장을 한 채 길을 나섰다. 그러나 그로 인해 그는 어떤 대가를 치렀는가? 제사장은 다윗의 거짓말을 믿었고, 사울이 자기에게 특별한 명령을 내렸다는 다윗의 말을 확신했고, 그곳에 있던 왕의 신하 도엑의 존재를 두려워하지 않았다(삼상 21:7 참고). 그러나 그는 좋은 판단력에도 불구하고 다윗의 거짓말을 들었던 것으로 인해 혹독한 대가를 치렀다. 그 에돔 사람은 사울에게 그 사실을 고했고(삼상 22:9-10), 그로 인해 그는 분노한 왕에 의해 무서운 복수의 희생자가 되었다. "왕이 도엑에게 이르되 너는 돌아가서 제사장들을 죽이라 하매 에돔 사람 도엑이 돌아가서 제사장들을 쳐서 그날에 세마포 에봇 입은 자 팔십오 명을 죽였고 제사장들의 성읍 놉의 남녀와 아이들과 젖 먹는 자들과 소와 나귀와 양을 칼로 쳤더라"(삼상 22:18-19). 다윗의 거짓말의 결과의 일부가 그런 것이었다. 훗날 그는 아히멜렉의 남은 자식 하나에게 다음과 같이 그 사실을 시인했다. "그 날에 에돔 사람 도엑이 거기 있기로 그가 반드시 사울에게 말할 줄 내가 알았노라 네 아버지 집의 모든 사람 죽은 것이 나의 탓이로다"(삼상 22:22). 성령께서 우리 모두에게 강력하게 역사하셔서 우리가 이 엄중한 사건을 마음에 새기면서 매일 간절한 마음으로 다음과 같이 기도하게 해주시기를! "우리를 시험에 들게 하지 마시옵고 다만 악에서 구하시옵소서"(마 6:13).

09

시글락으로 도망침

사무엘상 21장

    자기 백성을 향한 하나님의 부드러운 사랑이 그분이 그들에게 보내시는 극심한 시련에 의해 부정되는 듯 보이는 때가 있다. 또한 그분의 섭리가 그분의 약속과 충돌하는 듯 보이는 때가 있다. 그럴 때 신앙은 시험을 받고 종종 실패에 이른다. 그러나 하나님의 풍성한 은혜가 불신앙에 빠진 자들을 구원하시는 것을 통해 증거되는 것 역시 바로 그런 때다. 이런 원리는 성경의 모든 갈피를 통해, 특히 구약성경에서 거듭 예시된다. 그리고 그런 예시들의 주된 목적들 중 하나는 우리가 그것을 우리 마음에 새기고 간절한 기도의 제목으로 삼아 그것으로부터 유익을 얻게 하려는 것이다. 하나님은 우리에게 성경을 "억지로 풀다가" 멸망에 이르지 말라고 명하신다(벧후 3:16). 하나님은 우리에게 은혜가 넘치게 하려고 교묘하게 죄를 짓지 말라고 명하신다(롬 6:1-2). 또한 하나님은 우리에게 우리보다 앞선 사람들의 실패를 우리 자신의 통탄할 만한 실패에 대한 변명거리로 삼거나 다른 이들의 실패 뒤에 숨으려 하지 말라고 명하신다. 오히려 우리는 그런 이들의 실패 사례를 우리가 그들을 집어삼킨 덫 속으로 빠져드는 것을 막아 주기 위해 설치된 위험 표지판으로 여겨야 할 것이다.

믿음의 시련

하나님은 아브라함에게 수많은 후손들을 약속하셨다(창 12:2). 하지만 그분의 섭리는 그 약속의 실현과는 정반대로 진행되는 듯 보였다. 사라는 석녀(石女)였던 것이다! 그러나 그녀의 불임증은 전능자에게는 아무런 문제가 되지 않았다. 아브라함은 굳이 하갈을 통해 아들을 낳는 식으로(창 16장) 인간적인 절충을 시도할 필요가 없었다. 참으로 한 동안 그의 계획은 성공하는 듯 보였다. 그러나 이후에 벌어진 일들은 그런 계책이 불필요한 것이었음을 보여 주었다. 게다가 아브라함은 이스마엘을 통해서는 쓰라린 결과만 얻었을 뿐이다. 그리고 이것은 우리에게 교훈이 되기 위해 기록된 것이다. 하나님은 야곱에게 "네 조상의 땅 네 족속에게로 돌아가라 내가 너와 함께 있으리라"(창 31:3) 하고 말씀하셨다. 그가 고향으로 돌아가는 동안 전령이 달려와 그의 형 에서가 4백 명의 사람들을 이끌고 다가오고 있다고 고했다. 그리고 우리는 "야곱이 심히 두렵고 답답하여"(32:7)라는 말씀을 읽는다. 인간이라니! 이것은 참으로 그리고 너무나 슬프게도 하나님을 모욕하는 짓이었다. 여호와께서 그와 함께 계신데 그가 무엇을 두려워해야 했을까? 오, 주님께서 우리가 "시시로 그를 의지하도록"(시 62:8) 은혜를 베푸시기를!

형제자매들이여, 신앙은 그 진실성을 증명하기 위해 시험을 받아야 한다는 것에 유념하라. 그러나 우리에게 신앙을 주시는 분만이 그 신앙을 유지해 주실 수 있다. 그리고 그런 이유 때문에 우리는 계속해서 그분을 찾아야 한다. 우리가 방금 살핀 주제는 다윗 이야기에서 보다 분명한 예증을 얻는다. 다윗은 택함을 받은 왕이었다. 그러나 다른 이가 왕좌에 앉아 있었다. 이새의 아들은 왕좌에 앉도록 기름 부음을 받았다. 그러나 지금 그는 사울에게 고통스럽게 박해를 당하고 있었다. 하나님이 자비를 베푸시기를 잊으신 것일까? 결코 아니다. 하나님이 그분의 계획을 바꾸신 것일까? 그런 일은 있을 수 없다(말 3:6). 그렇다면 어째서 골리앗을 죽인 그가 도망자가 되어야 한단 말인가? 그는 막대한 보화의 주인이 되도록 임명된 자였다. 그러나 지금 그는 떡 몇 덩이를 구걸하는 신세로 전락했다(삼상 21:3). 신앙은 시험을 받아야 한다. 그리고 우리는 고통스러운 경험을 통해서 우리가 온 마음으로 주님을 신뢰하지 않을 때의 고통스러운 결과에 대해, 또 우리가 자신을 의지하고 스스로 문제를 해결하려 하고 자신의 힘으로 곤경에서 빠져나오려고 할 때마다 발생하는 악한 열매들에 대해 배워야 한다.

히스기야와 관련해 우리는 "하나님이 히스기야를 떠나시고 그의 심중에 있는 것을 다 알고자 하사 시험하셨더라"(대하 32:31)라는 말씀을 읽는다. 하나님이 우리를 지탱해 주시는 은혜를 거두시고 우리를 우리 자신에게 버려두시기 전까지는 우리 중 아무도 자신이 얼마나 약한지 알지 못한다. 참으로 주님은 우리에게 분명하게 말씀하셨다. "나를 떠나서는 너희가 아무 것도 할 수 없음이라"(요 15:5). 우리는 자신이 그 말씀을 믿는다고 생각한다. 그리고 어느 면에서 우리는 실제로 그렇게 믿는다. 그러나 성경의 어느 한 구절에 대해 의문을 품지 않고 그것의 진실성에 동의하는 것과 자신의 개인적인 삶속에서 그 말씀을 친밀하게 아는 것은 서로 아주 다른 문제다. 내가 강하지 않고 지혜가 없다고 "믿는 것"과 그것을 실제 경험을 통해 "아는 것"은 서로 아주 다른 문제다. 일반적으로 이런 앎은 한 번의 망치질로 못이 나무판에 깊숙이 박히는 것과는 달리 한 번의 경험을 통해 얻을 수 있는 게 아니다. 아니다, 우리는 배워야 하고 다시 배워야 한다. 왜냐하면 우리는 어리석기 때문이다. 하나님의 진리는 고난이라는 맹렬한 용광로 안에서 우리 마음 깊이 새겨져야 한다.

그러나 이것이 반드시 그렇게 되어야 하는 것은 아니다. 만약 우리가 과거의 성도들의 전기(傳記)를 통해 제공되는 교훈들에 좀더 유의한다면, 상황은 달라질 수 있다.

자기를 의지함

앞 장에서 우리는 다윗이 사울의 살의에 찬 공격을 피해 나욧으로 도망쳤던 이야기를 살펴보았다. 그러나 그의 무자비한 적은 그곳까지 그를 따라왔다. 그러나 하나님이 그를 위해 놀랍게 개입하셨다. 그러나 다윗은 우리와 같은 성정을 가진 사람이었고 당시에는 하나님의 초자연적인 은혜가 그를 지원하지 않고 있었다. 따라서 그는 두려움을 완전히 떨쳐버리지 못했고 사무엘과 더불어 하나님의 인도하시는 말씀을 받기 위해 조용히 기다릴 수가 없었다. 사울로 인해 발생한 긴급한 위험에 놀란 그는 요나단과 무익한 협의를 한 후 문제를 자기 힘으로 해결하기로 결심하고 놉으로 도망쳤다. 거기에서 그는 제사장에게 거짓말을 해 떡을 얻어냈다. 하지만 그것은 복수심에 불타 살기등등한 사울로 하여금 에돔 사람 도엑을 시켜 "세마포 에봇 입은 자 팔십오 명"(삼상 22:18)을 죽이게 하는 무서운 대가를 치러야 했다. 우리가 우리 자신의 유익을 구하고 자기 스스로 길을 개척하려고 할 때, 그 결과는 참으로 끔찍하다. 만약 다윗이 여호와를 신뢰하고 그분이 자기를 위해 일을 떠맡아 주시기를 기다렸다면,

상황은 얼마나 바뀌었을까!

하나님은 우리의 모든 필요를 채워 주기에 충분하시고(빌 4:19) 능히 우리가 구하거나 생각하는 모든 것보다 넘치도록 하실 수 있다(엡 3:20). 그분은 이런 일을 직접 하실 수도 있고, 만약 그렇게 하는 것이 자신이 기뻐하는 뜻을 이루고 우리에게 주시고자 하는 것을 제공하는 데 적합하다고 여기신다면, 다른 피조물을 도구로 사용해 간접적으로 하실 수도 있다. 하나님이 무엇을 어찌해야 할지 모르시는 경우는 없다. 모든 것, 모든 사건, 모든 피조물이 다 그분의 통제하에 있다. 우리는 하니님의 충족성이라는 이 기본적인 진리를 충분히 발전시켜야 한다. 그리고 이런 거룩한 진리의 완전성을 우리의 생각이나 행위를 기준으로 판단하거나 부인하지 않도록 조심해야 한다. 확실히 우리는 긴급한 위험에서 벗어나기 위해 불법적인 수단을 사용할 때 그런 일을 한다. 아브람(창 20장)과 이삭(26장)의 경우가 그러했다. 그때 그들은 그렇게 하는 것이 자기들의 목숨을 부지하는 데 필요하다는 결론을 내리고 자기들의 아내를 부인했다. 마치 하나님이 그들을 보다 훌륭하고 명예로운 방식으로 구해내시지 못할 것처럼 말이다. 우리는 시글락에서 다윗이 보인 행동 역시 그러했음을 알게 될 것이다.

또한 앞에서 나는 성도가 하나님과의 교제를 그칠 때, 즉 그가 타락한 상태에 있을 때, 그의 행동은 예전의 행위와 너무도 다르고 그의 고백과도 너무나 일치하지 않기에 마치 낯선 수수께끼처럼 보인다는 것을 간략하게 언급한 바 있다. 그러나 그 수수께끼는 분명한 해답을 얻을 수 있다. 우리 중 누구라도 "빛을 보는 것"(시 36:9)은 오직 하나님의 빛 안에서뿐이다. 주 예수님은 "나를 따르는 자는 어둠에 다니지 아니하고 생명의 빛을 얻으리라"(요 8:12)고 말씀하셨다. 그렇다, 그러나 우리는 오직 우리가 참으로 그분을 "따르고" 우리의 마음이 그분이 우리를 위해 보여 주신 모범에 관심을 둘 때만 그분을 기쁘게 그리고 명예롭게 해드리는 길을 보고 알고 걸을 수 있다. 그것과 유일하게 다른 상황이 있는데, 그것은 바로 우리가 자기 힘으로 우리의 이웃이나 우리 자신을 기쁘게 하려고 하는 것이다. 그리고 그런 경우 우리에게는 혼란과 문제만 일어날 뿐이다.

하나님―그분은 "빛"이시다―과의 교제가 단절될 때, 우리에게 남는 것은 영적 어두움뿐이다. 세상은 "어두운 데"(벧후 1:19)다. 그리고 만약 우리가 하나님의 말씀을 따라 걷지 않는다면(시 119:105), 그때 우리는 허우적거리다 넘어질 것이다. "마음이 굽은 자는 자기 행위로 보응이 가득하고"(잠 14:14) 하나님의 "행사"(시 103:7)와는 무관하다. 주님과 우리의 교제가 깨질 때, 우리는 더이상 하늘의 가르침을 받지 못한다. 우리에게는 심판의 두려움이 몰려오고, 우리의 모든 행동은 지혜의 결여, 즉 어리석음이라는 특징을 갖게 된다.

바로 여기에 우리의 삶의 많은 것들에 대한 열쇠, 즉 현명하지 못한 일들과 우리가 그것으로 인해 큰 대가를 치러야 하는 여러 가지 어리석은 일들에 대한 설명이 있다. 그때 우리는 성령의 통제를 받는 것이 아니라 육체의 힘을 따라 행동하는 것이고 경건하지 않은 자들의 조언을 구하거나 상식의 명령을 따르는 것이다.

타락한 자가 얼마나 오랫동안이나 그런 상태에 머물지, 혹은 얼마나 어리석고 극단적으로 행동할 것인지 알 방법은 없다. 지금 우리 앞에 놓인 경우가 그것을 엄중하게 보여 준다. 앞에서 우리는 다윗이 자신이 무장을 하지 않은 것에 대해 겁을 집어먹고 제사장에게 혹시 그곳에 자기가 사용할 만한 무기가 있는지 물었던 것에 대해 살펴보았다. 그곳에 있는 유일한 무기가 이스라엘 백성들에 대한 여호와의 선하심의 증거물로 성막에 안치되어 있는 "골리앗의 칼"뿐이라는 말을 들은 다윗은 "그 같은 것이 또 없나니 내게 주소서"(삼상 21:9) 하고 소리쳤다. "슬프다 어찌 그리 금이 빛을 잃었는가"(애 4:1). 여호와를 경외하며 살았을 때는 물매만 들고서도 골리앗을 향해 주저 없이 돌진했던 그가 이제 사람에 대한 두려움에 사로잡혀 자기가 죽였던 그 거인의 칼을 의지하고 있는 것이다! 아마도 우리는 이런 사실에 놀랄 것이다. 그러나 이 사건을 통해 우리는 지난날 우리의 여러 가지 실패의 원인들을 발견하고 그것에 대해 놀라기보다는 슬퍼해야 할 더 큰 이유를 갖고 있는 게 아닐까?

불신앙자의 비상식적인 행동

"그날에 다윗이 사울을 두려워하여 일어나 도망하여 가드 왕 아기스에게로 가니"(삼상 21:10). 자기가 이스라엘 밖으로 도망가지 않을 경우 사울이 자기를 추적해 올 것을 두려워했지만 사울과 맞서서 무리를 조직할 생각이 없었던 다윗은 블레셋의 가드로 피난했다. 그러나 그가 하나님의 적의 땅에서 무슨 할 일이 있었을까? 아무것도 없었다. 왜냐하면 그는 하나님의 일로 그곳에 간 것이 아니었기 때문이다. 확실히 "압박 [oppression, KJV. 한글 성경에는 '탐욕'으로 번역되어 있다-역쥬은 지혜자를 우매하게 만든다"(전 7:7). 극심한 어려움에 처해서 명백히 잘못된 행동을 하지 않는 사람은 거의 없다. 그러므로 우리는 "시험에 들지 않게 깨어 기도해야"(마 26:41) 한다. 하나님이 우리에게 마귀와 대적해 이길 힘을 제공해 주시기를 간구하면서 그렇게 해야 한다.

"그날에 다윗이 사울을 두려워하여 일어나 도망하여 가드 왕 아기스에게로 가니." 다윗이 그곳 사람들이 자기를 알아보지 못할 것으로 기대했다는 것은 이후의 내용을 통해 분명하게 드러난다. 타락한 그리스도인이 세상과 친하게 지내려고 할 때의 상황이 그러하다. 그는 자기가 주 예수님을 따르는 자로 알려지지 않기를 바라면서 자기의 색깔을 숨기려고 애쓴다. 그러나 이때 다윗이 얼마나 어리석었는지 보라. 그는 "골리앗의 칼"을 들고 가드로 갔다! 참으로 지혜가 그를 떠났다. 누군가 말했듯이, "평범하게만 생각했더라도, 만약 그가 블레셋 사람들과의 교제를 원했다면, 골리앗의 칼은 그가 그들의 환심을 얻기에는 가장 적합하지 않은 물건이라는 것을 알았을 것이다." 그러나 성도가 성령을 슬프게 할 때면, 평범한 상식조차 더이상 그를 단속하지 못한다.

"아기스의 신하들이 아기스에게 말하되 이는 그 땅의 왕 다윗이 아니니이까 무리가 춤추며 이 사람의 일을 노래하여 이르되 사울이 죽인 자는 천천이요 다윗은 만만이로다 하지 아니하였나이까 한지라"(삼상 21:11). 하나님은 자신의 백성들이 이 세상에서 익명으로 남아 있게 하시지 않는다. 그분은 그들이 "흠이 없고 순전하여 어그러지고 거스르는 세대 가운데서 하나님의 흠 없는 자녀로 세상에서 그들 가운데 빛들로 나타나도록"(빌 2:15) 정해 놓으셨다. 그리고 그분은 이것을 폐기하려는 그 어떤 노력도 뒤엎으신다. 아브라함의 속임수는 발각되었다. 자신이 예수님의 제자임을 숨기려 했던 베드로의 시도는 실패했다―그의 억양이 그것을 드러냈던 것이다. 여기서도 마찬가지였다. 다윗은 즉시 사람들의 눈에 띄었다. 이것은 우리도 마찬가지일 것이다. 그리고 이것은 그분의 자비 때문이다. 왜냐하면 그분은 자신의 백성들이 자신의 적들 사이에 정착해 그들과의 교제를 즐기는 것을 바라지 않으시기 때문이다.

미친 체하는 다윗

"다윗이 이 말을 그의 마음에 두고 가드 왕 아기스를 심히 두려워하여"(삼상 21:12). 다윗이 가드에 머물 무슨 타당한 이유가 있었을까? 아무것도 없었다. 그리고 하나님은 곧 상황을 변화시키셔서 다윗에게 그곳이 그가 있어야 할 곳이 아님을 알려 주셨다. 그분은 놀라운 자비를 베푸셔서 그에게 아무런 징벌도 내리지 않고 그렇게 하셨다. 골리앗을 향해 용감하게 돌진했던 그가 이제 "심히 두려워했다"는 말을 듣는 것은 얼마나 슬픈 일인가! "의인은 사자 같이 담대하다"(잠 28:1). 그렇다, 의인, 즉 하나님을 모시고 그분과 동행하며 그분의 은혜의 지원을 받는 이는 담대하다. 이제 다윗이 어떻게 행동했는지 살피는 것은 더욱 슬픈 일이다. 그는 하나님의 자비에 의지하고, 자신의 죄를 고백하고, 그분의 간섭을 구하는 대신, 미친 체하면서 속임수를 썼다.

"그들 앞에서 그의 행동을 변하여 미친 체하고 대문짝에 그적거리며 침을 수염에 흘리매"(삼상 21:13). 하나님의 기름 부음을 받은 자가 이제 자신의 몸을 의탁했던 사람이 두려워 미친 척을 하고 있는 것이다. 그가 "여호와께 피하는 것이 고관들을 신뢰하는 것보다 낫도다"(시 118:9)는 사실을 경험을 통해 배운 것이 바로 이때였다. 선택받은 왕이 미친 척을 했다. "바로 그것이 다윗이 빠져든 상황이었다. 아마 사울 자신도 다윗이 이보다 더 크게 무너지기를 기대하지 못했을 것이다"(B. W. Newton). 독자들이여, 참된 성도 안에 여전히 무엇이 깃들어 있는지, 그리고 하나님의 제어하시는 손길이 없다면 그것이 어떤 악을 행할 수 있는지 깨달으라. 확실히 우리는 매일 다음과 같이 기도해야 할 필요가 있다. "나를 붙드소서 그리하시면 내가 구원을 얻으리라"(시 119:117).

"아기스가 그의 신하에게 이르되 너희도 보거니와 이 사람이 미치광이로다 어찌하여 그를 내게로 데려왔느냐 내게 미치광이가 부족하여서 너희가 이 자를 데려다가 내 앞에서 미친 짓을 하게 하느냐 이 자가 어찌 내 집에 들어오겠느냐 하니라"(삼상 21:14-15). 성결한 눈을 가진 사람이라면, 여기에서 성령이 의도하시는 것이 다윗을 미화하는 것이 아니라, 하나님의 오래 참으심을 찬양하고 우리를 위한 유익한 교훈과 엄중한 경고를 제공하시려는 것임을 분명하게 알 수 있을 것이다! 성경 전체를 통해 인간의 특성은 실제와 사실이라는 색으로 정확하게 묘사된다.

몇 가지 교훈들

우리가 이 슬픈 사건을 통해 배워야 할 교훈은 여러 가지다. 비록 재치 있는 거짓 행위가 현재의 안전을 보장해 주는 듯 보일지라도, 그런 거짓은 미래의 수치를 보증할 뿐이다. 아브라함, 이삭, 야곱, 베드로, 그리고 아나니아의 경우가 그랬다. 다윗은 자신의 판단에 의지해 가드로 갔다. 그러나 그는 곧 자기가 자신의 어리석음 때문에 지혜롭지 않게 행동했음을 알게 되었다. 이 비참한 일화를 통해 다윗 자신이 아주 비천하게 되었을 뿐 아니라, 여호와 역시 통탄스러울 만큼 수치를 당하셨다. 다윗이 이 상황에서 목숨을 구한 것은 참으로 놀라운 일이다. 이것은 오직 블레셋 왕에게 은밀하지만 완강하게 역사하셨던 하나님의 권능 덕분이었다. 왜냐하면, 시편 34편의 머리글[上記]이 알려 주듯이, "아기스가 그를 쫓아냈기"(Achish drove him away, KJV-역주) 때문이다. 무한히 자비로우신 하나님이 자기 자녀를 긴급한 위험으로부터 보호하기 위해 사용하셨던 방식이 그러했다.

다윗은 가드로부터 아둘람에 있는 동굴로 도망쳤다. 하나님의 종이 참회를 통해 정화된 마음을 갖게 된 것에 대해 듣는 것은 복되다. 시편 34편은 그때 다윗에 의해 쓰인 것이다(이것은 그 시편의 머리글을 통해 알 수 있다). 그리고 성령께서는 그 시편을 통해 우리에게 그 당시 다윗의 마음 상태를 보여 주신다. 거기에서 우리는 그가 여호와를 송축하고, 그의 영혼이 여호와를 자랑하는 것을 발견한다(1-3절). 거기에서 우리는 그가 "내가 여호와께 간구하매 내게 응답하시고 내 모든 두려움에서 나를 건지셨도다"(4절) 하고 말하는 소리를 듣는다. 또한 거기에서 그는 "이 곤고한 자가 부르짖으매 여호와께서 들으시고 그의 모든 환난에서 구원하셨도다 여호와의 천사가 주를 경외하는 자를 둘러 진 치고 그들을 건지시는도다"(6-7절)라고 선언한다.

그러나 그 회복된 타락자의 마음을 가득 채웠던 것은 단순히 찬양과 감사만이 아니었다. 다윗은 그 경험을 통해 몇 가지 소중한 교훈을 배웠다. 그렇기에 우리는 그가 다음과 같이 말하는 소리를 듣는다. "너희 자녀들아 와서 내 말을 들으라 내가 여호와를 경외하는 법을 너희에게 가르치리로다 생명을 사모하고 연수를 사랑하여 복 받기를 원하는 사람이 누구뇨 네 혀를 악에서 금하며 네 입술을 거짓말에서 금할지어다 악을 버리고 선을 행하며 화평을 찾아 따를지어다"(11-14절). "그는 거짓말하는 입술과 속이는 혀의 해악을 경험했다. 그리고 이제 그는 자신이 빠졌던 바로 그 함정에 빠져 있는 다른 이들에게 경고를 줄 수 있었다"(B. W. Newton). 그러나 그런 경고를 하는 자가 자기의 행위의 열매를 거두도록 방치되었던 게 아니라 다음과 같이 노래할 수 있게 되었음에 주목하는 것은 복되다. "여호와께서 그의 종들의 영혼을 속량하시나니 그에게 피하는 자는 다 벌을 받지 아니하리로다"(22절).

제2부

사울을 넘어서

10

아둘람 굴에서

사무엘상 22장

앞 장 말미에서 우리는 신앙을 잃어버렸던 자가 하나님과의 교제를 회복하는 모습을 살펴보았다. 그 무렵에 다윗 자신이 썼듯이, "의인은 고난이 많으나 여호와께서 그의 모든 고난에서 건지신다" (시 34:19). 그러나 그분은 자신이 적합하다고 여기시는 때에 그렇게 하신다. 다윗이 왕위에 오를 시간은 아직 이르지 않았다. 하나님이 능력을 발휘해 사울을 파멸시키고 자신의 종을 그의 모든 적들로부터 해방시키시는 것은 그분에게는 간단한 문제였을 것이다. 그리고 의심할 바 없이 이것은 본래 활력적인 사람이었던 다윗이 훨씬 더 바라는 것이었으리라. 그러나 하나님은 이새의 아들이 왕권을 휘두르게 하시기 전에 행하실 다른 계획들을 갖고 계셨다. 우리는 충동적이고 성급할지라도, 하나님은 결코 서둘지 않으신다. 우리가 이 교훈을 일찍 배울수록, 우리는 좀더 큰 마음의 평화를 누릴 것이고, 좀더 일찍 "여호와 앞에 잠잠하고 참고 기다리게"(시 37:7) 될 것이다.

"하나님은 단순히 다윗을 높이는 것 이상의 계획을 갖고 계셨다. 그분은 사울과 이스라엘의 악이 제 모습을 드러내게 하실 작정이셨다. 그분은 다윗에게 그 자신의 마음의 특성에 대해 얼마간의 이해를 얻게 하시고, 자신의 것보다 큰 지혜에 복종하는 것을 배우게 하실 작정이셨다. 또한 그분은 당신의 백성 이스라엘의 마음을 시험하시고, 그들 중 얼마나 많은 이들이 아둘람 굴이야말로 이스라엘에서 유일하게 참된 탁월함과 영광을 간직한 자리임을 알아차리는지 살펴보실 작정이셨다"(B. W. Newton). 만약 다윗이 하나님을 의존하는 것과 관련해 보다 깊은 교훈을 배워야 했다면, 그에게는 추가적인 훈련이 필요했다. 독자들이여, 이것을 통해 배우라. 하나님의 늦추심은 혈과 육에게는 고통스러운 일이지만 그분의 완전한 지혜와 무한한 사랑으로 인한 것이다. "이 묵시는 정한 때가 있나니 그 종말이 속히 이르겠고 결코 거짓되지 아니하리라 비록 더딜지라도 기다리라 지체되지 않고 반드시 응하리라"(합 2:3).

아둘람, 기도의 골방

"그러므로 다윗이 그곳을 떠나 아둘람 굴로 도망하매"(삼상 22:1a). 여전히 도망자 신세였던 다윗은 블레셋 땅을 떠났다. 그리고 아마도 베들레헴에서 멀지 않은 곳에 위치해 있었을 한 커다란 지하 굴에서 은신처를 찾았다. 사울과 피에 굶주린 그의 부하들로부터 몸을 숨기기 위해 우리의 영웅은 굴속으로 들어갔다. 아마도 이것이 성경이 히브리서 11장 38절("그들이 광야와 산과 동굴과 토굴에 유리하였느니라")에서 언급하는 상황이었을 것이다. 하늘의 높은 은혜를 입은 자들이 때로는 기묘하고 예상치 못한 상황에 처하기도 한다. 요셉은 감옥에, 아브라함의 자손들은 애굽의 벽돌 굽는 가마 곁에, 다니엘은 사자 굴에, 요나는 큰 물고기 뱃속에, 바울은 파도치는 바다 위 뱃전에 처했다. 그리고 이 모든 것은 내가 방금 말한 원리를 강력하게 예시해 준다. 그러므로, 비록 지금 우리가 경건하지 않은 자들처럼 좋은 집에서 살고 있지 않더라도, 그것에 대해 불평하지 말라. 우리의 집은 하늘에 있다!

"그러므로 다윗이 그곳을 떠나 아둘람 굴로 도망하매." 이때 다윗이 어떻게 처신했는지 배우는 것은 복된 일이다. 그러나 그것을 확인하기 위해서는 먼저 면밀한 관찰이 필요하다. 성경은 게으른 사람을 위한 책이 아니다. 거기에 담겨 있는 수많은 보물들은 마치

땅속 깊은 곳에 쌓여 있는 값진 광석처럼 부지런히 그것을 찾는 사람들에게만 모습을 드러낸다. "내 아들아 네가 만일 나의 말을 받으며 나의 계명을 네게 간직하며 네 귀를 지혜에 기울이며 네 마음을 명철에 두며 지식을 불러 구하며 명철을 얻으려고 소리를 높이며 은을 구하는 것 같이 그것을 구하며 감추어진 보배를 찾는 것 같이 그것을 찾으면 여호와 경외하기를 깨달으며 하나님을 알게 되리니"(잠 2:1-5). 시편의 머리글[上記]들을 살펴보면, 우리는 그것들 중 두 편이 바로 이 시기에 이스라엘의 위대한 시인에 의해 쓰였음을 알게 된다. 시편 34편이 사무엘상 21장 마지막 구절에 빛을 비춰주듯이, 시편 57편과 142편은 사무엘상 22장 첫 구절에 빛을 비춘다.

다윗의 지하 은신처는 기도를 위한 아주 훌륭한 골방이 되었다. 그곳의 고독은 기도에 아주 큰 도움이 되었다. 스펄전(C. H. Spurgeon)이 잘 말했듯이, "다윗이 동굴에서 했던 것처럼 그의 왕궁에서 기도했더라면, 그는 말년에 그토록 큰 불행을 초래했던 행동을 결코 하지 않았을 것이다." 나는 영적인 독자들은 이 시점에서 시편 57편과 142편으로 돌아가 그 내용을 상고하리라고 믿는다. 그 시편들에서 독자들은 다윗의 마음의 움직임과 관련된 무언가를 인식하게 될 것이다. 그리고 그것들로부터 특별한 시련의 시기에 하나님께서 받으실 만한 기도를 드리는 법과 관련해 가치 있는 교훈을 얻어낼 수 있을 것이다. 시편 57편을 신중하게 읽는다면, 우리는 동굴의 침침한 빛 가운데서 그 기도를 시작했으나 점차 그곳을 빠져나와 한낮의 밝은 빛 속으로 걸어나왔던 사람의 뒤를 좇을 수 있을 것이다. 신자의 영혼의 경험이 종종 그러하다.

아마도 시편 142편은 시편 57편보다 앞서 지어졌을 것이다. 확실히 그것은 우리 앞에 영혼의 깊은 고뇌에 빠진 사람의 모습을 보여 준다. 시편 142편에서 제시되는 내용과 사무엘상 20장과 21장에 실려 있는 이야기 사이의 놀라운 차이에 주목하는 것은 참으로 복된 일이다. 거기에서 우리는 그 근심에 찬 도망자가 요나단을 찾아가고, 아히멜렉에게 거짓말을 하고, 가드에서 미친 체하는 모습을 보았다. 인간에게 소망을 두는 것은 헛일이다. 그러나 우리는 그런 교훈을 철저하게 배우기 전에 종종 그런 고통스러운 경험과 쓰라린 실망을 겪어야만 한다! 시편 142편에서 우리는 이새의 아들이 자기를 위해 참으로 선한 일을 하실 수 있는 유일한 분에게 돌아서는 모습을 보게 된다. "내가 소리 내어 여호와께 부르짖으며 소리 내어 여호와께 간구하는도다 내가 내 원통함을 그의 앞에 토로하며 내 우환을 그의 앞에 진술하는도다"(1-2절). 이것이 우리가 해야 할 일이다. 우리는 우리가 상관해야 하는 분께 우리의 마음을 철저히 토로해야 한다. 이 시편의 마지막 구절에 주목하라. 거기에서 다윗은 자신의 고통을 다 털어놓은 후 다음과 같이 외친다. "주께서 나에게 갚아 주시리니 의인들이 나를 두르리이다"(7절).

"요나단이 그를 자기 생명 같이 사랑하니라 … 온 이스라엘과 유다는 다윗을 사랑하였으니"(삼상 18:1, 16). 그리고 이제 그들의 사랑은 시험에 처했다. 이제 그들에게는 다윗을 위한 그들의 사랑을 입증할 기회가 주어졌다. 지금은 다윗이 인기를 얻지 못하는 때였다. 그는 궁정에서 내쫓겼고, 사울을 피해 달아나는 자가 되었다. 그는 동굴에 숨어 있었다. 지금은 다윗에 대한 그들의 헌신이 분명하게 드러나야 하는 때였다. 오직 참으로 그를 사랑하는 자들만이 왕의 미움을 받는 추방자에게 자기들의 운명을 맡길 수 있었다.

놀랍고 복된 예표

"그의 형제와 아버지의 온 집이 듣고 그리로 내려가서 그에게 이르렀고"(삼상 22:1b). 아, 참된 사랑은 그 사랑의 대상이 처해 있는 외적 환경에 의해 영향을 받지 않는다. 우리의 마음이 다른 누군가와 참으로 결합되어 있다면, 그의 운명이 어떻게 바뀌든 그것은 우리의 사랑에 아무런 영향을 주지 않는다. 세상의 눈으로 본다면, 다윗은 위험에 처해 있는 셈이었다. 그러나 그것은 그를 사랑하는 사람들에게 아무런 의미도 없었다. 그는 동굴에서 초췌하게 시들어가고 있었다. 그러나 그것은 그들이 그를 향해 친절을 베풀고 자신들의 흔들림 없는 충성을 보여 주어야 할 더 큰 이유가 되었을 뿐이다. 다윗은 다른 무엇보다도 이 고통스러운 시련을 통해 누가 자신의 진짜 친구이며 누가 그렇지 않은지 알게 되었다.

만약 우리가 기름 부음을 받은 눈으로 본문의 내용을 살펴본다면, 우리는 별 어려움 없이 다윗의 후손이자 주님이셨던 분의 또다른 놀랍고도 복된 예표를 식별할 수 있을 것이다. 첫째, 우리는 여기에서 그분의 이 세상에서의 삶에 관한 예표를 식별할 수 있다. 그때 하나님의 기름 부음을 받은 자의 삶의 모습은 어떠했는가? 칭호대로라면 이스라엘의 왕위는 그분의 것이었다. 왜냐하면 그분은 "유대인의 왕으로 나신 이"(마 2:2)였기 때문이다. 하나님이 그분과 함께 계시다는 것은 틀림없는 사실이었다. 또한 그분은 그의 모든 일을 지혜롭게 행하셨을 뿐 아니라, 여러 가지 위대한 일들을 행하셨다. 그분은 병자들을 고치고, 귀신 들린 자를 해방시키고, 굶주린 군중에게 먹을 것을 주고, 죽은 자를 살리셨다. 그러나 사울이 다윗을 미워하고 박해했듯이, 유대인의 우두머리들 – 대제사장과 바리새인들 – 역시 그리스도를 시기하고 괴롭혔다. 사울이 이새의 아들의 목숨을 노렸듯이, 훗날 이스라엘의 지도자들 역시 하나님의 아들의 목숨을 노렸다.

위에서 언급한 유비에 대해서는 아주 길게 논의할 수 있을 것이다. 그러나 여기에서는 다른 한 가지 사항에만 집중해 보자. 그것은 다윗이 처음에는 그 나라의 친구이자 은인으로 여겨지다가, 이제는 가련한 망명자로 간주되고 있다는 사실이 제공하는 엄중한 예시다. 다윗은 그 복된 분을 정확하게 예시했다. 그분은 "간고를 많이 겪었으며 질고를 아는 자"(사 53:3)였다. 성령이 신약성경에서 묘사하는 대로 그분이 걸으셨던 길을 추적해 보라. 그분은 이 사악한 세상이 원치 않는 분이었다. 그분의 애처로운 선언에 귀 기울여 보라. "여우도 굴이 있고 공중의 새도 거처가 있으되 인자는 머리 둘 곳이 없다"(마 8:20). 또한 "다 각각 집으로 돌아가고 예수는 감람 산으로 가시니라"(요 7:53; 8:1)라는 말씀을 읽어보라. 그러면 다윗의 주님이 이 세상에서 집 없는 떠돌이셨음이 분명해질 것이다.

다윗을 찾아온 자들

그러나 그분을 이해하고, 그분을 사랑하고, 그분과 연계하고, "멸시를 받아 사람들에게 버림 받았던"(사 53:3) 분에게 자신들의 운명을 맡겼던 이들이 전혀 없었다는 말인가? 아니다, 몇 사람이 있었다. 그리고 나는 그들이 지금 우리가 상고하고 있는 성경의 다음 구절에서 예표적으로 제시되고 있다고 믿는다. "환난 당한 모든 자와 빚진 모든 자와 마음이 원통한 자가 다 그에게로 모였고"(삼상 22:2). 이들은 하나님의 기름 부음을 받은 자를 찾아오기에는 얼마나 이상한 무리였던가! 다윗을 찾아왔던 사람들 중 군대의 장관이나, 상당한 지위를 가진 사람이나, 영토를 가진 왕자들은 아무도 없었다.

전혀 없었다. 그런 이들은 혹은 그들과 유사한 이들은 아둘람 굴보다는 왕궁을 더 좋아했다.

독자들이여, 이런 설명이야말로 정확한 것 아닌가? 구약성경의 이런 기록들에는 역사적 설명 이상의 그 무엇, 즉 예표적이고 영적인 의미가 있음이 분명하다. 만약 다윗이 그리스도의 예표라면, 그가 낮은 데 처했던 시기에 그를 찾아왔던 사람들은 다윗의 자손이 세상에 계실 때 그분을 찾아왔던 사람들을 대표해야 한다. 그리고 그들은 분명히 그렇게 했다. 제4복음서를 읽어보라, 그러면 대부분의 경우 주 예수님을 찾아왔던 자들이 가난하고 곤경에 처한 자들이었음이 분명하게 드러날 것이다. 도움과 치유를 얻기 위해 그분을 찾아 왔던 자들은 문둥병자, 소경, 몸이 뒤틀린 자, 그리고 다리를 저는 자들이었다. 부유하고, 영향력 있고, 많이 배우고, 힘을 지니고, 국가의 지도자 자리에 있는 자들은 그분에게 마음을 쓰지 않았다.

그러나 사무엘상 22장 서두에 실려 있는 내용은 그리스도의 지상 사역 기간에 일어났던 일들을 예표할 뿐 아니라, 또한 그 이후의 기독교 시대 내내 일어났고 오늘날에도 일어나고 있는 일을 미리 보여 준다. 성령이 바울을 통해 선언하시듯, "형제들아 너희를 부르심을 보라 육체를 따라 지혜로운 자가 많지 아니하며 능한 자가 많지 아니하며 문벌 좋은 자가 많지 아니하도다 그러나 하나님께서 세상의 미련한 것들을 택하사 지혜 있는 자들을 부끄럽게 하려 하시고 세상의 약한 것들을 택하사 강한 것들을 부끄럽게 하려 하시며 하나님께서 세상의 천한 것들과 멸시 받는 것들과 없는 것들을 택하사 있는 것들을 폐하려 하시나니 이는 아무 육체도 하나님 앞에서 자랑하지 못하게 하려 하심이라"(고전 1:26-29).

사무엘상 22장의 서두는 우리에게 복음서에 나오는 내용을 놀랍게 제시한다. 첫째, 다윗에게 왔던 사람들의 수가 얼마나 적었는지 보라. "사백 명 가량이었더라"(1절). 이 얼마나 보잘것없는 숫자인가! 이스라엘 전체의 무리와 비교한다면 한줌밖에 안 되는 무리였다! 그러나 그리스도께서 육신을 입고 계실 때 그분의 형편이 이보다 나았던가? 도대체 몇 사람이나 그분의 십자가 밑에 서고, 그분의 무덤 앞에서 울고, 그분이 죽음의 빗장을 깨뜨리고 나오셨을 때 그분을 반겼던가? 도대체 몇 사람이나 그분을 따라 베다니로 가고, 그분이 승천하시는 모습을 바라보고, 다락방에 모여 그분이 약속하신 성령을 기다렸던가? 그리고 오늘날의 형편은 어떠한가? 이 세상의 무수히 많은 사람들 중 복음을 접하기라도 한 사람은 얼마나 되는가? 그분의 이름을 지닌 사람들 중 자기를 부인하고, 날마다 자기 십자가를 지고, 그분이 보여 주신 모범을 따르고, 그분이 인정하시는 유일한 제자됨의 징표로써 자신의 신분을 입증하는 사람이 얼마나 되는가? 당신은 이것을 "참으로 낙심할 만한 상황이다"라고 말할 것이다. 그러나 전혀 그렇지 않다. 오히려 이것은 믿는 자들이 예상해야 하는 상황이다. 주 예수님은 자신의 양떼를 향해 "작은 무리여"(요 12:32)라고 말씀하셨고, 생명에 이르는 좁은 길을 따르는 이가 "적다"(마 7:14)고 선언하셨다.

둘째, 다윗을 찾아왔던 이들의 특별한 상황에 다시 한 번 주목하라. "환난 당한 모든 자와 빚진 모든 자와 마음이 원통한 자"(2절). 구속받은 자들이 그리스도께 도움을 구할 때 그들이 처한 상황을 이보다 적절하게 묘사하는 다른 말이 있을까? "빚진 자." 무엇보다도 우리는 하나님의 영광에 이르지 못한다. 우리는 생각이나 말이나 행동에 있어서 그분을 기쁘게 해드리는 데 실패했고, 우리에게는 수많은 죄의 흔적이 남아 있다. "환난 당한 자(핑크는 이 표현을 "고뇌에 빠진 자" [in distress]라고 읽고 있고, 이하의 내용도 그런 맥락에서 이해하는 편이 쉽다 - 역주)." 그 누가 성령에 의해 참으로 정죄된 자의 영혼의 고뇌에 대해 말해 줄 수 있겠는가? 동일한 것을 실제로 경험한 사람만이 우리가 하늘에 계신 무한한 위엄을 지니신 분께 도전하고, 그분의 오랜 참으심을 경시하고, 그분의 자비를 거듭 모욕했던 끔찍한 죄악을 인식할 때 느끼는 말할 수 없는 두려움과 슬픔에 대해 알 수 있다. "마음이 원통한 자"(핑크는 이 표현을 "불만족한 자" [in discontent]라고 읽고 있고, 이하의 내용도 그런 맥락에서 이해하는 편이 쉽다 - 역주). 그렇다, 이 말은 이 구절 속의 다른 말들만큼이나 정확한 말이다. 자신이 영적인 빈민임을 깨닫고 이제 자신의 죄에 대한 슬픔으로 가득 찬 자는 지금까지 그를 기쁘게 해주던 것들에 대해 불만을 갖는다. 이제 그는 그동안 그를 매혹했던 쾌락들에 대해 흥미를 잃는다. 한때 그를 매료시켰던 유쾌한 모임은 이제 그를 불쾌하게 만든다. 오, 하나님이 죄의식을 통해 후려치신 영혼에게 이 세상이 갖고 있는 공허함이란! 그렇게 하나님께 얻어맞은 자는 전에 그가 그토록 열심히 좇았던 것으로부터 혐오감을 느끼며 돌아선다. 이제 그의 마음속에는 아무것으로도 채우지 못할 가슴을 에는 듯한 공허가 존재한다. 정죄를 당한 죄인은 너무나 비참하기에, 이제 그는 자기가 죽기를 바란다. 그러나 그는 죽음이라는 생각 자체로 인해 두려워한다. 독자들이여, 당신은 그런 경험을 해보았는가, 아니면 이 모든 말이 당신에게는 이해할 수 없는 소리에 불과한가?

셋째, 빚진 자, 환난 당한 자, 그리고 마음이 원통한 자들만이 다윗을 찾았다. 그들이 다윗을 찾아온 유일한 자들이었다. 그들을 그에게로 이끈 것은 필요에 대한 깊은 의식과 다윗이 자기들을 구해 낼 수 있다는 소망이었다. 그것은 영적으로도 마찬가지다. 참으로 자기들이 하나님 앞에서 거지나 다름없고, 내세울 만한 것이 아무것도 없으며, 공덕이 될 만한 것을 절대적으로 결여하고 있다고 느끼는 자들 외에는 아무도 예수 그리스도께서 그런 빚을 값아 주시기 위해 이 세상에 오셨다는 기쁜 소식을 이해하지 못한다. 오직 양심이 찔리고, 마음이 깨지고, 죄에 대해 아파하는 자들만이 다음과 같은 그분의 복된 말씀에 실제로 반응한다. "수고하고 무거운 짐 진 자들아 다 내게로 오라 내가 너희를 쉬게 하리라"(마 11:28). 이 비참한 세상에 대한 애정을 잃어버린 자들만이 진정한 마음으로 영광의 주님을 향해 돌아선다.

넷째, 지금 우리가 숙고하고 있는 내용은 단지 그리스도의 백성들이 그분께 처음으로 나오는 것에 대한 예표일 뿐 아니라, 또한 그후에 그들이 "영문 밖으로 그에게"(히 13:13) 나아가는 것에 대한 예표이기도 하다. 아둘람 굴에 있는 다윗을 찾아갔던 자들은 사울의 왕궁과 유대교에 대해 등을 돌린 셈이었다. 그곳에는 그들을 불쌍히 여길 사람이 아무도 없었다. 돈 한 푼 없는 거지들에게 누가 관심을 갖겠는가? 환난을 당한 자들에게 누가 마음을 쓰겠는가? 오늘날의 많은 교회들에서도 마찬가지다. "마음이 가난한 자"는 자기만족에 빠진 라오디게아 교회(부유한 금융도시로 소아시아 최대의 도시였다-역주)와는 아무런 공통점을 갖고 있지 않다. 영적으로 "환난 당한 자"가 홍수처럼 몰려오는 세속적인 사람들, 중생하지 못한 군중들, 아무런 신앙적 훈련도 받지 않은 사람들보다 어떻게 더 우월할 수 있는가? 그렇게 경건의 모양만 가진 자들에게 슬픔에 잠긴 하나님의 자녀들이 보일 태도와 행동은 어떠해야 하는가? 간단하다. "이같은 자들에게서 네가 돌아서라"(딤후 3:5). 그리고 분명하게 그리스도의 편에

서서 그분과만 동행하라.

다섯째, "그는 그들의 우두머리가 되었는데"(삼상 22:2b). 이것은 아주 중요하고 놀라운 구절이다. 만약 그리스도가 우리의 구주로 알려지시려면, 그분은 우리에게 "주"로 받아들여져야 한다(골 2:6). 그리스도에 대한 사랑은 그분의 계명을 지키는 것을 통해 증거되어야 한다(요 14:15). 다윗을 찾아왔던 이들이 얼마나 이상한 무리였는지는 문제가 되지 않았다. 이제 그들은 다윗의 종이자 군사가 되었다. 이것이 그리스도께서 자신과 연계하기로 한 모든 이들에게 요구하시는 것이다. "나의 멍에를 매라"(마 11:29). 그런 요구에 움츠러들 것 없다. 왜냐하면 그분은 "내 멍에는 쉽고 내 짐은 가벼움이라"고 선언하시기 때문이다.

11
유다로 돌아감

사무엘상 22-23장

앞 장에서 우리는 다윗이 아둘람 굴에 머물렀던 것에 대해 살펴 보았다. 사무엘하 23장에 기록되어 있는 한 사건이 이 무렵 우리의 영웅의 영적 삶에 대해 흥미로운 빛을 비춰준다. "또 삼십 두목 중 세 사람이 곡식 벨 때에 아둘람 굴에 내려가 다윗에게 나아갔는데 때에 블레셋 사람의 한 무리가 르바임 골짜기에 진 쳤더라 그때에 다윗은 산성에 있고 그때에 블레셋 사람의 요새는 베들레헴에 있는 지라 다윗이 소원하여 이르되 베들레헴 성문 곁 우물 물을 누가 내게 마시게 할까 하매 세 용사가 블레셋 사람의 진영을 돌파하고 지나가서 베들레헴 성문 곁 우물 물을 길어 가지고 다윗에게로 왔으나 다윗이 마시기를 기뻐하지 아니하고 그 물을 여호와께 부어 드리며 이르되 여호와여 내가 나를 위하여 결단코 이런 일을 하지 아니하리이다 이는 목숨을 걸고 갔던 사람들의 피가 아니니이까 하고 마시기를 즐겨하지 아니하니라 세 용사가 이런 일을 행하였더라"(삼하 23:13-17).

당시의 시련이 다윗의 마음에 행복했던 고향 집에서의 생활을 떠올리게 했으리라는 것은 의심의 여지가 없다. 날이 무더웠는지 그는 고향 베들레헴의 우물에서 뜬 물을 한 모금 마시고 싶다는 갈망을 표현했다—자기 부하들 중 몇 사람이 자신에게 그 물을 가져다 주기 위해 목숨을 걸리라고는 생각하지도 못한 채. 그러나 바로 그 일이 일어났다. 추방된 자신들의 대장에게 깊이 헌신했던 장수 세 사람이 그들을 에워싸고 있던 블레셋 군대를 돌파하고 나아가 다윗이 바랐던 그 우물물을 길어 돌아왔던 것이다. 그들의 충성심에 감복하고 그들의 자기희생에 마음이 움직인 다윗은 그런 위험을 감수하고 가져 온 물은 자기가 마시기에는 너무 소중하며, 오직 전제(奠祭)로서 "여호와께 부어 드리는" 것만이 합당하다고 느꼈다. 매튜 헨리(Matthew Henry)는 이 구절을 다음과 같이 아름답게 적용한 바 있다. "다윗은 그 물을 아주 값진 것으로, 즉 그 사람들의 목숨을 담보로 가져온 것으로 보았다. 그렇다면 우리는 우리의 복된 구주께서 그분의 보혈을 흘리심으로써 얻어낸 유익들을 그보다 훨씬 더

귀한 것으로 보아야 하지 않겠는가?"

이 사건에 대해 주석했던 다른 이의 말을 인용해 보자. "이 장면에는, 우리가 그 세 명의 용감한 사람들이 다윗을 위해 물을 길어온 행위에 대해 생각하든, 아니면 다윗이 그것을 여호와께 부어 드린 행위에 대해 생각하든, 특별히 감동적이고 아름다운 무언가가 들어 있다. 다윗이 그들의 그런 비상식적인 헌신 속에서 주님 자신 외에는 아무도 그 가치를 적절하게 평가할 수 없는 제사(祭祀)를 인식했다는 것은 분명하다. 이스라엘의 하나님의 보좌로 올라가야 하는 그 제사의 향기는 그가 중간에서 가로채기에는 너무나 귀했다. 그렇기에 그는 아주 적절하게 그리고 아주 은혜롭게 그것이 그것을 받으실 만하고 또한 그것을 정당하게 음미하실 수 있는 유일한 존재이신 분에게 올라가도록 그것이 자기를 지나가게 했다.

"이 모든 것은 우리에게 빌립보서 2장 17-18절에 실려 있는 기독교적 헌신에 관한 아름다운 개요를 떠올리게 한다. '만일 너희 믿음의 제물과 섬김 위에 내가 나를 전제로 드릴지라도 나는 기뻐하고 너희 무리와 함께 기뻐하리니 이와 같이 너희도 기뻐하고 나와 함께 기뻐하라.' 이 구절에서 사도는 빌립보 교인들의 제사장적 특성을 대표하면서 하나님께 제사를 드리고 그분에 대한 제사장적 직무를 수행하고 있다. 그리고 이때 그가 자기를 망각하는 헌신의 강도는 너무나 높았기에 그는 자신이 그들의 제물 위에 전제로 부어져 향기로운 향내가 되어 하나님께 올라가는 것까지도 기뻐할 수 있었다"(C. H. M.).

어떤 주석가들은 이 감동적인 일화가 다윗의 일대기 중 우리가 지금 고찰하고 있는 시기에 일어났음을 부정하고 이 사건을 그의 생애의 훨씬 후대에 발생한 것으로 간주해 왔다. 그러나 그들은 역대상 11장 15절과 사무엘하 23장이 사건들을 연대기적으로 서술하고 있지 않음을 간과하고 있는 것이다. 사무엘상 17장 1절과 19장 8절로 돌아가 본다면, 우리는 블레셋 사람들이 당시에 아주 적극적으로 이스라엘을 침략하고 있었고, 당시 그들과 맞서는 일에서 중추적 역할을 감당했던 사람이 사울이 아니라 다윗이었음을 알게 될 것이다. 그러나 지금 그는 더이상 블레셋과 교전중에 있지 않았다. 곧 살펴보겠지만, 사울이 다른 모든 관심사를 내팽개치고 오직 다윗을 잡는 일에만 전념하고 있었기 때문이다. 그렇게 해서 이제 블레셋 사람들이 그들의 약탈을 계속할 기회가 활짝 열리게 되었다. 그리고 마침내 다윗이 왕위에 오른 후에 기록된 모든 문서들은 당시 블레셋 사람들이 베들레헴을 에워 쌓던 것을 있을 법하지 않은 것으로 만들었고, 왕이 아둘람 굴에 숨었던 것은 더더구나 있을 법하지 않은 일로 만들었다.

부모를 모압에 의탁하다

"다윗이 거기서 모압 미스베로 가서 모압 왕에게 이르되 하나님이 나를 위하여 어떻게 하실지를 내가 알기까지 나의 부모가 나와서 당신들과 함께 있게 하기를 청하나이다 하고 부모를 인도하여 모압 왕 앞에 나아갔더니 그들은 다윗이 요새에 있을 동안에 모압 왕과 함께 있었더라"(삼상 22:3-4). 나는 위의 구절들에서 제시된 내용이 여기에 기록된 내용에 대한 열쇠를 제공한다고 확신한다. 사무엘상 22장 1절을 통해 우리는 "그의 형제와 아버지의 온 집"이 아둘람 굴에 있는 다윗에게 내려갔다는 것을 알게 되었다. 16장 1절을 통해서는 그들의 집이 베들레헴에 있었다는 것을 배웠다. 그러나 당시 그곳에는 블레셋 사람들이 진을 치고 있었고(삼하 23:14), 따라서 다윗의 가족들은 그리로 돌아갈 수가 없었다. 다윗은 자신의 부모가 자신의 방랑에 따르는 고통을 함께 겪는 것을 바라지 않았다. 그래서 이제 그는 신중하게 그들을 위한 은신처를 찾았다. 그가 극심한 시련의 한 가운데서 부모를 공경하는 모습을 지켜보는 것은 복되다. 이것은 요한복음 19장 26-27절에 기록된 내용을 아름답게 예시해 준다.

분노한 사울이 다윗을 대적하는 동안 다윗의 부모는 이스라엘 땅 어느 곳에서도 안전하지 않았다. 그 무렵 다윗의 마음의 깊은 동요와 고뇌는 "다윗이 굴에 있을 때에 지은 마스길[교훈] 곧 기도"라는 머리글(上記)이 달린 시편 142편에 다음과 같이 생생하게 표현되어 있다. "내가 소리 내어 여호와께 부르짖으며 소리 내어 여호와께 간구하는도다 내가 내 원통함을 그의 앞에 토로하며 내 우환을 그의 앞에 진술하는도다 내 영이 내 속에서 상할 때에도 주께서 내 길을 아셨나이다 내가 가는 길에 그들이 나를 잡으려고 올무를 숨겼나이다 오른쪽을 살펴 보소서 나를 아는 이도 없고 나의 피난처도 없고 내 영혼을 돌보는 이도 없나이다 여호와여 내가 주께 부르짖어 말하기를 주는 나의 피난처시요 살아 있는 사람들의 땅에서 나의 분깃이시라 하였나이다 나의 부르짖음을 들으소서 나는 심히 비천하니이다 나를 핍박하는 자들에게서 나를 건지소서 그들은 나보다 강하니이다 내 영혼을 옥에서 이끌어 내사 주의 이름을 감사하게 하소서 주께서 나에게 갚아 주시리니 의인들이 나를 두르리이다"(1-7절). 마지막 구절에서 하나님에 대한 다윗의 확신을 발견하는 것은 복된 일이다.

"다윗이 거기서 모압 미스베로 가서 모압 왕에게 이르되 하나님이 나를 위하여 어떻게 하실지를 내가 알기까지 나의 부모가 나와서 당신들과 함께 있게 하기를 청하나이다." 다윗은 어째서 그의 부모를 모압 사람의 보호하에 맡길 생각을 하게 되었던 것일까? 나는 이 질문에 대해 블런트(J. J. Blunt)가 쓴 『구약성경과 신약성경의 의도하지 않았던 일치들』(*Undesigned Coincidences in the Old and New Testament*)

이라는 아주 놀라운 책에서 몇 구절을 인용함으로써 대답하고자 한다. "사실 사울은, 당시 그가 어떤 상황이었든, 모압 사람들과 전쟁을 하고 있었다. 또한 그는 주변의 모든 민족들 — 암몬 족, 에돔 족, 그리고 소바의 왕들 — 과도 전쟁을 하고 있었다. 물론 그렇다고 해서 사울의 적이 곧 다윗의 친구가 되었던 것은 아니다. 오히려 그는 그 개별 민족들이 속해 있던 땅의 오랜 거주민들에게 이스라엘의 투사로 간주되었을 뿐이다. 그는, 사울이 그에 대해 갖고 있는 적대감이 잘 알려져 있었음에도 그런 혐의를 떨쳐 버릴 수 없었기에 가드 왕 아기스 앞에서 미친 체를 할 수밖에 없었다. …

"그렇다면, 다윗이 자기 가족을 모압 사람들의 위험한 보호에 의탁하려 했을 때, 어떤 선호(選好)의 원리가 그에게 영향을 주었던 것일까? 그것은 단지 우연의 문제였을까? 그 사건이 사무엘서 전체에서 나타나는 다윗의 이야기와 상충하는 것처럼 보이는 한 그렇게 생각할 수도 있을 것이다. 또한 만약 룻기와 어쩌면 그것의 원인이 되었을 수도 있는 사건에 관한 이야기가 우리에게 전해 내려오지 않는다면, 그것은 그렇게 보일 수도 있을 것이다. 그러나 이 짧고도 아름다운 역사적 기록은 우리에게 다윗이 자기 부모의 은신처로 다른 곳보다 모압을 택한 이유를 보여 준다. 왜냐하면 우리는 그 기록을 통해 다윗의 아버지인 이새의 할머니[룻―역쥐가 실제로 모압 사람이었음을 알게 되기 때문이다. 룻은 오벳의 어머니였고, 오벳은 이새의 아버지였다. 게다가, 룻이 기론과 결혼했을 때 그의 형제인 말론과 결혼했던 또다른 모압 여인 오르바는 나오미와 룻이 떠난 후에도 모압 땅에 남아 있었고, 그녀의 죽은 남편의 가족과 친족이 모압을 떠날 때 눈물로 그들을 전송했다[룻 1:14]. 그때, 혹은 그 모든 일이 벌이지는 동안, 그녀 자신과 그녀의 후손과 친구들이 여전히 살아 있었을지도 모른다. 그렇기에 다윗은 모압 사람들에게 얼마간이라도 룻의 후손들에 대한 호의가 남아 있을지 모른다고 생각했을 것이다. …

"그렇게 해서 우리는, 약간의 수고를 통해, 다윗이 그런 계획을 실행에 옮겼던 것이 얼마간 타당했음을 깨닫게 된다. 억지로 이야기를 꾸며내는 사람이라면 단순히 두 세대 전에 있었던 그의 모압 혈통과 관련된 이야기를 떠올리는 것만으로 이새가 모압 땅에 은신한다는 절묘한 방책을 마련할 수는 없었을 것이다. 혹은 그런 방책을 마련했을지라도, 아마도 그 방책이 역사의 진실과 관련해 제공하고자 하는 증거가 헛것이 되지 않게 하기 위해 몇 가지 수단을 마련하고 그것들에 독자들의 주의를 집중시키려고 했을 것이다. 그러나 실제로는 당시의 정황이, 그것에 대해 설명하고자 하는 최소한의 시도조차 없이, 간단하게 확언되고 있을 뿐이다. 이런 우연의 일치를 제대로 이해하려면 우리는 성경의 다른 책들을 의지해야 한다."

순종을 배워감

다윗은 모압 왕에게 "하나님이 나를 위하여 어떻게 하실지를 내가 알기까지 나의 부모가 나와서 당신들과 함께 있게 하기를 청하나이다" 하고 말했다. 우리의 주인공은 천천히 그러나 분명하게 하나님의 뜻에 동의하는 것을 배워가고 있었다. 주님께 대한 실제적 순종은 오직 경험의 학교에서만 배울 수 있다. 그것에 대한 이론은 책을 통해 배울 수 있다. 그러나 그것의 실제는 우리 마음의 모루 위에서 망치질을 당해야 한다. 성경은 우리의 영광스러운 주님에 대해 다음과 같이 선언하고 있다. "그가 아들이시면서도 받으신 고난으로 순종함을 배워서"(히 5:8). 다윗이 했던 이 말은 또한 그가 하나님의 지시를 기다릴 필요성을 느끼기 시작하고 있음을 보여 준다. 우리가 늘 그렇게 한다면, 우리는 얼마나 많은 슬픔과 고통을 피할 수 있을까! 그가 "하나님이 나와 함께 [with me] 어떻게 하실지"라고 말하지 않고 "하나님이 나를 위해 [for me] 어떻게 하실지"라고 말한 것은 그가 주님 안에서 갖고 있는 소망을 보여 준다.

"선지자 갓이 다윗에게 이르되 너는 이 요새에 있지 말고 떠나 유다 땅으로 들어가라 다윗이 떠나 헤렛 수풀에 이르니라"(삼상 22:5). 이 구절을 통해 하나님이 선지자를 통해 다윗에게 말씀하실 당시 그가 아둘람 굴로 돌아가지 않고 모압의 어느 요새에서 일시적으로 은신하고 있었음이 분명하게 드러난다. 이제 그는 그의 믿음에 대한 실제적인 시험이 될 요구를 받았다. 그가 유다에 공개적으로 모습을 드러내는 것은 그가 품은 목적의 순수함은 물론이고 하나님에 대한 그의 확신을 드러내는 것이 될 것이다. "여호와께서 사람의 걸음을 정하신다"(시 37:23). 하지만 그분이 정하시는 길은 인간에게 쉬운 길이 아니다. 그러나 그분이 부르실 때 우리는 응답해야 하고 모든 문제를 전적으로 그분의 손에 맡겨야 한다.

자기 사람들을 협박하는 사울

"사울이 다윗과 그와 함께 있는 사람들이 나타났다 함을 들으니라 그때에 사울이 기브아 높은 곳에서 손에 단창을 들고 에셀 나무 아래에 앉았고 모든 신하들은 그의 곁에 섰더니"(삼상 22:6). 여기에서 성령은 사무엘상의 이야기가 그것을 중심으로 엮여가는 또다른 주제 하나를 보여 준다. 성령께서는 다윗이 그의 집을 떠날 때부터 아둘람 굴에 이르기까지 그리고 그가 유다로 돌아가라는 명령을 받을 때까지의 상황을 추적하시는 동안 사울의 악한 이야기도 함께 추적하신다. 그 왕은 분명히 다른 모든 일을 미룬 채 오직 다윗을 잡는 일에만 매달리고 있었다. 그는 기브아에 본부를 차렸다. 그가 "손에 단창을" 들었다는 것은 피에 굶주린 그의 의도를 분명하게 보여 준다.

다윗이 유다로 돌아왔다는 소식은 곧 사울의 귀에 들어갔다. 그리고 다윗이 상당수의 사람들과 동행하고 있다는 사실은 아마도 그를 적지 않게 놀라게 했을 것이다. 그는 사람들이 자신의 적에게 합세함으로써 자신이 왕위를 잃게 될지도 모른다고 두려워하고 있었다. 사울의 인품은 그가 자기 신하들에게 한 말을 통해 다시 한 번 드러났다(삼상 22:7). 그들은 대부분 사울 자신의 지파(베냐민-역주)에서 뽑아낸 자들이었다. 사울은 여호와의 명예와 영광에 대해 호소하는 대신 그 사람들의 탐욕에 호소했다. 다윗은 유다 지파에 속해 있으니, 만약 그가 왕이 된다면, 베냐민 지파에 속한 자들은 그의 손에서 그 어떤 호의도 기대할 수 없으리라는 것이었다. 땅도, 군대에서의 높은 지위도 얻지 못하리라는 것이었다(삼상 22:7).

"너희가 다 공모하여 나를 대적하며 내 아들이 이새의 아들과 맹약하였으되 내게 고발하는 자가 하나도 없고 나를 위하여 슬퍼하거나 내 아들이 내 신하를 선동하여 오늘이라도 매복하였다가 나를 치려 하는 것을 내게 알리는 자가 하나도 없도다"(삼상 22:8). 여기에서 사울은 자기를 따르는 자들이 상황을 알면서도 자기에게 알리지 않고 또 자기가 처한 상황에 아무런 관심도 보이지 않았다는 이유로 그들을 비난하고 있다. 그리고 그는 이것을 자신에 대한 역모로 해석하고 있다. 그의 말은 통제되지 않은 분노와 질투에서 나온 말이었다. 그의 아들은 단지 그가 사랑하는 인물의 살해에 동조하지 않았다는 이유만으로 역모의 주모자로 비난 받고 있다! 사실, 요나단과 다윗은 서로 우정의 언약을 맺은 사이였지만, 사울이 멋대로 상상하듯이 그를 파멸시키려는 모의를 한 적은 없었다. 그러나 모든 일에서 자기에게 알랑거릴 준비가 되어 있지 않은 자들을 자신의 적으로 간주하는 것이야말로 악한 사람들의 본성이다.

도엑의 고발

에돔 사람 도엑이 다윗이 비밀리에 아히멜렉을 찾아가 식량과 골리앗의 칼을 얻어 간 사실을 고한 것은 사울이 자기 신하들에게 독한 말을 쏟아낸 것에 대한 반응이었다(삼상 22:9-10). 도엑은 제사장이 다윗에게 강요를 받았던 것에 대해서는 아무런 언급도 하지 않았다. 다만 그의 말은 제사장이 사울에 대한 다윗의 모반에 동조했다는 인상을 주었을 뿐이다. 이것을 통해 우리는, 만약 우리가 악의적으로 진실의 일부라도 억누르고 교묘하게 뒤틀린 말을 한다면, 그것은 우리가 이웃에 대해 실제로 그리고 치명적으로 거짓 증거를 하는 셈임을 알아야 한다. 다른 사람에 대한 의견을 말하라는 요구를 받을 때(만약 애초부터 그것이 어떤 선한 목적을 위한 것이 아니라면, 대개 그런 말은 부정적인 것이 될 수밖에 없다), 우리는 그에게 불리한 것뿐 아니라 그에게 유리한 것도 공평무사하게 진술해야 한다. 주님께서 아시아에 있는 일곱 교회들에게 말씀하시면서 그들의 악함을 꾸짖으셨을 뿐 아니라 그들의 선함을 칭찬하셨던 것에 주목하라.

사무엘상 22장 11절부터 19절에는 그로 인한 무서운 결과가 기록되어 있다. 아히멜렉과 그의 모든 하급 제사장들은 즉시 왕 앞으로 호출되었다. 사울은 제사장을 향해, 그가 신분상으로 볼 때 이스라엘에서 왕 다음 가는 사람이었음에도, 경멸조로 "너 아히둡의 아들아"(12절) 하고 불렀다. 그러나 아히멜렉은 그런 모욕을 조용히 참아내며 왕을 향해 그에게 합당한 명예를 인정하면서 "내 주여" 하고 대답했다. 하나님이 임명하신 자리에 오른 자는 누구나, 개인적으로 그가 아무리 존경을 받기에 합당하지 않을지라도, 존중되어야 한다. 이어서 왕은 그 제사장에게 반역과 음모의 죄를 덮어 씌웠다(13절). 아히멜렉은 다윗에 대한 자기의 처사에 대해 충실하고 거짓 없는 설명을 했다(14-15절). 그러나 격노한 왕을 만족시킬 수 있는 것은 그의 죽음 외에는 아무것도 없었다. 그리고 그 제사장 가족 전체를 죽이라는 명령이 떨어졌다.

이때 아히멜렉의 아들들 중 아비아달이라는 자가 도망을 쳤다(삼상 22:20). 아마도 그는 아히멜렉이 자신과 다른 제사장들이 사울에게 불려간 동안 성막과 성구들을 돌보도록 남겨 둔 자였을 것이다. 그는 그 피비린내 나는 처형 소식을 듣고, 살인자들이 제사장들의 아내와 자식과 양떼들을 진멸하는 악한 일을 마무리하기 위해 놉에 도착하기 전에, 에봇과 우림과 둠밈을 들고 도망쳐 다윗의 무리에 합류했다 (21절). 다윗이 시편 52편을 쓴 것은 그 무렵이었다. 위의 비극과 관련해 우리는 세 가지 사항에 주목할 필요가 있다. 첫째, 하나님이 엘리의 집에 대해 선언하셨던 엄중한 심판(삼상 2:31-36; 3:12-14)이 이제 시행되었다. 선조들의 죄악이 그렇게 후손들에게 영향을 주었던 것이다. 둘째, 사울은 분명하게 하나님께 버림을 받았고, 사탄과 그 자신의 악한 열정에 넘어갔고, 이제 심판의 시간이 빠르게 무르익어 가고 있었다. 셋째, 이 잔인한 대학살로 인해 다윗은 제사장을 얻게 되었고, 그는 훗날 다윗에게 아주 큰 위로와 복이 되었다(삼상 23:6, 9-13; 30:7-10). 그렇게 하나님은 사람의 노여움으로 자신을 찬송하게 하셨고(시 76:10), 모든 것이 합력하여 선을 이루게 하셨다(롬 8:28).

12

그일라를 구함

사무엘상 23장

우리가 이제부터 살펴보려고 하는 사무엘상 23장 첫 부분에는 몇 가지 놀라운 대조가 나타난다. 그 안에는 아주 복된 사건들이 기록되어 있다. 그러나 또한 무서울 만큼 슬픈 사건들도 들어 있다. 다윗은 최상의 모습을 보여 주고, 사울은 최악의 모습을 보여 준다. 다윗은 겸손히 주님의 말씀을 기다리고, 사울은 그분의 섭리를 이용하고 왜곡하려 한다. 사울은 자기 백성의 안녕에 무관심하고, 다윗은 그들을 적들로부터 구해낸다. 다윗은 절박한 위험을 무릅쓰고 약탈을 일삼는 블레셋 사람들로부터 그일라라는 도시를 구해내지만, 그곳 사람들은 배은망덕하게도 그를 그의 목숨을 찾는 사람에게 넘겨 주려고 한다. 비록 사울 왕의 명령에 의해 여호와의 제사장들과 그들의 가족 전체가 잔인하게 학살당했지만, 다윗에 대한 왕의 무서운 적대감은 그것으로도 누그러지지 않았다. 이제 그는 다시 다윗의 목숨을 노리고 있다. 그것도 다윗이 그토록 이타적으로 그 나라를 위해 선한 일을 행한 순간에 그렇게 하고 있다.

우리가 앞에서 살펴보았던 내용의 순서를 염두에 두는 것이 도움이 될 것이다. 그렇게 하면 우리는 지금부터 살펴볼 내용에 포함되어 있는 영적 교훈을 깨달을 수 있을 것이다. 다윗은 실패했고, 안타깝게도 갇힌 셈이 되었다. 우리 모두가 그렇다. 그러나 다윗은 많은 이들이 아주 고통스럽게 그리고 느리게 하는 일을 해냈다. 즉 그는 여호와 앞에서 자신을 낮췄다. 그는 자신의 죄를 회개하고 고백했다. 앞 장에서 우리는 다윗이 어떻게 여호와 하나님과의 교제를 ─ 적어도 상당 부분은 ─ 회복했는지 살펴보았다. 하나님은 그분의 선지자를 통해 그에게 말씀하셨다. 그의 길에 다시 빛이 비추기 시작한 것이다. 그는 유다 땅으로 돌아가라는 말씀을 받았다(삼상 22:5). 그는 그 말씀에 따랐다. 그리고 이제 우리는 여호와께서 다시 그를 사용하시는 것을 보게 될 것이다. 이것은 베드로전서 5장 6절의 말씀을 놀랍게 예시해 준다. "그러므로 하나님의 능하신 손 아래에서 겸손하라 때가 되면 너희를 높이시리라."

회복의 증거

"사람들이 다윗에게 전하여 이르되 보소서 블레셋 사람이 그일라를 쳐서 그 타작 마당을 탈취하더이다 하니"(삼상 23:1). 여기에서 우리는 하나님이 다윗에게 유다 땅으로 돌아가라고 말씀하셨던 또 다른-내가 앞 장 말미에서 제시했던 것과는 다른-이유를 발견할 수 있다. 그분은 다윗이 그곳에서 해야 할 일을 염두에 두고 계셨던 것이다. 그일라는 유다 족속의 경계에 속한 땅이었고(수 15:21, 44), 요새화된 도시였다(삼상 23:7). 블레셋 사람들은 그곳을 포위 공격했다. 그 도시의 "타작 마당"(그것은 대개 성읍 바깥에 위치해 있었다: 삿 6:11, 룻 3:2, 15)은 이미 그들에 의해 약탈당하고 있었다. 다윗에게 이 소식을 알려 준 사람들이 누구였는지는 밝혀지지 않는다.

"이에 다윗이 여호와께 묻자와 이르되 내가 가서 이 블레셋 사람들을 치리이까"(삼상 23:2). 이 말은 아주 복되며, 다윗의 영적 회복에 관한 추가적인 증거를 제공한다. 사울은 백성의 안전에 대해 무관심했다. 그러나 그에게 쫓기고 있는 다윗은 그 문제에 대해 관심을 가졌다. 다윗은 왕에게서 박대를 당하고 있었지만 그것 때문에 샐쭉거리지 않았다. 오히려 그는 악을 선으로 갚으려 했다. 그는 적에게 포위된 왕의 도시들 중 하나를 도우려 했다. 여기에서 그는 얼마나 고귀한 정신을 보여 주는가! 그는, 비록 사울로부터 몸을 숨기고 자기가 거느린 6백여 명의 사람들의 필요를 채우는 일만으로도(결코 작은 일이 아니다!) 벅찬 상황이었지만, 여전히 다른 사람들의 안녕에 대해 염려하고 있었다.

"이에 다윗이 여호와께 묻자와 이르되 내가 가서 이 블레셋 사람들을 치리이까." 이것은 매우 아름다운 말이다. 왕위에 오르도록 기름 부음을 받았던 다윗이 자신을 이스라엘의 보호자로 여기고 이제 백성의 안녕을 위해 자기 사람들을 사용하려 하고 있는 것이다. 그는 조국에 대한 강렬한 애정을 갖고 있었고, 따라서 그 나라를 적들로부터 해방시키기를 원했다. 그러나 그는 먼저 여호와께 조언을 구하지 않고는 행동하려 하지 않았다. 그는 하나님이 자신이 해야 할 일을 정해 주시기를 바랐다. 우리가 특별히 열심을 내고 열렬한 기도를 통해 하나님의 지시를 구할수록, 또 더욱 신중하게 성경을 살피면서 그분의 뜻에 대해 알고자 할수록, 그분은 더욱더 영광을 받으시고, 우리는 더욱더 은혜를 얻는다.

하나님의 약속과 다윗의 믿음

"여호와께서 다윗에게 이르시되 가서 블레셋 사람들을 치고 그일라를 구원하라 하시니"(삼상 23:2). 사람이 하나님을 진심으로 찾을 때, 즉 진지하고, 겸손하고, 믿음을 갖고, 그분을 기쁘게 해드리는 법을 배우고, 또 그렇게 하고자 하는 열망을 갖고서 그분을 찾을 때, 그가 하나님의 뜻을 알지 못한 채 남아 있는 일은 있을 수 없다. 하나님은 곤경에 처한 자신의 자녀들을 조롱하지 않으신다. 그분의 말씀은 다음과 같이 선언한다. "너는 범사에 그를 인정하라 그리하면 네 길을 지도하시리라"(잠 3:6). 여기에서도 마찬가지였다. 여호와께서는 다윗의 질문에 응답하셨고 ― 아마도 갓 선지자를 통해서였을 것이다 ― 자신의 뜻을 알려 주셨을 뿐 아니라, 그가 그 일에서 성공하리라는 약속까지 해주셨다.

"다윗의 사람들이 그에게 이르되 보소서 우리가 유다에 있기도 두렵거든 하물며 그일라에 가서 블레셋 사람들의 군대를 치는 일이리이까 한지라"(삼상 23:3). 이것은 여호와에 대한 다윗의 확신과 관련해 실제적인 시험을 제기했다. 만약 그의 사람들이 그를 기꺼이 따르려고 하지 않는다면, 그가 어떻게 그 포위된 성읍을 구해낼 수 있겠는가? 그의 사람들은 분명히 진퇴양난에 빠지는 것을 두려워하고 있었다. 만약 그들이 블레셋을 공격하러 간 상태에서 사울의 군대가 그들의 뒤를 친다면, 상황이 어찌되겠는가? 아, 그들의 눈은 살아 계신 하나님이 아니라 자신들의 어려운 환경에 맞춰져 있었다. 그리고 그렇게 상황에 압도된 자들은 늘 낙심하게 되어 있다. 하나님의 사람들은 어려운 상황과 마주할 때 신앙을 고백하는 그들의 친구와 추종자들이 실제적인 방해거리가 되는 것을 얼마나 자주 경험하는가? 하지만 그들은 그것을 방해물이 아니라 시험으로 여겨야 한다. 그리고 그런 상황에 눌려 마비될 것이 아니라, 참으로 자신의 도움에 의지하는 자들을 결코 실망시키지 않으시는 분으로부터 원조를 얻어내고자 애써야 한다.

"다윗이 여호와께 다시 묻자온대"(삼상 23:4). 이 말씀은 귀하다. 다윗은 자기 사람들의 불신앙으로 인한 두려움이 자신을 절망에 빠뜨리도록 허락하지 않았다. 그가 자기의 사람들이 자기와 동일한 믿음을 갖고 살아가기를 기대할 수는 없었다. 그러나 그는 하나님은 어떤 상황에서든 역사하신다는 것을 알고 있었다. 그는 자기에게 그일라를 구하라고 명령하신 분은 자기의 사람들의 마음을 쉽게 누그러뜨리고, 그들의 두려움을 제거하고, 그들로 하여금 기꺼이 자신의 지도를 따르게 하실 수 있다고 믿었다. 그렇다, 하나님이 함께하신다면 모든 것이 가능하다. 그러나 우리는 먼저 그분에게 "구하여야"(겔 36:37) 한다. 그분은 우리가 그분을 "시험하여"(말 3:10) 보기를 기뻐하신다. 종종 그분은 자신이 모든 긴급한 상황에서라도 온전하게 충분하시다는 사실을 가르치시기 위해 지금 다윗이 직면하고 있는 것과 같은 시련을 우리에게도 허락하신다.

"다윗이 여호와께 다시 묻자온대." 그렇다, 이것은 참으로 복된 말씀이다. 다윗은 자기 사람들에게 화를 내지도, 그들을 비겁한 자들이라고 비난하지도 않았다. 그런 일은 소용없는 일이었다. 또한 그는 그들과 논쟁하거나 이성적으로 설득하려고 하지도 않았다. 다윗은 자기 자신의 지혜를 경멸하면서, 자신이 철저히 하나님께 의존하고 있음을 느끼면서, 그리고 더 특별하게는 자기 사람들의 유익을 위해서, 즉 그들 앞에 거룩한 모범을 제시하기 위해서 다시 한 번 여호와께로 돌아섰다. 이 사건을 통해 우리는 소심한 추종자들의 불신앙적인 반대에 대답하거나 그들의 협력을 이끌어내는 가장 효과적인 방법은 그들에게 하나님의 약속과 명령을 일러주고 그들 앞에 하나님에 대한 완전한 순종과 그분에 대한 분명한 확신의 예를 제시하는 것임을 배워야 할 것이다.

그일라의 탈환

"여호와께서 대답하여 이르시되 일어나 그일라로 내려가라 내가 블레셋 사람들을 네 손에 넘기리라 하신지라"(삼상 23:4). "나를 존중히 여기는 자를 내가 존중히 여기리라"(삼상 2:30)는 약속은 얼마나 확실하게 성취되는가! 우리는 늘 하나님과 상관없이 행동함으로써 실패한다. 그러나 우리가 그분에게 조언과 인도와 은혜를 구하고도 실패하는 경우는 없다. 하나님은 다윗의 질문을 무시하지 않으셨다. 그분은 그가 두 번씩이나 묻는 것을 불쾌하게 여기지 않으셨다. 그분은 얼마나 은혜롭고 오래 참으시는가! 그분은 다윗의 탄원에 응답하셨을 뿐 아니라, 처음보다 더 분명한 대답을 주셨다. 이제 그분은 자신의 종에게 완전한 승리를 확증해 주셨다. 이것이 많은 독자들로 하여금 그들의 모든 어려움을 하나님께 맡기고 매시간 그분의 지원에 의지하게 하기를!

"다윗과 그의 사람들이 그일라로 가서 블레셋 사람들과 싸워 그들을 크게 쳐서 죽이고 그들의 가축을 끌어 오니라 다윗이 이와 같이 그일라 주민을 구원하니라"(삼상 23:5). 하나님의 명령과 약속에 의해 고무된 다윗과 그의 사람들은 앞으로 나아가 블레셋 사람들을 공격했다. 그들은 적을 완전히 패주시켰을 뿐 아니라 적의 가축을 사로잡았다. 이것은 다윗의 사람들에게 크게 필요했던 식량이 되었다. 이것은 "우리 가운데서 역사하시는 능력대로 우리가 구하거나 생각하는 모든 것에 더 넘치도록 능히 하실 이"(엡 3:20)에 대한 얼마나 멋진 예를 제공하는가! 하나님은 블레셋 사람들을 정복하고 그일라를 구하셨을 뿐 아니라, 또한 다윗의 군대에게 필요한 식량을 넘치도록 제공하셨다.

"아히멜렉의 아들 아비아달이 그일라 다윗에게로 도망할 때에 손에 에봇을 가지고 내려왔더라"(삼상 23:6). 이것은 다윗이 말씀에 순종한 것에 대한 여호와께로부터 온 추가적인 보상이었다. 나중에 살펴보겠지만, 제사장과 그가 가져온 에봇은 미래에 다윗에게 큰 도움이 되었다. 우리는 여기에서 모든 피조물에 대한 하나님의 절대적 주권의 놀라운 실례를 볼 수 있다. 왜냐하면, 아히멜렉의 온 가족이 학살되는 결과를 초래한 것은 다윗이 아히멜렉을 방문했기 때문이었고, 그렇다면 아히멜렉의 아들 중 유일하게 살아남은 사람에게 이새의 아들 다윗은 그가 자신의 귀한 소유물을 공유하기를 바랄 이유가 전혀 없는 사람이었을 것이기 때문이다.

사울의 아전인수

"다윗이 그일라에 온 것을 어떤 사람이 사울에게 알리매 사울이 이르되 하나님이 그를 내 손에 넘기셨도다 그가 문과 문 빗장이 있는 성읍에 들어갔으니 갇혔도다"(삼상 23:7). 분명히 공통의 적에 대한 다윗의 주목할 만한 승리는 사울과 그를 화해하도록 만들어야 마땅했다. 이제 하나님이 그와 함께하신다는 사실은 너무나 분명하지 않은가? 그리고 만약 그분이 그와 함께하신다면, 누가 그와 대적할 수 있겠는가? 그러나 여호와께 버림받은 자는 영적인 일들을 분별하지 못할 뿐 아니라 올바르게 판단하지도 못한다. 그렇기에 그의 행동 역시 모두 잘못될 수밖에 없다. 따라서 우리는 여기에서 사울이 다윗이 보여 준 용기와 사욕이 없는 관대함에 대해 적절하게 보상할 방법을 모색하기는커녕 오히려 그에게 해를 입히고자 궁리하는 모습을 발견하게 된다. 그러니 우리의 주인공이 "내게 선을 악으로 갚아 나의 영혼을 외롭게 하나"(시 35:12)라고 쓸 만도 했다.

"사울이 이르되 하나님이 그를 내 손에 넘기셨도다 그가 문과 문 빗장이 있는 성읍에 들어갔으니 갇혔도다." 편견을 가진 사람이 사물을 잘못된 시각으로 바라보는 것은 얼마나 쉬운 일인가! 사람의 마음이 잘못되었을 때 그가 하나님의 섭리를 잘못 해석할 것은 분명하다. 여기에서 배교한 왕이 하나님이 다윗을 자기 손에 넘기셨다고 결론내리는 것을 보는 것은 참으로 두려운 일이다. 뻔뻔스럽게도 전능자께서 자신의 사악한 계획을 진행시키기 위해 역사하신다고 생각했던 사울은 무서운 심연 속으로 빠져들었다. 그는 다윗이 동굴에 숨거나 수풀에 은신하고 있는 동안에는 그를 찾기가 어려웠다. 그러나 이제 사울은 다윗이 성벽으로 둘러싸인 마을에 들어갔고 자기의 군대가 그 마을을 둘러싸고 있으므로 이제 그가 완전히 덫에 걸렸다고 생각했다.

"사울이 모든 백성을 군사로 불러모으고 그일라로 내려가서 다윗과 그의 사람들을 에워싸려 하더니"(삼상 23:8). 이 구절은 파렴치한 사울이 부정한 책략을 쓰고 있음을 보여 준다. 그가 자기 부하들에게 제시한 표면상의 목적은 블레셋 사람들과 전쟁을 한다는 것이었다. 그러나 그의 실제 계획은 다윗을 사로잡는 것이었다. 사울은 겉으로는 공통의 적과 맞서는 체 하고 있지만, 실제로는 그의 가장 좋은 친구를 파멸시키려 하고 있었던 것이다. 참으로 마귀가 그의 아비였고, 그는 그 아비의 욕망을 실현시키려 하고 있었다.

여호와께 물음

"다윗은 사울이 자기를 해하려 하는 음모를 알고 제사장 아비아달에게 이르되 에봇을 이리로 가져오라 하고"(삼상 23:9). 그렇다, "여호와의 친밀하심이 그를 경외하는 자들에게 있다"(시 25:14). 아, 그러나 그것은 오직 그분을 참으로 "경외하는" 자들에게만 있다. "낮에 다니면 이 세상의 빛을 보므로 실족하지 않는다"(요 11:9). 또한 그리스도는 "나를 따르는 자는 어둠에 다니지 아니하고 생명의 빛을 얻으리라"(요 8:12)고 말씀하셨다. 오, 독자들이여, 우리의 길 위에 빛이 비쳐서 우리가 적의 덫과 함정들을 볼 수 있다면, 그것은 얼마나 복된 일인가! 그러나 그렇게 하려면 먼저 우리가 "빛"이신 분과 동행해야 한다. 만약 우리가 주님과의 교제에서 멀어진다면, 또한 우리가 잠깐이라도 그분이 명령하신 길에서 벗어난다면, 그때 우리는 더이상 우리를 위협하는 위험들을 깨닫지 못하게 될 것이다.

"[그리고] 다윗은 사울이 자기를 해하려 하는 음모를 알고" 이 말씀은 아주 복되며, 우리에게 교훈이 되도록 기록된 말씀이다. 우리는 사탄의 계책(고후 2:11)에 대해 무지해서는 안 된다. 그러나 만약 우리의 마음이 하나님을 향해 올바른 상태에 있지 않다면, 우리는 그것에 대해 무지하게 될 것이다. 이 9절 말씀이 "그리고"(And, KJV. 한글 성경에는 번역되어 있지 않다-역주)라는 단어로 시작되는 것에 신중하게 주목하라. 이 단어는 이 말씀이 앞의 내용과 연결되어 있으며 그것의 결과를 제시한다는 것을 알려 준다. 이 경우에 앞의 내용이란 무엇인가? 첫째, 다윗은 여호와께 조언을 구했다(2절). 둘째, 그는 자기 사람들의 불신앙적인 두려움을 이유로 의무의 길에서 벗어나는 것을 거부했다(3절). 셋째, 그는 여호와에 대한 완전한 의존의 태도를 견지했다(4절). 넷째, 그는 여호와께 분명하게 순종했다(5절). "그리고"(And) 이제 하나님은 그에게 자신에 대한 적의 계획을 알려 주심으로써 보답하셨다. 형제자매들이여, 먼저 조건을 충족시키라. 그러면 당신 역시 마귀가 당신을 공격하려 할 때 그 사실을 알게 될 것이다.

다윗은 사울의 책략에 속지 않았다. 그는 사울이 자기 부하들에게 무언가를 제시했지만 마음으로는 아주 다른 것을 의도하고 있다는 것을 알았다. "다윗이 이르되 이스라엘 하나님 여호와여 사울이 나 때문에 이 성읍을 멸하려고 그일라로 내려오기를 꾀한다 함을 주의 종이 분명히 들었나이다"(삼상 23:10). 이것 역시 아주 복된 말씀이다. 그렇게 다윗은 다시 한 번 살아 계신 하나님께 돌아서고 자신의 모든 염려를 그분께 맡겼다(벧전 5:7). 여기에서 그가 한 말에 주목해 보자. 그는 "사울이 나를 죽이려고"라고 말하지 않는다. 오히려 그는 "사울이 이 성읍을 멸하려고"라고 말한다. 그가 자기의 생명을 지키는 것보다 다른 이들의 안녕에 대해 더 염려하는 모습을 보는 것은 참으로 사랑스럽지 않은가!

"그일라 사람들이 나를 그의 손에 넘기겠나이까 주의 종이 들은 대로 사울이 내려 오겠나이까 이스라엘의 하나님 여호와여 원하건대 주의 종에게 일러 주옵소서 하니 여호와께서 이르시되 그가 내려 오리라 하신지라"(삼상 23:11). 여기에서 다윗이 두 가지 질문을 순서대로 세기하지 않는 것은 주목할 만하다. 이것은 당시 그의 마음이 얼마나 동요하고 있었는지 보여 준다. 우리는 또한 다윗이 하나님을 부르는 방식에도 주목해야 한다. 그는 그분을 "이스라엘의 하나님 여호와여"라고 부르는데, 이것은 하나님과 이스라엘 사이의 언약관계에서의 칭호다. 우리가 하나님과 우리의 언약관계를 인식할 수 있다면(히 13:20-21), 그것은 복된 일이다. 왜냐하면 그것은 은혜의 보좌를 향한 효과적인 탄원이 되기 때문이다. 여호와께서는 다윗의 탄원에 은혜롭게 응답하셨고, 그의 질문의 순서를 바로잡으면서 그가 원하는 정보를 제공하셨다. "그가 내려오리라"는 하나님의 말씀은 그분의 전지하심을 드러낸다. 그분은 모든 실상뿐 아니라 모든 불확실한 일들(가능성과 가망성들)까지도 알고 계시다.

그일라 사람들의 배은망덕

"다윗이 이르되 그일라 사람들이 나와 내 사람들을 사울의 손에 넘기겠나이까 하니"(삼상 23:12). 현명한 다윗은 자기가 그일라 사람들을 도와 그들을 블레셋 사람들에게서 구해낸 훌륭한 일을 한 후였기에 이제 그곳 주민들이 자신을 도울 것이라고, 즉 이런 경우에 그와 그의 사람들을 사울의 공격으로부터 지켜 주리라고 믿을 만한 충분한 이유를 갖고 있었다. 그러나 그는 그들의 충성에 대한 신뢰를 신중하게 억제했다. 아마도 그는 최근에 놉에서 벌어진 잔인한 학살 사건이 그들의 마음을 사울에 대한 두려움으로 채웠을 것이고, 따라서 자기가 그들의 도움에 의지해서는 안 된다고 추론했을지도 모른다. 그래서 그는 여호와께 조언을 구한다. 그리고 우리 역시 그렇게 해야 한다. 우리는 결코 다른 이들의 도움에 확신을 가져서는 안 된다. 심지어 우리가 호의를 베풀었던 사람들과, 이성적으로 추론할 때 우리가 마땅히 친절한 보답을 기대할 수 있는 자들에 대해서도 마찬가지다. 명예나 감사나 애정 같은 끈들은 결코 사람들의 마음을 강력한 시험으로부터 안전하게 지켜주지 못한다. 절대로 아니다. 우리는 우리가 잔인한 죽음의 공포에 떨고 하나님의 은혜의 직접적인 지원 없이 남겨질 경우 자신이 어떻게 행동할지에 대해 알지 못한다. 그러므로 우리는 인도와 보호를 얻기 위해 오직 주님만을 의지해야 한다.

"여호와께서 이르시되 그들이 너를 넘기리라 하신지라"(삼상 23:12). 이 말씀은 다윗의 마음을 슬프게 했을 것이다. 비열한 배은망덕은 사람에게 깊은 상처를 주기 때문이다. 그러나 우리는 주님께서 종종 예기치 않게 일으키시는 다른 친구들의 친절이 우리가 섬겼던 이들의 배은망덕과 변덕을 벌충한다는 사실을 잊어서는 안 된다. 여기에서 하나님은 다윗에게 인간의 마음에 대한 그분의 지식을 따라서 대답하셨다. 만약 다윗이 그일라에 남는다면, 그 주민들이 사울의 요구에 따라 그를 넘겨 줄 것이다. 그러나 그는 그곳에 머물지 않고 도피했다. 이 사건이 우리에게 자기 일에 대한 우리의 책임을 보여 주는 분명한 예인 동시에, 또한 우리가 수동적으로 당위성만 고집하는 단순한 숙명론과 맞서 싸워야 함을 보여 주는 강력한 경우였음에 신중하게 주목하라.

"다윗과 그의 사람 육백 명 가량이 일어나 그일라를 떠나서 갈 수 있는 곳으로 갔더니 다윗이 그일라에서 피한 것을 어떤 사람이 사울에게 말하매 사울이 가기를 그치니라 다윗이 광야의 요새에도 있었고 또 십 광야 산골에도 머물렀으므로 사울이 매일 찾되 하나님이 그를 그의 손에 넘기지 아니하시니라"(삼상 23:13-14). 이것 역시 복된 말씀이다. 다윗은 그일라 사람들의 목숨을 위험에 빠뜨리기보다는 기꺼이 자신과 자기의 사람들이 추가적인 역경을 감당하기로 작정했다. 특별히 염두에 둔 장소도 없는 상태에서 그들은 자기들이 머물기에 적합한 곳을 찾아 무작정 길을 나섰다. 본문 14절 하반절은 하나님의 보호하시는 손길이 그들 무리 위에 여전히 머물러 있음을 보여 준다. 또한 그것은 7절에서 언급된 사울의 헛되고 터무니없는 확신에 대한 여호와의 응답이기도 했다.

13

십 광야에 머묾

사무엘상 23장

　의인에게는 고난이 많다(시 34:19). 어떤 것은 내적이고, 어떤 것은 외적이다. 어떤 것은 친구들로부터 오고, 어떤 것은 적들로부터 온다. 어떤 것은 하나님의 손에 의해 보다 직접적으로 다가오고, 어떤 것은 마귀의 중개로 인해 보다 간접적으로 다가온다. 우리는 이것을 낯설게 여겨서는 안 된다. 그런 고난은 크든 작든 하나님의 모든 자녀들의 몫이다. 우리는 영광의 주님을 십자가에 못 박았던 세상에서 많은 위로를 기대해서는 안 된다. 그리스도인이 매일 이 세상에서 낯선 자와 순례자로 살아가는 법을 배우고, 이 세상을 떠나 그리스도와 함께 있기를 바랄수록, 그의 마음의 평화는 더 커질 것이다. 그러나 인간이 이 세상에 완고하게 집착하고 시간과 감각에 속한 것들을 사랑하는 것은 자연스러운 일이다. 또한 그렇기에 주님의 사람들 대부분이 여러 가지 고난에 직면하고 실망을 겪은 후에야 비로소 일시적인 것들을 가벼이 여길 수 있게 되고 또 그들의 어리석은 마음에 만족을 주지 못하는 것들로부터 멀어질 수 있게 된다.

고난당하는 하나님의 백성을 따라다니는 고통들 중 우리의 주인공이 경험하지 않은 것은 거의 없다. 다윗은 그의 파란만장한 삶의 서로 다른 시기에 한 신자가─그가 이 세상에서 부자이든 가난한 자이든 상관없이─처할 수 있는 거의 모든 상황에 직면했다. 바로 그것이 그의 삶에 대한 연구가 오늘 우리에게 실제적인 것이 될 수 있는 이유다. 다윗이 그토록 많은 시편들을 쓸 수 있었던 것 역시 그런 경험들 때문이었다. 그 시편들은 모든 세대의 성도들이 하나님을 향한 그들의 다양한 감정들을 표현하는 데 완벽하리만큼 적합했다. 성도들은─그들이 비통한 슬픔으로 인해 낙심해 있든 혹은 넘치는 기쁨으로 인해 고양되어 있든─높은 곳에 계신 지존자께 나아가는 과정에서 자신들의 상황을 묘사하는 데 필요한 모든 말들을 사람들의 잔인한 대우로 인한 고통과 야비한 배신 그리고 인간적 성공과 주님과의 영적 교제의 달콤함을 그 누구보다도 크게 맛보았던 이가 기록해 놓은 오열과 찬양을 통해 발견할 수 있다. 스펄전(C. H. Spurgeon)이 시편 59편에 대한 그의 주해에서 아름답게 소개하듯이, "다윗의 삶에서 일어난 고통스러운 사건들이 결국 그 민족의 음유시인의 레퍼토리를 풍부하게 하는 결과를 낳았다는 것은 이상한 일이다. 척박한 땅에서 꿀을 가득 품은 꽃과도 같은 찬송들이 솟아올랐다. 만약 그가 사울에게 그토록 잔인하게 쫓기지 않았다면, 이스라엘과 여러 세대 후의 하나님의 교회는 그런 노래들을 갖지 못했을 것이다. 고난은 성별된 시인의 수금(竪琴)을 뜯는다." 문제에 빠진 모든 독자들이여, 이 진리를 마음에 새기고 용기를 내라.

광야, 신앙의 제련소

"다윗이 광야의 요새에도 있었고 또 십 광야 산골에도 머물렀으므로 사울이 매일 찾되 하나님이 그를 그의 손에 넘기지 아니하시니라"(삼상 23:14). 다윗이 고통스러운 도발을 당하면서도 자기를 억제하고 있음을 보는 것은 복되다. 사울에 대한 태도에 관한 한 다윗은 완벽하게 결백했다. 그럼에도 그 사악한 왕은 쉬지 않고 계속해서 그를 뒤쫓았다. 다윗은 그가 맡은 모든 공직에서 명예롭게 행동했다. 그리고 이제 그는 백성들 앞에서 쫓기는 도망자로서 치욕을 당하고 있다. 그가 무력을 사용해 사울의 박해에 종지부를 찍고자 하는 유혹은 아주 컸으리라. 그는 숙련된 지도자였고 그의 휘하에는 6백여 명의 사람들이 있었다(13절). 그는 전략을 사용해 그의 적을 쉽게 덫에 빠뜨리고 그를 덮쳐서 죽일 수도 있었을 것이다. 그러나 그는 그렇게 하는 대신 인내하면서 하나님의 길을 따라 걸으며 하나님의 때를 기다렸다. 그리고 이후의 결과가 보여 주듯이 여호와께서는 그의 이런 태도를 높이 보셨다.

아, 독자들이여, 성경에는 다음과 같이 기록되어 있다. "노하기를 더디하는 자는 용사보다 낫고 자기의 마음을 다스리는 자는 성을 빼앗는 자보다 나으니라"(잠 16:32). 오, 우리가 보다 경건하게 자기를 다스리기를! 우리는 그것을 위해 간절히 그리고 자주 기도해야 한다. 당신은 지금 다윗이 그랬던 것처럼 극심하게 압박을 받고 있는가? 마땅히 선을 기대할 만한 사람들에게서 악한 대우를 받고 있는가? 당신을 무자비하게 박해하는 사울 같은 사람이 당신 곁에 있는가? 그렇다면 의심할 여지없이 당신은 그 문제를 자신의 힘으로 해결하려는 유혹을 받을 것이고, 아마도 세상의 법에 의지하려 할 것이다. 그러나, 시련에 지친 자여, 내가 당신에게 다음과 같은 성경 말씀을 부드럽게 상기시키는 것을 참아 달라. "내 사랑하는 자들아 너희가 친히 원수를 갚지 말고 하나님의 진노하심에 맡기라 기록되었으되 원수 갚는 것이 내게 있으니 내가 갚으리라고 주께서 말씀하시니라 네 원수가 주리거든 먹이고 목마르거든 마시게 하라 그리함으로 네가 숯불을 그 머리에 쌓아 놓으리라"(롬 12:19-20). 또한 주 예수님이 우리에게 보여 주신 모범을 기억하라. "욕을 당하시되 맞대어 욕하지 아니하시고 고난을 당하시되 위협하지 아니하시고 오직 공의로 심판하시는 이에게 부탁하시며"(벧전 2:23).

"다윗이 사울이 자기의 생명을 빼앗으려고 나온 것을 보았으므로 그가 십 광야 수풀에 있었더니"(삼상 23:15). 이것은 우리가 갈라디아서 4장 29절에서 듣는 말씀, 즉 "그러나 그때에 육체를 따라 난 자가 성령을 따라 난 자를 박해한 것 같이 이제도 그러하도다"라는 말씀을 얼마나 잘 예시해 주는가! 우리는 이 말씀의 보다 깊은 영적 의미를 놓치지 말아야 한다. 이삭이 이스마엘에게 받은 박해는 "성령을 따라 난 자"에 대한 "육체를 따라 난 자"의 육욕을 예시하는 것이었다. 모든 참된 그리스도인들 내부에는 죄의 원리와 은혜의 원리 사이의 지속적인 싸움이 존재한다. 그것들은 대개 "두 가지 본성"이라고 불린다. 계속해서 영적인 다윗의 목숨을 빼앗기 위해 애쓰는 영적인 사울이 존재한다. 그것은 "새 사람"을 죽이고자 애쓰는 마음과 욕구를 지닌 "옛 사람"이다. 그의 쉼 없는 공격에 맞서 우리는 계속해서 경계해야 할 필요가 있다.

"다윗이 사울이 자기의 생명을 빼앗으려고 나온 것을 보았으므로 그가 십 광야 수풀에 있었더니." "십"이라는 지명은 유다 지파에 있는 한 도시에서 유래되었다(수 15:25). "십"이 제련소(製鍊所)를 의미한다는 사실은 아주 중요하다. 아마도 그 "광야 산골"(14절)에는 광석들이 풍부했을 것이고, 십에는 제련소와 정련소가 있었을 것이다.

여기에는 우리가 놓치고 지나갈 수 없는 너무나 분명한 영적 교훈이 들어 있다. 성도가 적대적인 세상에서 받는 고통, 하나님을 증오하는 자들의 손에서 받는 박해, 죄악으로 가득 찬 세상을 살아가면서 겪는 고난 등은 그의 영혼을 위해 좋은 것일 수 있고 틀림없이 그러하다. 오, 주님의 사람들 중 많은 이들이 겪고 있는 힘든 시기가 그들의 신앙 및 여타의 영적 은총을 위한 제련소임을 입증하게 되기를!

믿지 못할 사람들

"사울의 아들 요나단이 일어나 수풀에 들어가서 다윗에게 이르러 그에게 하나님을 힘 있게 의지하게 하였는데 곧 요나단이 그에게 이르기를 두려워하지 말라 내 아버지 사울의 손이 네게 미치지 못할 것이요 너는 이스라엘 왕이 되고 나는 네 다음이 될 것을 내 아버지 사울도 안다 하니라 두 사람이 여호와 앞에서 언약하고 다윗은 수풀에 머물고 요나단은 자기 집으로 돌아가니라"(삼상 23:16-18). 이 구절들은 다윗과 그 연약하고 흔들리는 요나단이 가졌던 세상에서의 마지막 만남에 대해 기록하고 있다. 요나단은 강렬하고 자연스러운 애정으로 인해 다윗을 사랑했지만, 그 쫓기는 자와 동맹하기 위해 필요한 기개(氣槪)를 갖고 있지 않았다. 그는 자기 아버지가 다윗을 박해하는 데 동참하는 것을 거부했다. 그러나 왕궁의 매력은 그가 저항하기에는 너무나 강력했다. 그는 우리에게 영적인 타협자, 즉 생래적으로는 그리스도에게 매력을 느끼지만 그분께 온전히 순종하기 위해 필요한 그분에 대한 신비한 지식을 결여하고 있는 사람에 대한 엄중한 예를 보여 준다. "하나님을 힘 있게 의지하게 하였는데"라는 말은 본문 21절에 나오는 사울의 말만큼이나 그가 중생한 사람임을 입증해 주지 않는다. 본문 17절에 실려 있는 그의 말은 실현되지 않았고, 나중에 그는 길보아 산에서 블레셋 사람의 칼에 죽임을 당한다(삼상 30:1-2).

"그때에 십 사람들이 기브아에 이르러 사울에게 나아와 이르되 다윗이 우리아 함께 굉아 남쪽 하길라 산 수풀 요새에 숨지 아니하였나이까 그러하온즉 왕은 내려오시기를 원하시는 대로 내려오소서 그를 왕의 손에 넘길 것이 우리의 의무니이다 하니"(삼상 23:19-20). 아, 도대체 인간이란 어떤 존재인가, 그는 얼마나 믿기 어려운 존재인가! 다윗은 살의에 찬 적을 피해 숨을 곳을 찾고 있었다. 그것도 자기 부족 사람들 사이에서 찾고 있었다. 그런데 그 부족 사람들은 사울에게 알랑거리기 위해 그를 왕의 손에 넘겨 주려 하고 있다. 이것은 환대(歡待, hospitality)라는 풍습(고대 근동 지역에서는 자기 집이나 마을을 찾아온 낯선 사람을 후하게 대접하는 풍습이 있었다 – 역주)에 크게 어긋나는 것이었다. 그리고 이에 대해서는 아무런 변명도 있을 수 없다. 왜냐하면 사울은 십 사람들에게 그런 일을 요구한 적이 없었기 때문이다. 그들은 배교한 군주의 마음을 흡족하게 할 수만 있다면 무고한 사람의 피를 흘리는 일 정도는 개의치 않았다. 권위자들의 호의를 얻는 일에만 신경을 썼던 자들로 인해 얼마나 많은 사람들이 희생되었는지는 심판의 날에나 알 수 있을 것이다!

"사울이 이르되 너희가 나를 긍휼히 여겼으니 여호와께 복 받기를 원하노라"(삼상 23:21). 사울은 그 신뢰할 수 없는 악당들의 제안을 감사하게 받아들였다. 그가 가장 사악한 죄를 지으면서 얼마나 경건한 말을 사용하는지 살펴보라! 오, 독자들이여, 내가 당신들의 유익을 위해 부탁하건대, 이런 것에 대해 조심하라. 누군가에 대한 판단을 하기 전에 당신은 그의 그럴 듯한 혹은 경건하기까지 한 말들 이상의 무언가를 살펴보아야 한다. 당신이 그에게 자신을 의탁하기 전에는 더욱 그러해야 한다. 대부분의 사람들은 쉽게 약속하지만, 또한 그 약속을 쉽게 깨버린다. 진심으로 하나님을 두려워하지 않는 수많은 사람들이 하나님의 이름을 아주 쉽게 언급한다. 하지만 대개 그것은 말에 불과하다. 여기에서 가련한 사울이 마치 자기가 누군가에게 시달리고 있는 듯 말하는 것과, 십 사람들의 배신을 왕인 자신에 대한 충성으로 해석하고 있는 것에 주목하라.

광야에서 드린 기도

"어떤 사람이 내게 말하기를 그는 심히 지혜롭게 행동한다 하나니 너희는 가서 더 자세히 살펴서 그가 어디에 숨었으며 누가 거기서 그를 보았는지 알아보고 그가 숨어 있는 모든 곳을 정탐하고 실상을 내게 보고하라 내가 너희와 함께 가리니 그가 이 땅에 있으면 유다 몇 천 명 중에서라도 그를 찾아내리라 하더라"(삼상 23:22-23). 사울은 십으로 가기 전에 현재 다윗이 정확하게 어디에 있는지에 대해 보다 상세한 정보를 얻기를 바랐다. 그는 자기가 쫓고 있는 사람이 그 지역에 대해 자기보다 훨씬 더 익숙하다는 것을 알고 있었다. 또 그는 다윗이 현명한 전략가라는 것도 알고 있었다. 어쩌면 다윗은 이미 어떤 지역을 요새화했을 수도 있었다. 그래서 왕은 보다 상세한 정보를 얻어 자기가 다윗과 그의 사람들을 포위해 사로잡으려면 얼마나 많은 병력이 필요할지 알고 싶어 했던 것이다.

십 사람들이 배신했다는 소식이 다윗의 귀에 들렸다. 그리고 비록 왕의 늑장이 그에게 마온 광야로 피신할 시간을 주었을지라도(삼상 23:24), 어쨌거나 이제 그는 또다시 고달픈 도망자 신세가 되어야 했다. 그의 상황은 절망적이었고, 전능자 외에는 아무도 그를 그 상황에서 구해낼 수 없었다. 이때 그가 살아 계신 하나님께 돌아서서 그분 앞에 자신의 긴급한 상황을 아뢰는 모습을 지켜보는 것은 복되다. 그가 시편 54편에 기록된 기도를 드렸던 것이 바로 이때였다. 그 시편의 머리말[上記]은 다음과 같다. "십 사람이 사울에게 이르러 말하기를 다윗이 우리가 있는 곳에 숨지 아니하였나이까 하던 때에." 거기에서 우리는 다윗이 여호와께 자신의 마음을 토로하는 모습을 볼 수 있는데, 이제 그 내용을 좀더 상세히 살펴보자.

"하나님이여 주의 이름으로 나를 구원하시고 주의 힘으로 나를 변호하소서"(시 54:1). 다윗은 인간의 도움을 받을 수 있는 상황이 아니었다. 오직 기적만이 그를 구해낼 수 있었고, 따라서 그는 하나님께 기적의 역사를 간청했다. 다윗은 거두절미하고 요점으로 직행해 다음과 같이 외친다. "하나님이여, 나를 구원하소서." 그일라 사람들은 그를 숨겨 주지 않았고, 십 사람들은 야비하게도 그를 배신했다. 사울과 그의 군사들은 그의 피에 목말라하고 있다. 달리 숨을 곳은 아무데도 없었다. 하나님만이 그를 도우실 수 있었다. 그의 호소는 그분의 영광스러운 "이름"에 대한 탄원이었다. 그 이름은 그분의 모든 복된 속성들의 총체를 대표한다. 또한 그의 호소는 그분의 의로우심에 대한 탄원이었다. "주의 힘으로 나를 변호하소서." 이것은 "다른 아무도 나에게 그것을 줄 수 없으니, 나를 위해 공의를 베푸소서"라는 말이다. 이것은 그의 목적의 순수함을 드러내는 말이었다. 우리는 우리의 목적이 순수할 때만 자신의 정당함을 입증하기 위해 하나님의 정의의 능력에 호소할 수 있다.

"하나님이여 내 기도를 들으시며 내 입의 말에 귀를 기울이소서"(2절). 우리는 죄인들이 우리에게 행하는 부당한 일을 견디는 동안

이 말을 기억하며 주님께 돌아설 필요가 있다. 우리는 위를 바라보고 하나님으로부터 힘을 얻어낼 필요가 있다. 그래야 지치거나 마음이 혼미해지지 않을 수 있다. 스펄전(C. H. Spurgeon)이 잘 말했듯이, "하나님이 귀를 열고 계시는 한, 우리가 곤경에 갇혀 있을 수는 없다. 다른 무기들이 모두 쓸모없게 될지라도, 모든 기도는 항상 유효하다. 그 어떤 적도 이 대포의 화문[火門]을 막아 못쓰게 만들 수는 없다." "낯선 자들이 일어나 나를 치고 포악한 자들이 나의 생명을 수색하며 하나님을 자기 앞에 두지 아니하였음이니이다 [셀라]"(3절). 다윗을 알지 못하기에 그에게 나쁘게 해야 할 아무런 이유를 갖고 있지 않은 자들이 그를 박해하고 있었다. 그들은 하나님께 "낯선 자들"이었다. 그런 상황에서 우리가 하나님께 자신이 그분을 위해 미움을 당하고 있다고 탄원하는 것은 당연한 일이다.

여기에서 이 시편의 나머지를 상세히 설명하지는 않으려 한다. 다만 이 시편에 포함된 세 가지 사항에 대해서만 주목하도록 하자. 첫째, 3절 끝에 나오는 "셀라" 이후의 마지막 네 구절에서 나타나는 변화다. 스펄전은 이 "셀라"라는 단어에 관해 다음과 같이 썼다. "그는 마치 '이제 됐으니, 잠시 쉬자' 하고 말하는 듯 분노로 숨을 헐떡인다. 부당하다는 감정이 그로 하여금 잠시 노래를 멈추게 한다. 그리고 여기에서 우리는 더 많이 멈춰 서는 것이 우리의 기도를 더욱 증진시킨다는 사실에 주목하자. 대개 우리는 지나치게 서두는 경향이 있다." 둘째, 하나님에 대한 그의 굳건한 신뢰와 자신의 요구가 받아들여지리라는 확신이다. 이것은 4-6절에서, 특히 "주께서는 내 원수에게 악으로 갚으시리니"(5절)라는 구절에서 잘 나타난다. "그들을 멸하소서"라는 말은 뜨거운 복수심에 차서 하는 말이 아니라, 하나님의 공의로운 심판의 분명한 선고에 대한 동의(Amen)라고 할 수 있다. 셋째, 자신의 기도가 응답을 얻으리라는 절대적인 확신이다. 7절에 나오는 "주께서는 모든 환난에서 나를 건지셨고"(hath delivered me, KJV. 현재 완료형 문장이다 – 역주)라는 말은 아주 놀랍다. 우리는 이 구절을 "그러므로 내가 너희에게 말하노니 무엇이든지 기도하고 구하는 것은 받은 줄로 믿으라 그리하면 너희에게 그대로 되리라"는 마가복음 11장 24절 말씀과 비교하면서 주의 깊게 고찰할 필요가 있다.

응답

이제는 하나님이 다윗의 기도에 어떻게 응답하셨는지 살필 차례다. "그들이 일어나 사울보다 먼저 십으로 가니라 다윗과 그의 사람들이 광야 남쪽 마온 광야 아라바에 있더니"(삼상 23:24). "광야"(wilderness)라는 말은 영어권 사람들에게 오해를 불러일으킬 수 있다. 그것은 "사막"(desert)과 동의어가 아니라, 경작된 농지나 과수원과 대조되는 말로서 종종 "야생 숲"(wild forest)을 가리킨다. "사울과 그의 사람들이 찾으러 온 것을 어떤 사람이 다윗에게 아뢰매 이에 다윗이 바위로 내려가 마온 황무지에 있더니 사울이 듣고 마온 황무지로 다윗을 따라가서는 사울이 산 이쪽으로 가매 다윗과 그의 사람들은 산 저쪽으로 가며 다윗이 사울을 두려워하여 급히 피하려 하였으니 이는 사울과 그의 사람들이 다윗과 그의 사람들을 에워싸고 잡으려 함이었더라"(삼상 23:25-26). 이것은 얼마나 자주 우리의 상황과 일치하는가! 어떤 극심한 시련이 우리를 압박하면, 우리는 하나님께 구원을 요청한다. 그러나 그분의 응답이 오기 전에 상황은 점점 더 나빠진다. 아, 그분의 권능이 보다 분명해지는 것은 이런 순서를 통해서다.

이제 다윗의 상황은 아주 심각해졌다. 사울과 그의 부하들은 실제적으로 그를 에워싸고 있었고, 오직 산 하나 혹은 좀더 정확하게 말한다면 가파른 절벽 하나가 그들을 갈라놓고 있을 뿐이었다. 도피는 불가능해 보였다. 다윗과 그의 사람들은 수적으로 열세였고, 포위되어 있었고, 더이상 도망칠 방법도 없었다. 마침내 사울의 악한 계획이 이루어지려는 듯 보였다. 그러나 인간의 곤경은 하나님의 기회다. 매튜 헨리(Matthew Henry)가 아름답게 주석하듯이, "이 산 [혹은 절벽]은 다윗과 그를 파멸시키려 하는 자 사이에 놓인 하나님의 섭리에 대한 상징이었다. 그것은 마치 이스라엘 사람들과 애굽 사람들 사이에 있었던 구름 기둥과 같은 것이었다." 그러나 그것은 기껏해야 몇 시간 동안만 소용이 있었을 뿐이다. 이제 곧 사울과 그의 부하들은 그 절벽을 기어오르거나 돌아서 다가올 것이다. 자, 이제 그 놀랍고도 복된 결과에 대해 살펴보자.

"전령이 사울에게 와서 이르되 급히 오소서 블레셋 사람들이 땅을 침노하나이다 이에 사울이 다윗 뒤쫓기를 그치고 돌아와 블레셋 사람들을 치러 갔으므로 그 곳을 셀라하마느곳이라 칭하니라 다윗이 거기서 올라가서 엔게디 요새에 머무니라"(삼상 23:27-29). 하나님은 모든 일의 시간을 얼마나 놀랍게 또한 얼마나 은혜롭게 정하시는가! 모든 사건들의 순서를 정하시고 모든 피조물을 통제하시는 분이 블레셋 사람들을 움직여 사울의 영토를 침략하게 하셨던 것이다. 그리고 이에 대한 소식이 왕의 귀에 들어간 것은 다윗이 파멸의 벼랑 끝에 서 있던 바로 그때였다. 사울은 즉시 그의 관심을 침략자들에게로 돌려야 했고, 그로 인해 그는 다 잡았던 먹이를 놓쳤고, 그로 인해 하나님은 다윗의 보호자로서 영광을 받으셨다. 그렇게 해서 다윗은 손 한번 쓰지 않고 위기에서 벗어날 수 있었다. 오, 바로 그 하나님이 오늘날에도 자신의 백성을 위하시는 분임을 아는 것은 얼마나 복된 일인가! 그분은 자기 백성을 괴롭히는 자들을 물리치실 수 있다. 하나님은 신실한 기도를 들으시고 응답하신다! 이제 다윗과 그의 사람들은 도망칠 기회를 얻었고 사해 해변에 있는 엔게디 요새로 도망쳤다.

14
사울을 살려 줌
사무엘상 24장

우리는 앞 장을 "의인은 고난이 많으나"라는 말씀을 인용함으로써 시작했다. 그 구절의 나머지는 다음과 같다. "여호와께서 그의 모든 고난에서 건지시는도다"(시 34:19). 이것은 하나님이 늘 고난당하는 자를 그에 대한 모든 실제적 위험으로부터 구해내신다는 의미가 아니다. 절대로 그렇지 않다. 그리고 우리는 성경을 자의적으로 해석하지 않도록 조심해야 한다. 성경에는 주님께서 권능을 행사하셔서 그분의 백성이 처한 긴급한 죽음의 위험으로부터 구해내시는 경우들에 대한 이야기가 많이 실려 있다. 이스라엘이 홍해에서, 엘리야가 살의에 찬 아합과 이세벨로부터, 그리고 다니엘이 사자굴에서 구출되는 이야기들은 그것에 대한 놀랄 만큼 적절한 사례들이다. 그러나 아벨이 가인에게 살해되고, 사가랴가 순교하고(마 23:35), 스데반이 돌에 맞아 죽는 이야기들은 그와 정반대되는 경우들이다. 그렇다면 이 후자의 경우들에서는 시편 34편 19절이 전하는 약속은 실패한 것일까? 절대로 아니다. 그들은 여전히 훨씬 더 영광스러운 성취에 이르렀다. 왜냐하면 그들은 마침내 죄와 고통으로 가득 찬 이 세상으로부터 구원을 얻었기 때문이다.

구원의 씨앗

다윗은 성령의 감화를 받아 시편 34편 19절을 썼던 사람이었고, 그 구절에 실려 있는 약속이 그의 삶을 통해 실제적으로 분명하게 성취되었던 사람이다. 다윗보다 더 자주 위험에 처했던 사람은 없었다. 또 그만큼 자주 주님의 구원의 손길을 경험한 사람도 없었다. 그러나 상황이 그렇게 된 데에는 그럴 만한 특별한 이유가 있었다. 우리가 이제부터 살펴보려고 하는 것이 바로 그것이다. 다윗은 이스라엘의 메시아의 조상들 중 하나였다. 그리고 하나님이 놀라운 역사를 통해서 육체를 따라 메시아의 조상으로 선택된 자들을 기적적으로 지키시는 모습을 지켜보는 것은 놀랍고도 복되다. 참으로 나사렛 예수의 직계 조상들을 위해 하나님이 여러 차례 개입하셨던 이유는 특별히 그것 때문이었다.

이것은 여러 해 동안 가나안 사람들 사이에서 살았던 아브라함과 이삭과 야곱의 이야기에서 분명하게 나타난다. 그 땅의 거민들은 이방인이었고, 그들은 창세기 15장 16절이 암시하듯이 아주 사악한 사람들이었다. 아브라함과 그의 후손들은 그 땅의 체류자로서 그들에게 노출되어 있었는데, 대개 사람들은 낯선 자들의 특별한 관습을 좋지 않게 여기는 경향이 있다. 그러므로 우리의 믿음의 조상들이 그런 사람들 가운데서 살아갈 수 있었던 것은 아주 놀라운 섭리 덕분이었다(시 105:42을 보라). "그렇게 해서 그들 안에 구속주라는 복을 지니고 있는 한 줌의 작은 무리가 적들과 위험의 한 가운데서 보호를 받았다. 이것은 여호와께서 격렬한 홍수 한 가운데서 방주를 보존하셨던 것과 다르지 않았다"(Jonathan Edwards). 또한 하나님은 놀랍게도 이스라엘이라는 어린 나라를 애굽에서, 광야에서, 그리고 그들이 갓 들어간 약속의 땅에서 보호해 주셨다.

이 원리가 하나님이 보다 직접적으로 또한 보다 분명하게 그리스도의 조상이었던 자의 삶을 보호하시는 역사 안에서 얻는 예증은 더욱 우리의 주목을 끈다. 다윗과 죽음 사이에 단 한 걸음의 간격만 있었던 때가 얼마나 많았던가! 그는 목동 시절에 사자와 곰과 마주한 적이 있었는데, 만약 그때 하나님이 간섭하지 않으셨다면, 사자나 곰이 그를 마치 그의 양떼 중 한 마리를 찢듯이 쉽게 찢어버렸을 것이다. 그는 골리앗과 맞서 싸운 적이 있었는데, 골리앗은 스스로 공언했던 것처럼 능히 그의 사지를 찢고 그의 살을 들짐승들에게 줄 수 있을 만큼 강력한 자였다. 그는 사울이 자기 딸에 대한 지참금으로 블레셋 사람들의 포피(包皮) 1백 개를 요구했을 때 블레셋 사람들에게 자기 생명을 걸어야 했다. 사울은 그에게 창을 던지면서 거듭 그의 목숨을 노렸고, 마지막에는 직접 그를 잡아 살해하려고 했다. 그러나 다윗은 이 모든 위험으로부터 건짐을 받았다. "그렇게 해서 온 세상과 지옥이 그것을 파괴하려고 공모하던 시절에 실제적으로 구속주와 구속의 모든 은총을 포함하고 있는 소중한 씨앗이 놀라운 방식으로 보존되었다"(Jonathan Edwards).

불신앙의 굴레

그러나 이제 우리는 본문의 이야기, 즉 각종 사건으로 점철된 다윗의 삶에서도 가장 놀라운 사건들 중 하나를 기록하고 있는 이야기에 관심을 기울이기로 하자. 매튜 헨리가 잘 지적하듯이, "지금까지 우리는 사울이 다윗을 파멸시킬 기회를 찾고 있는 모습을 보았다. 그러나 그는 그 기회를 얻지 못했다. 여기에서 다윗은 사울을 파멸시킬 좋은 기회를 얻지만 그 기회를 사용하지 않는다. 다윗이 사울의 목숨을 살려 준 것은, 그가 목숨을 보존하고 있는 것이 그에 대한 하나님의 섭리에 대한 증거인 것만큼이나 또한 그 안에서 역사하시는 하나님의 은혜에 대한 큰 증거였다." 사울은 아주 심술궂게 다윗의 목숨을 노렸으나, 다윗은 아주 관대하게 사울의 목숨을 살려 주었다. 이것은 육에 대한 영의 승리요, 죄에 대한 은혜의 승리였다.

"사울이 블레셋 사람을 쫓다가 돌아오매 어떤 사람이 그에게 말하여 이르되 보소서 다윗이 엔게디 광야에 있더이다 하니"(삼상 24:1). 이 말을 통해 우리는 사울이 이스라엘을 침략한 블레셋 사람들을 쳐부수는 데 성공했다고 추측할 수 있다. 이것은 우리가 종종 못보고 놓치는 엄중한 원리를 예시해 준다. 인간의 성공은 그에 대한 하나님의 승인의 증거가 아니다. 어떤 사람이 외적으로 번성하고 있다는 단순한 사실이 곧 그의 삶이 주님을 기쁘게 해드리고 있다는 증거가 되는 것은 아니다. 사울이 그의 땅에서 블레셋 사람들을 몰아낼 수 있게 하신 분이 하나님이셨음을 부인하는 자는 불신앙자라고 할 수 있다. 그러나 만약 우리가 이런 이유로 하나님이 그를 기뻐하신다고 결론을 내린다면, 그때 우리는 크게 잘못하고 있는 것이다. 황소를 살찌우는 것은 도살하기 위해서다. 마찬가지로 하나님은 종종 사악한 자들을 심판하고 정죄하시기 위해 일시적으로 그들에게 자비를 베푸신다. 이후의 결과가 사울이 실제로 어떤 존재였는지 분명하게 보여 준다.

"사울이 블레셋 사람을 쫓다가 돌아오매 어떤 사람이 그에게 말하여 이르되 보소서 다윗이 엔게디 광야에 있더이다 하니." 사울은 이것을 자신에 대한 시험으로 간주해야 했다. 우리의 삶에서 발생하는 모든 일은 이런저런 측면에서 우리에게 시험을 제기한다. 불행히도 사울은 그 시험에서 실패했다. 하나님의 외적 섭리는 사람의 마음을 바꾸지 못한다. 그분의 징계는 사람의 완고한 뜻을 꺾지 못하고, 그분의 자비는 사람의 굳은 마음을 녹이지 못한다. 성령의 중생케 하는 역사가 없다면, 그 어떤 것도 사람을 그리스도 예수 안에 있는 "새로운 피조물"(고후 5:17)로 만들지 못한다. 하나님이 블레셋에 대한 사울의 군사 작전을 성공하게 해주신 것도 그 배교한 왕의 사악한 영혼에는 아무런 인상도 주지 못했다. 독자들이여, 잠시 멈춰서 다음 질문과 마주해 보라. "하나님의 선하심이 당신을 회개케 했는가?"

"사울이 온 이스라엘에서 택한 사람 삼천 명을 거느리고 다윗과 그의 사람들을 찾으러 들염소 바위로 갈새"(삼상 24:2). 이 구절은 "악한 일에 관한 징벌이 속히 실행되지 아니하므로 인생들이 악을 행하는 데에 마음이 담대하도다"(전 8:11)라는 말씀에 대해 얼마나 엄중한 실례를 제공하는가! 사악한 자들은 종종 그들의 악한 행위를 하지 못하도록 제어된다. 하지만 그들은 그런 제어의 손길이 사라지면, 마치 자기들이 악에 악을 더해야만 문제로부터 해방되기라도 하는 것처럼, 이전의 악행을 계속한다. 바로가 그랬다. 하나님이 계속 재앙을 보내셔서 그 악한 군주의 손을 억제하셨지만, 재앙이 일시적으로 연기되기만 하면, 그는 다시 마음이 강퍅해졌다. 사울은 하나님의 섭리로 인해 블레셋 사람들이 이스라엘을 침략함으로써 다윗을 쫓는 일을 포기해야 했다. 하지만 이제 그 방해물이 제거되자 그는 이전의 악한 노력을 배가했다. 오, 구원에 이르지 못한 독자여, 당신의 경우가 그렇지 않은가? 자기를 즐겁게 하기 위한 당신의 노력은 질병으로 인해 제어되고, 거듭되던 쾌락의 추구는 당신이 병상에 누움으로써 중단된다. 그렇게 해서 당신이 자신의 영혼에 관심을 기울이고 전능하신 하나님 앞에서 자신을 낮출 기회가 주어진다. 이쯤면 당신은 피상적으로나마 그렇게 했을 것이다. 그러나 이후의 결과는 어찌 되었는가? 하나님이 당신의 건강과 힘을 은혜롭게 회복시켜 주신 지금, 당신은 그런 건강과 힘을 하나님의 영광을 위해 사용하고 있는가, 아니면 전보다 더 헛되이 이 세상의 환영을 추구하는 데 쓰고 있는가?

블레셋 사람들의 침략은 사울로 하여금 그가 그토록 까닭 없이 그리고 무자비하게 쫓고 있던 사람에 대한 생각을 바꿔먹도록 해야 하지 않았을까? 그는 자기에게는 공통의 적을 격퇴하기 위한 군대의 우두머리로서 다윗이 필요하다는 사실을 전보다 더 분명하게 깨달아야 하지 않았을까? 오, 믿음이 없는 독자들이여, 이것은 당신에게도 동일하게 해당되지 않는가? 당신은 실제로는 당신에게 가장 중요한 하나님의 신실한 종을 경멸한다. 당신은 당신에게 그리스도의 요구들, 다함이 없는 영원의 엄중함, 이 세상만을 위해 사는 사람들에게 임할 확실하고 두려운 운명 등에 관해 생각해 보라고 간청하는 그리스도인 친구들을 "흥을 깨는 사람"으로 간주한다. 사울은 지금 지옥의 고통 속에 있다. 그리고, 만약 당신이 회개하고 하나님께 당신의 마음을 변화시켜 달라고 간청하지 않는다면, 당신 역시 곧 그런 상태에 이르게 될 것이다.

강력한 유혹

다시 한 번 우리의 관심을 다윗에게로 돌려보자. 우리가 앞 장 말미에서 보았듯이, 하나님은 다윗의 믿음의 기도에 응답해 그를 적의 손으로부터 놀랍게 구원해 주셨다. 그러나 그 구원은 일시적인 것에 불과했다. 이제 사울은 전보다 더 강력한 군대를 동원해 그를 추격했다. 모든 참된 그리스도인들은 그들의 영적 경험을 통해 이런 것에 관해 얼마간 알고 있지 않은가? 성경에는 다음과 같은 말씀이 기록되어 있다. "우리가 하나님의 나라에 들어가려면 많은 환난을 겪어야 할 것이라"(행 14:22). 문제가 닥쳐오고, 잠시 휴식이 허락된다. 그리고 앞의 문제가 해결되기도 전에 새로운 문제가 발생한다. 우리의 영적인 적들은 우리를 오래도록 평안하게 내버려 두지 않을 것이다. 그럼에도, 만약 그들이 우리로 하여금 주님 앞에 무릎을 끓게 만든다면, 사실 그들은 우리를 위한 위장된 축복이다. 우리의 영혼은 번성할 때보다 역경에 처했을 때 더 잘 성장하기 때문이다. 겨울의 서리는 따뜻한 옷을 꺼내 입게 만들지만, 또한 파리와 정원의 해충들을 죽이기도 한다.

이제 다윗은 "들염소 바위로" 이동했다. 그리고 사울과 그의 큰 군대는 그곳까지 그를 쫓아 왔다. 다시 한 번 하나님이 다윗을 위해 개입하셨다. 그것도 아주 놀라운 방식으로 그렇게 하셨다. "길 가 양의 우리에 이른즉 굴이 있는지라 사울이 뒤를 보러 들어가니라 다윗과 그의 사람들이 그 굴 깊은 곳에 있더니"(삼상 24:3). 팔레스타인의 그 지역에는 큰 동굴들이 많았다. 그것들은 부분적으로는 자연에 의해, 그리고 부분적으로는 사람의 손으로 만들어졌는데, 주로 태양의 열기로부터 양떼를 보호하는 데 이용되었다. 실제로 우리는 아가 1장 7절에서 "양 치는 곳과 정오에 쉬게 하는 곳"이라는 표현을 발견할 수 있다. 그 널찍한 동굴들 중 하나에 다윗과 그의 사람들 중 몇 명이 피신해 있었다. 그리고 이제 사울이 분명히 그의 부하들과 떨어진 채 그곳으로 휴식을 취하러 들어왔다. 그렇게 해서, 사울은 이상한 부주의함 때문에 — 인간적인 관점에서 본다면 분명히 그렇다 — 완전히 다윗의 수중에 들어오게 되었다.

"다윗의 사람들이 이르되 보소서 여호와께서 당신에게 이르시기를 내가 원수를 네 손에 넘기리니 네 생각에 좋은 대로 그에게 행하라 하시더니 이것이 그 날이니이다 하니"(삼상 24:4). 다윗의 사람들은 이 예기치 않았던 상황의 반전에서 즉시 하나님의 손길을 보았다. 비록 오늘날 수많은 이들이 그리스도인이라는 이름을 갖고 있지만, 만약 그들이 세상의 일들이 우연히 일어난다고 믿는다면, 그들은 불신자나 다름없다. 세상에는 살아 계신 하나님의 통제를 받지 않고 일어나는 일은 없다. 왜냐하면 "만물이 주에게서 나오고 주로 말미암고 주에게로 돌아가기 때문이다"(롬 11:36). 그러므로 믿는 자는 크든 작든 우리의 삶속에서 벌어지는 모든 일 속에서 하나님의 손길을 인식해야 한다. 그리고 우리가 우리의 모든 상황을 조율하시는 하나님의 손길을 의식할 때만 비로소 하나님이 높임을 받으실 수 있고 우리의 마음이 평안을 얻을 수 있다. 오, 언제나 "이는 여호와이시니 선하신 대로 하실 것이니라"(삼상 3:18) 하고 말하는 자에게 은혜가 있기를!

"다윗의 사람들이 이르되 보소서 여호와께서 당신에게 이르시기를 내가 원수를 네 손에 넘기리니 네 생각에 좋은 대로 그에게 행하라 하시더니 이것이 그 날이니이다 하니." 그들의 생각을 추적하는 것은 어려운 일이 아니다. 그들은 이것이 놓치기에는 너무 아까운 기회, 즉 분명히 하나님의 섭리로 인해 다윗에게 찾아온 기회라고 느꼈다. 칼 한 번만 휘두르면 다윗과 이스라엘의 왕위 사이를 가로막고 있던 유일한 인물을 제거할 수 있었다. 그뿐만이 아니었다. 배교한 사울을 죽이는 것은 어쩌면 온 나라를 여호와께로 돌리는 결과를 낳을 수도 있었다. 오늘날 기독교계 안에 목적이 수단을 정당화한다고 믿는 사람들이 얼마나 많은가! 그들에게는 "결과"를 얻는 것이 가장 중요하다. 그 결과를 어떻게 얻느냐는 거의 혹은 전혀 문제가 되지 않는다. 그런 사람들이 다윗에게 조언을 했다면, 그들은 다음과 같이 말했을 것이다. "사울을 죽이는 것에 대해 가책을 느낄 필요 없다. 그것이 얼마나 좋은 결과를 낳을지 생각해 보라."

"이것은 다윗의 삶에서 얼마나 중요한 순간이었던가! 만약 그가 자신을 향해 얼핏 하나님의 섭리인 듯 보이는 기회를 활용하라고 촉구하는 그럴듯한 조언가들의 말에 귀를 기울였다면, 그의 믿음의 삶은 갑자기 끝나고 말았을 것이다. 그는 칼을 휘두르고 왕위를 얻었을 것이다! 그리고 곤경에서 벗어났을 것이다! 쫓기는 염소와 같은 삶에서도 벗어났을 것이다. 비난과 조롱과 도망은 끝났을 것이다. 그리고 아첨과 승리와 풍요가 그의 것이 되었을 것이다. 그러나 그것은 믿음을 희생하고서야 가능했을 것이다. 자기의 뜻을 겸손하게 낮추고 하나님의 때를 기다리는 것을 희생하고서야 가능했을 것이다. 하나님의 돌보심, 하나님의 섭리, 하나님의 인도, 하나님의 자비하심과 관련된 수많은 값진 경험들을 희생하고서야 가능했을 것이다. 아니다, 그런 값을 치르고 왕위를 얻는 것은 남는 장사가 아니다.

믿는 자는 기다린다"(C. H. Bright).

그러나 이 이야기 속에는 보다 깊은 교훈이 들어 있다. 그것은 모든 그리스도인들이 철저히 마음에 새겨 둘 만한 교훈이다. 그 교훈이란, 우리는 섭리의 사건들을 해석하고 그것들로부터 결론을 이끌어내는 데 있어서 지극히 조심할 필요가 있다는 것이다. 그렇지 않으면 우리는 자신의 성향을 쫓으면서 우리의 자의적인 행동에 대해 하나님의 승인을 얻으려 하는 잘못을 저지를 수 있다. 하나님은 다윗에게 왕위를 약속하셨다. 그렇다면 이제 그를 가로막아 왔던 유일한 장애물을 제거할 하나님의 때가 이른 것일까? 아주 많이 그렇게 보였다. 사울은 다윗에게 아무런 자비도 보이지 않았다. 그리고 앞으로도 그럴 것 같지 않았다. 그렇다면 이제 다윗이 하나님의 도구가 되어 그에게 복수하는 것이 하나님의 뜻일까? 그렇게 보였다. 그렇지 않다면 어째서 하나님이 사울을 그런 식으로 그의 손에 넘기셨단 말인가! 다윗은 하나님께 구원을 간구했고 해원(解寃)을 위해 하나님의 정의에 호소했었다(시 54:1). 그렇다면 이제 그의 탄원이 응답을 얻을 시간이 이른 것일까? 예기치 않게 그의 발치에서 잠들어 있는 사울의 모습은 그것을 더욱 분명하게 확증하는 듯 보였다. 다윗이 하나님의 섭리로 인한 이 사건을 통해 잘못된 추론을 하기는 얼마나, 정말 얼마나 쉬웠을까!

육과 영의 싸움

사실 하나님은 이때 다윗의 믿음을 시험하고 계셨다. 그 시험은 그의 "믿음"에 대한 시험, 즉 하나님의 말씀에 대한 순종 여부를 알아보기 위한 시험이었다. 하나님의 말씀은 분명하게 "살인하지 말라"고 명령한다. 그리고 하나님은 그 명령과 어긋나는 그 어떤 예외적인 명령도 주신 적이 없었다. 또 그 시험은 그의 "인내"에 대한 시험, 즉 그가 하나님이 그를 이스라엘의 왕좌에 올려 주실 때를 조용히 기다리는 것에 대한 시험이었다. 그의 앞에 놓인 시험은 문제를 자기의 손으로 해결하기 위해 일을 몰아가는 것에 대한 시험이었다. 그리고 그 시험은 그의 "경건"에 대한 시험, 즉 자기 힘으로 복수하려고 하는 생래적 욕망을 누그러뜨리고 자기를 그토록 박해했던 사람에게 은혜롭게 자비를 베푸는 것에 대한 시험이었다. 이것은 참으로 실제적인 시험이었다. 그리고 이 경우에 다윗의 영이 그의 육에 대해 승리를 거두는 것을 지켜보는 것은 참으로 복되다!

우리가 이 사건의 교훈을 우리의 매일의 삶에 적용하는 것은 아주 중요하다. 하나님은 자주 우리를 비슷한 방법으로 시험하신다. 그분은 섭리를 통해 우리의 마음을 시험하시고 우리의 마음 안에 있는 것을 분명하게 드러내신다. 우리는 중요한 문제, 삶에 있어서 결정적인 발걸음, 그리고 중대한 쟁점들을 포함하고 있는 사건들의 변화 등에 대해 얼마나 자주 고민하는가? 그럴 때 우리는 우리 자신의 지혜를 불신하고, 그런 문제들과 관련해 하나님의 뜻에 대한 확신을 얻기를 바란다. 우리는 은혜의 보좌 앞에 우리의 문제를 내려놓고 빛과 인도하심을 간구한다. 거기까지는 좋다. 그러나 대개 그때 시험이 닥쳐온다. 우리가 한 걸음 내딛는 것이 하나님의 뜻인 듯 보이게 만드는 사건들이 벌어진다. 상황은 분명히 그 방향을 가리키는 듯 보인다. 아, 독자들이여, 그러나 그것은 단지 하나님이 우리의 마음을 시험하시는 것일 수 있다. 만약, 당신이 그 문제를 놓고 기도했음에도 불구하고, 당신의 갈망이 여전히 어떤 대상이나 방향으로 기울어지고 있다면, 그때 당신이 하나님의 섭리의 사건들을 잘못 해석하고 잘못된 결론을 내리게 될 것은 자명하다.

하나님의 말씀에 대한 정확한 지식, 거룩한 마음 상태(그것으로 인해 우리의 자아가 심판을 받고 자아의 생래적 갈망이 누그러진다), 그리고 말씀 앞에서 부서진 우리의 의지 등은 중요한 사건과 위기에 있어서 우리가 가야 할 길을 분명하게 식별하는 데 절대적으로 필요하다. 가장 안전한 길은 복수, 탐욕, 야망, 그리고 성급함에 대한 모든 제안을 거부하는 것이다. 참된 거룩함으로 견고해진 자는 하나님이 그분의 섭리를 수행하시는 것을 자신에게 탐닉할 기회가 아니라, 믿음와 인내에 대한 시험으로, 또 자기 부인을 실천해야 할 경우로 해석할 것이다. 어떤 경우에든 "믿는 이는 다급하게 되지 않을 것이다"(사 28:16, 우리말성경 – 역주). "네 길을 여호와께 맡기라 그를 의지하면 그가 이루시고 … 여호와 앞에 잠잠하고 참고 기다리라 자기 길이 형통하며 악한 꾀를 이루는 자 때문에 불평하지 말지어다"(시 37:5, 7). 오, 우리가 그렇게 할 수 있도록 주님께서 우리에게 은혜를 베풀어 주시기를! 그러나 그렇게 되려면 먼저 우리가 주님께 그런 은혜를 분명히, 부지런히, 그리고 매일 간구해야 한다.

15
사울을 향한 연설
사무엘상 24장

앞 장에서 우리는 배교한 사울 왕이 다윗과 그의 추종자들이 은신처로 삼았던 엔게디 광야의 어느 굴에서 잠든 모습을 살펴보았다. 그곳에서 사울의 목숨은 전적으로 그가 쫓던 사람의 처분에 달려 있었다. 다윗의 사람들은 자기들이 유리한 고지를 차지했음을 재빨리 인식했고 자기들의 주군을 향해 말했다. "보소서 여호와께서 당신에게 이르시기를 내가 원수를 네 손에 넘기리니 네 생각에 좋은 대로 그에게 행하라 하시더니 이것이 그 날이니이다"(삼상 24:4a). 이것은 이스라엘의 시인에게 실제적인 시험이었다. 비록 그가 그 시험에 완전히 제압되지는 않았을지라도, 그는 그 내적 갈등에서 아무런 흠이나 상처 없이 빠져나오지는 못했다. "다윗이 일어나서 사울의 겉옷 자락을 가만히 베니라"(4b절). 그러니 "속지 말라 악한 동무들은 선한 행실을 더럽히나니"(고전 15:33)라는 말씀은 얼마나 참된가! 이 사건은 훗날 그의 마음에 되살아났고, 그때 그는 하나님의 성령의 감화를 받아 다음과 같이 썼다. "복 있는 사람은 악인들의 꾀를 따르지 아니하며 죄인들의 길에 서지 아니하며 오만한 자들의 자리에 앉지 아니하고"(시 1:1). 어떻게든 그럴 것이다. 아무튼 여기에서 우리는 우리 모두가 마음에 새겨야 할 엄중한 경고를 발견한다.

자책과 회개

"그리 한 후에 사울의 옷자락 벰으로 말미암아 다윗의 마음이 찔려"(삼상 24:5). 이것은 그의 양심이 그를 비난했고, 그가 자기가 한 일에 대해 회개했음을 의미한다. 우리의 마음이 세상이 사소한 것으로 여기는 것에 대해 자신을 비난한다면, 그것은 우리에게 좋은 일이다. 비록 다윗이 왕의 몸을 해치지는 않았지만, 그는 자신이 왕을 살해할 힘을 갖고 있음을 증명해 보였고, 그것은 왕의 위엄에 대한 심각한 모욕이었다. 통치자의 인품이 어떠하든, 하나님은 우리에게 "왕을 존대하라"(벧전 2:17)고 명령하신다. 이것은 우리 모두가 되새겨야 할 필요가 있는 말씀이다. 왜냐하면 우리는 점점 더 많은 사람들이 "권위를 업신여기며 영광을 비방하는"(유 8) 시대에 살고 있기 때문이다. 하나님은 이것을 주목해 보고 계시다!

"그리 한 후에 사울의 옷자락 벰으로 말미암아 다윗의 마음이 찔려." 이 말씀을 사무엘하 24장 10절에 나오는 다음과 같은 말씀과 비교해 보라. "다윗이 백성을 조사한 후에 그의 마음에 자책하고 다윗이 여호와께 아뢰되 내가 이 일을 행함으로 큰 죄를 범하였나이다 여호와여 이제 간구하옵나니 종의 죄를 사하여 주옵소서 내가 심히 미련하게 행하였나이다 하니라." 이 구절을 통해 우리는 다윗이 참된 영성의 징표인 섬세한 양심을 갖는 복을 받았음을 분명하게 알 수 있다. 이와 대비되는 것으로 우리는 성경에서 "감각 없는 자가 되어 자신을 방탕에 방임하여 모든 더러운 것을 욕심으로 행하는"(엡 4:19) 사람들에 관해 읽는다. 이것은 하나님께 버림받은 사람들의 확실한 표시다. 다윗은 곧 자신의 거친 행동을 후회했고 자기가 죄를 지었음을 시인했다. 하나님이 우리에게도 은혜를 베푸셔서 우리가 그렇게 예민한 양심을 갖게 해주시기를!

"자기 사람들에게 이르되 내가 손을 들어 여호와의 기름 부음을 받은 내 주를 치는 것은 여호와께서 금하시는 것이니 그는 여호와의 기름 부음을 받은 자가 됨이니라 하고"(삼상 24:6). 다윗은 얼마나 정직했던가! 그는 하나님 앞에서 자신의 거친 행동을 회개했을 뿐 아니라, 또한 그런 행동을 지켜보았던 사람들에게 자신의 잘못을 고백하기까지 했다. 그렇게 하기 위해서는 큰 은혜와 용기가 필요하다. 그러나 우리에게 필요한 것이 바로 그것이다. 이제 다윗은 자기의 사람들에게 자신이 사울을 그토록 모욕한 것으로 인해 자신을 혐오하고 있음을 분명하게 알렸다. 그가 자신을 정죄했던 이유가 그가 상황을 하나님의 관점에서 바라보았기 때문이었음에 주목하라. 그는 사울을 자신의 개인적인 적이 아니라 살아 있는 동안 이스라엘을 다스리도록 하나님에 의해 임명된 자로 간주하고 있는 것이다.

"[그렇게] 다윗이 이 말로 자기 사람들을 금하여 사울을 해하지 못하게 하니라"(삼상 24:7). "금하여"라는 말은 다윗이 자기 사람들을 진정시키고 누그러뜨려서 그들이 왕에게 손을 대지 못하게 했음을 의미한다. 이 구절의 첫 단어는 아주 의미심장하다. "그렇게"(So, KJV. 한글 성경에는 이 단어가 번역되어 있지 않다-역주), "이런 식으로", "자기가 방금 말한 것을 따라서." 사람들이 주님의 이름을 지닌 자들 안에서 진실성을 보는 것보다 더 중요한 것은 아무것도 없다. 다윗이 자기 사람들에게 사울이 하나님의 "기름 부음을 받은 자"임에 주목하게 함으로써 하나님께 영광을 돌리자 이제 그분이 다윗을 높여 주셨다. 즉 그분은 그의 고백의 말이 그의 사람들의 마음을 감화하도록 해주셨다. "그렇게" 다윗은 자기 사람들을 억제함으로써 자기에게 선을 악으로 갚았던 사람에게 악을 선으로 갚았다.

사울의 부하들을 비난함

"사울이 일어나 굴에서 나가 자기 길을 가니라"(삼상 24:7). 사울 왕은 자기가 처했던 위험을 전혀 의식하지 못한 채 잠에서 깨어났고, 자리에서 일어났고, 굴 밖으로 걸어 나갔다. 우리와 죽음 사이가 한걸음 차이밖에 없었음에도 우리가 그런 사실을 알지 못했던 경우가 얼마나 많은가! 깨어 있든 자고 있든 우리의 시간은 하나님의 수중에 있다. 그리고 그 사실을 알고 있던 시편 기자는 다음과 같이 노래했다. "그는 우리 영혼을 살려 두시고 우리의 실족함을 허락하지 아니하시는 주시로다"(시 66:9). 아무도 창조주께서 지정하신 시간보다 일찍 죽을 수 없다. 우리의 마음이 하나님 안에서 쉴 수 있을 때 그것은 복된 일이다. 우리가 매일 밤마다 "내가 평안히 눕고 자기도 하리니 나를 안전히 살게 하시는 이는 오직 여호와이시니이다"(시 4:8)라고 말할 수 있는 것은 하나의 특권이다. 그러나 경건한 자들과 사악한 자들의 차이는 말할 수 없을 만큼 크다. 경건한 자들은 영원한 영광을 위해 보호된다. 그러나 사악한 자들은 영원한 불길을 예약해 두고 있다. 다윗과 사울의 차이가 그런 것이었다.

"그후에 다윗도 일어나 굴에서 나가 사울의 뒤에서 외쳐 이르되 내 주 왕이여 하매"(삼상 24:8a). "비록 다윗이 자기에게 주어진 기회를 이용해 사울을 죽이지는 않았으나, 현명하게도 그는 자기에게 주어진 기회를 이용해 사울에게 자기는 그가 생각하는 사람이 아니라고 설득함으로써 그의 적대감을 누그러뜨리고자 했다"(Matthew Henry). 다윗은 사울에게 그렇게 자신을 드러냄으로써 자기가 여전히 자신의 주군에 대해 존경하는 마음을 갖고 있음을 보여 주었다. 그리고 이것은 그가 사용했던 존경어린 말을 통해서 더 분명하게 입증되었다. "사울이 돌아보는지라 다윗이 땅에 엎드려 절하고"(8b절). 이 피에 굶주린 군주는 자기가 목숨을 노렸던 사람이 자기에게 말하는 소리를 듣고서 얼마나 놀랐을까! 이때 다윗이 취한 자세는 굽실거리는 죄인의 자세가 아니라 충성스러운 신하의 자세였다. 이어지는 내용에서 우리는 지금껏 세상의 지배자들에게 주어진 가장 훌륭하고, 가장 애처롭고, 가장 강력한 연설을 발견하게 된다.

"다윗이 사울에게 이르되 보소서 다윗이 왕을 해하려 한다고 하는 사람들의 말을 왕은 어찌하여 들으시나이까"(삼상 24:9). 다윗이 왕에게 어떻게 말을 시작하는지 살펴보는 것은 복되다. 그는 자기가 그렇게 냉혹하게 박해를 받는 것이 얼마나 잘못된 일인지, 그리고 자기가 왕과의 화해를 얼마나 바라는지 보여 주려 애쓰고 있다. 아주 세련되게 다윗은 사울 왕 자신이 아니라 그의 신하들에게 비난을 퍼부었다. 다윗은 사울에게 질문의 형식을 빌려 그가 자기에 대해 갖고 있는 편견은 다른 이들의 중상하는 보고에 의한 것이었다고 주장한다.

여기에서 한 가지 중요한 교훈이 제시된다. 그것은 우리가 우리를 미워하는 사람의 적대감을 누그러뜨리고자 할 때 따라야 할 방법에 관한 것이다. 즉 우리는 그런 적대감이 우리에 대한 그 자신의 적대감이 아니라 다른 이들이 정당하지 않게 부추겨서 나타난 것으로 돌려야 한다. 특히 이런 자세는 권위 있는 자들을 대할 때 필요하다. 우리는 그들을 존경해야 한다. 그리고 그들이 무언가를 잘못했을 경우 우리는 그 원인이 그들이 다른 이들로부터 잘못된 정보를 얻었기 때문이라고 여겨야 한다.

이것은 성경의 가르침을 우리의 구체적인 삶에 실제적으로 적용한 경우로서, 특히 오늘날 우리에게 아주 많이 요구된다. 우리가 아무리 성경의 이야기들에 대해 많이 알고 성경의 예언들에 대해 충분히 이해하고 있을지라도, 만약 그것들이 우리의 행동에 아무런 영향도 주지 못한다면, 그것들이 무슨 실제적 가치가 있겠는가? 하나님이 우리에게 그분의 말씀을 주신 것은 단지 어떤 정보를 제공하시기 위함이 아니라 우리가 그것을 삶의 법으로 삼아 따르게 하시기 위함이다. 그리고 성경의 각 장들에는 우리가 우리의 것으로 삼아 실천에 옮겨야 할 중요한 규율들이 포함되어 있다. 우리 앞에 제시된 내용은 적시에 적절한 사례를 제공한다. 오늘날 얼마나 자주 사람들 사이에서 이견이 발생하고, 친구들 사이에서 불화가 발생하고, 동료 그리스도인들 사이에서 오해가 발생하는가? 또 오늘날 교회 안에서

조차 다윗이 사울과 화해하기 위해 애쓰면서 보여 주었던 정신을 발견하기가 얼마나 어려운가? 우리 모두 이 사랑스럽고 겸손한 다윗의 예로부터 유익을 얻기 위해 간절하게 은혜를 사모하자.

자신의 결백을 호소함

"오늘 여호와께서 굴에서 왕을 내 손에 넘기신 것을 왕이 아셨을 것이니이다 어떤 사람이 나를 권하여 왕을 죽이라 하였으나 내가 왕을 아껴 말하기를 나는 내 손을 들어 내 주를 해하지 아니하리니 그는 여호와의 기름 부음을 받은 자이기 때문이라 하였나이다"(삼상 24:10). 먼저 다윗은 사울을 날카롭게 비난하거나 타이르는 일을 삼갔다. 그리고 이제 그는 자기 마음에는 그를 향한 아무런 나쁜 뜻이 없음을 밝힌다. 그는 자기에게 그를 해칠 의도가 없음을 보여 주는 가장 결정적인 증거에 호소했다. 왕의 목숨은 그야말로 그의 손에 달려 있었다. 그리고 그의 사람들은 그에게 그의 적을 재빨리 해치우라고 종용했다. 그러나 무력한 군주에 대한 연민이 그를 제어했다. 더 나아가 하나님에 대한 두려움이 그를 다스렸다. 그리고 그는 감히 하나님의 기름 부음을 받은 자에게 거친 손을 대려고 하지 않았다. 그렇게 온유한 방식으로 다윗은 자기의 적을 달래려고 했다. 우리는 이 이야기에서 교훈을 얻자. 그리고 우리의 친절한 행위를 통해 우리에 대해 잘못된 생각을 품고 있는 자에게 사탄이 그를 잘못 인도해

왔음을 보여 주자.

"내 아버지여 보소서 내 손에 있는 왕의 옷자락을 보소서 내가 왕을 죽이지 아니하고 겉옷 자락만 베었은즉 내 손에 악이나 죄과가 없는 줄을 오늘 아실지니이다 왕은 내 생명을 찾아 해하려 하시나 나는 왕에게 범죄한 일이 없나이다"(삼상 24:11). "그는 자신에 대한 사울의 적대감의 원인이 되고 있는 주장의 그릇됨을 입증하기 위해 부인할 수 없는 증거를 제시했다. 당시 다윗은 사울을 해하려 한다는 비난을 받고 있었다. '보소서,' 하고 그는 말한다. '내 손에 있는 왕의 옷자락을 보소서. 이것을 나를 위한 증거로 삼으소서. 그리고 이것은 특별한 증거입니다. 만약 내가 받고 있는 비난이 참된 것이라면, 지금 나는 내 손에 이 옷자락이 아니라 당신의 머리를 쥐고 있을 것입니다. 나는 당신의 머리를 이 옷자락만큼이나 쉽게 자를 수 있었기 때문입니다'"(Matthew Henry). 우리가 우리에 대해 정당하지 않은 의심을 품고 있는 사람을 찾아가 자신의 선한 의지에 대한 확실한 증거를 보임으로써 우리의 말을 확증할 수 있다면, 그것은 우리에게 좋은 일이다.

여기에서 다윗이 사울에게 그들 사이에는 왕과 신하의 관계 이상의 보다 친밀한 관계가 있음을 상기시키는 것은 감동적이다. 그는 사울의 딸과 결혼으로 결합되어 있었다. 그렇기에 그는 이제 사울을 향해 "내 아버지여"하고 말한다. 이 말속에는 사울의 명예에 대한 호소뿐 아니라, 그의 애정에 대한 호소가 들어 있다. 우리는 왕에게서는 정의를 기대할 수 있다. 그러나 아버지에게서는 분명히 애정을 기대할 수 있다. 다윗은 사울을 거칠게 부를 수도 있었을 것이다. 그러나 그는 "선으로 악을" 이기고자 했다(롬 12:21). 여기에서 그는 그의 주님을 복되게 예표한다. 그분은 동산에서 체포될 당시 반역자 유다를 향해 "반역자여" 또는 "배신자여"라고 부르지 않으시고 "친구여" 하고 부르셨다(마 26:50). 거친 말을 사용한다고 해서 얻을 수 있는 것은 아무것도 없다. 그리고 때로 "유순한 대답은 분노를 쉬게 한다"(잠 15:1).

자신의 결의를 밝힘

"여호와께서는 나와 왕 사이를 판단하사 여호와께서 나를 위하여 왕에게 보복하시려니와 내 손으로는 왕을 해하지 않겠나이다"(삼상 24:12). 이제 다윗은 세상보다 높은 법정을 향해 항소한다. 첫째, 그는 여호와께서 누가 옳고 누가 그른지 판별해 주시기를 바랐다. 둘째, 그는 만약 사울이 앞으로도 계속 자기를 박해한다면 자기는 하늘의 응보에 기댈 것이라고 말했다. 셋째, 그는 자기가 사울에게서 아무리 큰 고통을 겪더라도, 또 자기에게 아무리 좋은 기회가 주어질지라도, 자기 손으로 그를 해치지는 않을 것이며, 그 일을 하나님께 맡길 것이라고 확언했다. 참으로 이것은 사울에게 이치를 따지는 온유한 방식이었을 뿐이지 그의 행동의 부당함을 고발하는 공격적인 방식이 아니었다. 만약 사람들이 서로를 이렇게 대한다면, 오늘날 우리는 얼마나 많은 분쟁들을 피할 수 있고, 얼마나 많은 싸움들을 평화롭게 끝낼 수 있을 것인가!

"옛 속담에 말하기를 악은 악인에게서 난다 하였으니 내 손이 왕을 해하지 아니하리이다"(삼상 24:13). 이것은 우리가 다른 이들이 했던 현명한 말들, 특히 오래된 말들 – 비록 그것들이 직접 하나님으로부터 영감을 받아 나온 것이 아니라고 할지라도 – 을 사용할 수 있음을 암시한다. 가령, "돌다리도 두들겨 보고 건너라," "사공이 많으면 배가 산으로 간다," "반짝인다고 모두 금은 아니다" 같은 경구(警句)들은, 만약 그것들이 우리의 기억에 남아 있다가 적절한 때에 상기된다면, 우리에게 크게 도움이 될 수 있다. 지난날 어린아이들은 그런 속담들을 자주 듣고 자랐다(나는 내가 그런 시절에 살았던 것에 감사한다). 그리고 오늘날 그런 말들이 거의 들리지 않는 것은 우리 시대의 타락에 대한 또다른 증거이기도 하다.

"옛 속담에 말하기를 악은 악인에게서 난다 하였으니 내 손이 왕을 해하지 아니하리이다." 다윗이 여기에서 이 속담을 사용한 까닭은 분명하다. 그는 사울에게 사람의 마음은 그의 행동을 통해 드러난다는 사실을 상기시키고 있는 것이다. 나무가 그 열매를 통해 알려지듯이, 우리의 행위는 우리 마음의 성향을 드러낸다. 이것은 마치 그가 사울을 향해 "만약 내가 당신이 믿는 것처럼 비열한 악당이라면, 나는 당신의 목숨이 내 수중에 있었을 때 거리낌 없이 그것을 취했을 것입니다. 그러나 나는 그렇게 할 수 없었습니다. 내 마음이 그것을 허락하지 않았기 때문입니다" 하고 말하는 것과 같다. 개가 양을 향해 짖을지라도, 양은 개를 향해 되받아 짖지 않는다.

자신을 한없이 낮춤

"이스라엘 왕이 누구를 따라 나왔으며 누구의 뒤를 쫓나이까 죽은 개나 벼룩을 쫓음이니이다"(삼상 24:14). 여기에서 다윗은 자신을 가장 낮게 낮추고서 사울과 이치를 따진다. 당신의 판단대로 나는 가치 없는 인간인데, 어째서 당신이 나 같은 자를 쫓아다니느라 그토록 고생을 하십니까! 나같은 자를 잡기 위해 애를 쓰는 것은 군주의 위엄에 걸맞은 행동이 아닙니다! 다윗은 자신을 "벼룩"에 비유하면서 자신의 약함을 직설적으로 설명한다. 사실 그는 실제로 그런 상황에 처해 있었다. 당시 그는 이곳저곳으로 재빨리 움직여야 했다. 그리고 그렇기에 쉽게 붙들리지 않았다. 그리고 설령 붙들린다 할지라도, 그것은 왕에게는 별 가치가 없는 일이었다. 그러니 어째서 일국의 왕이 그처럼 별 볼일 없는 사람을 쫓느라 고생을 하느냐는 것이었다. 자기를 파멸시키는 것은 왕에게 명예가 되지도 않을 뿐 아니라, 오히려 그에게 비웃음만 안겨 주리라는 것이다. 만약 사울이 그 자신의 명성을 고려한다면, 그는 자기 정도의 적-자신이 참으로 그의 적이라고 가정할 경우-은 무시해야 하고, 그가 자기로 인해 어떤 위험에 빠지리라고 생각해서도 안 된다는 것이었다. 만약 사울이 조금이라도 관대한 마음을 갖고 있었다면, 다윗의 이처럼 겸손한 태도는 분명히 그의 적대감을 누그러뜨렸을 것이다.

하나님께 호소함

"그런즉 여호와께서 재판장이 되어 나와 왕 사이에 심판하사 나의 사정을 살펴 억울함을 풀어 주시고 나를 왕의 손에서 건지시기를 원하나이다 하니라"(삼상 24:15). 다윗은 자기의 사정을 그토록 강력하게 토로한 후 이제 자신의 적에게 여호와께서 그들 사이에서 의롭게 판단하실 것이고, 자신을 그의 손에서 벗어나게 하실 것이고, 그에게 복수하실 것이라고 엄중하게 경고한다. 우리가 우리에게 불리하게 제기된 의심들로부터 무관할 때, 우리는 두려워 말고 그 문제를 하나님께 맡길 필요가 있다. 우리 주님께서 그렇게 하셨다. "욕을 당하시되 맞대어 욕하지 아니하시고 고난을 당하시되 위협하지 아니하시고 오직 공의로 심판하시는 이에게 부탁하시며"(벧전 2:23). 적절한 때가 되면 하나님이 자기의 억울함을 풀어주시리라고 확신했던 다윗은 그분에 대한 믿음에 의지해 행동했고 그분의 신실하심에 희망을 두었다. 하나님의 공의는 억울하게 압박당하는 자들에게 영원한 피난처요 위로다. 온 세상의 심판주께서 모든 악행자들에게 보응하시고 모든 의로운 자들에게 보답하실 날이 다가오고 있다.

우리는 "다윗의 자기 변론"이라고 부를 수도 있는 이 부분에 대한 분석을 통해 우리가 누군가에게 잘못한 일이 없음을 보여 주고자 할 때 따라야 할 몇 가지 방법을 배울 수 있었다. 첫째, 다윗은 사울에게 그가 자신에 대한 중상에 귀를 기울였던 것이 부당한 것이 아니었는지 물었다(9절). 둘째, 그는 자기가 하나님을 두려워하기에 주제넘은 죄를 지으려 하지 않았음을 지적했다(10절). 셋째, 그는 그런 주장에 대한 증거로 자신이 한 행위에 호소했다(11절). 넷째, 그는 자기가 악을 악으로 되갚을 생각이 없음을 확언했다(12절). 다섯째, 그는 사람의 드러난 인품은 다른 이들로 하여금 그에 대한 나쁜 보고를 믿지 않게 할 것이라고 주장했다(13절). 여섯째, 그는 겸손히 자신을 낮춤으로써 오만한 자를 부끄럽게 했다(14절). 일곱째, 그는 자기의 상황을 하나님의 공의에 맡겼다(15절).

16

사울에 대한 승리

사무엘상 24장

 "노하기를 더디 하는 자는 용사보다 낫고 자기의 마음을 다스리는 자는 성을 빼앗는 자보다 나으니라"(잠 16:32). "노하기를 더디 하는 자"는 주님께 귀히 여김을 받고, 사람들에게 존경을 받고, 스스로 행복하며, 자기를 다스리지 못하는 강력한 위인들보다도 훌륭하다. 알렉산더 대왕은 세계를 정복했으나 분노를 다스리지 못해서 그의 가장 좋은 친구들을 살해했다. 노하기를 더디 하는 자는 울화를 쏟아내기 전에 시간을 갖고 생각한다. 그리고 그렇게 함으로써 적당한 한계를 넘어서지 않는다. 그렇게 자신을 통제할 수 있는 사람은 가장 강력한 전사보다도 귀히 여김을 받게 될 것이다. 이성적인 피조물에게는 야만스러운 힘에 의한 승리보다 이성에 의한 승리가 훨씬 더 명예롭다.

가장 바람직한 권위는 자기를 다스리는 것을 통해 온다. 우리 자신과 우리의 통제되지 않은 열정을 정복하려면, 물리적 힘을 사용해 적에게 승리를 거두는 데 필요한 것 이상으로 규칙적이고 일관성 있는 자기 관리가 요구된다. 자기의 마음을 다스리는 것은 적의 성채를 빼앗는 것보다 중요한 성취다. 자기의 기질을 통제할 수 있는 사람은 요새화된 성읍을 성공적으로 급습할 수 있는 사람보다 우월하다. 생래적 용기와 재능과 인내를 가진 자는 후자의 일을 할 수 있다. 그러나 전자의 일을 하기 위해서는 하나님의 은혜와 성령의 도우심이 필요하다. 이 모든 것이 우리가 앞에서 살펴본 사건에서 예시된다. 다윗은 사울로 인해 크게 고통을 당했다. 그러나 그는 자기가 적의 목숨을 거둘 수 있었을 때 관대하게 그를 살려 주었고 악을 선으로 갚았다.

용서를 통한 승리

"유순한 대답은 분노를 쉬게 한다"(잠 15:1). 이 교훈은 이제부터 우리가 살필 내용에서 놀랍게 예증된다. 하나님의 자녀는 자기가 분쟁을 일으키지 않았다는 이유로 만족해서는 안 된다. 오히려 그는,

설령 다른 이가 분쟁을 일으키더라도, 그 분쟁을 지속하지 말아야 할 뿐 아니라, 문제를 누그러뜨림으로써 그것을 끝내기 위해 애써야 한다. 불에 기름을 붓는 것보다는 요동하는 물 위에 기름을 붓는 편이 훨씬 더 낫다. "오직 위로부터 난 지혜는 첫째 성결하고 다음에 화평하고 관용하고 양순하며 긍휼과 선한 열매가 가득하고 편견과 거짓이 없나니"(약 3:17). 우리는 매사에 모든 합리적인 양보를 통해 사람들의 원한을 가라앉혀야 한다. 친절하고 겸손하게 전하는 부드러운 말과 표현은 비통함을 가라앉히고 분노의 폭풍을 흩뜨릴 것이다. 에브라임 사람들의 분노가 기드온의 부드러운 대답으로 인해 얼마나 누그러졌는지 주목하라(삿 8:1-3). 가장 고귀한 용기는 우리가 자신의 타락에 맞서고 우리의 적들을 친절함을 통해 정복할 때 나타난다.

"우리가 우리에게 죄 지은 모든 사람을 용서하오니 우리 죄도 사하여 주시옵고"(눅 11:4). 다른 사람에 대한 이런 용서는 어떻게 가능한 것일까? 무엇보다도 그것은 복수심을 억누르는 것을 통해서 가능하다. "누가 누구에게 불만이 있거든 서로 용납하여 피차 용서하되"(골 3:13). 용납과 용서는 서로 분리될 수 없을 만큼 연관되어 있다. 혹자는 "나는 그가 내게 한 것만큼 그에게 갚아 줄 것이다" 하고 말할지 모른다. 그러나 성경은 다음과 같이 말씀한다. "너는 그가 내게 행함 같이 나도 그에게 행하여 그가 행한 대로 그 사람에게 갚겠다 말하지 말지니라"(잠 24:29). 우리의 부패한 본성은 보복을 갈망하며 그런 쪽으로 기울어지는 강한 성향을 갖고 있다. 그러나 은혜는 그런 성향을 억제한다. 인간은 잘못이나 손해를 참는 것을 열등한 것으로 여긴다. 그러나 사람에게 자신과 자신의 적에 대한 참된 승리를 제공하는 것은 바로 그것, 즉 복수를 삼가는 것이다.

본래 우리의 정신 안에는 격하고, 복수심에 불타고, 악을 악으로 갚고자 하는 성향이 들어 있다. 그러나 우리가 그런 성향을 거부할 때 우리는 우리 자신의 정신을 지배하고 있는 것이다. 그렇게 하지 못하고 열정에 굴복하는 것은 도덕적 나약함이라고 할 수 있다. 만약 우리의 적이 우리에게 상처를 주어 우리가 복수를 위해 하나님의 법을 어기게 만든다면, 그때 우리는 그에게 완전히 제압당하는 셈이 된다. 그렇기에 우리는 성경을 통해 "악에게 지지 말고 선으로 악을 이기라"(롬 12:21)는 명령을 받는다. 그렇게 할 때 은혜가 승리할 수 있고, 우리는 고귀하고 용감하고 강한 정신을 드러내 보일 수 있다. 그리고 우리가 그렇게 할 때 하나님은 우리가 그분의 은혜를 증명한 것으로 인해 우리에게 놀랍게 복을 주실 것이다. 종종 하나님은 잘못을 행한 자를 부끄럽게 하시기 위해 그에게서 상처를 입은 사람이 드러내 보이는 온유함과 관대함을 통해서 그를 정복하신다. 곧 살펴보겠지만, 다윗과 사울의 경우가 그러했다.

다윗의 말에 대한 사울의 반응

"다윗이 사울에게 이같이 말하기를 마치매 사울이 이르되 내 아들 다윗아 이것이 네 목소리냐 하고 소리를 높여 울며"(삼상 24:16). 사울은 그동안 다윗에 대해 매우 적대적이었고 잔인하게 그를 추격해 왔다. 하지만 이제 자기가 쫓던 자가 그렇게 할 수 있었음에도 자기에게 복수를 하지 않았음을 알게 되자 그는 마음이 움직여 눈물을 흘렸다. 엘리사에 의해 일시적으로 눈이 먼 아람의 군사들은 자기들이 곧 살해되리라고 예상하고 있었다. 그러나 그때 이스라엘 왕은 그들에게 "음식을 많이 베풀고 그들이 먹고 마시매 놓아 보냈다." 적들에게 그런 친절을 베푼 결과는 어떠했는가? 그것은 그들의 마음을 움직였다. 그리고 그 무리들은 "다시는 이스라엘 땅에 들어오지 않았다"(왕하 6:20-23). 이런 사건들이 우리 모두의 마음에 큰 교훈이 되기를!

"다윗이 사울에게 이같이 말하기를 마치매 사울이 이르되 내 아들 다윗아 이것이 네 목소리냐 하고 소리를 높여 울며." 우리 모두 잠시 하나님의 제어하시는 능력을 찬양하자. 원한과 분노로 가득 차 그토록 다윗의 목숨을 노렸던 사울은 이제 그를 죽이려 하기는커녕 조용히 멈춰 서서 다윗이 하는 말을 방해하지 않고 들었다. 바람과 물결을 향해 명령하시는 분은 그분이 기뻐하실 때 사람의 마음

안에서 요동치는 가장 거센 폭풍도 잠잠케 하실 수 있다. 더구나 사울은 단지 놀라고 누그러졌을 뿐 아니라 다윗의 친절에 녹아내렸다. 그의 말이 얼마나 놀랍게 바뀌었는지 주목해 보라. 전에 그는 다윗을 "이새의 아들"이라고 불렀다. 그러나 이제는 그를 향해 "내 아들 다윗아"라고 부르고 있다. 왕은 너무 깊은 감명을 받아서 눈물을 쏟았다. 그러나 그의 눈물은 에서의 눈물과 마찬가지로 참된 회개의 눈물이 아니었다.

"다윗에게 이르되 나는 너를 학대하되 너는 나를 선대하니 너는 나보다 의롭도다"(삼상 24:17). 사울은, 그 옛날 바로가 "내가 너희의 하나님 여호와와 너희에게 죄를 지었다"(출 10:16)라고 말했던 것처럼, 또 오늘날 많은 사람들이 그리스도인들이 자기들에게 악을 선으로 갚을 때 부끄러움을 느끼거나 하나님의 놀라운 섭리에 의해 깊은 인상을 받을 때 자기들의 잘못을 시인하는 것처럼, 다윗의 고결함과 자신의 사악함을 인정하지 않을 수 없었다. 그러나 만약 그렇게 잘못을 시인하는 사람들의 삶 속에서 보다 좋은 것을 향한 변화가 일어나지 않는다면, 그런 시인은 아무런 가치도 없다. 그럼에도 사울의 이런 시인은 하나님이 그분의 종에게 소망을 두게 하셨던 다음과 같은 말씀을 성취하는 것이었다. "[여호와께서 네 의를 빛 같이 나타내시며 네 공의를 정오의 빛 같이 하시리로다"(시 37:6). "하나님과 사람에 대하여 항상 양심에 거리낌이 없기를 힘쓰는"(행 24:16) 자들은 하나님께 자신들의 양심을 안전하게 드러내 보일 수 있다.

"이 훌륭한 고백은 다윗의 무고함을 입증하기에 충분했다. 심지어 다윗의 적들이 판단하더라도 그랬을 것이다. 그러나 이것은 사울 자신이 참된 회개자임을 입증하기에는 충분하지 않았다. 오히려 그는 '너는 의롭고, 나는 악하다'라고 말했어야 했다. 그러나 그가 기껏 인정한 것은 '너는 나보다 의롭다'였다. 악한 사람은 대개 자신의 잘못을 고백할 때도 이것 이상으로 나아가지 않는다. 그들은 자기들이 다른 누군가처럼 선하지는 않고, 자기들보다 훌륭하고 의로운 사람들이 있음을 겨우 인정할 뿐이다"(Matthew Henry). 아, 우리가 자신에게서 자신의 모든 헛된 선함을 벗겨내고 자기가 죄인임을 자인하며 땅에 꿇어 엎드리기 위해서는 우리의 마음 안에서 하나님의 은혜의 초자연적인 역사가 일어나야 한다. 또 우리가 계속해서 땅에 꿇어 엎드려 진실된 마음으로 "여호와여 영광을 우리에게 돌리지 마옵소서 우리에게 돌리지 마옵소서 오직 주는 인자하시고 진실하시므로 주의 이름에만 영광을 돌리소서"(시 115:1)라고 외치기 위해서는 성령의 계속적인 갱신의 역사가 필요하다.

"네가 나 선대한 것을 오늘 나타냈나니 여호와께서 나를 네 손에 넘기셨으나 네가 나를 죽이지 아니하였도다"(삼상 24:18). 이것은 놀라운 말이다. 가장 타락한 죄인조차 때로 자신이 받은 친절함 때문에 마음이 누그러진다. 사울은 다윗이 만약 자기들의 입장이 바뀌었다면 자기가 그에게 했을 것보다 훨씬 더 자비롭게 자기를 대했다는 것을 인정하지 않을 수 없었다. 그는 자기가 그를 오해했음을 시인했다. 다윗이 자기가 생각했던 것과는 아주 다른 사람이라는 분명한 증거가 제시되었기 때문이다. "우리는 다른 사람들이 우리에게 나쁜 감정을 품고 있다고 여기는 경향이 있는데, 그것은 사실과 다르거나 훗날 드러난 그들의 참모습에 비추어 볼 때 우리가 많이 과장해서 생각하는 것일 수 있다. 그리고 나중에 오해가 풀렸을 때 우리는 지금 사울이 하는 것처럼 우리가 전에 그들에 대해 품었던 근거 없는 의심을 겸연쩍게 떠올리곤 한다"(Matthew Henry).

"네가 나 선대한 것을 오늘 나타냈나니 여호와께서 나를 네 손에 넘기셨으나 네가 나를 죽이지 아니하였도다." 나중의 결과에 비추어 본다면, 이런 말 또한 매우 엄중하다. 사울은 다윗의 넓은 도량을 인정했을 뿐 아니라 하나님의 섭리 역시 인식하고 있었다. 그는 자기가 자신이 목숨을 노렸던 사람의 손에 떨어졌던 것을 다름 아닌 여호와의 손길 때문이었다고 시인했다. 그로 인해 하나님이 다윗을 위하고 계시다는 사실이 분명해졌다. 그러니 그 누가 그와 맞서서 이길 수 있겠는가! 그렇다면 이것은 사울로 하여금 다윗을 해하려는 노력을 그치게 했어야 마땅했다. 그러나 그렇게 되지 않았다. 그의 선함은 "아침 구름이나 쉬 없어지는 이슬"(호 6:4) 같았다. 아, 많은 이들이 자기들의 죄에 대해 슬퍼하지만, 그것들에 대해 진정으로 회개하지는 않는다. 그들은 자기들이 저지른 잘못에 대해 비통해하며 울지만, 여전히 그런 잘못들을 사랑하고 그것들에 집착한다. 그들은 하나님의 섭리를 인식하고 시인하지만, 여전히 그분께 순복하지 않는다.

"사람이 원수를 만나면 그를 평안히 가게 하겠느냐"(삼상 24:19). 결코 아니다. 그것은 사람들의 일반적인 습성이 아니다. 가련하게 타락한 인간의 본성에는 복수가 달콤하게 느껴진다. 그리고 그럴 기회가 주어질 때 그 유혹적인 술잔을 들이키지 않을 사람은 거의 없다. 그리고 만약 오늘날 사람들이 타락한 적들에게 과거보다 더 많은 자비를 베풀고 있다면, 우리는 그것을 인간이 그만큼 향상되었기 때문이 아니라 기독교의 확장으로 인한 유익한 결과로 여겨야 할 것이다. 상황이 그렇다는 것은 복음이 전파된 나라들과 아직 전파되지 않은 나라들 사이에서 제기되는 생생한 대조를 통해 분명하게 드러날 것이다. "무릇 땅의 어두운 곳에"는 여전히 "포악한 자의 처소가 가득하다"(시 74:20).

"네가 오늘 내게 행한 일로 말미암아 여호와께서 네게 선으로 갚으시기를 원하노라"(삼상 24:19). 이것은 앞으로 살인자가 될 사람이 하기에는 너무나 생경한 말이다! 그렇다, 사악한 사람조차 때로 복받치는 감정과 겉보기일망정 경건한 모습을 드러낸다. 그리고 "온 갖 말을 믿는"(잠 14:15) 얄팍한 사람은 그로 인해 속는다. 나는 "겉보 기일망정 경건한"이라고 말했다. 왜냐하면 사울의 그럴 듯한 말들은 결국 모두 공허한 것이 되었기 때문이다. 만약 그가 했던 말이 참이 었다면, 그는 직접 그리고 즉각 다윗에게 보답하지 않았겠는가? 당 연히 그랬을 것이다. 그는 왕이었고, 그렇게 할 힘을 갖고 있었기 때문이다. 그는 당장 다윗을 자기 가족의 일원으로 다시 받아들이고, 그에게 가장 높은 명예와 존귀한 신분을 제공해야 했을 것이다. 그러 나 그는 전혀 그렇게 하지 않았다. 아, 독자들이여, 사람을 그가 하는 말로 평가하지 말라. 사람의 말보다 큰 소리로 그를 알려 주는 것은 그의 행동이다.

사울의 부탁

"보라 나는 네가 반드시 왕이 될 것을 알고 이스라엘 나라가 네 손에 견고히 설 것을 아노니"(삼상 24:20). 이제 사울은 여호와께서 다윗이 자기를 이어 왕위에 오르도록 결정하셨음을 인정하지 않을 수 없었다. 그분이 섭리를 통해 다윗을 그토록 특별하게 보존하시고 번성케 하셨던 것, 다윗의 왕다운 정신과 행동, 사무엘이 그의 왕국 이 그보다 나은 그의 이웃 중 하나에게 넘어갔다고 선포했던 것 (15:28), 다윗이 바로 그 사람이라는 자신의 고백(17절), 그리고 잘려나간 자신의 옷자락-이것은 사무엘이 엄중한 예언을 하면서 그의 옷자락을 찢었던 것(15:27)을 생생하게 떠올려 주었을 것이다-등을 종합적으로 고려해 본다면, 그 불행한 왕은 현실을 직시하지 않을 수 없었을 것이다. 그렇게 하나님은 그분의 압박받는 종의 마음에 힘을 주셨고, 그의 믿음과 소망을 지지해 주셨다. 때로 그분은 낯선 도구들을 사용해 우리에게 격려의 메시지를 제공하신다.

"그런즉 너는 내 후손을 끊지 아니하며 내 아버지의 집에서 내 이름을 멸하지 아니할 것을 이제 여호와의 이름으로 내게 맹세하라 하니라"(삼상 24:21). 이것은 사울의 마음 상태를 얼마나 비극적으로 보여 주는가! 가련한 사울은 다가오는 세상에 들어가기에 앞서 자신의 죄에 대한 용서를 받는 것보다 이 세상에서 자기의 가족들의 명예와 이익에 더 많은 관심을 가졌다. 아, 오늘날에도 자기들이 처한 위험한 상황 때문에 자신들의 죄를 모두 포기하고 후회의 시절을 보내고 있는 이들이 많이 있다. 그들은 참된 성도의 탁월함은 보다 높은 원리들로 자신들의 삶을 규제하는 것이라고 확신한다. 그러나 그들에게 그런 확신이 있을지라도 그들은 겸손해지거나 변화되지 않는다. 그리고 죽음이 그들을 덮칠 때까지 계속해서 그들의 마음을 지배하는 것은 여전히 죄와 세상이다.

"다윗이 사울에게 맹세하매 사울은 집으로 돌아가고 다윗과 그의 사람들은 요새로 올라가니라"(삼상 24:22). 다윗은 사울이 자기에게 요구했던 약속들을 기꺼이 지키고자 했고, 실제로 그렇게 하겠다고 맹세했다. 그렇게 함으로써 그는 우리에게 "각 사람은 위에 있는 권세들에게 복종하라"(롬 13:1)는 말씀에 순종하는 예를 보여 주었다. 훗날의 이야기는 그가 사울에게 했던 맹세를 어떻게 지켰는지 보여 준다. 그는 요나단의 아들 므비보셋을 살려 주었고, 사울의 아들 이스보셋의 살해자들을 징벌했다. 그러나 다윗이 사울에게 그가 더 이상 자기의 목숨을 노리지 않겠노라고 맹세할 것을 요구하지 않았음에 주목하라. 다윗은 사울의 일시적인 우호적 태도를 신뢰하기에는 그를 너무나 잘 알고 있었다. 그는 그의 말을 믿지 않았다. 우리 역시 명예가 결여된 사람들에게서 분명한 약속을 얻어내려고 애쓰느라 그들을 시험에 빠뜨리지 않도록 조심해야 한다.

"다윗이 사울에게 맹세하매 사울은 집으로 돌아가고 다윗과 그의 사람들은 요새로 올라가니라." 다윗은 사울을 믿지 않았다. 다윗은 그의 일관성 없음, 불성실함, 그리고 잔인한 증오 등을 너무나 잘 알고 있었다. 그는 자기가 사울의 집으로 돌아가거나 평지에 거주하는 것이 안전하지 않다고 생각했다. 그래서 그는 광야의 바위와 동굴들 사이에 남기로 했다. 하나님의 은혜는 우리에게 적들을 용서하고 그들에게 친절을 베풀되 거듭 우리를 속였던 자들을 신뢰하지는 말라고 가르친다. 왜냐하면 종종 우리에 대한 그들의 적의(敵意)

는 죽은 듯 보이지만 실제로는 수면상태에 있을 뿐이고, 아주 오랫동안 큰 힘을 가지고 거듭 되살아나올 것이기 때문이다. "다윗이 그랬던 것처럼 비둘기 같이 순결한 자들은 또한 다윗이 그랬던 것처럼 뱀 같이 지혜로워야 한다"(Matthew Henry). 본문 22절의 말씀이 요한복음 7장 53절과 8장 1절의 말씀을 얼마나 애처롭게 예시하는지 주목하라.

여기에서 다윗은 사울에 대해 복된 승리를 거둔다. 그것은 은밀한 반역이나 야만적인 힘을 통한 승리가 아니라 도덕적인 승리였다. 그날 그의 승리가 얼마나 완벽한 것이었는지는 그 오만한 군주가 그 앞에서 자신을 낮추고 그가 왕이 될 때 자기 후손들에게 자비를 베풀어 줄 것을 간청하는 모습을 통해 분명하게 드러난다. 그러나 여기에서 우리가 유념해야 할 큰 진리와 우리에게 교훈이 되도록 기록된 핵심적인 교훈은, 다윗이 사울에게 승리하기 전에 먼저 자기 자신에게 승리했다는 사실이다. 우리 모두 악에게 지지 않고 "선으로 악을 이기기 위해"(롬 12:21) 좀더 부지런히 그리고 열심히 하나님의 은혜를 구하자.

17

나발에게 모욕당함

사무엘상 25장

이제부터 우리가 살피고자 하는 사건은 얼핏 보아서는 별다른 중요한 교훈을 갖고 있지 않은 듯 보일 수도 있다. 만약 그렇다면, 우리는 우리의 시야가 어두워졌다고 믿어야 할 것이다. 성경에 실려 있는 말씀 중 하찮은 것은 없다. 성령께서 그 안에 기록해 놓으신 모든 내용은, 만약 우리가 들을 귀만 갖고 있다면, 우리를 위해 목소리를 낸다. 그러므로 만약 우리가 하나님의 말씀 중 어느 한 부분을 읽고 그 안에서 우리의 상황과 필요에 적합한 것을 발견하지 못한다면, 그때 우리는 자신을 낮춰야 한다. 잘못은 우리에게 있기 때문이다. 우리는 즉시 하나님께 이런 사실을 시인해야 한다. 그리고 우리의 영혼을 위한 영적 활기를 얻기 위해 하나님께 돌아서야 한다. 우리는 그분께서 우리의 눈에 은혜롭게 기름을 부어주셔서(계 3:18) 우리가 그분의 말씀 안에 들어 있는 놀라운 것들을 바라볼 수 있게 해주시고, 신속하게 상황을 분별할 수 있는 능력을 주셔서 우리 앞에 놓인 말씀을 자신에게 적용하는 법을 알게 해주시고, 또 그로 인해 우리가 그 말씀으로부터 배워야 하는 특별한 교훈이 무엇인지 깨닫게 해주시기를 간구해야 한다.

우리 모두에게 꼭 필요한 것은 각각의 말씀으로부터 실제적 교훈들(practical lessons)을 배우는 것이다. 그리고 내가 이 책을 쓰면서 가장 중요하게 여기고 있는 것이 바로 그것이다. 그렇다면 여기에서 우리가 마음에 새겨야 할 교훈은 무엇인가? 다윗은 방랑 생활을 하던 중에 어느 부유한 농부에게 자기 사람들을 위해 약간의 식량을 제공해 달라고 요청했다. 이 호소는 시기적으로 적절했고, 예의를 갖춰 이루어졌으며, 충분한 고려를 한 끝에 행한 것이었다. 그런 요청을 받은 사람은 이방인이 아니라 이스라엘 사람이었고, 다윗 자신의 지파에 속한 사람이었고, 그 중에서도 갈렙의 후손이었다. 즉 다윗은 그 요청을 자신이 충분히 호의적인 답변을 얻을 수 있으리라고 기대했던 사람에게 했던 것이다. 그러나 다윗은 무례한 거절과 도발적인 모욕을 받았다. 나발의 이런 비루한 모습 속에는 분명히 우리를 위한 경고가 들어 있다. 그 경고란, 우리는 하나님의 종을 냉담하고 불친절하게 대하는 잘못을 저지르지 않기 위해 하나님의 은혜를 간구해야 한다는 것이다.

탁월한 성도가 실패하는 이유

그러나 여기에서 나의 주된 관심은 나발이 아닌 다윗에게 있다. 앞의 세 장에서 우리는 다윗이 온유하고 관대하게 행동하면서 자신의 적들의 우두머리를 향해 자비를 보였던 것에 대해 살펴보았다. 거기에서 우리는 그가 문제를 자기 손으로 해결하려는 유혹, 즉 자기가 충분히 그렇게 할 수 있었을 때 사기를 박해하는 자들의 우두머리를 죽여서 자신이 처한 어려움을 끝내려는 심각한 유혹을 거부했던 것을 살펴보았다. 그러나 여기에서 우리의 영웅은 아주 다른 모습을 보인다. 그는 또다른―아마도 이전 것에 비추어 본다면 별 것 아닐 수도 있는―시험과 마주한다. 그런데 이때 그는 악을 선으로 극복하는 대신 오히려 악에 정복되기 직전까지 가는 위험에 처한다. 그는 자비롭게 행동하는 대신 복수심에 불탄다. 이때 그는 하나님의 아름다운 덕을 선포하기는커녕(벧전 2:9) 육체의 일에 집착했을 뿐이다. 아, 순금이 얼마나 빨리 그 빛을 잃어버렸는가! 우리는 이것을 어떻게 설명할 것인가? 그리고 우리가 이것으로부터 배워야 할 교훈은 무엇인가?

당신은 사무엘상 24장 후반부에서 그토록 복된 모습을 보였던 다윗이 바로 그 다음 장에서 그토록 인색하게 행동하는 것에 깜짝 놀라는가? 사울에게 그토록 훌륭하게 행동했던 사람이 이토록 현저하게 무너진 이유를 설명하고자 할 때 혼란스러워지는가? 나발에 대한 다윗의 앙심을 설명하고자 할 때 당혹감을 느끼는가? 만약 그렇다면, 당신은 자신의 마음에 대해 애처로울 정도로 무지한 것이며, 아직도 매우 중요한 교훈, 즉 그 어떤 인간도 하나님의 은혜가 그를 지탱해 주지 않는다면 한 순간도 올바로 설 수 없다는 교훈을 배워야 할 필요가 있다. 가장 강한 자라도 그에게서 성령의 능력이 떠나자마자 물처럼 약해진다. 가장 성숙하고 경험이 풍부한 그리스도인이라도 홀로 남게 되자마자 어리석은 행동을 하기 시작한다. 우리 중 아무도 자기 안에 자신을 지탱할 수 있는 예비된 힘이나 지혜를 갖고 있지 않다. 우리의 충분성의 모든 근거는 그리스도 안에 있다. 그리고 그분과 우리의 교제가 끊어지자마자, 우리가 도움을 얻기 위해 그분만 바라보는 일을 그치자마자, 우리는 무력해진다.

대부분의 하나님의 백성들은 위에서 언급한 내용을 시인한다. 그러나 그들의 생각과 결론 중 많은 부분은 그런 시인과 분명하게 모순된다. 그렇지 않다면, 어째서 우리가 어떤 탁월한 성도가 안타까운 실패를 경험하고 있다는 소식을 들을 때 그토록 놀라겠는가! 참으로 탁월한 성도는 홀로 걷는 법을 배운 사람이 아니라, 오히려 자신이 "영원하신 팔"(신 33:27)에 견고하게 기댈 필요가 있음을 크게 느끼는 사람이다. 참으로 탁월한 성도는 더이상 육체의 정욕에 의해 시험을 당하거나 사탄의 공격으로 인해 고통을 당하지 않는 사람이 아니라, 오히려 우리의 육체 안에는 선한 것이 아무것도 없으며 우리는 오직 그리스도로 말미암아 열매를 얻는다는 사실을 아는 사람이다(호 14:8). 그들 자신만을 본다면, 그리스도 안에 있는 아버지들조차 그리스도 안에 있는 젖먹이들만큼이나 무르고 연약할 뿐이다. 그들 홀로 남는다면, 가장 현명한 그리스도인조차 이제 막 회심한 사람보다 좋은 판단력을 갖고 있지 않다. 하나님이 우리를 이 세상에 1년 동안 살게 하시든 혹은 1백 년 동안 살게 하시든, 우리 모두는 계속해서 다음과 같은 주님의 말씀에 유념할 필요가 있다. "시험에 들지 않게 깨어 기도하라 마음에는 원이로되 육신이 약하도다"(마 26:41).

하나님은 우리에게 육신의 연약함에 대해 가르치기 위한 여러 가지 방법을 갖고 계시다. 그런 방법들 중 하나가 우리 앞에 놓인 사건을 통해 분명한 조명을 받는다. 그리고 의심할 바 없이 그리스도인 독자들은 그것을 각자의 삶의 경험을 통해 고통스럽게 인식해 왔을 것이다. 우리는 큰 위기에 처했을 때 강한 믿음을 갖고 버틸 수 있었다. 반면에 사소한 시험에 처했을 때 쉽게 무너져 세상 사람들과 동일하게 행동했다. 그런 식으로 하나님은 우리의 오만함을 무너뜨리시고, 우리의 자족감을 억누르시고, 우리로 하여금 보다 실제적이고 지속적으로 그분을 의지하게 하신다. 포도원을 망치는 것은 "작은 여우"(아 2:15)다. 그리고 우리의 참모습을 가장 잘 보여 주는 것은 일상생활의 보다 사소한 문제들—가령 실패했을 때 자신을 낮추는 것과 그리스도 안에 있는 우리의 형제와 자매들의 연약함을 인내하는 것 등—에 대한 우리의 반응이다.

자신의 목숨을 노렸던 왕에게 그토록 온유하게 대응했던 자가 한 농부가 사기 사람들에게 약간의 음식을 제공하기를 거부했을 때 그토록 격노하리라고 그 누가 생각이나 할 수 있겠는가! 토마스 스콧(Thomas Scott)이 옳게 지적했듯이, "다윗은 사울에게서 아주 심하게 박해를 받았을 때 분노와 복수심을 갖지 않으려고 조심했다. 그러나 그는 자신이 나발에게서 그토록 수치스러운 말과 오만한 대접을 받으리라고는 예상하지 못했다. 그렇기에 그는 완전히 조심성을 잃어버렸고, 크게 분노해서 스스로 복수하기로 결심했다." 독자들이여, 이것을 명심하라. 우리는 보다 큰 시험을 이겨낸 후에 작은 시험에 넘어가기 쉽다. 어째서 그런가? 그때 우리는 자신에게 하나님의 구원하시는 은혜가 필요하다는 사실을 덜 의식하기 때문이다. 겟세마네 동산에서 베드로는 군인들 앞에서도 용감했지만, 나중에는 어느 하녀 앞에서 두려움에 빠졌다. 그건 그렇고, 이제는 우리의 본문의 내용을 좀더 상세히 살펴볼 차례다.

사무엘의 죽음

"사무엘이 죽으매 온 이스라엘 무리가 모여 그를 두고 슬피 울며 라마 그의 집에서 그를 장사한지라"(삼상 25:1a). 종종 사람들은 살아 있을 때에는 그의 말에 귀를 기울이지 않았던 사람이 죽으면 그를 위해 크게 슬퍼한다. 이스라엘 백성이 사무엘에 대해 감사하던 때가 있었다. 특히 그들이 블레셋 사람들에게 압박당하고 있을 때 그랬다. 그러나 보다 최근에 그들은 사무엘의 말을 가볍게 여겼다(삼상 8장). 그들은 선지자보다 왕을 선호했다. 그러나 이제 사울 왕은 아주 실망스러운 존재임이 밝혀지고 있었다. 사울과 다윗의 불화는 치유될 기미가 보이지 않았다. 그래서 이스라엘 백성은 사무엘의 죽음을 안타까워했다.

"다윗이 일어나 바란 광야로 내려가니라"(삼상 25:1b). 다윗 역시 그 백성들 대부분에게 사무엘만큼이나 가볍게 취급되고 있었다. 한때 그는 그들이 칭송하는 영웅이었다. 그러나 지금 그는 떠돌이 망명객에 불과했다. 그를 인정하는 사람은 거의 없었다. 사무엘이 죽었다는 소식을 들은 다윗은 자신이 전보다 더 큰 위험에 빠졌다고 생각했으리라. 그 선지자는 사울보다는 자기에게 더 우호적이었기 때문이다. 당연히 그는 이제 사울의 적대감이 전보다 더 통제되지 않으리라고 결론을 내렸다. 그는 "온 이스라엘 무리"가 사울의 죽음을 애도하기 위해 모인 틈을 타 엔게디를 떠나 다른 지역에 가서 한 동안 체류했다. 그러나 이 구절에서 "바란 광야로 내려가니라"라는 말에 담겨 있는 불길한 암시에 유의하자.

바보에 대한 아첨

이제 다윗이 도움을 요청했던 인물에게 주목해 보자(삼상 25:2-3). 성경이 서술하는 그의 인물됨을 살펴보면 그에게서 큰 선을 기대하기는 어려워 보인다. 그의 이름은 "나발"이었는데, 그것은 "바보"라는 의미를 갖고 있었다. 자기가 제일이라고 생각하는 사람보다 더 큰 바보는 없다. 그는 갈렙의 후손이었다. 여기에서 이 사실이 언급되는 것은 그의 악함을 더욱 크게 보이게 한다. 즉 그는 아주 고귀한 포도원 안에 있는 퇴화된 나무였던 것이다. 우리는 이 사람이 "심히 부했다"(2절)는 말을 듣는데, 이것은 그가 경건이 아니라 물질적 소유에 있어서 심히 부했다는 의미다. 실제로 그는 아주 많은 양과 염소를 소유하고 있었다. 그의 아내는 용모가 아름답고 "총명했다"(3절). 그러나 그녀의 아버지는 그렇지 않았던 것 같다. 그랬다면 그가 자기 딸을 물질적 부 외에는 아무것도 내세울 게 없는 사람에게 시집보내지 않았으리라. 참으로 가련한 여인이었다! 그녀는 "완고하고 행실이 악한" 자에게, 즉 탐욕스럽고 욕심 많으며 심술궂고 성미가 까다로운 자에게 묶여 있었다.

"다윗이 나발이 자기 양 털을 깎는다 함을 광야에서 들은지라 다윗이 이에 소년 열 명을 보내며 그 소년들에게 이르되 너희는 갈멜로 올라가 나발에게 이르러 내 이름으로 그에게 문안하고"(삼상 25:4-5). 양털은 그 지역의 중요한 생산품이었기에 양털 깎는 시기는 그 지역 사람들에게 매우 중요한 때였다. 많은 양떼를 갖고 있던 나발은 그런 때에는 여분의 일꾼들을 고용하고 많은 식량을 예비해 둘 필요가 있었다. 사무엘하 13장 23절을 보면, 그 무렵에는 양털 깎는 일을 축제 및 오락과 결합시키는 것이 풍습이었던 것으로 보인다(또한 이것을 창세기 38장 13절과도 비교해 보라). 이때는 일반적으로 사람들이 낯선 이들에게 환대와 친절을 베푸는 시기였다. 나는 다윗이 하나님 앞에 자기의 필요를 아뢰는 것보다 사람에게 호소하는 일에 얼마나 유능했는지에 대해서는 단언하지 않겠다. 무언가를 그 것의 결과를 근거해 추론하는 것이 늘 안전한 것은 아니기 때문이다.

"그 부하게 사는 자에게 이르기를 나는 평강하라 네 집도 평강하라 네 소유의 모든 것도 평강하라 네게 양 털 깎는 자들이 있다 함을 이제 내가 들었노라 네 목자들이 우리와 함께 있었으나 우리가 그들을 해하지 아니하였고 그들이 갈멜에 있는 동안에 그들의 것을 하나도 잃지 아니하였나니 네 소년들에게 물으면 그들이 네게 말하리라 그런즉 내 소년들이 네게 은혜를 얻게 하라 우리가 좋은 날에 왔은즉 네 손에 있는 대로 네 종들과 네 아들 다윗에게 주기를 원하노라 하더라 하라"(삼상 25:6-8). 다윗이 나발에게 했던 요청은 소위 세상 사람들이 "정중하고 재치 있다"고 말할 만한 것이었다. 평강에 대한 인사는 다윗의 우호적인 마음을 나타냈다. 또 그의 요청은 나발에게 과거에 다윗이 자기 사람들에게 그의 양떼를 괴롭히지 않게 했을 뿐 아니라, 그것들이 침략자들에게 약탈당하지 않도록 보호하라고 지시했던 것을 상기시켜 주었다(14-17절 내용을 참고하라). 그러므로 다윗은 자신의 봉사에 대한 보상을 요구할 수도 있었다. 하지만 그는 그렇게 하는 대신 나발에게 호의를 간청했다. 그는 나발이 자기 사람들에게 약간의 식량을 제공하는 일을 거부하지 않으리라고 생각했다. 왜냐하면 그때는 "좋은 날", 즉 손님에게 베풀 것이 많은 때였기 때문이다. 마지막으로 다윗은 마치 그에게서 아버지다운 친절을 얻기를 희망하는 양 자신을 "아들"의 위치로까지 낮췄다.

그러나 이 말을 좀더 면밀하게 살펴본다면, 우리는 그것이 얼마나 얄팍한 것이었는지 알 수 있다. 그 안에 영적인 것은 아무것도 없었다! 더구나 나는 "그 부하게 사는 자에게 이르기를…"이라는 본문 6절 서두에 대한 매튜 헨리의 말에 전적으로 동의한다. 나발처럼 부하게 사는 자들은 참으로 이 세상의 풍성한 부를 누리며 산다. 그러나 사실 "향락을 좋아하는 자는 살았으나 죽은 것이다"(딤전 5:6). 내 생각에 다윗이 나발을 "부하게 사는 자"라고 불렀던 것은 그에게 돌리기에는 지나친 찬사였다. 다윗은 보다 좋은 것들에 대해 알고 있었다. 그는 생명은 하나님의 은혜 안에 있는 것이지 이 세상의 미소 속에 있는 게 아님을 알고 있었다. 결국 그는 그토록 거친 대답을 얻음으로써 자신이 그런 구두쇠에게 지나치게 매끄러운 아첨을 한 것에 대해 충분한 대가를 치렀다.

바보에게 받은 모욕

"다윗의 소년들이 가서 다윗의 이름으로 이 모든 말을 나발에게 말하기를 마치매"(삼상 25:9). 이 구절은 또다른 중요한 원리를 예시해 준다. 하나님의 자녀들은 그들이 겪는 다양한 경험들 속에서 그들이 취하는 대응방식과 행위로 인해 알려진다. 뿐만 아니라 하나님의 종들은 그들이 접촉하는 자들의 인품을 시험한다. 여기서도 마찬가지였다. 나발에게는 여호와의 "기름 부음을 받은 자"에게 친절을 베풀 황금 같은 기회가 제공되었다. 그러나 그는 그 기회를 붙잡지 않았다. 아, 자기들이 언제 그런 기회를 얻었는지 알지 못하는 자들이 얼마나 많은가! 나발은 다윗에게 마음을 쓰지 않았다. 그리고 이제 그런 사실이 분명하게 드러났다. 마찬가지로 신앙을 고백하는 자들의 이기심과 욕심은 그들이 하나님의 종들에게 호의를 베풀 기회를 얻을 때 그렇게 하지 않는 것을 통해 분명하게 드러난다. 주님이 그분의 선지자들 중 하나를 우리 곁에 보내신다면, 그것은 우리의 위대하고도 거룩한 특권이 될 수 있다. 그러나 또한 그것은 두려울 정도의 엄중한 결과를 낳을 수도 있다.

"나발이 다윗의 사환들에게 대답하여 이르되 다윗은 누구며 이새의 아들은 누구냐 요즈음에 각기 주인에게서 억지로 떠나는 종이 많도다 내가 어찌 내 떡과 물과 내 양 털 깎는 자를 위하여 잡은 고기를 가져다가 어디서 왔는지도 알지 못하는 자들에게 주겠느냐 한지라"(삼상 25:10-11). 이것은 그토록 정중한 요청에 대한 얼마나 모욕적인 답변이었는가! 나발은 자기의 거절을 정당화하기 위해 다윗을 향해 비열할 만큼 모욕적인 말들을 퍼부었다. 나발이 자기에게 도움을 요청했던 사람에 대해 전혀 알지 못했던 것은 아니었다. 그가 다윗을 "이새의 아들"이라고 부른 것은 그가 다윗이 누구인지 잘 알고 있음을 보여 주기 때문이다. 그러나 이기적인 욕심에 빠져 있던 그는 다윗에게 관심을 두지 않았다. 나발은 그렇게 냉정하게 행동함으로써 신명기 15장 7-11절에 실려 있는 하나님의 법을 분명하게 어겼다. 그가 본문 11절에서 "나의"(my) 라는 단어를 반복해서 사용하고 있는 것은 누가복음 12장 18-20절에 나오는 또다른 어리석은 부자의 이야기를 상기시켜 준다.

경솔한 반응

"이에 다윗의 소년들이 돌아서 자기 길로 행하여 돌아와 이 모든 말을 그에게 전하매"(삼상 25:12). 그들의 행동은 크게 칭찬할 만하다. "소년들"은 종종 혈기가 방자하기에 충동적으로 그리고 급하게 행동하는 경향이 있다. 그러나 여기서 다윗의 소년들은 존경스러울 만큼 자신들을 억제했다. 나발의 말은 매우 공격적이었지만, 다윗의 소년들은 그의 조롱을 조롱으로 갚는 대신 침묵의 경멸로 대응하며 그에게서 돌아섰다. 그런 비천한 인간에게는 대꾸할 가치조차 없다는 태도였다. 그들이 무력을 사용해 자기들에게 기꺼이 제공되어야 마땅한 것을 취하려고 하지 않았음을 지켜보는 것은 복되다. 하나님의 자녀들에게 그런 행동은 어떤 식으로도 정당화되지 않는다. 우리는 "모든 일에 선하게 행하기 위해"(히 13:18) 주님께 은혜를 간구해야 한다. 종종 분노에 찬 대답을 하려는 유혹을 극복하는 최선의 방법은 우리를 화나게 한 사람들로부터 조용히 돌아서는 것이다.

"돌아와 이 모든 말을 그에게 전하매." 여기에서 우리는 그리스도의 종들이 부당한 취급을 받을 때 어떻게 대응해야 하는지 보여주는 한 가지 예를 발견한다. 그들은 복수심에 불탈 것이 아니라 자기들의 주님 앞에 나아가 사정을 아뢰어야 한다(눅 14:21). 완벽한 종이셨던 분 역시 그렇게 하셨다. 성경에는 그분에 관해 다음과 같이 쓰여 있다. "욕을 당하시되 맞대어 욕하지 아니하시고 고난을 당하시되 위협하지 아니하시고 오직 공의로 심판하시는 이에게 부탁하시며"(벧전 2:23). 종종 하나님은 우리를 힘든 상황 속으로 밀어 넣으셔서 참으로 우리가 "범사에 그를 인정"(잠 3:6)하고 있는지, 아니면 우리 마음 안에서 여전히 얼마간 자족감이 꿈틀대고 있는지 여부를 밝히신다. 즉 시련에 대한 우리의 반응이 어느 쪽인지 밝히신다.

그러면 이에 대한 다윗의 반응은 어떠했는가? 이제 그는 자기 사람들이 가져온 그 실망스러운 소식에 어떻게 반응했는가? 그는 하나님의 종으로서 나발의 조롱과 고통스러운 비난을 온유하게 견뎠는가? 그는 자기를 지탱해 줄 은혜를 구하면서 여호와께 그의 짐을 맡겼는가(시 55:22)? 아니다, 아, 그는 육체의 정욕을 따라 행동했다. "다윗이 자기 사람들에게 이르되 너희는 각기 칼을 차라 하니 각기 칼을 차매 다윗도 자기 칼을 차고"(삼상 25:13). 다윗은 기도하거나 그 문제에 대해 생각해 보지 않은 채 서둘러 자기가 받은 모욕에 대해 복수할 준비를 했다.

참으로 나발이 보여 준 배은망덕과 화를 돋우는 말은 견디기 힘든 것이었다 — 혈과 육만을 지닌 자에게는 너무나 힘든 것이었다. 왜냐하면 원통함을 풀고자 하는 것이 인간의 본성이기 때문이다. 다윗이 유일하게 의지할 것은 하나님 안에 있었다. 그는 그 시련 속에서 하나님의 손길을 보고, 그 시련을 견딜 수 있도록 그분의 은혜를 구해야 했다. 그러나 순간적으로 다윗은 그동안 자신이 모든 문제를 여호와께 맡겨 왔던 것을 망각하고, 자기 손으로 문제를 해결하려고 했다. 그렇다면 어째서 하나님은 그에게 이런 실패를 허락하셨던 것인가? 그것은 "아무 육체도 하나님 앞에서 자랑하지 못하게"(고전 1:29) 하시기 위함이었다. "바로 그것이 어째서 여호와의 모든 종들의 삶속에서 이와 비슷한 일화들이 발견되는지 설명해 준다. 그런 일화들은 그 종들이 다른 사람들보다 뛰어난 사람이 아니며, 그들이 경건한 신앙을 갖고 있는 것은 그들이 보다 풍성하게 받은 이성 때문이 아니라 오직 성령의 초자연적인 능력 때문임을 보여 준다"(C. H. Bright).

18

아비가일의 개입

사무엘상 25장

앞 장에서 우리는 하나님이 다윗을 그가 이전에 겪었던 것과는 아주 다른 성격의, 또한 아주 다른 곳으로부터 오는 시험에 처하게 하셨던 것을 살펴보았다. 지금까지 그에게 가시가 되었던 것은 다름 아닌 이스라엘의 왕이었다. 거기에다 우리는 이스라엘 백성 대부분이 그에게 냉담할 정도의 무관심을 보였던 것을 덧붙일 수 있을 것이다. 그러나 지금 그는 예기치 않게도 자기 사람들을 위해 약간의 식량을 제공해 줄 것을 요청했던 어느 농부에게서 거절을 당했다. "설상가상으로 그 야비한 사람은 다윗의 전령들을 모욕하고 조롱하며 내쫓았다. 그것은 견디기 힘든 일이었다. 그동안 다윗은 많은 일을 견뎠고 또한 견디고 있었다. 그는 사울의 극심한 적대감과 이스라엘 백성들의 둔감한 무관심 때문에 고통을 당하고 있었다. 그 둘 모두 대단한 [great], 그리고 소위 기품 있는 [dignified] 적이었다. 사울은 이스라엘의 왕이었고, 이스라엘 백성은 하나님의 백성이었다. 그들에게 박해를 받는 것은 상대적으로 명예로운 일처럼 보였다. 그러나 나발처럼 비루한 자의 비난을 견디는 것은 그것과는 아주 다른 일이었다. 다윗은 '내가 이 자의 소유물을 광야에서 지켜 그 모든 것을 하나도 손실이 없게 한 것이 진실로 허사라' [삼상 25:21]하고 말했다"(B. W. Newton).

다윗에게 그 시험을 더욱 통절한 것으로 만든 것은 전에 자신이 나발에게 훌륭하고 친절하게 대했다는 사실이었다. 그 이전 어느 때엔가 다윗은 그 지역에 머문 적이 있었는데, 그때 그는 자기 사람들이 나발의 양떼를 약탈하는 것을 금했을 뿐 아니라, 그 양떼가 블레셋의 방랑하는 무리들에게 약탈당하지 않도록 보호막 역할을 해주었다. 그러므로 이제 그 부유한 양떼 주인이 다윗의 사람들에게 감사를 표하고 약간의 식량을 제공하는 것은 그가 할 수 있는 가장 작은 일에 불과했다. 그럼에도 그는 그들을 조롱했다. 배은망덕은 혈과 육을 지닌 자에게 늘 시험거리가 되지만, 특히 그것이 조악할 정도로 부당할 경우에는 더욱 그러하다. 종종 하나님은 자기 사람들을 그런 식으로, 즉 그들이 아주 "적절하지 않다"고, 또 보다 적극적으로 말한다면 "부당하다"고 느끼는 대우를 받게 하심으로써 시험하신다. 그러면 하나님은 어째서 이런 일을 허락하시는 것일까? 여러 가지 이유가 있을 수 있다. 그러나 그 중에서도 가장 큰 이유는 우리에게 자신이 고백하는 대로 행동할 기회를 주시기 위해서다!

교만한 자가 받은 상처

이 시험에 대한 다윗의 반응은 우리에게 교훈이 되도록, 즉 우리가 그것을 마음에 새기고 간절한 기도의 제목으로 삼게 하기 위해 기록된 것이다. "다윗이 자기 사람들에게 이르되 너희는 각기 칼을 차라 하니 각기 칼을 차매 다윗도 자기 칼을 차고"(삼상 25:13). 여기에서 우리는 "다윗은 고난의 학교에서 그렇게 오랫동안 교육을 받았음에도 아직도 인내를 배우지 못한 것인가?" 하고 묻지 않을 수 없다. "그는 하나님을 위하여 당하는 모든 고통과 비난은, 그것이 군주로부터 오든 비천한 시골뜨기로부터 오든, 동일하게 명예로운 것임을 잊었다. 그의 오만한 정신이 고개를 들었다. 그리고 사울에게 손을 대기를 거부하고 이스라엘 백성을 향해 칼을 뽑으려 하지 않았던 그가, 또한 자기 자신을 위해서 자신의 적들과 싸우는 것이 아니라 여호와를 위해서 여호와의 적들과 싸우도록 부르심을 받은 그가 이제 자신의 소명을 잊은 채 자신을 모욕한 나발이 그의 피로 속죄해야 하리라고 선언했던 것이다"(B. W. Newton).

그러면 우리는 그의 이런 실패를 어떻게 설명해야 하는가? 다윗은 특별히 어떤 점에서 실패했던 것인가? 그는 이차적인 것에 불과한 인간이라는 수단에 과도하게 집착함으로써 그의 눈을 하나님이 아닌 사람에게 두었다. 자기 사람들이 실망스러운 소식을 듣고 돌아왔을 때, 그는 마땅히 욥처럼 말해야 했다. "우리가 하나님께 복을 받았은즉 화도 받지 아니하겠느냐"(욥 2:10). 아, 우리가 다윗이 말해야 했던 것을 우리의 입으로 말하기는 쉽다. 그러나 우리는 실제로 그와 유사한 시험을 당할 때 다윗이 했던 것 이상으로 훌륭하게 행동하는가? 아, 우리 모두는 부끄러워하며 머리를 숙여야 할 이유를 갖고 있지 않은가! 스스로 돌에 맞아야 마땅한 내가 그 사랑스러운 시편 기자에게 돌을 던질 생각은 전혀 없다. 그럼에도 성령은 그의 실패를 충실하게 기록해 놓으셨다. 그리고 우리가 그것으로부터 유익을 얻는 최선의 방법은 그의 실패의 원인을 추적하고, 동일한 실패를 반복하지 않도록 은혜를 간구하는 것이다.

위에서 우리는 "다윗은 고난의 학교에서 그렇게 오랫동안 교육을 받았음에도 아직도 인내를 배우지 못한 것인가?" 하고 물었다. 이 질문은 우리에게 다음과 같은 또다른 질문을 하게 만든다. "인내란 무엇인가?" 소극적 의미에서 그것은 우리의 삶에서 벌어지는 모든 일을 하나님으로부터 오는 것으로 유순하게 받아들이면서 진심으로 "아버지께서 주신 잔을 내가 마시지 아니하겠느냐"(요 18:11)

하고 말하는 것이다. 그리고 적극적 의미에서 그것은 우리가 우리의 의무를 이행하는 과정에서 발생하는 어려움에 굴하지 않고 참을성 있게 계속해서 그 의무를 이행하는 것이다. 우리가 우리의 삶에서 벌어지는 모든 것을 하나님으로부터 오는 것으로 받아들이기 위해서는 모든 일에서 그분의 손길을 발견하는 습관을 개발하는 것이 필요하다. 부차적인 것들과 적의 하찮은 대리자들에게 지나치게 집착하는 한, 우리는 평화를 잃어버릴 수밖에 없다. 우리의 마음을 위한 유일하게 참된 피난처가 있다. 그것은 "여호와 앞에 잠잠하고 참고 기다리는 것"(시 37:7)이며, "만물이 주에게서 나오고 주로 말미암고 주에게로 돌아감"(롬 11:36)을 인식하고 인정하는 것이며, 모든 개별적인 사건들 속에서 그분이 주시는 교훈을 얻기 위해 애쓰는 것이다.

"여호와께서 사람의 걸음을 정하시고 그의 길을 기뻐하시나니 그는 넘어지나 아주 엎드러지지 아니함은 여호와께서 그의 손으로 붙드심이로다"(시 37:23-24)라는 말씀이 진리임을 아는 것은 복되다. 그렇다, 비록 우리는 자주 비틀거릴지라도, 하나님은 우리가 넘어지지 않도록 붙들어주신다. 우리가 모든 일에서 주님을 기쁘게 해드리려는 참된 갈망을 품을 때, 주님은 우리가 잘못되는 것을 허락하지 않으신다. 그리고 우리의 마음이 진지하게 하나님을 향하고 있을 때, 그분은 사탄이 우리를 제압하는 것을 허락하지 않으신다. 다윗의 경우도 마찬가지였다. "미련한 자의 어리석음을 따라서 대답하는 것"(잠 26:4)은 마귀가 바라는 것이었다. 그리고 다윗은 일시적으로 마귀에게 넘어갔다. 그러나 주님의 눈이 시험 당하고 있는 그분의 종을 살피고 계셨다. 그리고 이제 그분은 은혜롭게 한 사람을 움직여 그가 나발에게 복수하려는 계획을 제어하셨다. 그분의 섭리의 역사를 찬송하자!

아비가일의 기민한 대응

첫째, 우리는 다음과 같은 말씀을 듣는다. "하인들 가운데 하나가 나발의 아내 아비가일에게 말하여 이르되 다윗이 우리 주인에게 문안하러 광야에서 전령들을 보냈거늘 주인이 그들을 모욕하였나이다 우리가 들에 있어 그들과 상종할 동안에 그 사람들이 우리를 매우 선대하였으므로 우리가 다치거나 잃은 것이 없었으니 우리가 양을 지키는 동안에 그들이 우리와 함께 있어 밤낮 우리에게 담이 되었음이라 그런즉 이제 당신은 어떻게 할지를 알아 생각하실지니 이는 다윗이 우리 주인과 주인의 온 집을 해하기로 결정하였음이니이다 주인은 불량한 사람이라 더불어 말할 수 없나이다 하는지라"(삼상 25:14-17). 나발의 종들 중 하나가 그의 여주인에게 그동안 벌어진 일에 대해 보고했을 때, 그의 말은 다윗의 사람들이 했던 말(7절)이 사실임을 확증해 주었다. 그는 다윗이 자기가 받은 모욕에 대해 복수하려 할 것이라고 추론했고, 그로 인해 나발에게 속한 다른 이들은 물론 자기 자신의 안전에 대해 근심하게 되었다. 그러나 그는 감히 나발에게 자기의 두려움에 대해 말하지는 못하고 여주인인 아비가일에게 그 사실을 알렸다.

하나님은 얼마나 놀랍게 모든 일이 "합력하여"(롬 8:28) 자신의 선한 목적을 이루게 하시는가! 그분의 방법은 얼마나 완벽하게 그분의 은밀하고 흔들릴 수 없는 계획을 성취하며, 그럼에도 그분의 도구들로 하여금 전혀 의식하지 못한 상태에서 그 계획을 이루게 하는가! 격노한 다윗을 제어하기 위한 섭리의 절차가 시작되었다. 나발의 종 하나가 단지 자기를 보호하고자 하는 본능 때문에(그의 의식에 대해서만 말한다면 그렇다) 자기의 여주인에게 임박한 위험에 대해 경고했다. 이에 대한 그 여주인의 반응에 주목해 보라. 그녀는 그 종의 말에 콧방귀를 뀌면서 그의 두려움이 쓸데없는 것이라고 말하지 않았다. 또 그녀는 그 놀라운 소식 앞에서 소심하게 두려워하며 갑자기 얼어붙지도 않았다. 보이지 않는 하나님의 손이 그녀의 마음을 침착하게 가라앉혔고 무언가를 결심하게 했다. 그녀는 그 종의 경고를 받아들여 즉각 행동을 취했다. 즉시 그녀는 분노한 다윗을 달래기 위해 정성스럽게 선물을 준비했다. 그것은 허기진 다윗의 사람들의 절박한 필요를 채워줄 선물이었다(삼상 25:18-19을 보라).

어떤 이들은 "그의 남편 나발에게는 말하지 아니하니라"(삼상 25:19)는 문장을 이유로 아비가일의 행동을 비난하기도 한다. 그러나 그런 비난은 아주 피상적인 생각에서 나온 것이다. 아비가일의 행동은 가족을 보호하기 위해 꼭 필요한 일이었다. 그녀는 나발의 완고함이 가족 전체를 파멸시키리라는 것을 알고 있었다. 그리고 당시 상황의 위급성에 비추어볼 때 그녀의 행동은 충분히 정당화될 수 있다. 그녀가 남편에게 충성해야 했다는 것은 옳다. 그러나 당시 그녀의 우선적이고 큰 의무는 가족의 생명을 보호하기 위한 수단을 강구하는 것이었다. 하찮은 문제는 늘 보다 큰 문제를 해결하기 위해 희생되어야 한다. 우리의 재산은 우리의 생명을 보존하기 위해 희생되어야 하고, 우리의 생명은 우리의 영혼을 보존하기 위해 희생되어야 한다. 곧 살펴보겠지만, 본문 24절과 28절의 말씀은 그녀가 그렇게 행동했던 것이 나발에게 불성실했기 때문이 아님을 분명하게 보여 준다. 그럼에도 지금 우리가 살피고 있는 내용은 특별한 경우이며, 따라서 우리가 그것을 하나의 본보기로 사용해서는 안 된다.

제어하시는 은혜

그렇다면, 이때 다윗의 상황은 어떠했는가? 그는 폭발했던 분노를 가라앉혔던가? 결코 아니다. 만약 그랬더라면 아비가일이 화해를 위해 애쓸 필요가 없었을 것이다. 나발의 말은 여전히 다윗의 마음에 사무치고 있었다. 그가 앵돌아져서 다음과 같이 선언하는 소리를 들어보라. "내가 이 자의 소유물을 광야에서 지켜 그 모든 것을 하나도 손실이 없게 한 것이 진실로 허사라 그가 악으로 나의 선을 갚는도다"(삼상 25:21). 그는 자기가 나발에게 친절을 베풀었던 것이 공연한 짓이었고, 나발이라는 인간은 감사할 줄도, 자기에게 베풀어진 선에 보답할 줄도 모르는 자라고 느끼면서 자기가 그렇게 했던 것을 후회했다. 그러나 하나님은 "은혜를 모르는 자와 악한 자에게도 인자하시다." 또 그분은 우리에게 "너희 아버지의 자비로우심 같이 너희도 자비로운 자가 되라"(눅 6:35-36)고 명령하신다. 아, 우리가 그런 태도를 지니려면 인정을 바라는 오만한 마음과 무시당했을 때 일어나는 비통함을 누그러뜨리기 위해 은혜를 구해야 한다.

다윗은 나발의 배은망덕과 조롱에 대해 화를 냈을 뿐 아니라 그에게 복수하려고 했다. 본문 22절이 보여 주듯이, 그는 나발의 집안에 속한 모든 남자들을 죽이기로 작정했다. 이것은 지극히 부당하고 잔인한 처사였다. 그리고 만약 하나님이 그에게 그런 계획을 이행하도록 허락하셨다면, 그의 인물됨은 크게 훼손되었을 것이고, 그의 적들은 그로 인해 크게 유리해졌을 것이다. 그는 그렇게 하기로 굳게 마음을 먹었기에 자기의 의도를 맹세를 통해 확언했다(22절). 그것은 아주 성급한 짓이었고 거의 신성모독에 가까웠다. 독자들이여, 여기에서 하나님의 자녀들 안에서 그분의 은혜가 역사하지 않을 때 그들이 어느 정도까지 될 수 있는지 주목하기 바란다. 우리는 이런 사실에 대한 인식을 통해 유순하게 살아가는 것과 "두렵고 떨림으로"(빌 2:12) 구원을 이루는 것을 배워야 한다. 하나님이 종종 우리에게서 성령의 능력을 거둬가시는 것은 바로 그런 이유 때문이다. 즉 우리가 우리 마음 안에 무엇이 있는지(대하 32:31) 깨달아 하나님 앞에서 겸손해지게 하시려는 것이다.

하나님은 얼마나 복되게 제때에 자비를 베푸시는가! 다윗은 악한 일을 계획하고 있었다. 바야흐로 그는 자기의 악한 계획을 이행할 참이었다. 그러나 이미 주님께서 보내신 한 사람이 그를 그 자신에게서 구해내기 위한 길을 재촉하고 있었다. 아, 독자들이여, 종종 우리는 하나님으로부터 그와 유사한 은혜를 입지 않았는가? 우리가 주님을 망신시키는 일을 하기로 결심했을 때-아, 주님께 영광을 돌리라!-누군가 우리를 가로막고, 우리의 일을 지체시키고, 방해하고, 포기하게 했던 때가 있지 않았는가? 그 누군가는 우리에게 아비가일이 다윗에게 했던 것처럼 자신의 뜻을 분명하게 말해 주지 않았을 수도 있다. 오히려 그들의 임무는 아주 다른 성격의 것이었을 수 있다. 그때 우리는 그들을 성가신 방해꾼으로 여겨 분노했을 수도 있다. 그러나 지금 우리는 그때를 회고하면서 그들 안에서 우리가 악한 계획을 이행하지 못하도록 방해하셨던 하나님의 손길을 발견하고 있지 않은가?

지혜로운 말

아비가일이 그를 만났을 때, 분명히 다윗은 그의 악한 계획을 실행하기 위해 길을 가던 중이었다(삼상 25:20). 그녀가 다윗을 만나서 취했던 자세를 살펴보는 것은 복되다. "아비가일이 다윗을 보고 급히 나귀에서 내려 다윗 앞에 엎드려 그의 얼굴을 땅에 대니라 그가 다윗의 발에 엎드려"(삼상 25:23-24). 이것은 단순한 아첨이 아니었다. 이것은 단순한 동방의 인사법 이상이었다. 이것은 "여호와의 기름 부음을 받은 자"에 대한 믿음의 승인이었다. 나발은 다윗을 도망다니는 노예로 여겼다. 그러나 그의 아내는 그를 높은 자로, 하나님의 계획을 수행 중에 있는 자신의 왕으로 여겼다. 이때 그녀가 다윗에게 했던 말(삼상 25:24-31)은 면밀하게 연구해 볼 만한 주제다. 그러나 여기서는 그녀의 말의 몇 가지 특징들만 간단하게 살펴보기로 하자.

아비가일이 다윗의 복수심을 비난하지 않았던 것에 주목할 필요가 있다. 그런 비난은 그녀가 하기에 적당한 일이 아니었다. 오히려 그녀는 그의 양심이 그 자신을 비난하도록 내버려 두었다. 그녀는 자기 남편의 행위를 변호하지도 않았다. 사실 지금 그녀는 자기 남편의 약점을 덮어 줄 상황이 아니었다. 오히려 그녀는 다윗에게 무분별하고 오만한 것으로 유명한 자기 남편의 인품에 대해 거론하고, 그가 왜 자기 남편에 대한 분노를 누그러뜨려야 하는지에 대해 말하려 했다(25절). "그녀는 나발[그 이름의 의미는 '미련한 자'였다]이 특별히 그를 모욕하려 했던 것이 아니라 단지 그가 자기에게 무언가를 요청하는 사람들을 대하던 일반적인 방식으로 말했던 것뿐이며, 따라서 다윗이 그런 자의 무례함에 대해 신경을 쓰는 것은 그의 명성과 명망에 합당하지 않다고 넌지시 알려 주었던 것이다"(Thomas Scott).

아비가일의 경건함은 본문 26절에서 분명하게 드러난다. 아마도 그녀는 다윗의 얼굴에서 어떤 변화를 감지했거나, 혹은 자기가 그의 마음을 얻었다고 느꼈던 것 같다. 그러나 그녀는 이것을 자신의 탄원이나 자기가 가져온 선물 때문이 아니라 전적으로 하나님의 제어하시는 은혜의 탓으로 여겼다. "내 주의 손으로 피를 흘려 친히 보복하시는 일을 여호와께서 막으셨으니." 그렇게 할 때만, 즉 우리가 우리의 동료 피조물 안에 있거나 그로부터 나오는 모든 선한 것을 전적으로 하나님의 역사의 탓으로 돌릴 때만, 하나님이 영광을 받으시고 그분께 합당한 지위를 얻으신다. 그녀가 자신의 야비한 남편을 감싸는 모습을 보는 것 역시 아름답다. "주여 원하건대 이 죄악을 나 곧 내게로 돌리소서"(24절). "주의 여종의 허물을 용서하여 주옵소서"(28절). 그녀는 자기 남편이 다윗의 사람들을 홀대했던 것에 대한 책임을 스스로 짊어지고 다음과 같이 말했던 것이다. "만약 당신이 분풀이를 하려 한다면, 내 어리석은 남편이 아니라 나에게 하소서."

본문 29-31절에 실려 있는 그녀의 마무리 발언은 아주 아름답다. 첫째, 그녀는 사울의 잔인한 박해에 대해 언급하지만 왕위에 대한 충성을 보이며 그를 "왕"이라는 칭호 대신 "사람"이라고 부르고, 또한 아주 놀라운 표현을 사용해 다윗의 생명이 보존될 것이라고 확언한다(29절). 둘째, 그녀는 현재 다윗이 처한 비참한 상황에서 다른 곳으로 눈을 돌리면서 확신을 갖고서 하나님이 그를 "이스라엘의 지도자로 세우실 때"를 내다본다(30절). 이것은 지쳐 있는 하나님의 종에게 얼마나 기운을 북돋우는 말이 되었을까! 셋째, 그녀는 다윗에게 다가오는 영광을 생각해 현재의 행위를 제어함으로써 그날에 그의 양심이 과거에 행한 어리석음 때문에 괴로워하지 않게 하라고 탄원한다. 만약 우리가 그리스도의 심판대를 자신에게 가까이 옮겨 놓는다면, 확실히 우리의 행동은 그로 인해 훨씬 더 잘 제어될 것이다. 마지막으로, 그녀는 다윗에게 그가 왕위에 오를 때 그의 "여종"인 자신을 기억해달라고 부탁했다.

책망을 받아들임

"'슬기로운 자의 책망은 청종하는 귀에 금 고리와 정금 장식이니라' [잠 25:12]. 아비가일은 다윗의 분노를 현명하게 책망했다. 그리고 그는 자신이 세웠던 원칙을 따라 그 책망에 귀를 기울였다. '의인이 나를 칠지라도 은혜로 여기며 책망할지라도 머리의 기름 같이 여겨서 내 머리가 이를 거절하지 아니할지라'[시 141:5]. 그 책망은 이보다 더 훌륭하게 제공될 수도 없었고, 이보다 더 훌륭하게 수용될 수도 없었다"(Matthew Henry). 하나님의 자녀들의 모습은 그런 식으로 분명하게 드러난다. 그들은 자신들에 대한 유죄 판결에 순응하며 그것에 대해 열려 있다. 그들은 자기들의 잘못을 기꺼이 드러내 보이려 한다. 그러나 마귀의 자녀들은 나발처럼 야비하고, 완고하고, 오만하고, 굽힐 줄 모른다. 아, 독자들이여, 이것에 유념하라. 만약 오늘 우리가 충실한 조언자들의 말에 귀를 기울인다면, 우리는 미래에 여러 가지 어리석음으로부터 구함을 받을 것이고 비통한 후회를 면하게 될 것이다.

하나님은 아비가일이 다윗에게 한 말에 복을 주셨다. 이제 그는 자신의 모든 상황 그리고 자신의 비통한 마음과 계획을 올바른 빛 안에서 볼 수 있게 되었다. 첫째, 그는 하나님이 죄의 길에 있는 자기에게 사람을 보내어 자신을 그 길에서 건져주신 것을 찬양했다(32절). 우리가 그런 건짐 속에서 하나님의 손길을 인식하고 시인하는 것이야말로 영성의 참된 징표다. 둘째, 그는 아비가일이 자신과 이제 자기가 막 행하려 했던 죄 사이에 친절하게 개입해 준 것에 대해 감사했다(33절). 아, 우리는 비난을 인내하며 받아들여야 할 뿐 아니라, 또한 우리를 그토록 충실하게 비난해 준 사람에게 감사해야 한다. 다윗은 자기가 계획했던 악한 일에 대해 가볍게 말하기는커녕 그것의 악함을 강조했다. 셋째, 그는 그녀의 선물을 받아들인 후 평안을 빌며 그녀를 보내 주었다(35절). 이 모든 것은 우리에게 현명한 사람은 좋은 충고를-비록 그것이 자기보다 열등한 자에게서 올지라도-받아들인다는 것과, 설령 자신이 이미 어떤 맹세를 했을지라도 그것 때문에 악한 일에 얽매이지 않는다는 것을 보여 준다.

마지막으로, 설교자들에게 유익이 될 만한 것을 몇 가지 지적하겠다. 위의 사건에서 우리는 택함을 받아 그리스도께 이끌리는 자들의 복된 모습을 발견할 수 있었다. 첫째, 아비가일은 나발에게 매여 있었다. 우리는 나면서부터 행위의 언약인 율법에 묶여 있다. 그 율법은 "우리를 거스르고 불리하게 하는 법조문"(골 2:14)이다. 둘째, 그녀는 나발에게서 열매를 맺지 못했다(롬 7:1-4을 보라). 셋째, 그녀가 다윗을 찾아갔던 것은 임박한 위험에 대한 소식 때문이었다(17절). 넷째, 그녀는 다윗 앞에서 꿇어 엎드렸다(23절). 다섯째, 그녀는 다윗에게 와서 "죄악"을 고백했다(24절). 여섯째, 그녀는 "용서"를 구했다(28절). 일곱째, 그녀는 다윗의 선함을 확신했다(28절). 여덟째, 그녀는 그가 높아질 것을 인정했다(30절). 아홉째, 그녀는 죽어가던 강도처럼 자기를 "생각해 줄 것을" 부탁했다(31절). 다윗은 그녀의 요구를 받아들였고, 그녀를 용납했고, 그녀에게 "평안히 올라가라"고 말했다(35절).

19

아비가일을 아내로 맞이함

사무엘상 25장

"보라 의인이라도 이 세상에서 보응을 받겠거든 하물며 악인과 죄인이리요"(잠 11:31). 이것은 이제 우리가 주목하고자 하는 내용을 소개하기에 적합한 말씀이다. 이 말씀은 이제부터 우리가 살필 내용에서 놀라운 실례를 얻는다. 사무엘상 25장 마지막 부분은 그 장 전반부에 실려 있는 이야기의 복되고도 엄중한 결과를 제시한다. 거기에서 우리는 사악한 자가 기고만장하고, 반면에 의로운 자가 무시당하는 모습을 살펴보았다. 또 비열한 나발의 경건한 아내가 도망자 다윗을 자비롭고 충성스럽게 돕는 것을 살펴보았다. 그리고 여기에서 우리는 그 사악한 자에게 무겁게 임하는 하나님의 심판의 손길과 의로운 자에게 보답하시는 그분의 은혜의 손길을 발견한다.

보응하시는 하나님

"보라 의인이라도 이 세상에서 보응을 받겠거든 하물며 악인과 죄인이리요." 솔로몬의 영감에 찬 무수히 많은 잠언들 중 이것만 유일하게 "보라"(Behold)라는 말로 시작된다. 이것은 이제 곧 자신이 아주 중요한 주제에 대해 이야기할 테니 면밀하고 존경어린 관심을 갖고 마음의 눈을 그것에 맞추라는 의미다. 그 주제란 인간의 일에 대한 하나님의 섭리적 처리(providential dealings of God)라는 것인데, 이것은 안타깝게도 지난 두세 세대 동안 관심을 받지 못했고 오늘날에는 그것에 대한 무지와 오류가 광범위하게 퍼져 있는 상태다. 잠언 11장 31절에는 다음 세 가지 사항이 분명하게 나타난다. 첫째, 하나님은 그분의 모든 피조물의 일들을 처리하신다. 둘째, 그분은 무고한 자를 변호하시고 자신의 억압당하는 백성들을 옹호하신다. 셋째, 그분은 악을 행하는 자들을 괴롭히시고 거꾸러뜨리신다.

실제로 신앙을 고백하는 모든 그리스도인들은 언젠가 응보의 날, 즉 하나님이 의로운 자들에게 보답하시고 사악한 자들에게 벌을 내리시는 날이 오리라고 믿는다. 그러나 상대적으로 하나님이 지금 그렇게 하신다고 믿는 사람은 거의 없다. 그러나 우리가 이 장을 열며 인용했던 말씀은 분명하게 "의인이 이 세상에서 보응을 받을 것"이라고 선언한다. 편견 없는 마음으로 성경을 읽고서도 그 안에 실려 있는 개인과 가족과 나라들의 역사를 통해 드러나는 이런 진리를 보지 못하는 것은 불가능하다. 가인이 아벨을 죽였을 때 하나님은 그에게 벌을 내리셨고 아벨은 하나님을 향해 "내 죄짐을 지기가 너무 무거우니이다"(창 4:13) 하고 부르짖었다. 노아는 의로운 사람이었고 하나님과 동행했다. 그리고 그와 그의 가족은 홍수 때 목숨을 건질 수 있었다. 바로는 히브리 사람들을 학대했고 홍해에서 익사했다. 사울은 다윗의 목숨을 노렸고 전장에서 살해되었다. 그러므로 우리는 우리 주님에 관해 나음과 같이 말해야 한다. "진실로 땅에서 심판하시는 하나님이 계시다"(시 58:11).

그러나 혹자는 다음과 같은 반대의견을 제시할지도 모른다. "당신이 말한 모든 내용은 구약 시대에는 타당했다. 그러나 그것은 기독교 시대인 지금은 그렇지 않다. 지금 우리는 믿음으로 산다." 얼마나 어리석은 말인가! 하나님이 그분의 왕위에서 물러나셨는가? 이제 그분은 더이상 인간의 일에 관여하지 않으시는가? 그분의 의로운 통치는 더이상 이루어지지 않는 것인가? 저런, 하나님이 이 세상에서 악한 자들과 죄인들에게 보응하시는 이야기들 중에서도 가장 중요한 한 가지 예가 바로 이 기독교 세대에서 일어났다! 유대인들이 그들의 메시아를 거부하고 십자가에서 처형한 것으로 인해 하나님이 예루살렘을 공식적으로 심판하셨던 때는 A.D. 70년이었다. 그때 이후 그 민족의 상황은 이 엄중한 진리에 대한 영속적인 실례가 되었다. 동일한 원리가 기독교가 그것을 핍박하던 자들의 폐허 위에 세워짐으로써 반복적으로 입증되었다. 그리스도인들이 "믿음으로 사는 것"에 대해서 말한다면, 구약 시대의 성도들 역시 우리들 못지 않았다(합 2:1-4).

그러나 다음과 같은 보다 무서운 반대의견에 주목해 보자. "그릇되게 비난을 받고 격하게 박해를 당하고서도 이 세상에서 하나님에 의해 해원[解寃]을 얻지 못한 의로운 사람들이 많지 않은가? 이 세상에서 번성하고서도 아무런 벌도 받지 않은 사악한 사람들이 많지 않은가?" 그런 질문에 대한 대답은 다음과 같다. 첫째, 하나님이 어떤 일에 늘 즉시 대응하시는 것은 아니다. 나는 꽤 오래 살았기에 그동안 주일에 장사를 하고, 과부들을 박대하고, 모든 믿는 자들을 조롱했던 이들이 결국 곤경에 처하게 된 경우를 많이 보았다. 둘째, (한편으로) 하나님이 지금 심판자로서 행동하신다는 사실을 부정하는 것과, (다른 한편으로) 모든 사람은 이 세상에서 자기가 뿌린 것을 온전히 거둔다고 주장하는 것 사이에는 다행스러운 타협점이 존재한다.

다른 어디에서나 마찬가지로, 여기에서도 진리는 두 극단 사이에 존재한다. 만약 하나님이 이 세상에서 모든 의로운 행위에 대해 분명하게 보답하시고 모든 악한 자들을 분명하게 벌하신다면, 위대한 심판의 날에 속한 일들 대부분이 미리 이루어지는 셈이 될 것이다. 그러나 만약 하나님이 자신에게 영광을 돌리는 자들을 이 세상에서 높여 주시지 않거나 그분에게 공공연히 도전하는 자들을 벌하지 않으신다면, 우리는 그 위대한 심판에 대해 (오늘날 거의 읽히지 않는) 진리의 말씀 안에 계시된 것 이상의 그 어떤 사전 통고도 받지 못한 채 살아가게 될 것이다. 그러므로 하나님은 이 세상의 문제들을 섭리를 통해 다루시면서 자신의 사랑과 공의 그리고 불의에 대한 혐오를 충분히 분명하게 표명하신다. 이것은 우리가 완전하고 최종적으로 심판을 받기 위해 그분 앞에 설 때 있을 법한 일들에 대해 변명의 여지를 남겨 두지 않으시기 위함이다. 반면에 경건한 자들이 분명하게 보답을 얻지 못한 채 세상을 뜨거나 악을 행하는 자들이 번성하는 경우도 많은데, 이것은 하나님의 의가 이제 곧 완벽하게 입증되리라는 믿음을 위한 충분한 여지를 남겨놓기 위함이다. 그럼에도 또한 우리 앞에는 하나님이 사악한 자들에게 복수하시는 것에 대한 분명한 실례들도 충분히 많이 있는데, 이것은 우리에게 두려움을 갖게 해 죄를 짓지 않게 하기 위함이다.

나발의 죽음

"아비가일이 나발에게로 돌아오니 그가 왕의 잔치와 같은 잔치를 그의 집에 배설하고 크게 취하여 마음에 기뻐하므로 아비가일이 밝는 아침까지는 아무 말도 하지 아니하다가"(삼상 25:36). 이 상황을 떠올려보라. 불과 얼마 전에 나발은 휘하에 수백 명의 사람들을 거느린 채 곤경에 처해 있던 사람을 조악하게 조롱했다. 이 세상의 기준으로 판단한다면, 그런 모욕은 보복을 초래할 만한 짓이었고, 실제로 그 모욕을 받은 사람은 그렇게 하려고 했다. 다윗은 나발과 그의 집안에 속한 모든 남자들을 죽여 복수하겠다고 맹세했다(22절). 그리고 본문 23절은 이미 그가 그 계획을 실행하기 위해 길을 나섰음을 분명하게 보여 준다. 그의 아내가 제때에 개입하지 않았더라면, 나발은 목숨을 보존하기 위해 가망 없는 싸움을 해야 할 참이었다. 그런데 여기에서 우리는 그가 잔치를 베풀고 취해 있는 모습을 발견한다!

아비가일이 곤경에 처해 있다가 그리스도께 나아와 그분에 의해 구원을 받는 죄인의 전형적인 모습을 보여 준다면, 나발은 그리스도를 경멸하고 자기의 죄 가운데서 멸망하는 사람의 엄중한 초상을 보여 준다. 설교자들은 내가 여기에서 강조하는 내용을 좀더 발전시켜 나가기 바란다. 무서운 위험에 빠진 죄인이 일시적으로 누리는 거짓된 안전에 주목하라(전 8:11 참고). 가난한 하나님의 백성을 구제하기 위해 하나님께 드리기를 아까워하는 자가 자신의 욕망을 채우고 육신에 겉치레를 하기 위해 얼마나 아낌없이 돈을 쓰는지 주목하라(눅 16:19-21 참고). 사람들이 하나님과 함께하는 평화를 누리는 데보다 소위 "좋은 시간"(good time)을 갖는 데 얼마나 더 관심을 두는지 살펴보라(사 55:2 참고). 어떤 이들은 그들의 식욕을 채우는 일에 너무 깊이 빠져서 짐승보다 못한 수준까지 내려가기도 한다(사 1:3 참고). 설상가상으로 죄인들은 하나님의 법을 어길 뿐 아니라 그분의 자비를 남용하기까지 한다(눅 14:18-20). 사람들이 "포도주" 외에 다른 것들- 세상적인 명예, 부, 쾌락 등-로도 취한다는 사실을 명심하라.

그렇다, 미련한 자 나발은 우리 주변에 있는 많은 사람들의 경우를 생생하게 보여 준다. 그들의 머리 위에는 하나님의 법을 어긴 것으로 인해 이미 저주가 내려졌음에도, 그들은 자기들의 영혼이 영원히 잘 될 것처럼 잔치를 즐긴다. 그들을 치기 위한 하나님의 공의의 칼이 이미 뽑혔음에도, 그들은 "잠시 죄악의 낙을 누리는 것"(히 11:25)을 즐긴다. 그들은 영원한 생수를 무시하고, 이 멸망해 가는 세상의 취하게 하는 것들에 취한다. 며칠 후면 무덤 문이 열릴 것임에도, 그들은 그 짧고 소중한 시간에 죽음과 더불어 시시덕거린다. 경건한 자가 그토록 무감각하고 현기증 나는 상태에 있는 자들을 향해 진지하게 말하는 것은 어쩌면 돼지 앞에 진주를 던지는 것이나 같을 수 있다. 오, 마귀는 그의 먹잇감을 얼마나 확실하게 붙들고 있는가! 오, 죄의 속이고 마비시키는 효과는 얼마나 강력한가! 오, 하나님의 주권이 개입해 은혜의 기적을 일으키고 그를 불구덩이에서 타다 남은 것을 꺼내듯 건져내지 않는다면, 불신자의 상황은 얼마나 희망이 없는가!

"아침에 나발이 포도주에서 깬 후에 그의 아내가 그에게 이 일을 말하매 그가 낙담하여 몸이 돌과 같이 되었더니"(삼상 25:37). 나발은 그 위험한 때에 낮에는 흥청거리고 밤에는 술에 취해 거의 혼수상태로 지냈다. 그러나 이제 아침이 되었고 그는 자기가 한 일에 대해 셈을 해야 했다. 성경은 아비가일이 그에게 어떤 비난을 했다고 기록하지 않는다. 그런 일은 불필요했다. 나발 자신의 죄의식이 그 역할을 수행할 것이기 때문이었다. 그는 비통하게 자책했지만 후회하기에는 너무 늦었고, 결국 비참한 절망에 빠지고 말았다. 나발의 마음은 "돌과 같이 되었다." 여기에서 우리는 가련한 세상 사람들이 죽음을 마주하거나 전능자에 대한 두려움에 사로잡힐 때 어떤 모습이 되는지 보게 된다. 또한 우리는 여기에서 육체적 쾌락의 기만성을 보게 된다. 나발은 밤새도록 술에 취해 즐거워했다. 그리고 이제는 두려움과 공포로 인해 온 몸이 마비되었다. 그렇다, "웃을 때에도 마음에 슬픔이 있고 즐거움의 끝에도 근심이"(잠 14:13) 있는 법이다. 이것은 하나님이 주시는 기쁨과 얼마나 다른가!

"한 열흘 후에 여호와께서 나발을 치시매 그가 죽으니라"(삼상 25:38). 황폐한 삶을 살았던 자가 맞이한 이 얼마나 무섭도록 엄중한 종말인가! 나발의 삶은 어리석은 자의 삶이었고, 그의 마지막은 미련한 자의 종말이었다. 그는 "내 떡과 물과 내 양털 깎는 자"(11절)에 대해 자랑스럽게 말했던 "심히 부한"(2절) 사람이었다. 그는 다윗을 조롱하고 과도한 기쁨을 얻기 위해 시간을 허비했던 사람이었다. 그러나 이제 그의 삶의 여정이 끝나는 순간 그의 앞에는 "영원히 예비된 캄캄한 흑암"(유 1:13)만 놓여 있을 뿐이었다. 그는 술에 취한 결과였는지 아니면 두려움과 고뇌 때문이었는지 열흘 동안이나 무감각한 혼수상태에 빠져 있었다. 그리고 그런 상태는 하나님의 권능과 진노가 실린 타격으로 의해 종결되었고, 결국 그는 생명의 땅에서 끊어지고 말았다. 독자들이여, 바로 이것이 주님과 구주이신 그리스도를 소통하고 거부하는 모든 자들의 운명이다!

"한 열흘 후에 여호와께서 나발을 치시매 그가 죽으니라." 나발의 경우는 부주의하고 경솔하고 무모한 죄인에 대한 엄중한 본보기일 뿐 아니라-그런 자는 자기 머리위로 하나님의 심판의 칼날이 내려오고 있는 동안에도 육체의 쾌락에 탐닉하다가 하나님에 의해 갑작스럽게 죽는다-또한 우리가 그 안에서 하나님의 신실하심, 즉 "내 사랑하는 자들아 너희가 친히 원수를 갚지 말고 하나님의 진노하심에 맡기라 기록되었으되 원수 갚는 것이 내게 있으니 내가 갚으리라"(롬 12:19)는 말씀의 증거를 볼 수 있는 경우이기도 하다. 성도가 부당하게 모욕을 받거나 나쁜 취급을 당할 때 스스로 복수하려는 것은 죄일 뿐 아니라 전혀 불필요한 일이기도 하다. 적당한 때가 되면 하나님이 그를 위해 훨씬 더 효과적으로 복수하실 것이기 때문이다.

"나발이 죽었다 함을 다윗이 듣고 이르되 나발에게 당한 나의 모욕을 갚아 주사 종으로 악한 일을 하지 않게 하신 여호와를 찬송할지로다 여호와께서 나발의 악행을 그의 머리에 돌리셨도다 하니라"(삼상 25:39a). 이것은 다윗이 자기에게 잘못을 저지른 자의 비참한 죽음 앞에서 경건하지 못한 기쁨을 느꼈다는 것이 아니라, 그가 하나님의 영광, 그분의 공의의 행사, 그리고 무도함에 대한 경건함의 승리가 드러난 것을 기뻐했다는 의미다. 여기에는 오늘날 많은 이들이-그들은 마치 하나님이 구약 시대에 경건함의 기준을 오늘날의 그것보다 낮춰놓기라도 하신 듯 말한다-단지 복수심을 드러내는 것이라고 여기는 여러 성경 구절들을 해석하기 위한 중요한 열쇠가 들어 있다. 그것은 어불성설이다. 율법은 복음과 동일하게 이웃에 대한 사랑을 요구한다.

그동안 이 주제는 "세대주의자들"(Dispensationalists)에 의해 안타깝게 왜곡되어 왔다. 따라서 여기에서 그것과 관련해 몇 마디 덧붙이고자 한다. 시편에 나오는 "의인이 악인의 보복 당함을 보고 기뻐함이여 그의 발을 악인의 피에 씻으리로다"(시 58:10)는 말씀을 예로 들어보자. 말씀을 피상적으로 읽는 사람들은 "그것은 이 세대의 정신과 완전히 반대되지 않는가!" 하고 말한다. 그러나 그 시편을 계속해서 읽어보자. "그때에 사람의 말이 진실로 의인에게 갚음이 있고 진실로 땅에서 심판하시는 하나님이 계시다 하리로다"(10절). 의인들이 자신들의 적들의 파멸을 보며 기뻐했던 것은 그들 안에 있는 적대적인 정신 때문이 아니다. 결코 그런 것이 아니다. 왜냐하면 구약성경에는 다음과 같은 하나님의 명령이 실려 있기 때문이다. "네 원수가 넘어질 때에 즐거워하지 말며 그가 엎드러질 때에 마음에 기뻐하지 말라"(잠 24:17). 오히려 그것은 하나님의 주권적 통치를 숭배하며 사악한 자들에게 그들의 몫을 돌려주시는 분의 공의를 찬양하는 마음 때문이라고 할 수 있다. 그리고 완전히 감상적인 생각에 사로잡혀 걸핏하면 눈물을 보이는 사람이 아니라면, 오늘날에도 누군가 아주 악한 사람이 하나님의 거룩하신 손길에 의해 분명하게 제거되는 것을 보면 기뻐하기 마련이다. 이 세대가 끝날 때도 그러할 것이다(계 18:20; 19:1-2을 보라).

다음 구절로 넘어가기 전에, 다윗이 하나님의 제어하시는 은혜를 깨닫고 감사했던 것에 주목해 보자. "나발에게 당한 나의 모욕을 갚아 주사 종으로 악한 일을 하지 않게 하신 여호와를 찬송할지로다"(삼상 25:39). 만약 우리가 매일의 삶을 주의 깊게 살펴본다면, 우리는 우리의 죄를 제어하시는 하나님의 섭리에 대해 탄복해야 할 경우를 자주 발견하게 될 것이다. 또 우리는 시편 기자가 하나님의 자비하심에 대한 아름다운 예시의 마지막 부분에서 했던 말을 반복해야 할 것이다. "지혜 있는 자들은 이러한 일들을 지켜 보고 여호와의 인자하심을 깨달으리로다"(시 107:43). 하나님이 우리를 은혜롭게 제어하셔서 우리가 생각했던 악을 행하지 않게 하실 때, 우리는 잊지 말고 그분을 찬양해야 한다.

청혼과 수락

"다윗이 아비가일을 사기 아내로 삼으려고 사람을 보내어 그에게 말하게 하매 다윗의 전령들이 갈멜에 가서 아비가일에게 이르러 그에게 말하여 이르되 다윗이 당신을 아내로 삼고자 하여 우리를 당신께 보내더이다 하니"(삼상 25:39-40). 하나님의 심판의 일격으로 인해 아비가일은 고통스러운 상황에서 해방되었다. 그리고 이제 그분은 그녀의 의(義)에 보답하시기 위해 섭리를 통해 역사하셨다. 하나님은 그녀가 자신의 기름 부음을 받은 자의 눈에 들게 하셨다. 다윗은 그녀의 아름다운 용모와 신중한 처신뿐 아니라 그녀의 확고한 신앙으로 인해 – 이것은 아내가 갖춰야 할 모든 자질 중에서도 가장 귀한 것이다 – 그녀에게 매혹되었다. 이제 아비가일은 과부였고(38절), 다윗의 아내는 다른 남자에게 보내진 상태였기에(44절), 다윗은 전령을 보내 아비가일에게 청혼했다. 이 구절이 의미하는 것은 아주 분명하다. 주 예수님은 자신의 신부에게 직접 구애하지 않으신다. 그분은 죄인들을 자신에게로 이끌기 위해 복음의 사역자들을 사용하신다.

"아비가일이 일어나 몸을 굽혀 얼굴을 땅에 대고 이르되 내 주의 여종은 내 주의 전령들의 발 씻길 종이니이다 하고"(삼상 25:41). 그토록 부유한 여자가 다윗의 구애를 받아들이며 큰 절제와 겸손을 보이는 모습은 참으로 아름답다. 그녀는 자신을 그런 명예를 얻을 자격이 없는 자로 여겼다. 그녀는 다윗을 너무나 존경했기에 자기가 그의 가족의 가장 미천한 종들 중 하나가 될지라도 기뻐할 참이었다. 그녀는 다윗의 청혼을 수락했고, 그것을 통해 회심의 예표적 모습에 한 가지 요소를 추가했다. 역대하 30장 8절의 난외주(欄外註)에서 믿음이 어떻게 "여호와께 손을 내드리는 것"으로 표현되는지 주목하라(한글 성경에는 이 난외주가 없다 - 역주).

"아비가일이 급히 일어나서 나귀를 타고 그를 뒤따르는 처녀 다섯과 함께 다윗의 전령들을 따라가서 다윗의 아내가 되니라"(삼상 25:42). 이 말씀은 아주 복되다. 그때 다윗은 집조차 없는 방랑자이자 망명객에 불과했다. 그럼에도 아비가일은 자신의 집과 편안한 지위를 모두 포기했을 뿐 아니라, 기꺼이 그의 시련에 동참해 그를 위해 역경을 견디기로 작정했던 것이다. 그러나 그녀는 그 기간이 짧으리라는 것을 알고 있었다. 그녀는 하나님의 약속의 성취를 믿었고(30

절), 때가 되면 자기가 다윗과 함께 다스릴 것을 확신하면서 믿음으로 (in faith) 그와 결혼했던 것이다. 참된 회심은 바로 그런 것이다. 그것은 옛 생활에 대해 등을 돌리고, 그리스도를 위해 모든 것을 잃어버릴 각오를 하고, 믿음을 갖고 미래를 내다보는 것이다.

"다윗이 또 이스르엘 아히노암을 아내로 맞았더니 그들 두 사람이 그의 아내가 되니라 사울이 그의 딸 다윗의 아내 미갈을 갈림에 사는 라이스의 아들 발디에게 주었더라"(삼상 25:43-44). 일부다처(一夫多妻)는 자연법이나 하나님의 법과 일치하는 것은 아니지만, 그 타락한 시절의 일반적인 풍습이었다. 그리고 몇몇 선한 사람들까지도, 비록 그로 인해 칭찬을 받을 수야 없겠지만, 그런 풍습을 따르고 있었다. 다윗은 이스르엘 아히노암을 그리고 훗날 다시 여러 명을 아내로 맞아들임으로써(삼하 3) 그 시대의 부패한 풍습을 따랐다. 그러나 이런 풍습은 처음부터 존재했던 것이 아니며, 그리스도께서 개혁의 시기를 선도하신 이후로는(마 19:4-6) 전혀 허용되지 않고 있다.

20

징계

사무엘상 26장

독자들 중에는 내가 이 장에 왜 이런 제목을 붙였는지, 또 이런 제목이 사무엘상 26장의 내용과 어떤 관련이 있는지 의아해할 사람이 있을 것이다. 그렇다면 나는 그런 이들에게 사무엘상 25장 마지막 구절을 신중하게 살펴볼 것을 권한다. 성경을 읽는 사람들 중 많은 이들이 사무엘상 25장 마지막 구절과 26장 첫 구절의 관계에 주목하지 않아 많은 것을 놓친다. 서로 완전히 성격이 다른 사건들이 연이어 일어날 때라도, 영적인 눈을 가진 사람은 그 둘 사이의 긴밀한 도덕적 관계를 식별하고 그 안에서 여러 가지 소중한 교훈들을 얻는다. 바로 여기에 그런 경우가 있다. 얼핏 보면 사울이 다시 다윗을 공격하는 것과 그 전에 다윗이 아내들을 취한 것 사이에는 아무런 논리적 연관성이 없어 보인다. 그러나 그 둘은 원인과 결과의 관계로 묶여 있다. 그리고 우리는 바로 거기에서 우리가 이제부터 살펴볼 내용의 거룩한 의미에 대한 열쇠를 발견할 수 있다.

"사악한 자의 길은 험하니라"(잠 13:15). 이 말씀의 원리는 구속받은 사람의 경우에도 효력이 있다. 하나님의 계명을 지키는 자에게는 오는 세상에서는 물론이고 금생에서도(딤전 4:8) "상이 크다"(시 19:11). 그러나 하나님의 계명을 어기는 자에게는 분명하게 고통스러운 징계가 따른다. "그[지혜의] 길은 즐거운 길이요 그의 지름길은 다 평강이다"(잠 3:17). 그러나 지혜의 길을 떠나 자기 뜻을 추구하는 자는 그로 인한 벌을 예상해야 한다. 지금 다윗이 경험하는 일이 그러했다. 모세의 법이 결혼생활에서 간통 사건이 벌어질 때 무죄한 자가 이혼을 청구하고 다시 결혼하는 것을 허락했던 것은 사실이다. 그러나 그 법은 여러 명의 아내를 거느리는 것을 허락하는 조항을 갖고 있지 않았다. 그런데 이제 다윗이 그 죄를 지었다. 그리고 그는 그 죄 때문에 혹독하게 징계를 받았다.

하나님의 의로운 통치

아, 독자들이여, 이 진리를 가슴 깊이 새기기 바란다. 하나님은 불신자들뿐 아니라 신자들에게도 도덕적 통치를 행하신다. 또한 그분은 불신자들의 죄는 물론이고 신자들의 죄도 간과하지 않으신다. 참으로 다윗은 우리와 마찬가지로 그 어떤 선행과도 무관한 믿음을 통해 은혜로 구원을 얻었다. 그러나 그는 또한 우리만큼이나 모든 말과 행동에 있어서 거룩해질 것을 요구받고 있었다. 은혜는 거룩에 대한 요구를 밀쳐버리지 않는다. 오히려 그것은 "의로 말미암아 왕 노릇 한다"(롬 5:21). 그리고 은혜로 구원을 받은 자가 "경건하지 않은 것과 이 세상 정욕을"(딛 2:12) 거부하는 데 실패할 때, 그에게는 그를 "그의 거룩하심에 참여하게"(히 12:10) 하기 위한 하나님의 징계의 회초리가 임한다. 그리고 이것은 성부 하나님이 그분의 자녀들(children)을 다루시는 방식의 일부일 뿐 아니라, 또한 그분이 이 세상의 도덕적 지배자로서 그분의 백성들(subjects)을 다루시는 방식의 일부이기도 하다.

내가 제7장에서 주장했듯이, 다윗이 사울의 가속(家屬)으로 있으면서 고통스러운 경험을 해야 했던 것은 그가 불신앙적인 미갈과 결혼했기 때문이었다. 시련은 뜬금없이 찾아오지 않는다. 아니다, 그것은 하나님의 손으로부터 오는 것이다. 그분은 변덕스럽게 행동하시지 않는다. 오히려 그분은 의로운 통치의 원리를 따라 행하신다. 앞에서 우리는 마귀에게 사로잡힌 왕이 다윗의 목숨을 노렸을 때 하나님이 어떻게 그를 은혜롭게 보호하시고 어떻게 사울을 돌려

보내셨는지 살펴보았다. 그렇다면 이제 어째서 그분의 제어하시는 손길이 떠나고 다시 사울이 다윗의 목숨을 노리게 되었던 것일까? 다윗이 누렸던 그 짧은 휴식은 어째서 그렇게 갑자기 끝나게 되었던 것일까? 그 해답은 하나님이 다시 그의 적을 사용해 다윗이 지은 최근의 죄를 징계하고 계시다는 것이다. 이것은 다윗으로 하여금 고통스러운 경험을 통해 사악한 자의 길이 험하다는 사실을 새로이 알게 하시려는 것이었다.

"네가 나의 명령에 주의하였더라면 네 평강이 강과 같았겠고 네 공의가 바다 물결 같았을 것이며"(사 48:18). 그리스도인의 삶의 방식이 이 세상의 지배자를 기쁘게 하는지 아니면 불쾌하게 하는지에 따라 아주 많은 것이 달라진다. 그것은 하나님으로 하여금 절대적 의미에서가 아니라 영원한 의미에서 우리를 위하시게(for us) 하거나 아니면 우리를 대적하시게(against us) 하거나의 차이다. 하나님은 "전심으로 자기에게 향하는 자들을 위하여 능력을 베푸신다"(대하 16:9). "사람의 행위가 여호와를 기쁘시게 하면 그 사람의 원수라도 그와 더불어 화목하게 하신다"(잠 16:7). 그렇다면 우리는 얼마나 부지런히 우리의 마음을 지키고 우리의 발이 행할 길에 대해 생각해야 하겠는가(잠 4:23, 26)! 부주의함은 재앙을 초래하고, 불순종은 징계를 불러오고, 죄는 우리에게 좋은 것을 막아버린다(렘 5:25).

그리스도인의 죄의 형벌적이며 영원한 결과들은 그리스도의 속죄로 인해 하나님에 의해 용서된 반면, 그것의 훈육적이며 일시적인 결과들은 아직 취소되지 않았음을 아는 것은—그렇지 않다면, 성도는 병에 걸리지도 죽지도 않을 것이다—매우 중요하다. 하나님이 그분의 백성의 순종에 대해 보상하시고 그들의 불순종에 대해 징계하시면서 그들의 행위를 다루시는 것은 그분의 절대적 인격(absolute character)의 형언할 수 없는 거룩한 본성이 아닌 그분의 공무적 인격(official character)의 의로운 통치 원리에 의한 것이다. 그러므로 하나님이 마귀와 그의 하수인들을 이용해 자신의 백성을 징계하실 때, 그것은 그들을 궁극적으로 파멸시키려는 것이 아니라 그들을 일시적으로 괴롭혀 훈육하시기 위함이다. 그리고 바로 이것이 우리가 우리의 본문에서 발견하는 내용이다. 사울은 다윗의 휴식을 방해하도록 허락받았다. 하지만 그렇다고 그가 다윗의 목숨을 취하도록 허락받은 것은 아니었다. 마찬가지로, 종종 마귀는 우리를 괴롭히지만, 결코 우리를 삼키지는 못한다.

사울의 적의가 되살아나다

"십 사람이 기브아에 와서 사울에게 말하여 이르되 다윗이 광야 앞 하길라 산에 숨지 아니하였나이까 하매"(삼상 26:1). 독자들은 십 사람들이 이전에도 다윗에게 불친절하게 대했던 것을 기억할 것이다(23:19). 그렇다면 다윗이 다시 그들에게 돌아가는 것은 위험한 일이 아니었는가! 우리는 그가 이처럼 지각없이 행동하며 위험을 자초하는 것을 어떻게 설명할 것인가? 아, 내가 이 책의 제8장에서 사무엘상 21장 1절을 설명하며 지적했던 것을 떠올려 보라. 우리의 영혼이 하나님에게서 멀어지고 우리가 육체의 정욕에 빠져 그분과 우리의 교제가 깨지면, 우리의 판단력은 흐려지고, 그 결과 우리는 무분별한 행동을 하게 된다. 성경에서 경건함이 종종 "지혜로운 마음"(시 90:12)으로 불리고, 악한 자의 행실이 "어리석음"으로 불리는 데에는 그럴 만한 이유가 있는 것이다.

다윗은 아비가일과 결혼하면서 무분별하게 행동했다. 게다가 그는 또다른 여인인 아히노암을 아내로 맞으면서 심각한 죄를 지었다. 내가 다윗이 아비가일과 결혼하면서 "무분별하게 행동했다"고 말한 것은 그의 결혼 시기가 좋지 않았기 때문이다. 당시 그는 집도 없는 도망자였고, 따라서 자기 아내에게 그 어떤 아내라도 마땅히 받아야 할 돌봄과 헌신을 제공할 수 없는 형편이었다. 성경은 다음과 같이 선언한다. "천하 만사가 다 때가 있다"(전 3:1). 이 점에 관해 한 가지 지적해 두고 싶다. 내 개인적 판단으로는, 오늘날 직업도 없고 곧 직업을 얻을 가망성도 없는 젊은이들이 무분별하게 행동하는 게 아닌가 싶다. 즉 너무 성급하게 결혼을 하는 게 아닌가 싶다. 무엇보다도 그들은 인내를 통해 자신들의 영혼을 구해야 할 것이다(눅

21:19). 그리고 하나님을 시험하지 말고 보다 좋은 때가 오기를 기다려야 할 것이다.

"십 사람이 기브아에 와서 사울에게 말하여 이르되 다윗이 광야 앞 하길라 산에 숨지 아니하였나이까 하매." 만약 우리가 적진으로 들어가는 모험을 한다면, 우리는 그들에게 험한 취급을 당할 것을 예상해야 한다. 그 무렵에 십 사람들은 만약 다윗이 사울의 뒤를 이어 왕위에 오른다면 그가 자신들이 했던 배반(삼상 23:19)을 떠올리고 자기들에게 복수할 것이라고 근심하고 있었을 가능성이 크다. 만약 그렇다면 그들은 이제 다윗이 붙들려 살해되기를 전보다 더 간절히 바라고 있었을 것이다. 그러나 직접 다윗과 드잡이하는 것을 두려워했던 그들은 사울 왕에게 사람을 보내 다윗의 현재 위치에 대한 정보를 제공했다. 그 소식은 사울에게 그가 적어도 일시적으로나마 포기했던 악한 일을 다시 시작하도록 유혹했다. 악을 행하는 자들은 그런 식으로 다른 이들에게 악한 일을 하도록 부추긴다.

"사울이 일어나 십 광야에서 다윗을 찾으려고 이스라엘에서 택한 사람 삼천 명과 함께 십 광야로 내려가서"(삼상 26:2). 가련한 사울이여! 그의 선함은 허망한 구름과 같았고, 새벽이슬처럼 쉽게 사라졌다. "성별되지 않은 자들은 그들의 확신이 그들에게 남긴 좋은 인상을 얼마나 쉽게 잃어버리는가! 또 마치 개가 자신이 토한 것을 먹듯이 얼마나 쉽게 다시 악한 일로 돌아가는가!"(Matthew Henry). 오, 그리스도인들조차 하나님께 얼마나 간절히 기도해야 하는가! 그들의 내부에는 부패의 부싯깃이 아주 많이 남아 있기에, 만약 그들이 지옥 불에 살라지지 않으려면(약 3:6), 유혹의 불꽃이 자기들에게서 멀리 떨어져 있기를 바라야 한다. 하나님은 블레셋 사람들이 사울의 영토를 침범하게 하심으로써 그가 다윗을 쫓는 일을 그만두게 하셨다. 그러나 그분의 제어하시는 손길조차 사울의 내면에 아무런 변화도 가져오지 못했다. 하나님의 기름 부음 받은 자를 향한 그의 태도는 예전과 동일했다. 그리고 이제 다윗을 잡을 좋은 기회가 제기되자, 그는 기꺼이 그 기회를 활용하려 했다.

사울의 행동은 이미 잘 알려져 있는 원리에 대한 엄중한 실례를 제공한다. 그 원리란, 만약 죄가 완전히 물러나 억제되지 않는다면, 그것은 곧 그 힘을 회복할 것이고, 적절한 유혹이 제기될 경우 다시 새로운 힘으로 일어서리라는 것이다. 우리는 어떤 이들이 깊은 깨달음을 얻어 그들 내부에서 은혜의 참된 역사가 일어났음을 보여 주는 현저한 발전을 이루다가도 곧 다시 죄를 짓고 전보다 더 나쁜 상황에 빠지는 것을 얼마나 자주 목격하는가! 여기서도 마찬가지다. 십 사람들로부터 전갈을 받은 후, 사울의 마음속에서는 다시 적의와 악의가 되살아났다. 이것은 그 옛날 바로가 다시 마음이 강퍅해져서 자신의 적을 제거하려고 결심했던 것과 같다. 이런 사정은 하나님의 말씀을 통해 정신을 차리고 경각심을 갖게 된 많은 이들에게도 마찬가지다. 얼마 후 사탄과 그의 하수인들이 잦아들었던 불꽃을 다시 점화시키면, 그들의 육체의 정욕은 다시 자유롭게 움직이기 시작한다. 오, 독자들이여, 하나님이 당신의 확신을 깊게 해주시고 당신의 마음에 그분의 법을 새겨주시기를 간구하라!

신중함과 용기

"사울이 광야 앞 하길라 산 길 가에 진 치니라 다윗이 광야에 있더니 사울이 자기를 따라 광야로 들어옴을 알고 이에 다윗이 정탐꾼을 보내어 사울이 과연 이른 줄 알고"(삼상 26:3-4). "다윗은 도망치지도, 나가서 사울을 맞이하지도 않았다. 당시 그는 사울이 실제로 자기를 죽이기 위해 왔음을 분명하게 확신하고 있었다! 만약 할례 받지 않은 블레셋 사람들의 더 큰 군대가 그를 향해 왔다면, 분명히 그는 자신의 작은 무리로 그들과 맞서 싸웠을 것이고, 그 싸움의 결과를 하나님께 맡겼을 것이다. 그러나 그는 주님의 기름 부음을 받은 자와 더불어 싸우려고 하지 않았다"(Thomas Scott).

"다윗이 정탐꾼을 보내어 사울이 과연 이른 줄 알고" 다윗은 큰 무리의 군대가 자기와 자기의 사람들이 숙영하고 있는 곳으로 다가오고 있음을 알았던 것 같다. 그 다가오는 군대의 우두머리가 누구인지는 분명하지 않았지만, 다윗은 그것이 사울일 거라고 추측했던 것 같다. 그래서 그는 사실을 확인하기 위해 정탐꾼을 보냈다. 그는 아주 확실한 증거를 얻기 전까지는 왕이 다시 자신에게 그렇게 야비하게 나오리라고는 완전히 믿지 못했을 것이다. 그렇게 해서 그는 우리에게 만약 논의의 여지가 없는 증거를 통해 굳게 믿을 수 있기 전까지는 우리가 우리의 적들 중 가장 악한 자를 믿지 말아야 한다는 본보기를 제공한다.

"다윗이 일어나 사울이 진 친 곳에 이르러 사울과 넬의 아들 군사령관 아브넬이 머무는 곳을 본즉 사울이 진영 가운데에 누웠고 백성은 그를 둘러 진 쳤더라"(삼상 26:5). 다윗이 사울의 진영과 참호가 얼마나 견고한지 살피기 위해 정찰을 나갔던 것은 저녁 어스름이 내리는 때였다. 비록 그는 여호와가 자신의 보호자이심을 알고 있었지만, 여전히 자기가 스스로 경계를 늦추지 말고 자신의 안전을 위한 방법을 찾아야 한다고 생각했다. 우리는 비둘기처럼 순결하게 행동해야 하지만, 또한 뱀처럼 지혜롭게 행동하기도 해야 한다. 여기에서 다윗이 그 중요한 임무를 자기의 수하들 중 누군가에게 시키지 않고 직접 수행했던 것은 주목할 만하다. 지도자는 늘 가장 어렵고 위험한 일에서 선두에 서야 한다.

"이에 다윗이 헷 사람 아히멜렉과 스루야의 아들 요압의 아우 아비새에게 물어 이르되 누가 나와 더불어 진영에 내려가서 사울에게 이르겠느냐 하니 아비새가 이르되 내가 함께 가겠나이다"(삼상 26:6). 이제 다윗은 자기와 함께 있던 자들 중 두 명에게 누가 이 지극히 위험한 일-둘이서 삼천 명의 군사들의 주둔지 속으로 들어가는 일-에서 자기를 수행할 것인지 물었다. 다윗이 그런 계획을 세운 것은 틀림없이 성령의 지시 때문이었을 것이다. 아마도 그는 성령을 통해 하나님의 보호에 대한 확신을 얻었을 것이다. 그렇게 해서 그는 또다시 사울과 이스라엘 백성에게 자신의 무죄를 입증할 기회를 얻을 참이었다. 아히멜렉은 아마도 개종한 헷 사람이었을 것이다. 그러나 그는 그런 무거운 시험에 요구되는 이스라엘의 하나님에 대한 믿음을 갖고 있지 않았기에 뒤로 물러섰다. 그러나 다윗의 조카 아비새(대상 2:15-16)는 흔쾌히 다윗을 수행하기로 동의했다.

섭리를 가장한 유혹

"다윗과 아비새가 밤에 그 백성에게 나아가 본즉 사울이 진영 가운데 누워 자고 창은 머리 곁 땅에 꽂혀 있고 아브넬과 백성들은 그를 둘러 누웠는지라"(삼상 26:7). 다윗과 그의 하나뿐인 수행원 앞에 얼마나 놀라운 상황이 펼쳐지고 있었던가? 경호원들은 어디에 있는가? 보초들은 그들의 의무를 방기했던 것일까? 경보를 울릴 사람조차 없었다. 진영 전체가 너무 깊은 잠에 빠져 있었기에 그 두 명의 초대 받지 않은 방문객들이 그들 한 가운데서 걸어다니며 대화를 나눴음에도 아무도 일어나지 않았다. 아, 하나님은 얼마나 쉽게 적들 전체를 무력하게 만드실 수 있는가! 자연의 모든 세력들이 그분의 직접적인 통제하에 있다. 그분은 죽은 자를 잠에서 깨우실 수도 있고, 산 자를 아무도 깨울 수 없는 깊은 잠에 빠지게 하실 수도 있다. 사울과 그의 모든 군사들은 마치 쇠로 만든 족쇄에 채워진 것처럼 무력하게 잠들어 있었다.

"아비새가 다윗에게 이르되 하나님이 오늘 당신의 원수를 당신의 손에 넘기셨나이다 그러므로 청하오니 내가 창으로 그를 찔러서 단번에 땅에 꽂게 하소서 내가 그를 두 번 찌를 것이 없으리이다 하니"(삼상 26:8). 아비새는 예전에 동굴에서 있었던 사건에 비추어 볼 때(24:4-6) 다윗이 사울을 자기 손으로 죽이는 것을 꺼리리라는 것을 알았다. 하지만 그는 그가 자기 부하가 그를 죽이는 것은 허락하리라고 생각했다. 또 그는 그렇게만 한다면 자기가 일격에 그 오랜 박해자를 단번에 제거해 다윗과 그의 추종자들이 겪어 왔던 어려움과 위험을 끝낼 수 있으리라고 생각했다. 더 나아가 그는 하나님의 섭리로 인해 사울이 또다시 자기들의 수중에 떨어진 것은 바로 그런 목적 때문이라고 생각했다. 이것은 우리가 격분한 적의 분노에 맞서 확고한 입장을 유지하는 것보다 열정적이지만 영적이지 못한 친구들의 지나침을 억제하는 것이 얼마나 어려운지 또 그런 일에 얼마나 많은 거룩한 결단이 요구되는지 보여 주는 한 예다.

다윗 앞에는 강력한 유혹이 놓여 있었다. 만약 그들의 입장이 역전되었더라면, 사울은 다윗 죽이기를 머뭇거렸을까? 분명히 그렇지 않았을 것이다. 그렇다면 어째서 다윗이 그런 감정에 휩쓸려야 하는가? 더구나 지금의 상황은 하나님이 바로 그 목적 때문에 상황을 그렇게 만드신 것처럼 보이지 않는가? 전에 그에게 주어졌던 기회는 이번 경우만큼 유혹적이지는 않았다. 그때 사울은 우연히 동굴 속으로 들어왔을 뿐이지만, 지금은 아주 특별한 일이 벌어지고 있었다―사울의 진영 전체가 초자연적인 힘에 의해 깊은 잠에 빠져 있는 것이다. 게다가 그의 수행원은 그에게 지금 그의 손으로 문제를 해결하는 것이야말로 하나님의 뜻이라고 설득하고 있다. 그러나 이때조차 다윗은 왕에 대한 충성을 포기하려고 하지 않았다. 우선 그는 아비새에게 하나님이 성별하신 사람을 치는 것은 죄라고 말했다(9절). 왜냐하면 사울은 하나님에 의해 임명되었고 그의 직책을 위해 기름 부음을 받았기 때문이다. 다음으로 그는 그런 일은 불필요하다고 선언했다. 왜냐하면 조만간 하나님이 그를 치실 것이기 때문이다(10절). 그는 여호와께서 얼마 전에 나발을 치셨던 것을 기억하며 자신을 위한 복수를 하나님께 맡겼다.

"다윗이 사울의 머리 곁에서 창과 물병을 가지고 떠나가되 아무도 보거나 눈치 채지 못하고 깨어 있는 사람도 없었으니 이는 여호와께서 그들을 깊이 잠들게 하셨으므로 그들이 다 잠들어 있었기 때문이었더라"(삼상 26:12). 여기에서 우리는 하나님을 신뢰함으로써 자신의 적들에게 놀라운 인내를 보이셨던 그리스도(벧전 2:23)의 예표로서의 다윗을 발견한다. 다윗이 그 일을 처리하며 취한 절차는 사울에게 자기가 그를 살해할 수 있었음을 분명하게 보여 주기 위한 효과적인 방법이었다. 또 그것은 사울에게 여호와께서 그를 버리셨고 이제 그분이 다윗을 보호하고 계심을 보여 주는 분명한 증거였다! "우리가 경솔하게 자신의 안전을 확신하며 경계를 늦출 때, 우리는 그런 식으로 우리의 힘과 위로를 잃어버린다"(Matthew Henry). 사울이 그의 창과 물병을 잃어버린 것에는 이런 실제적인 교훈이 들어 있다.

21

사울과의 마지막 대화

사무엘상 26장

"다윗의 삶에서 그의 인내심이 사울과의 마지막 대면 때보다 더 두드러지게 드러난 때는 없었다. 사울은 다시 한 번 다윗의 수중에 떨어졌다. 그러나 다윗은 다시 한 번 그 기회를 이용하는 것을 거부했다. 그는 하나님이 승인하시지 않은 방법으로 자기를 구해내려고 하지 않았고, 여호와의 기름 부음 받은 자를 치려고 하지도 않았다. 그러니 사울의 입술에서 다윗의 탁월함에 대한 인정과 그 자신의 죄에 대한 고백이 나오지 않을 수 없었다"(B. W. Newton).

앞 장에서 우리는 다윗과 그의 유일한 수행원이 사울 왕의 진영으로 들어가 그의 창과 물병을 손에 넣은 것을 살펴보았다. 목적을 달성한 다윗은 잠에 취한 적들로부터 물러나왔다. 자기가 그들 가운데로 들어갔다 왔음을 보여 주는 아주 분명한 증거물을 손에 쥔 그는 그들에게 어떤 일이 일어났는지 알리기로 했다. 그는 자신의 행동에 대해 부끄러울 것이 없었다ㅡ우리의 행동이 순수할 때 우리는 사람들이 우리의 행동에 대해 아는 것을 염려하지 않는다. 이제 다윗은 큰 소리로 말하면 서로 들을 수 있지만 적들이 그를 쉽게 붙잡을 수는 없는 거리에 있었다. "이에 다윗이 건너편으로 가서 멀리 산 꼭대기에 서니 거리가 멀더라"(삼상 26:13). 그곳은 분명히 "하길라 산"(3절)을 마주보는 어느 고지대였을 것이다. 그리고 그 두 곳 사이에는 넓은 골짜기가 있었을 것이다.

아브넬에 대한 비난

"다윗이 백성과 넬의 아들 아브넬을 대하여 외쳐 이르되 아브넬아 너는 대답하지 아니하느냐 하니"(삼상 26:14a). 이제 다윗은 잠들어 있는 적진을 향해 크게 소리를 질렀다. 특히 그는 사울의 군대장관이었던 아브넬을 향해 말했다. 분명히 그는 아브넬이 완전히 잠에서 깨기까지 여러 번 소리를 쳤어야 했을 것이다. "아브넬이 대답하여 이르되 왕을 부르는 너는 누구냐 하더라"(14b절). 아마도 그것은 분노와 조롱이 모두 섞인 말, 즉 그토록 무례하게 휴식을 방해받은 것에 대한 짜증과 그 말을 하는 사람의 목소리를 깨닫고 느끼는 경멸감이 뒤섞인 말이었을 것이다. 아브넬은 다윗과 그의 사람들을 아주 가볍게 여겼기에 자기가 직접 깨어 있거나 진영 주변에 보초를 세울 생각조차 하지 않았다. 그가 한 질문의 요지는, "네까짓 게 무엇이기에 이스라엘의 군주를 향해 소리를 치느냐!" 하는 것이었다. 하나님의 종들은 이 세상의 높은 자리에 앉은 사람들이 자기들을 관심거리로조차 여기지 않는 것을 이상하게 여기지 말아야 한다.

"다윗이 아브넬에게 이르되 네가 용사가 아니냐 이스라엘 가운데에 너 같은 자가 누구냐 그러한데 네가 어찌하여 네 주 왕을 보호하지 아니하느냐 백성 가운데 한 사람이 네 주 왕을 죽이려고 들어갔었느니라"(삼상 26:15). 다윗은 그의 말에 위협을 받지 않았다. "악인은 쫓아오는 자가 없어도 도망하나 의인은 사자 같이 담대하다"(잠 28:1). 하나님에 대한 경외감이 우리의 마음을 지배할 때, 우리는 사람들에게서 위협을 느끼지 않는다. 아그립바 왕 앞에 선 바울이, 보름스 의회 앞에 선 루터가, 피의 메리 여왕(the bloody Queen Mary) 앞에 선 존 낙스가 그랬다. 독자들이여, 만약 당신이 땅의 벌레들을 두려워한다면, 그것은 당신이 하나님 앞에서 두려워 떨지 않기 때문이다. 다윗은 아브넬이 범죄나 다름없을 만큼 그의 직무를 게을리 한 것을 담대하게 비난했다. 첫째, 그는 아브넬에게 그가 "용사"임을 상기시켰다. 그것은 그가 공직을 맡은 사람이었고, 따라서 왕의 신변을 보호할 책임이 있는 자라는 의미였다. 둘째, 그는 아브넬이 차지하고 있는 높은 지위에 비추어 그를 조롱했다. 셋째, 그는 아브넬에게 비난받아야 마땅한 그의 부주의함 때문에 지난밤에 왕의 목숨이 위험에 처했음을 알려 주었다. 이것은 아브넬에게 아주 치욕적인 말이 되었을 것이다.

"네가 행한 이 일이 옳지 못하도다 여호와께서 살아 계심을 두고 맹세하노니 여호와의 기름 부음 받은 너희 주를 보호하지 아니하였으니 너희는 마땅히 죽을 자이니라"(삼상 26:16a). 군법대로라면, 아브넬과 그의 부하들은 목숨을 잃어야 했다. 다윗이 여기에서 한 개인으로서가 아니라 하나님의 종과 대변인으로서 사울의 장군을 향해 말하고 있는 것에 주목할 필요가 있다. 이것은 "여호와께서 살아 계심을 두고 맹세하노니"라는 그의 말을 통해 분명하게 드러난다. "이제 왕의 창과 왕의 머리 곁에 있던 물병이 어디 있나 보라 하니"(16b절). 다윗은 계속해서 그를 조롱했다. 그의 말의 요점은, "누가 정말 왕의 친구냐 — 그를 방치해 위험에 노출시킨 너냐, 아니면 그가 내 수중에 떨어졌음에도 그를 살려 준 나냐? 너는 사울을 부추겨 나를 해하려 하고 있고, 마치 내가 살아 있어서는 안 되는 사람인 양 나를 추격하고 있다. 그러나 정말로 죽어야 할 자가 누구냐?" 하는 것이었다. 아브넬은 제 꾀에 제가 넘어간 경우가 되었음에 틀림없었다.

사울을 향한 항변

"사울이 다윗의 음성을 알아 듣고 이르되 내 아들 다윗아 이것이 네 음성이냐 하는지라"(삼상 26:17a). 왕은 아브넬을 비난하고 있는 자의 음성을 즉시 알아차렸고, 그를 향해 진심어린 우정을 느끼며 말을 건넸다. 여기에서 우리는 가련하게 타락한 인간의 불안전성과 변덕스러움에 대한 또 하나의 예를 보게 된다. 사울은 어제는 다윗의 목숨을 노렸으나, 오늘은 애정을 갖고 그를 향해 말하고 있다! 우리가 그런 피조물을 어떻게 의지할 수 있겠는가? 그러므로 우리는 "나 여호와는 변하지 아니하나니"(말 3:6)라고 선언하시는 분을 더욱 더 숭배하고 사모해야 마땅하다. "다윗이 이르되 내 주 왕이여 내 음성이니이다 하고"(17b절). 다윗의 이 말은 아주 아름답다. 다윗은 사울의 변덕스럽고 쉽게 배반하는 인품을 존경할 수는 없었지만, 여전히 그의 직무를 존경했고, 그가 갖고 있는 왕위에 대해 합당한 예를 표했다. 다윗은 사울의 왕위를 인정했을 뿐 아니라, 또한 그가 자신의 주군임을 시인했다. 이것은 사울에게 자신이 그가 생각하는 반역적인 폭도가 아니라는 사실을 다른 말로 분명하게 드러내는 것이었다.

"또 이르되 내 주는 어찌하여 주의 종을 쫓으시나이까 내가 무엇을 하였으며 내 손에 무슨 악이 있나이까"(삼상 26:18). 다시 한 번(삼상

24:11 참고) 다윗은 왕에게 차분하게 항의했다. "당신이 이토록 내 피에 굶주리는 까닭이 무엇입니까?" 그가 그렇게 물었던 데에는 다음과 같은 타당한 이유들이 있었다. 첫째, 다윗은 그의 적이 아니라 "종"이었고 왕실의 이익을 위해 일할 준비가 되어 있었다. 그렇기에 사울이 기꺼이 자신의 명령을 따르고 자기의 나라를 위해 일하고자 하는 사람을 박해하는 것은 그 자신의 유익에도 반하는 것이었다. 그동안 하나님의 종들을 몰아세웠던 다른 통치자들 역시 동일하게 불합리하고 어리석은 자들이었다. 그리스도의 참된 사역자들보다 통치자들에게 충성하면서 그들의 힘을 진정으로 강화시키는 자들은 없다. 그러므로 그런 사역자들에게 반대하는 자들은 그들 자신에게 주어진 은총을 저버리는 것이나 다름없다.

둘째, 사울이 다윗을 추격하는 것은 그를 그의 주인과 그에게 합당한 일로부터 몰아내는 것이었고, 또 존경을 갖고서 자기를 따르고자 하는 사람을 도망치게 하는 것이었다. 오, 죄의 과도함이여! 그것은 단지 불합리하고 불공정할 뿐 아니라(그렇기에 "불법"이라고 불린다), 또한 그 본성과 결과에 있어서 잔인하다.

셋째, 그는 "내가 무엇을 하였으며 내 손에 무슨 악이 있나이까?" 하고 물었다. 이것은 깨끗한 양심을 가진 사람 그리고 오직 그런 사람만이 묻기를 두려워하지 않는 질문이다. 사울이 다윗에게서 그 어떤 비난할 만한 죄도 발견할 수 없었음에도 그를 범죄자처럼 박해했던 것은 그의 사악함의 극치를 보여 준다. 그러나 여기에서 다윗이 이런 정직한 질문들을 통해 자신의 적들을 향해 "너희 중에 누가 나를 죄로 책잡겠느냐"(요 8:46), 또 "내가 말을 잘못하였으면 그 잘못한 것을 증언하라 바른 말을 하였으면 네가 어찌하여 나를 치느냐"(요 18:23) 하고 도전하셨던 분을 예표하고 있음에 주목하자.

다윗이 두려워했던 것

"원하건대 내 주 왕은 이제 종의 말을 들으소서 만일 왕을 충동시켜 나를 해하려 하는 이가 여호와시면 여호와께서는 제물을 받으시기를 원하나이다마는"(삼상 26:19a). 다윗은 잠시 말을 멈추고 사울이 자신의 엄중한 질문에 대해 답하기를 기다렸던 것 같다. 그러나 아무 대답도 듣지 못하자 그는 계속해서 말을 이었다. 다윗은 이제 왕이 자신에게 그토록 무정하게 행동했던 까닭에 대해 두 가지 가능한 설명을 제시했다. 첫째로, 그것은 여호와께서 그를 사용해 그분의 종인 자신이 저지른 어떤 잘못을 타당하게 징계하시는 것일 수 있었다. 다윗의 마음에 우선 떠올랐던 것이 바로 그런 하나님의 입장이었다. "만일 왕을 충동시켜 나를 해하려 하는 이가 여호와시면." 이것은 성도의 양심이 늘 신경을 써야 하는 측면이다. 왜냐하면 "주께서 인생으로 고생하게 하시며 근심하게 하심은 본심이 아니시고"(애

3:33), 대개 우리가 그분께 우리에게 회초리를 사용하실 기회를 드리기 때문이다. 그러나 만약 우리가 우리 자신을 보다 엄격하게 심판한다면(고전 11:31), 하나님은 이런 기회의 대부분을 사용하시지 않는다. 그러므로 우리가 늘 욥과 더불어 "나를 정죄하지 마시옵고 무슨 까닭으로 나와 더불어 변론하시는지 내게 알게 하옵소서"(욥 10:2) 하고 말하는 것은 적절한 일이다.

만약 주님이 우리에게 그 어떤 죄에 대해서라도 유죄 판결을 내리신다면, 우리는 기꺼이 그분께 제물을 드리도록 하자. 다윗은 하나님과 평화를 이루기 위해 죄에 요구되는 제물을 바치려 했다. 그리스도인들에게 이것은 우리가 하나님 앞에서 겸손히 자신을 낮추며 회개하고, 죄를 자복하고, 그 죄에 대한 용서를 얻기 위해 새롭게 그리스도의 보혈에 탄원하는 것을 의미한다. 그러나 둘째로, 만약 그것이 하나님이 다윗을 징계하기 위해 사울을 사용하시는 경우가 아니라면(실제로 그러했다), 그리고 만약 그것이 악한 사람들이 사울을 부추겨 그토록 폭력적인 방법을 사용하게 했던 것이라면, 하나님의 복수가 그들에게 분명하게 임할 것이고, 그들은 하나님 앞에서 저주를 받을 것이다. 이 경우에 다윗이 보여 준 온유함에 주목하는 것은 복되다. 그는 왕을 비난하거나 그의 악함을 그 자신이 악한 탓으로 돌리지 않고, 오히려 그의 악한 행위에 대해 모든 가능한 변명거리를 만들어내고 있다.

"만일 사람들이면 그들이 여호와 앞에 저주를 받으오니 이는 그들이 이르기를 너는 가서 다른 신들을 섬기라 하고 오늘 나를 쫓아내어 여호와의 기업에 참여하지 못하게 함이니이다"(삼상 26:19b). 다윗에게는 바로 그것이, 즉 사울의 신하로서의 명예로운 지위를 빼앗기는 것이나 고향에서 쫓겨나는 것이 아니라 가나안에서 추방되고 은혜의 공적 수단으로부터 차단되는 것이 가장 고통스러운 일이었다. 당시 그는 더이상 성막에서 예배할 수 없었고, 광야와 산으로 쫓겨 다녀야 했다. 그리고 이제 곧 그는 거룩한 땅을 떠나야 할 처지였다. 다윗의 적들은 그들의 행위를 통해 결과적으로 그에게 다음과 같이 말하고 있는 셈이었다. "너는 가서 다른 신들이나 섬기라." 그들은 다윗이 온갖 유혹에 휩싸이게 될 외국으로 그를 내몰고 있었던 것이다. 다윗이 가장 괴로워했던 것이 이제 자기가 단지 낯선 자들일 뿐 아니라 우상숭배자들인 사람들 사이에서 살아야 한다는 사실이었음을 아는 것은 복되다.

아, 이런 상황에서 다윗이 사울과 아브넬과 그의 동료들이 고백하는 신앙을 완전히 혐오하지 않을 수 있었던 것은 오직 그의 마음 안에서 역사하셨던 하나님의 충분한 은혜 때문이었다. 그 은혜가 없었다면, 다윗은 다음과 같이 말했을 것이다. "이런 자들이 이스라엘 사람이라면, 나는 차라리 블레셋 사람이 되어 블레셋 사람으로 죽겠다!" 그렇다, 그리고 아마도 이 장을 읽는 독자들 중 많은 이들 역시 그와 비슷한 상황을 겪었을 것이다. 우리는 이 세상 사람들에게서 불친절하고 불공정하고 반역적이고 악의에 찬 대접을 받을 것을 예상한다. 그러나 만약 그런 일이 그리스도 안에서 우리와 더불어 참된 형제와 자매가 된 자들로부터 온다면, 그때 우리는 뿌리까지 흔들리게 될 것이고, 만약 우리 안에서 역사하시는 성령의 강력한 권능이 없다면, 다음과 같이 말하게 될 것이다. "만약 이런 것이 기독교라면, 나는 더이상 그것과 상관하지 않겠다!" 그러나 하나님의 이름을 찬양하라, 그분의 은혜는 충분하다!

"그런즉 청하건대 여호와 앞에서 먼 이 곳에서 이제 나의 피가 땅에 흐르지 말게 하옵소서 이는 산에서 메추라기를 사냥하는 자와 같이 이스라엘 왕이 한 벼룩을 수색하러 나오셨음이니이다"(삼상 26:20). 이 말로써 다윗은 사울에 대한 자신의 말을 마쳤다. 첫째, 그는 만약 사울이 자기의 피를 흘린다면 그 피는 여호와 앞에서 흘리는 피가 될 것이고, 따라서 그분은 그를 무죄하다고 여기지 않으시리라고 엄중하게 경고했다. 둘째, 그는 이스라엘의 군주가 이새의 아들 - 여기서 그는 자신을 하찮고 무가치한 "벼룩"에 비기고 있다 - 을 뒤쫓는 것은 그의 위엄에 어울리지 않는다고 주장했다. 셋째, 그는 당시 자신의 상황을 사람들에게 공격을 당할 경우 저항하기는 커녕 겨우 도망이나 치는 하찮고 무해한 "메추라기"에 비기면서 - 실제로 당시 다윗의 처지가 그러했다 - 왕의 양심에 호소했다. 이제

이 모든 말들이 왕에게 끼친 결과에 대해 살펴보자.

사울의 한탄

"사울이 이르되 내가 범죄하였도다 내 아들 다윗아 돌아오라 네가 오늘 내 생명을 귀하게 여겼은즉 내가 다시는 너를 해하려 하지 아니하리라 내가 어리석은 일을 하였으니 대단히 잘못되었도다 하는지라"(삼상 26:21). 이런 고백은 그 가련한 왕이 이전에 시인했던 것 이상이었다. 그러나 그가 지금도 여전히 자신의 악함에 대한 올바른 의식이나 그로 인한 참된 회개의 마음을 갖고 있지 않다는 사실은 두려워할 만한 일이다. 오히려 이것은 유다가 자책하며 했던 말, 즉 "내가 무죄한 피를 팔고 죄를 범하였도다"(마 27:4)는 말과 아주 비슷하다. 사울의 이 말은 자신의 삶이 실패했음을 너무 늦게 깨달은 사람의 쓰라린 한탄이었다. 그는 자신이 다윗을 그토록 무자비하게 박해함으로써 죄를 지었음을 시인했다. 이어서 그는 자기가 더이상 그에게 해를 끼치지 않을 것이라고 확언하면서 다윗에게 돌아오라고 간청했다. 그러나 그는 자신의 약속이 믿을 만한 것이 될 수 없음을 알아야 했다. 그는 다윗의 관대함이 자신의 마음을 녹였음을 암시했다. 이것은 가장 나쁜 사람일지라도 하나님의 사람의 선한 행위를 인정할 수 있음을 보여 준다.

"내가 어리석은 일을 하였으니 대단히 잘못되었도다." 오, 하나님의 마음에 합한 자와 대적하고, 자기의 아들을 멀리하고, 이스라엘을 고통스럽게 하고, 자기 자신에게 광기와 슬픔을 초래했던 그는 과연 얼마나 "어리석었는가!" 또 자신의 궁정에서 자신의 가장 좋은 친구가 될 수 있었던 자를 쫓아내고, 앞선 경우를 통해 교훈을 얻기를 거부하고(삼상 24), 지존자와 맞서 헛된 싸움을 했던 그는 과연 얼마나 "잘못하였는가!" 아직 신앙을 갖지 못한 독자들이여, 내가 여기서 이 말을 다시 강조하는 것을 참아주기 바란다. "내가 어리석은 일을 하였으니 대단히 잘못되었도다." 아, 이것은 망한 자가 지옥에서 울부짖는 소리다. 비록 그가 그동안 자기가 자신에게 주어졌던 기회를 조롱하고 자기의 영혼이 누릴 수 있는 영원한 유익을 무시하고 계속해서 죄 속에서 살아왔던 것이 얼마나 어리석은 짓이었는지 깨달을지라도, 이제는 너무 늦은 것이다. 비록 그가 그동안 자기가 하나님의 요구를 무시하고 그분의 거룩한 안식일을 더럽히고 그분의 말씀을 회피하고 그분의 아들을 조롱했던 것이 얼마나 잘못된 일이었는지 깨달을지라도, 이제는 너무 늦은 것이다. 아, 이것이 당신의 부르짖음이 되어야 하겠는가?

사울과의 이별

"다윗이 대답하여 이르되 왕은 창을 보소서 한 소년을 보내어 가져가게 하소서"(삼상 26:22). 이것은 다윗이 왕의 말을 어떻게 평가하고 있는지 보여 준다. 그는 왕의 말을 따라 집으로 돌아가기는커녕 그를 믿으려 하거나 자신이 직접 그에게 창을 돌려주려고도 하지 않았다. 그런 사람들에게서 좋은 감동은 곧 사라진다. 우리는 빛에 맞서서 오랫동안 죄를 지은 사람이 하는 좋은 말이나 그럴듯한 고백을 확신해서는 안 된다. 그런 사람들은 야고보서 1장 23-24절에서 언급되는 사람들과 비슷하다. 그들은 말씀을 듣되 행하지 않고, "거울로 자기의 생긴 얼굴을 보는 사람과 같아서 제 자신을 보고 가서 그 모습이 어떠했는지를 곧 잊어버린다." 사울이 그러했다. 지금 그는 자기가 죄를 지었고, 어리석었으며, 대단히 잘못했다고 말했다. 그러나 이런 고백은 그로 하여금 엔돌에 있는 신접한 여인을 찾아가는 일을 그만두게 하지 못했다(삼상 28:3-14 참고).

"여호와께서 사람에게 그의 공의와 신실을 따라 갚으시리니 이는 여호와께서 오늘 왕을 내 손에 넘기셨으되 나는 손을 들어 여호와의 기름 부음을 받은 자 치기를 원하지 아니하였음이니이다"(삼상 26:23). 이 말은 아주 엄중하다. 이제 다윗은 하나님을 향해 그분이 자기와 사울 사이에서 벌어진 분쟁의 재판관, 즉 각 사람에게 정확하게 그가 행한 대로 보응하시는 분이 되어 주시기를 호소했다. 그 문제에 관한 한 다윗의 양심은 아주 깨끗했다. 그렇기에 그는 의로우신 분께 그 문제를 판결해 달라고 요청하는 데 주저할 이유가 없었다.

우리 역시 그와 같이 할 수 있다면, 그것은 우리에게 좋은 일이다. 마지막으로, 이 구절은 사실상의 기도였다. 다윗은 자기가 사울에게 보인 자비를 따라서 하나님의 보호하심을 요청했던 것이다.

"오늘 왕의 생명을 내가 중히 여긴 것 같이 내 생명을 여호와께서 중히 여기셔서 모든 환난에서 나를 구하여 내시기를 바라나이다 하니라"(삼상 26:24). 다윗이 사울이 했던 말에 직접 대답하지 않은 것과, 그의 말이 왕의 약속에 대한 불신을 분명하게 드러내고 있는 것은 주목할 만하다. 그는 "오늘 왕의 생명을 내가 중히 여긴 것 같이 내 생명을 왕께서 중히 여기셔서"라고 말하지 않고, "내 생명을 여호와께서 중히 여기셔서"라고 말한다. 그의 믿음은 오직 여호와에 대한 믿음이었다. 그리고 이것은, 비록 앞으로 더한 시련이 자기를 기다리고 있을지라도, 자기가 여호와의 능력과 선하심을 의지해 그런 시련들을 안전하게 통과하리라는 믿음이었다.

"사울이 다윗에게 이르되 내 아들 다윗아 네게 복이 있을지로다 네가 큰 일을 행하겠고 반드시 승리를 얻으리라 하니라"(삼상 26:25a). 그것이 사울이 다윗에게 한 마지막 말이었다. 인내를 갖고서 하나님을 믿었던 다윗은 그의 적까지도 크게 설복해 그의 입술에서 자신을 향한 축복을 이끌어냈다. 사울은 다윗 앞에 영광스러운 미래가 놓여 있음을 시인했다. 스스로 자기를 낮추는 자는 높아질 것이다. 사울은 다윗이 하나님께 은혜를 입었음을 분명하게 확신하고 있었다. 그럼에도 그런 확신은 어떤 식으로도 그 자신의 타락을 막지 못했다. 회개로 이어지지 않는 확신은 정죄를 증대시킬 뿐이다. "다윗은 자기 길로 가고 사울은 자기 곳으로 돌아가니라"(25b절). 그렇게 그들은 헤어졌고, 이 세상에서는 다시 만나지 못했다. 사울은 그의 무서운 운명을 향해 나아갔고, 다윗은 하나님이 그를 왕위에 올려 주실 때를 기다렸다.

제3부

유다 지파의 왕

22

불신앙

사무엘상 27장

사울이 떠난 후(삼상 26:25) 다윗은 자기가 처한 상황에 대해 곰곰이 생각했다. 그러나 안타깝게도 그는 하나님에 대해서는 고려하지 않았다. 지루하고 힘든 상황이 지속될 때, 특히 겉보기에 모든 일이 자신에게 불리하게 전개되는 듯 보일 때, 우리는 불신앙에 빠질 심각한 위험에 직면한다. 그때 우리는 우리가 받았던 은혜를 잊고 최악의 상황에 대해 두려워하기 시작한다. 그리고 우리의 믿음이 비틀거리고, 우리의 순종이 흔들리고, 우리가 자기 입장에서만 생각할 때, 우리는 점점 더 큰 어려움에 빠지게 된다. 그것은 지금 우리가 살펴보고 있는 사람의 파란만장한 삶에서도 마찬가지였다. 다윗이 자신이 여전히 처해 있는 상황에 대해 생각하고 사울의 변덕과 배신을 떠올렸을 때, 그는 앞이 캄캄해졌다. 왕의 질투심을 잘 알고 있고, 하나님이 자기를 그토록 아끼시기에 왕이 지금 자기를 더욱 악한 눈으로 바라보고 있다고 추론했던 다윗은 최악의 상황이 두려워졌다.

"믿는 자가 승리를 얻는 순간은 특별히 위험한 순간이기도 하다. 성공으로 인해 자기에 대한 확신이 생길 수 있다. 겸손을 통해 얻은 명예로부터 교만이 생길 수 있다. 만약 신실한 신자가 승리를 얻은 후 여전히 자신이 위험과 슬픔의 한 가운데 처해 있음을 발견한다면, 그 승리의 시간은 과도한 의기소침과 슬픔으로 가득 찬 낙담의 시간으로 이어질 수 있다. 다윗이 그랬다. 그는 위대한 도덕적 승리를 거뒀지만, 그의 상황은 아무것도 변하지 않았다. 사울은 여전히 이스라엘의 왕이었고, 자신은 여전히 박해받는 도망자에 불과했다. 그는 전에 자신이 사울의 목숨을 보존해 준 이후 긴 슬픔의 날들이 이어졌던 것처럼 아마도 이제 또다시 비슷한 고통이 한없이 이어지리라고 예상했던 것 같다. 그리고 그런 어두운 전망 때문에 그는 풀이 죽었다"(B. W. Newton).

사무엘상 26장 마지막 구절에서 발견되는 내용과 그 다음 장 첫 번째 구절에 기록된 내용 사이의 심각한 차이에 주목하라. 하나님의 신실하심과 선하심에 대해 의문을 갖는 것은, 비록 그것을 아주 사소한 죄로 여기는 사람들이 있을지라도, 두려워할 만한 사악한 죄다. 사실 그리스도인들의 의심과 두려움을 영적 경험에서의 큰 진전의 열매와 증거로 여기며 칭송하는 사람들이 있다. 그러나 오늘날 주님과 그분의 성도들의 영혼 모두에 대해 불성실한 자세를 지닌 채 이런 문제와 관련해 불신앙에 빠진 사람들을 토닥거리고 부추기는 사람들을 보는 것은 참으로 슬픈 일이다. 나는 하나님의 양떼 중 연약한 자들을 징계하는 것을 옹호할 마음은 없지만, 그들의 죄는 마땅히 비난받아야 한다. 신자들로 하여금 자신들의 실패를 동정하고 하나님의 사랑어린 친절을 의심하는 것이 가증스러운 죄임을 부정하도록 부추기는 그 어떤 가르침도 크게 비난받아야 한다.

불신앙의 원인

"다윗이 그 마음에 생각하기를 내가 후일에는 사울의 손에 붙잡히리니 블레셋 사람들의 땅으로 피하여 들어가는 것이 좋으리로다" (삼상 27:1). "사울이 몰락하고 다윗이 구함을 받을 시간이 가까이 와 있었다. 이제 주님이 개입하셔서 자신의 신실한 종을 그 길고 심한 고통에서 구해내실 참이었다. 그가 사울에게서 받는 시련의 거의 마지막 순간이 다가와 있었던 것이다. 그러나 바로 그 순간에 그는 실패했다. '인내를 온전히 이루는 것' [약 1:4]은 그만큼 어려운 일이다. 다윗은 방금 전에 '내 생명을 여호와께서 중히 여기셔서 모든 환난에서 나를 구하여 내시기를 바라나이다' [26:24] 하고 말한 바 있다. 그것은 하나님에 대한 강하고도 신실한 믿음의 표현이었다. 그러나 종종 입술의 표현뿐 아니라 마음의 감정까지도 우리의 실제적인 영적 상태보다 크게 보일 수 있다. 그러므로 종종 어떤 강한 표현들을 사용하는 사람들은 하나님에 의해 특별한 시험에 처하게 된다. 이것은 만약 그들 안에 어떤 약함이 있을 경우 그것을 드러내려는 것이고, 그로 인해 아무 육체도 하나님 앞에서 자랑하지 못하게 하기 위함이다"(B. W. Newton).

"다윗이 그 마음에 생각하기를 내가 후일에는 사울의 손에 붙잡히리니." 그런 결론은 분명히 잘못이었다. 그런 결론을 뒷받침할 아무런 증거도 없었다. 그는 전에도 위험한 상황에 처했지만 하나님은 결코 그를 버리지 않으셨다. 그의 시련은 많고도 다양했지만 하나님은 늘 그에게 "피할 길"(고전 10:13)을 마련해 주셨다. 그러므로 그런 결론은 증거에 반하는 것이었다. 언젠가 그는 "주의 종이 사자와 곰도 쳤은즉 살아 계시는 하나님의 군대를 모욕한 이 할례 받지 않은 블레셋 사람이리이까 그가 그 짐승의 하나와 같이 되리이다"(삼상 17:36) 하고 말한 적도 있었다. 그렇다면 어째서 그는 지금도 그렇게 생각하면서 다음과 같이 말하지 못하는 것인가? "주의 종이 골리앗을 죽이고 미친 사람이 던진 창에서도 목숨을 건지고 도엑의 악한 계략에서도 빠져나왔은즉 사울의 손을 피하지 못하겠나이까!" 더 나아가 다윗의 성급한 결론은 그에게 주어졌던 약속에도 반하는 것이었다. 사무엘이 그의 머리에 기름을 부은 것은 그가 이스라엘의 왕이 되리라는 하나님의 약속의 징표였다(삼상 16:1-13). 그렇다면 그런 그가 어떻게 사울에게 죽임을 당할 수 있겠는가?

우리는 다윗의 불신앙을 어떻게 설명할 수 있을까? "첫째, 그는 인간이었다. 인간 중 가장 훌륭한 자조차 기껏해야 인간일 뿐이다. 그리고 가장 훌륭한 인간이라도 다윗과 더불어 '사람이 무엇이기에' [시 8:4; 144:3]라고 말할 수밖에 없는 피조물에 불과하다. … 만약 우리의 믿음이 불신앙에 굴복한다면, 우리는 어떤 신자를 반신반인 [半神半人]의 자리에 올려놓고 그를 죽을 인간 이상의 존재로 여기고자 하는 유혹을 받게 될 수 있다. 우리는 믿음이 충만한 사람이라도 여전히 인간임을 알아야 하고, 우리의 연약함을 자랑할 줄 알아야 한다. 왜냐하면 그로 인해 하나님의 능력이 더욱 분명하게 드러나기 때문이다. 그러므로 하나님은 인간의 연약함이 드러나는 것을 기뻐하신다. 아, 이전의 승리를 이룬 주체는 다윗이 아니라 다윗 안에 있던 하나님의 은혜였다. 그리고 이제 일순간 그 은혜가 제거되자 이스라엘의 투사가 어찌되었는지 보라!

"둘째, 다윗은 아주 오랫동안 시련에 노출되어 있었다. 일주일 정도가 아니라 여러 달 동안 시련을 겪었다. 그는 산 위에서 메추라기처럼 쫓겼다. 사람이 어떤 시련을 잠깐 견딜 수는 있으나 여러 가지 시련들이 계속되는 것을 견디기는 지극히 어렵다. 다윗의 시련이 그러했다. 그는 늘 안전했지만 늘 괴로웠다. 그는 늘 하나님의 보호를 받았지만 늘 적에게 쫓겼다. 그는 아무곳에서도 안전하지 않았다. 그가 그일라로 가면 그곳 주민들이 그를 사울에게 넘겼다. 그가 십 광야 수풀로 들어가면 십 사람들이 그를 배반했다. 그가 하나님의 제사장에게 갈지라도, 거기에 도엑이라는 개가 있어 사울에게 가서 제사장을 고발했다. 심지어 엔게디나 아둘람 같은 곳에서도 그는 안전하지 않았다. 좋다, 하나님 안에서는 안전했다. 그러나 적에게는 늘 쫓겨야 했다. 그 정도면 현명한 사람이라도 미치게 만들고 신실한 사람이라도 의심을 품게 하기에 충분했다. 다윗을 너무 거세게 비난하지 말라. 당신 자신을 비난하는 것만큼만 비난하라.

"셋째, 다윗은 강렬한 정신적 흥분을 경험한 상태였다. 불과 하루 이틀 전에 그는 아비새와 함께 야음을 틈타 사울과 그의 무리가 잠들어 있는 진영 속으로 들어갔다 나왔다. 그들 두 사람은 일반 병사들이 누워 있는 외곽 진영을 은밀하게 지나쳐 수많은 군사들의 우두머리들이 잠들어 있는 곳에 이르렀다. 그리고 아무도 깨우지 않은 채 그들의 잠든 몸뚱어리들을 넘어가 사울이 잠들어 있는 곳에 도착했다. 거기에서 다윗은 사울을 살해하려는 아비새의 손을 막아야 했고, 그렇게 해서 예전처럼 치명적인 유혹을 이겨낼 수 있었다. 형제들이여, 사람은 하나님의 도우심을 통해 이런 큰일들을 해낼 수 있다. 그러나 당신은 그런 큰 흥분 뒤에는 반작용이 나타나는 것이 자연의 법칙이라는 것도 알 것이다! 엘리야가 그랬다. 그는 바알 선지자들에게 승리를 거둔 후 이세벨을 피해 도망쳤고, '내 생명을 거두시옵소서'[왕상 19:4] 하고 말했다.

"그러나 또다른 이유가 있었다. 그리고 우리는 그로 인해 다윗을 무죄라고 주장할 수 없다. 그는 죄를 지었다. 그리고 그것은 단순히 인간적인 연약함 때문이 아니라 그의 마음의 악함으로 인한 것이었다. 내 생각에 다윗은 기도를 억제했던 것으로 보인다. 당신은 다윗이 전에 그가 행했던 다른 모든 일들에서 여호와의 조언을 구했다는 암시를 발견할 수 있다. … 그러나 이번에 그는 자기의 문제를 누구와 상의했는가? 어째서 그는 그가 경험할 수 있었던 가장 기만적인 일을 자기 혼자 판단했던 것인가? … 기도를 억제함으로써 그는 바보 같은 행동을 하고 말았다. 그는 자신의 하나님을 잊은 채 자신의 적만 바라보았다. 그리고 그가 그 잔인한 군주의 강력한 힘과 그의 완고한 박해에 대해 생각하다가 '내가 후일에는 사울의 손에 붙잡히리니' 하고 말했던 것은 놀랄 일도 아니다. 형제 자매들이여, 당신은 불신앙의 알[卵]이 전갈이 되어 부화할 때까지 그것을 품고 있으려 하는가? 그렇게 하려면 기도를 억제하라! 악이 중대되고 은혜가 소멸되는 것을 보고자 하는가? 당신의 고난이 일곱

배로 증대되고 당신의 믿음이 그와 비례해서 소멸하는 것을 보고자 하는가? 그렇게 하려면 기도를 억제하라!"(C. H. Spurgeon).

"후일에는 사울의 손에 붙잡히리니." 아, 이것은 사탄에게 시달리고 있는 수많은 성도들의 탄식이 아닌가! 그는 자신의 내면을 살피고는 하나님이 자기를 위해 행하신 일을 바라본다. 그는 회심 전에는 갖고 있지 않았던 갈망과 영감을 갖고 있다. 그는 자신이 한때 미워했던 것을 사랑한다. 그는 자기 안에서 저절로는 가능할 수 없는 급격한 변화가 일어났음을 깨닫는다. 그의 영혼은 자기 앞에 있는 소망으로 인해 기뻐한다. 그러나 또한 그는 자기 안에서 아주 많은 부패를 발견한다. 그는 자기 안에서 부패를 돕고 부추기는 아주 많은 약함들을 발견한다. 그는 자기를 기다리고 있는 여러 가지 유혹과 힘거운 시련들을 발견한다. 그리고 그의 마음은 차갑게 식어버린다. 의심과 의문들이 그의 마음을 어지럽힌다. 그는 발을 헛딛고 결국 크게 넘어진다. 그때 사탄이 그의 귀에다 소리친다. "이제 하나님이 너를 버렸다." 그리고 이제 그는 완전히 절망에 빠진다.

불신앙의 결과

"다윗이 일어나 함께 있는 사람 육백 명과 더불어 가드 왕 마옥의 아들 아기스에게로 건너가니라"(삼상 27:2). 시련의 압박을 받는 사람이 가장 바라는 것은 그 시련에서 구조되는 것이다. 그리고 그의 마음이 하나님께 머물러 있지 않을 경우, 그는 자기 손으로 문제를 해결하려는 심각한 위험에 빠지게 된다. 다윗의 경우가 그랬다. 자신의 생각에 의지하고 보이고 들리는 것에만 사로잡혀 있던 다윗은 이제 자기 힘으로 상황을 돌파하려 했다. 그리고 여호와께서 그에게 명령하셨던 것(삼상 22:5)과 완전히 반대 방향으로 나아갔다. 앞에서 하나님은 그에게 모압을 떠나 유대로 돌아가라고 하셨고, 실제로 그곳에서 그를 놀랍게 보호해 주셨다. 이것은 우리에게 우리 중 최상의 존재라도 얼마나 연약한지, 또 성령에 의해 새로워지지 않는다면 우리가 받은 은혜가 얼마나 쉽게 소멸되는지 설명해 준다!

우리는 이 구절(2절)에서 다윗의 불신앙의 악한 결과를 보게 된다. "첫째, 불신앙은 그가 어리석은 일을 하도록 만들었다. 그 일이란 그가 전에 이미 그것에 대해 후회를 해야 했던 일이었다. 불에 덴 아이는 항상 불을 두려워한다. 그러나 불신앙에 빠진 사람은 다시 그 불 속으로 손을 집어넣는다. 다윗은 다시 한 번 가드 왕 아기스에게 갔다. 전에 블레셋 사람들은 그를 알아보았다. 그것을 크게 두려워했던 다윗은 그들 앞에서 미친 체 했으나, 그들은 결국 그를 내쫓았다(삼상 21:10-15). 그런데 그런 그가 이제 다시 아기스에게 간 것이다! 그렇다, 형제들이여, 이것을 명심하라! 비록 우리가 죄의 비통함에 대해 알고 있을지라도, 만약 우리가 여전히 불신앙에 빠져 있다면, 우리는 다시 동일한 죄를 짓게 될 것이다. 그동안 우리는 '아니다, 결코 그렇지 않다, 나는 그것이 얼마나 무서운 일인지 경험을 통해 알고 있다'라고 말해 왔다. 그러나 우리의 그런 경험은, 만약 우리가 은혜로 인해 지속적으로 제어되지 않는다면, 쓰레기에 불과하다. 만약 우리의 믿음이 실패한다면, 그것과 더불어 다른 모든 것이 실패한다. 그리고 설령 우리가 백발을 자랑하는 신앙인이라고 할지라도, 만약 하나님이 우리를 떠나신다면, 우리는 어린 소년만큼이나 어리석은 자가 될 것이다.

"둘째, 그는 여호와의 적들의 편이 되었다. 이런 사실을 믿을 수 있는가? 골리앗을 죽인 그가 골리앗의 조국에서 피난처를 찾고 있는 것이다. 전에 블레셋 사람들을 쳤던 자가 이제 그들을 의지하고 있는 것이다. 전에 이스라엘의 투사였던 자가 이제 아기스의 시종이 된 것이다. 아기스가 다음과 같이 말했으니 말이다. '그러면 내가 너를 영원히 내 머리 지키는 자를 삼으리라' [삼상 28:2]. 그렇게 해서 다윗은 블레셋 왕의 경호대장이 되었고, 하나님의 백성 이스라엘의 적이었던 자의 목숨을 지키는 일을 도왔다. 아, 만약 우리가 하나님을 의심한다면, 우리는 곧 하나님의 적들 중 하나가 될 것이다. 우리는 하나님의 적들 편에 속하는 모순에 빠질 것이고, 사람들은 우리를 향해 '이 히브리 사람들이 여기서 뭘 하고 있는 거지?' [삼상 29:3 참고] 하고 말할 것이다. 성경은 다음과 같이 말씀한다. '나의 의인은 믿음으로 말미암아 살리라, 또한 뒤로 물러가면 내 마음이 그를 기뻐하지 아니하리라 하셨느니라' [히 10:38]. 이 두 문장이 합쳐져 있는 것은, 우리의 신앙의 실패는 분명히 죄로 이어진다는 것을 보여 주기 위함이다.

"셋째, 이제 그는 보다 악한 죄를 지어야 할 상황에 처했다. 즉 그는 공공연히 여호와의 백성들과 맞서 싸워야 할 참이었다. 다윗이 아기스의 친구가 된 후, 아기스는 이스라엘과 전쟁을 하러 나가면서 다윗을 향해 말했다. '너는 밝히 알라 너와 네 사람들이 나와 함께 나가서 군대에 참가할 것이니라' [삼상 28:1]. 그리고 다윗은 그렇게 하겠다고 공언했다. 나는 그것이 거짓말이었으리라고 믿는다. 그러나 나는 그가 한 거짓말로 인해 그를 비난한다. 하나님이 개입하셔서 그가 이스라엘과 싸우는 것을 막으셨던 것은 사실이다. 그러나 그것이 우리가 다윗을 용납할 이유가 될 수는 없다. 형제들이여, 만약 우리가 어떤 죄를 지으려 하고 있다면, 설령 우리가 실제로 그 죄를 짓지는 않더라도, 우리에게는 그 죄에 대한 책임이 있다. 다윗의 죄의 결과는 그가 큰 시련에 빠지는 것이었다."(C. H. Spurgeon).

오, 독자들이여, 이 모든 것은 우리의 마음에 얼마나 엄중한 경고가 되는가! 이것은 우리에게 불신앙에 빠진 자의 사악함과 악한 뿌리가 낳는 무서운 열매들을 얼마나 잘 보여 주는가! 사실 다윗은 사울을 신뢰해야 할 아무런 이유가 없었다. 그러나 그는 계속해서 하나님을 신뢰해야 할 충분한 이유를 갖고 있었다. 그러나, 아, 불신앙은 우리를 아주 쉽게 괴롭힐 수 있는 다른 모든 것들의 원인이다. 그것은 우리의 본성에 내재되어 있기에 그것을 우리의 노력으로 제거하는 것은 우리의 얼굴 모양을 뜯어고치는 것보다도 더 어렵다. 그러므로 우리는 매일 다음과 같이 부르짖을 필요가 있다. "내가 믿나이다 나의 믿음 없는 것을 도와 주소서"(막 9:24). 그러므로 우리는 다윗 안에서 우리 자신과 우리의 헛됨을 발견하자. 오, 그리고 우리는 자신이 최고의 상태에 있을 때라도 자신을 믿거나 하나님을 불신해서는 안 된다는 것을 분명히 깨달아야 한다.

표면과 이면

"다윗이 일어나 함께 있는 사람 육백 명과 더불어 가드 왕 마옥의 아들 아기스에게로 건너가니라"(삼상 27:2). 여기에서 우리는 다윗이 단지 자신의 의무를 저버렸을 뿐 아니라, 하나님의 적들의 이익에 동참하고 있는 것을 발견하게 된다. 우리는 결코 이런 일을 해서는 안 된다. 심지어 자기를 보호하거나 가족을 돌보기 위해서라도 그렇게 해서는 안 된다. 누군가 말했듯이, "어떤 의미에서 시련의 장소를 벗어나는 것은 아주 쉬운 일이다. 그러나 그것은 또한 축복의 장소를 벗어나는 것일 수도 있다." 늘 그런 것은 아니지만 하나님의 자녀들의 상황이 대체로 그렇다. 우리의 시련이 아무리 심할지라도, 우리의 상황이 아무리 힘들지라도, 혹은 우리의 곤경이 아무리 심각할지라도, "여호와 앞에 잠잠하고 참고 기다리라"(시 37:7). 그것이야말로 주님을 높이는 길일 뿐 아니라, 또한 우리가 스스로 자신을 구하기 위해 애쓸 때 발생하는 보다 큰 혼란과 문제들을 면하는 길이기도 하다.

"다윗과 그의 사람들이 저마다 가족을 거느리고 가드에서 아기스와 동거하였는데"(삼상 27:3a). 이번에 다윗이 가드로 들어가는 상황은 예진의 상황(삼상 21:10-15)과는 분명하게 달랐다. 그때 다윗은 비밀리에 들어갔으나, 이번에는 공개적으로 들어갔다. 그때 그는 무명의 인물이었으나, 이번에는 잘 알려진 이스라엘 왕의 적으로서 들어갔다. 그때는 혼자 들어갔으나, 이번에는 육백여 명의 사람들과 함께였다. 그때는 그리로 쫓겨 갔으나, 이번에는 아마도 초청을 받아서였을 것이다. 분명히 그는 친절하게 영접을 받았을 것이다. 아마도 그것은 가드 왕이 그를 자기에게 유리하게 이용하려는 속셈 때문이었을 것이다. 그는 다윗을 이스라엘과 맞서게 할 수도 있었고, 그와 유리한 관계를 확보함으로써 훗날 그가 왕위에 오를 경우에 대비할 수도 있었을 것이다. 그렇게 해서 다윗의 계획은 겉보기에 성공을 거둔 것 같았다. 적어도 그는 아주 안전한 거주지를 얻었다. 하나님의 섭리가 그에게 미소를 짓는 듯 보였다. 그리고 기름 부음을 받은 눈이 아니고서는 상황을 달리 보아야 할 이유가 없었다.

"다윗이 그의 두 아내 이스르엘 여자 아히노암과 나발의 아내였던 갈멜 여자 아비가일과 함께 하였더니"(삼상 27:3b). 아, 여기에서 성령께서 우리에게 다윗의 안타까운 실패를 설명해 줄 열쇠를 제공해 주시지 않는가? 여호와의 심기를 불편하게 만들었던 것은 다윗의 "두 아내"였다! 나는 앞 장의 제목을 "다윗의 징계"라고 붙였다. 그리고 사무엘상 25장 마지막 구절과 사무엘상 26장에 기록된 내용 —사울이 다시 다윗을 공격하는 것—사이의 연관성에 대해 지적했었다. 하나님의 그 "징계"가 지금도 계속되고 있다. 그리고 영적인 눈을 가진 사람은 다양한 일들 속에서 그런 사실을 발견할 수 있다.

이 장에서 나는 불신앙의 무서움과 그로 인한 악한 열매를 보여 주고자 했다. 또한 가장 강한 그리스도인들이 지닌 은혜라도, 만약 그것이 성령에 의해 갱신되지 않는다면, 얼마나 빨리 약한 것이 될 수 있는지 보여 주고자 했다. 이제 하나님이 이 문제와 관련해 변덕스럽게 행동하시지 않는다는 사실에 주목하자. 만약 우리에게 주어진 은혜가 갱신되지 않는다면, 그것에 대한 잘못은 우리에게 있다. 여기에서 우리는 결과를 통해 원인을 살피는 작업을 통해 다음과 같은 몇 가지 중요한 교훈들을 배울 수 있었다. 첫째, 다윗은 여호와의 적들에게서 피난처를 구함으로써 심각한 죄를 지었다. 둘째, 그는 하나님의 인도하심을 구하지 않은 채 그들에게 갔다. 셋째, 그는 자신의 생각에 의지했고, 가드로 가는 것이 최선이라고 판단했다. 넷째, 그가 그렇게 된 것은 불신앙에 빠졌기 때문이었다. 다섯째, 그가 불신앙에 빠진 것은 그의 믿음이 하나님에 의해 새로워지지 않았고, 그가 기도를 억눌렀기 때문이었다. 여섯째, 그의 믿음이 새로워지지 않은 것은 성령께서 그의 죄에 대해 슬퍼하셨기 때문이다! 이 여섯 가지 요점을 거꾸로 다시 읽어보라!

23

시글락에 머묾

사무엘상 27장

성경의 인물들에 대한 성령의 묘사와 세상 사람들의 전기(傳記)에 나오는 인물 묘사 사이에는 중요한 차이가 있다. 전자는 그 인물들의 실패와 좌절을 충실하게 그리면서 그들이 참으로 "우리와 성정이 같은"(약 5:17) 사람들임을 보여 준다. 반면에 후자는, 아주 드물게 예외적인 경우가 있기는 하지만, 그 주인공들의 훌륭하고 호감이 가는 측면들만 기록하면서 그들이 인간이라기보다는 천사에 가까운 존재라는 인상을 심어준다. 그러므로 우리는 전기들을 인색하게 읽을 필요가 있다. 특히 현대의 전기들은 거기에서 거론되지 않은 수많은 행간(行間)들이 있음을 기억하면서 적절하게 조심하며 읽을 필요가 있다. 그래야 우리가 어느 그리스도인의 삶에 대해 그릇된 평가를 내리거나 자신에 대한 절망에 빠지지 않을 수 있다. 그러나 하나님은 성경의 인물들을 실제와 진실의 색깔로 그려내신다. 그리고 그렇기에 우리는 "사람의 얼굴이 물에 비치듯이, 사람의 마음도 사람을 드러내 보인다"(잠 27:19, 표준새번역)는 것을 알게 된다.

설교자와 청중 모두는 방금 지적한 내용의 실제적 중요성 — 그것은 우리가 성경을 읽고 묵상할 때 가장 먼저 그리고 가장 중요하게 탐구해야 할 요소다 — 을 감안해 기독교적 경험에 대해 일방적인 개념을 갖지 말아야 한다. 세상을 살아가는 성도는 무죄한 존재가 아니다. 그러나 다른 한편으로 죄는 성도를 완전히 지배하지 못한다. 성도 안에 "육"과 "영"이 모두 존재하기에 그는 "실수가 많다"(약 3:2). 그러나 그는 많은 일에서 하나님을 기쁘게 해드리기도 한다. 비록 그리스도인은 "옛 사람"이 하나님 앞에서 사법적으로 이미 죽은 것으로 여겨야 하지만(롬 6:11), 그 옛 사람은 여전히 살아 있을 뿐 아니라 계속해서 활동 중에 있다. 그리고 그 옛 사람은, 비록 하나님의 은혜가 그것이 아주 악한 모습을 하고서 터져 나오는 것을 억누를지라도, 우리의 내적 존재를 훼손하고 하나님과 사람을 향한 우리의 최선의 노력들을 더럽힌다(롬 7:14-25). 그럼에도 "새 사람" 또한 우리 안에서 하나님께 영광 돌리는 일들을 이루면서 활동하고 있다.

기독교적 경험의 이중성

우리가 기독교적 경험의 한 가지 측면에만 관심을 집중하고 다른 측면을 무시하는 위험에 빠지는 것은 그 경험이 갖고 있는 이런 이중성 때문이다. 염세적 성향을 지닌 자들은 기독교적 경험의 어두운 측면에만 너무 골몰한다. 그런 이들은 시편의 마지막 부분들과 빌립보서 같은 책들을 무시하고 욥기나 예레미야 애가 같은 책들을 읽는 데 너무 많은 시간을 쓰지 않도록 조심할 필요가 있다. 과거에 어떤 이들은 인간의 타락과 그것이 성도 안에서 행하는 무서운 일들에만 배타적으로 관심을 두면서 우리 안에 존재하는 죄로 인해 지속적으로 신음하고 그것의 활동에 대해 슬퍼하는 것만이 높은 영적 경험의 징표라는 생각을 퍼뜨렸다. 그런 이들은 슬플 때만 행복할 수 있었다. 나는 그런 가르침에 강하게 영향을 받은 이들에게 요한복음 14-17장을 자주 읽고 그 각각의 구절들을 그들의 기도와 찬양의 제목으로 삼을 것을 권한다.

반면에 낙천적인 기질과 낙관적인 성향을 지닌 자들은 성경의 선한 약속들을 이용해 성경의 명령들을 무시하지 않도록 조심할 필요가 있다. 또한 그들은 경박함과 피상성에 맞서기 위해 애쓰고, 생래적으로 주어진 풍성한 정신적 요소들을 영적 기쁨의 지속적이고 깊은 흐름과 혼동하지 않도록 조심해야 한다. 늘 그리스도인으로서의 자신의 신분과 특권과 축복에 대해서만 생각할 뿐 자신의 실제 상태와 의무와 실패들을 무시하는 것은 교만과 자기의(自己義)를 낳을 수 있다. 그런 이들은 기도하는 마음으로 로마서 7장, 히브리서 12장 전반부, 그리고 베드로전서 중 많은 부분을 깊이 묵상할 필요가 있다. 우리가 하나님 앞에서 무릎을 꿇기 위해서는 자신의 죄로 물든 자아와 그로 인한 모든 비참한 실패에 충분히 주목해야 한다. 우리가 우리의 자아를 넘어서고 우리의 영혼을 감사로 채우려면 그리스도와 그분의 위대한 구원에 대해 숙고해야 한다.

내가 이런 생각을 하게 된 것은 우리가 이제부터 살펴볼 다윗의 삶의 한 시기에 있었던 사건 때문이다. 그것에 대해 신중하게 생각하면 할수록, 우리는 성도의 경험 혹은 삶에 대해 잘못된 개념을 갖는 오류에서 벗어날 수 있을 것이다. 내가 다윗의 삶의 이 안타까운 실패에 주목하는 것은 우리 자신의 잘못에 대해 변명하기 위해서가 아니라, 오히려 이것을 통해 그 동일한 악한 본성이 우리 안에도 존재하며 또 우리 안에서 동일하게 악한 일을 낳고 있음을 깨달아 스스로 겸손해지기 위해서다. 그 시편 기자가 그렇게 행동한 것에 대해 놀라는 이들은 자신들의 마음이 갖고 있는 역병(疫病)에 대해 애처로울 만큼 무지하고, 거룩하신 분에게 다윗의 죄가 혐오스러웠던 것만큼이나 아니 그 이상으로 혐오스러운 자신들의 죄악에 대해 눈이 멀어 있는 것이 분명하다.

앞 장에서 우리는 불신앙과 두려움이 다윗을 사로잡았고 그로 인해 그가 "내가 후일에는 사울의 손에 붙잡히리니 블레셋 사람들의 땅으로 피하여 들어가는 것이 좋으리로다"(삼상 27:1) 하고 말했던 것을 살펴보았다. 그러나 불과 얼마 전에 그 동일한 사람은 다음과 같이 말한 적이 있었다. "군대가 나를 대적하여 진 칠지라도 내 마음이 두렵지 아니하며 전쟁이 일어나 나를 치려할지라도 나는 여전히 태연하리로다"(시 27:3). 그렇다, 우리들 역시 하나님과 긴밀하게 교제하고 믿음의 돛을 활짝 펴서 성령의 순풍을 가득 맞고 있을 때 그와 동일하게 말하거나 느끼지 않았던가? 아, 그러나, 설령 상황이 그랬을지라도, 어떤 새로운 시련이 닥쳐오면, 우리의 그런 확신은 곧 시들어버리고 결국에는 자취도 없이 사라지지 않았던가? 우리는 이런 가슴 아픈 실패를 통해 우리 자신의 모습을 좀더 분명하게 보아야 하며, 주님 앞에서 좀더 참되게 자기를 낮추고 겸손한 자세를 취해야 한다! 또한 과거에 우리의 입술에서 나왔던 헛된 고백들로 인해 우리 자신을 좀더 크게 비난해야 한다!

앞에서 나는 "시련의 압박을 받는 사람이 가장 바라는 것은 그 시련에서 구조되는 것이다"라고 지적했다. 아마도 독자들은 물을 것이다. "그러나 그것이 자연스러운 것 아닌가?" 그렇다, 그러나 과연 그것을 영적인 것이라고 할 수 있을까? 다른 모든 것에서도 그렇지만 시련에 처했을 때 우리가 무엇보다 바라야 할 것은 하나님께 영광을 돌리는 것이어야 한다. 그리고 우리는 "불 속에서라도 여호와를 영화롭게"(사 24:15, glorify ye the LORD in the fires, KJV-역주) 하기 위해 간절히 은혜를 구해야 한다.

우리가 다음으로 관심을 가져야 할 것은 우리의 영혼이 그 고통스러운 경험을 통해 유익을 얻는 것이다. 그리고 이를 위해 우리는 주님께서 그런 고통이 우리에게 지속적인 선이 되게 해주시기를 간구해야 한다. 그러나, 아, 불신앙이 우리를 지배할 때 우리는 하나님을 잊고서 우리 자신의 상황과 거기에서 빠져나오는 일에만 정신을 판다. 또 우리는, 만약 하나님의 은혜가 개입하지 않는다면, 잘못된 상태로부터 영적이지 않은 방법으로 구조되기를 바란다. 여기에서 다윗이 그렇게 했다. 그와 그의 사람들은 가드 왕 아기스에게로 건너갔다(삼상 27:2).

불안한 동거

"다윗과 그의 사람들이 저마다 가족을 거느리고 가드에서 아기스와 동거하였는데"(삼상 27:3a). 이 구절에 따르면, 블레셋 왕 아기스는 다윗과 그의 사람들이 자기 영토로 들어오는 것에 반대하지 않았던 것 같다. 오히려 그는 다윗을 친절하고 호의적으로 맞이했던 것으로 보인다. 그러므로 당장의 상황에 비추어 본다면-적어도 그는 안전한 거처를 얻었다 - 다윗의 인간적인 계획은 실제적 성공을 거두고, 하나님의 섭리가 그를 향해 미소 짓고 있는 듯 보였다. 그렇다, 우리가 자기 손으로 문제를 해결하려고 할 때 종종 그렇게 보이는 때가 있다. 인간적으로 추론한다면, 그가 한 일의 결과가 그가 한 일의 옳음을 증명하는 듯 보인다. 아, 그러나 곧 그는 상황이 그렇지 않음을 발견하게 된다. 한 번의 잘못된 발걸음은 또다른 잘못된 발걸음으로 이어진다. 어떤 이가 한번 거짓말을 한 후 그것을 은폐하기 위해 또다른 거짓말을 해야 하듯 말이다. 지금 다윗의 상황이 그랬다. 그는 나쁜 상황에서 더 나쁜 상황으로 옮겨갔던 것이다.

"다윗이 가드에 도망한 것을 어떤 사람이 사울에게 전하매 사울이 다시는 그를 수색하지 아니하니라"(삼상 27:4). 이 구절 역시 다윗이 현명하게 행동했고 하나님이 그의 인간적인 계획에 은혜를 베푸셨다는 생각을 지지하는 듯 보인다. 왜냐하면 이제 그의 가족과 그의 사람들은 무서운 적의 추격에서 벗어나 안전하게 쉴 수 있게 되었기 때문이다. 그러나 그리스도인은 모든 일이 순조롭게 진행되거나 적이 자신을 괴롭히는 일을 그칠 때 혹시 자신에게 무언가 잘못되어 가고 있는 것은 아닌지 의심해 보아야 하고 혹시 그런 것이 있다면 하나님께 그것이 무엇인지 알려달라고 간구해야 한다. 사울이 적대 행위를 그친 것은 그의 인격에 어떤 진전이 있었기 때문이 아니라, 그가 감히 다윗이 있는 곳까지 쳐들어갈 수가 없었기 때문이다. "그렇게 해서 많은 이들이 그들의 죄에서 떠나는 듯 보인다. 하지만 실제로 죄는 그들을 떠나지 않는다. 죄는 할 수 있는 한 그들 안에서 존속할 것이다"(Matthew Henry).

"다윗이 아기스에게 이르되 바라건대 내가 당신께 은혜를 입었다면 지방 성읍 가운데 한 곳을 내게 주어 내가 살게 하소서 당신의 종이 어찌 당신과 함께 왕도에 살리이까 하니"(삼상 27:5). 다윗은 경험을 통해 왕과 그의 총신들이 얼마나 질투심이 강한지 알고 있었고, 자신이 아기스의 신하들의 질투를 피하려면 왕과 너무 가까이 있거나 왕에게 너무 많은 총애를 받는 것은 좋지 않다고 생각했다. 어쩌면 왕도에 만연한 우상숭배와 부패가 다윗으로 하여금 자기 가족과 자신의 사람들을 그곳으로부터 데리고 나갈 마음을 품게 했을 수도 있다. 그러나 이후의 결과에 비추어 본다면, 그가 왕에게 이런 요청을 했던 주된 동기는 가드 왕이 알아차리지 못하게 하면서 이스라엘의 적들을 습격할 보다 좋은 기회를 얻고자 함이었던 것 같다. 여기에서 우리에게 주어지는 실제적인 교훈은 다음과 같다. 즉 우리가 하나님이 정해 주신 길을 버릴 때, 우리는 반드시 분주하고 불만족한 영에게 사로잡힌다는 것이다.

다윗은 아기스에게 매우 정중하게 자기의 요구 사항을 제시했다. "지방 성읍 가운데 한 곳을 내게 주어 내가 살게 하소서." 거기에서 그들은 보다 많은 사생활과 그 땅의 우상숭배로부터의 자유를 얻을 수 있을 것이다. 사실 다윗의 사람들 6백 명과 그들의 가족들이 왕도에서 산다면, 그들은 그 도시를 붐비게 할 것이고, 결과적으로 그 도시에 큰 짐이 될 수 있었다. 또 그럴 경우 아기스의 백성들은 자신들의 지위와 체면과 관련해 늘 다윗을 경쟁자로 여길 수도 있었다. 그러나 아무리 그럴지라도, 하나님의 기름 부음을 받은 자가 자신을 아기스의 "종"이라고 지칭했을 때(5절), 그는 도대체 얼마나 낮은 수준으로 내려갔던 것인가! 다윗이 할례 받지 못한 자에게 자신을 위해 거처를 선택해 줄 것을 부탁했을 때, 그는 주님과의 교제로부터 얼마나 멀어졌던 것인가! 하나님의 자녀는 "주께 속한 자유인"(고전 7:22)이다. 그렇다, 그러나 그 지위를 실제로 유지하려면, 그는 그분에 대한 믿음과 순종 안에서 살아가야 한다. 그렇지 않는다면, 그는 다윗이 그랬던 것처럼 피조물에게 예속될 것이다.

"아기스가 그날에 시글락을 그에게 주었으므로"(삼상 27:6a). 원래 그 도시는 유다 지파에게 주어졌다가(수 15:31), 나중에 시므온 지파에게 주어졌다(19:5). 그러나 그들 중 아무도 그것을 실제로 소유하지는 못했고, 다윗이 그것을 얻을 때까지 블레셋 사람들의 수중에 남아 있었다. "시글락이 오늘까지 유다 왕에게 속하니라"(삼상 27:6b). 이제 곧 이스라엘의 왕이 될 다윗에게 주어진 그 땅은 이후 왕실 소유자가 되어 유다 왕들의 재산의 일부가 되었다. 그렇게 해서 그 땅은 하나님의 섭리하에서 다윗의 일시적인 소유물로서가 아니라 그의 후손들을 위한 영구적인 재산으로서 이스라엘로 넘어오게 되었다. 주님이 역사하시는 방법은 참으로 오묘하다.

"다윗이 블레셋 사람들의 지방에 산 날 수는 일 년 사 개월이었더라"(삼상 27:7). "그러나 자기의 뜻이나 불순종을 통해 얻은 휴식은 하나님을 경외하고 그분을 섬기기를 사랑하는 자들의 마음에는 평안이 되지 못한다. 다윗은 자기가 버리고 온 이스라엘 사람들이 하나님의 백성이라는 사실과 자기가 결탁하고 있는 블레셋 사람들이 하나님의 적이라는 사실을 잊을 수 없었다. 그는 자신과 하나님 그리고 자신과 그분의 백성들 사이의 특별한 관계를 결코 잊을 수 없었다. 왜냐하면 그는 사무엘이 자기에게 기름을 부어 이스라엘의 왕을 삼았던 것과, 사울조차 자기를 이스라엘의 예정된 왕으로 여기며 축복했던 것을 잊을 수 없었기 때문이다. 그러므로 이런 상태에서 그의 양심이 편할 리 없었다. 그가 시글락에서 누리는 안정과 휴식은 그에게 그런 상태의 온당치 않음에 대해 더욱 민감해지게 했을 뿐이다"(B. W. Newton).

아말렉에 대한 공격

"다윗과 그의 사람들이 올라가서 그술 사람과 기르스 사람과 아말렉 사람을 침노하였으니 그들은 옛적부터 술과 애굽 땅으로 지나가는 지방의 주민이라"(삼상 27:8). "하나님의 종들의 양심이 그들에게 그들의 현재 상황이 잘못되었다고 말할 때, 그들이 쓰는 계략들 중 하나는 종종 새롭게 힘을 내서 어떤 옳은 목적을 달성하는 것이다. 마치 방향을 제대로 잡고 성공적으로 힘을 쓴다면 자기들이 저지른 악을 보상할 수 있고 자신들의 불안한 마음을 누그러뜨릴 수 있기라도 하는 것처럼 말이다. 시글락에서 자기 힘으로 얻은 휴식을 누리던 다윗은 그 휴식을 포기하고 새롭게 힘을 내서 하나님과 그분의 백성의 적들을 치기로 작정했다. 가까운 곳에 아말렉 사람들이 있었다. 아말렉 사람들은 여호와께서 자신이 그들과 영원토록 싸우겠다고 선언하셨던 자들이었다. 그래서 다윗은 그들과 싸웠고, 승리를 거뒀다"(B. W. Newton).

다윗과 그의 사람들이 침공했던 자들은 가나안에 거주하던 원주민들 중 일부였다. 그들은 사울의 칼을 피해 보다 먼 지역으로 달아난 자들이었다. 그들에 대한 다윗의 공격은 잔인한 행동이 아니었다. 왜냐하면 그 백성들은 이미 오래 전에 하나님으로부터 파멸을 선고받은 상태였기 때문이다(출 17:14). 그러나, 아무리 그들이 여호와와 그분의 백성들의 공인된 적이라고 할지라도, 다윗이 그들을 공격한 것은 시기가 적절하지 않았다. 그리고 그가 그들을 공격했던 주된 목적은 아마도 자기 병사들을 위한 식량과 전리품을 얻기 위함이었을 가능성이 크다. "이런 성공보다 더 완벽한 것은 있을 수 없었다. '다윗이 그 땅을 쳐서 남녀를 살려두지 아니하고 양과 소와 나귀와 낙타와 의복을 빼앗아 가지고 돌아와'[삼상 27:9]. 다윗은 전리품들로 풍족해졌다. 그리고 그 전리품은 여호와의 적들을 처부수고 얻은 것이었다. 그러니 그 어떤 성공이 이보다 더 클 수 있겠는가? 그 무엇이 이보다 더 직접 하나님으로부터 온 것처럼 보일 수 있겠는가?"(B. W. Newton).

우리가 유념해야 할 엄중한 경고는 본문 8-9절에 기록되어 있다. 즉 어떤 행위의 옳고 그름을 그 행위의 성공 여부를 기준 삼아 판단하지 말라는 것이다. 오늘날 이 원리는 명백하게 무시되고 있다. 오늘날 어떤 행위가 성경적으로 적합한지 부적합한지에 관심을 두는 그리스도인은 거의 없다. 그 행위가 굉장한 결과를 낳기만 한다면, 아무것도 문제가 되지 않는다. 오늘날 여러 가지 세상적인 술책들이 교회 안으로 유입되고 있다. 복음 전도자들이 인간적이고 고압적인 방법들을 택하고 있다. 사람들을 모으고, 젊은이들을 사로잡고, 회심을 이끌어낼 수만 있다면, 즉 목적만 좋다면, 어떤 수단이든 상관없다는 주장이 난무하고 있다. 오늘날 대다수의 사람들은 영혼을 구원할 수만 있다면 거의 무엇에든지 눈짓을 할 준비가 되어 있다. 그들은 자기들이 얻은 "하나님의 축복"(?)이야말로 자신들에게 큰 잘못이 없음을 보여 주는 분명한 증거라고 여긴다. 아마도 모세가 하나님께 불순종하며 분노에 차서 내리친 바위에서 생수가 솟아올랐을 때 이스라엘 백성들이 그렇게 추론했을 것이다. 아말렉 사람들을 쳐서 성공을 거둔 다윗 역시 그렇게 결론을 내렸을 것이다! 무언가를 가시적인 결과를 기준 삼아 판단하는 것은 보이는 것을 따라 사는 것이다. 모든 것을 성경을 기준 삼아 판단하고 성경과 어긋나는 모든 것을 거부하는 것이야말로 믿음을 따라 사는 것이다.

어리석음과 거짓말

"다윗이 그 땅을 쳐서 남녀를 살려두지 아니하고 양과 소와 나귀와 낙타와 의복을 빼앗아 가지고 돌아와 아기스에게 이르매"(삼상 27:9). 이 구절의 마지막 말에 주목하라. 우리는 아기스야말로 이때 다윗이 보고 싶어 할 마지막 사람이라고 생각할 것이다. 다윗의 입장에서는 조용히 시글락으로 돌아가는 편이 훨씬 더 신중한 처사였으리라. 그러나, 내가 앞 장에서 지적했듯이, 성도가 하나님과의 교제에서 멀어지고 불신앙에 사로잡히면, 그는 더이상 상식의 명령을 따라 행동하지 않는다. 그 사실에 대한 놀랍고도 엄중한 실례가 지금 우리 앞에 놓여 있다. 오, 우리 모두 이것을 마음에 새기기를! 신앙과 지혜는 서로 분리될 수 없을 만큼 연결되어 있다. 불신자의 마음에서는, 즉 하나님의 은혜에 사로잡히지 않은 마음에서는 어리석은 것만 나올 뿐이다.

"아기스가 이르되 너희가 오늘은 누구를 침노하였느냐 하니"(삼상 27:10a). 의심할 바 없이 가드 왕 아기스는 다윗과 그의 사람들이 그렇게 많은 전리품을 갖고 돌아오는 것을 보고 깜짝 놀랐을 것이다. 사실 그는 그렇게 놀랄 만한 이유를 갖고 있었다. 그래서 그는 그들이 누구를 침략했는지 물었다. 이에 대한 다윗의 답변을 듣는 것은 참으로 슬픈 일이다. "다윗이 이르되 유다 네겝과 여라무엘 사람의 네겝과 겐 사람의 네겝이니이다 하였더라"(10b절). 이것은 터무니없는 거짓말은 아니었지만, 그럼에도 남을 속이려는 의도를 지닌 모호한 말이었다. 따라서 그것은 옹호될 수 없는 말이었고, 우리가 따라 해서도 안 되는 말이었다. 다윗은 아기스가 진실을 아는 것을 바라지 않았다. 지금 그는 예전처럼 미친 사람 흉내를 내지는 않았다. 그러나 그는 스스로 택한 보호처를 잃게 되지나 않을까 두려워해 왕에게 말을 얼버무렸다. 아말렉 사람들은 블레셋 사람들의 동료로서 역시 가나안 족속에 속한 자들이었다. 따라서 사실이 알려질 경우, 아기스와 그의 백성들은, 비록 그들이 그들과 동맹을 맺은 상태는 아닐지라도, 자기들 가운데 그토록 강력한 적을 품고 있음으로 인해 위험에 빠질 것을 우려할 것이고, 따라서 그들을 쫓아내려 할 것이다. 이런 상황을 피하기 위해 다윗은 거짓말을 했다. 오, 우리 모두는 매일 주님께 다음과 같이 기도할 필요가 있다. "우리를 시험에 들게 하지 마옵시고 다만 악에서 구하시옵소서."

24
딜레마
사무엘상 28-29장

다윗은 아말렉 사람들 중 일부를 습격해 성공을 거둔 후 조용히 시글락으로 돌아가는 대신 신중하지 못하게도 "아기스에게로 갔다"(삼상 27:9). 그가 아주 많은 전리품을 갖고 돌아온 것을 본 왕은 그에게 "너희가 오늘은 누구를 침노하였느냐"(10절) 하고 물었다. 다윗은 아기스에게 자기가 이스라엘의 적이자 블레셋의 친구들을 침략했다고 말하기가 두려웠다. 그래서 그는 아기스의 판단을 흐트리는 대답을 했다. 이미 다윗은 자기가 한 일의 흔적을 없애기 위해 조치를 취해 두었다. 본문에서 우리는 "다윗이 그 남녀를 살려서 가드로 데려가지 아니한 것은 그의 생각에 그들이 우리에게 대하여 이르기를 다윗이 행한 일이 이러하니라 하여 블레셋 사람들의 지방에 거주하는 동안에 이같이 행하는 습관이 있었다 할까 두려워함이었더라"(11절)라는 말씀을 읽는다. 하나님을 그리고 자기가 그분의 보호하심과 관련해 이미 받았던 여러 가지 증거들을 망각한 다윗은 아기스에게 거짓말을 했다. 아기스는 완전히 속았다. 우리는 "아기스가 다윗을 믿고 말하기를 다윗이 자기 백성 이스라엘에게 심히 미움을 받게 되었으니 그는 영원히 내 부하가 되리라고 생각하니라"(12절)라는 말씀을 읽는다.

훗날 다윗은 과거를 아프게 회상하면서 "거짓 행위를 내게서 떠나게 하소서"(시 129:29) 하고 기도했는데, 아마도 그것은 자기가 요나단을 설득해 사울에게 거짓말을 하게 했던 것(삼상 20:5-6), 아히멜렉에게 거짓말을 했던 것(21:1-2), 아기스를 기만했던 것(27:10b), 그리고 다른 몇 가지 경우들이 생각나서였을 것이다. 이것은 다윗이 "얽매이기 쉬운 죄"(히 12:1) 혹은 그의 부패한 본성의 특별한 성향이었던 것으로 보인다. 그러므로 우리는 어떤 죄로 인해 좌절할 때 그 죄의 길이나 과정 안에 안주하지 않도록 애써서 노력해야 한다. 한번 불길에 휩싸여 타다가 남은 것이 그렇지 않은 것들보다 불에 훨씬 더 예민하게 반응하듯, 우리는 한번 죄를 저지르고 나면 그것을 악한 습관으로 만들 가능성이 아주 크기 때문이다.

이런 사실에 대한 인식은 우리를 아주 낮아지게 하며, 또 우리 모두가 하나님께 "거짓 행위를 내게서 떠나게 하소서" 하고 간절히 기도해야 할 필요가 있음을 알려 준다. 우리는 처음부터 하나님의 진리보다 마귀의 거짓을 더 좋아했던 조상들의 후손이기에 거짓말을 하려는 강한 성향을 지니고 있다. 또 그것은 우리의 타락한 본성의 일부이기에 하나님 한분 외에는 아무도 우리에게서 그런 성향을 제거할 수 없다. 얼마나 많은 이들이 거짓말의 한 형태인 허풍에 빠져 있는가! 얼마나 많은 이들이 거짓말의 또다른 형태인 몸짓과 행위로 사람들을 속이는가! 얼마나 많은 이들이 자기들이 결코 이행하지 않을 약속들을 하는가! 또 얼마나 많은 이들이 세상의 것들에 마음을 두고 있으면서도 거짓된 모습을 취하면서 – 기도를 하거나, 아주 경건한 모습을 가장하거나 하는 식으로 – 하나님께 거짓말을 하는가! 일찍이 하나님은 자기 백성을 향해 다음과 같이 한탄하셨다. "에브라임은 거짓으로, 이스라엘 족속은 속임수로 나를 에워쌌고 유다는 하나님 곧 신실하시고 거룩하신 자에게 대하여 정함이 없도다"(호 11:12). 하나님은 모든 헛된 모양을 간파하시며, 결코 조롱당하지 않으신다.

뜻밖의 요구

다윗의 거짓말의 결과는 곧 분명하게 드러났다. "그때에 블레셋 사람들이 이스라엘과 싸우려고 군대를 모집한지라 아기스가 다윗에게 이르되 너는 밝히 알라 너와 네 사람들이 나와 함께 나가서 군대에 참가할 것이니라"(삼상 28:1). 아마도 이것은 그가 전혀 예상하지 못했던 상황이었으리라. 가련한 다윗이여! 이제 그는 참으로 어려운 처지에 놓이게 되었다. 너무 어려워서 어느 쪽으로도 돌아서는 것이 불가능해 보일 정도였다. 한편으로, 만약 그가 왕의 요구를 거절한다면, 그것은 결국 왕의 분노를 사게 될 것이고, 왕이 자기와 자기 사람들에게 베풀었던 친절과 보호에 대해 배은망덕하는 셈이 될 것이다. 다른 한편으로, 만약 그가 아기스의 제안을 받아들인다면, 그것은 곧 이스라엘의 반역자가 되는 것을 의미했다.

다윗이 처했던 이 딜레마에 대한 이야기는 우리에게 교훈을 주기 위해 기록된 것이다. 그것은 우리가 하나님의 명령의 길을 저버릴 경우 무엇을 예상해야 하는지에 대한 엄중한 경고다. 만약 우리가 잘못된 길로 접어든다면, 틀림없이 고통스럽고 불쾌한 상황이 발생할 것이다. 그때 우리의 양심은 자신을 날카롭게 정죄하겠지만, 그럼에도 우리는 거기에서 탈출할 길을 찾지 못할 것이다. 우리가 의무의 길을 아주 사소하게라도 벗어난다면, 그후에 이어지는 각각의 상황들은 우리를 조금씩 더 그 길에서 멀어지게 할 것이다. 일단 바위가 언덕에서 구르기 시작하면, 그것은 한번 구를 때마다 탄력을 얻는다. 그러므로 우리는 첫 번째 잘못된 발걸음을 경계할 필요가 있다. 그렇다, 아, 우리는 얼마나 간절하게 "나를 붙드소서 그리하시면 내가 구원을 얻으리이다"(시 119:117) 하고 기도해야 하는가! 사탄은 그리스도인이 자신에게 조금 굴복하는 것으로 만족하지 않으며, 우리가 그렇게 조금 굴복하는 것이 그의 다음번 유혹에 대한 우리의 저항을 아주 크게 약화시킨다는 것을 잘 알고 있다.

젊은 독자들을 위해 이 점을 조금 더 상세히 설명해 보겠다. 우리가 가서는 안 되는 곳으로 가는 것은 우리를 더이상의 저항이 불가능한 유혹 속으로 이끌어갈 것이다. 우리가 비그리스도인의 사회에 속하기를 바라는 것은 불장난이나 다름없다. 그리고 그들로부터 호의를 얻는 것은 거의 틀림없이 불에 데는 결과를 낳을 것이다. 한 가지 일에서 타협하는 것은 다른 일에 대한 빗장을 내리는 것이나 다름없다. 어느 젊은 숙녀가 탐탁지 않은 젊은 남자가 자신에게 보이는 관심을 받아들인다면, 그녀는 나중에 그 남자가 자신에게 좀더 접근하는 것을 거부하기 어려울 것이다. 일단 당신이 누군가의 호의를 받아들이고 나면, 설령 그것이 그와 함께 자동차에 올라 타 폭주(暴走)를 하는 사소한 행동에 불과할지라도, 당신은 그것에 대한 책임을 져야 한다. 그리고 만약 당신이 그런 호의의 대가로 비싼 값을 지불해 달라는 요청을 받았을 때 그것에 대해 난색을 표한다면, 당신은 배은망덕한 사람이라는 비난을 듣게 될 것이다. 그러므로, 간곡히 권하건대, 누군가로부터 호의를 얻는 것, 특히 당신을 좋지 않게 이용할 것 같은 사람에게서 호의를 얻는 것에 대해 조심하라.

다윗은 사울의 박해를 피해 블레셋 사람들의 땅에서 보호를 받으려 했던 잘못을 범했다. 그리고 이제 가드 왕은 그에게 자기가 베푼 것에 대한 보상을 요구했다. 이스라엘과 전쟁을 하기로 결정한 아기스는 다윗과 그의 사람들에게 지원을 요구했다. 그렇다, 그리스도인이 도움을 얻기 위해 세상을 향해 돌아설 때, 그는 자신이 세상으로부터 그 도움에 대한 값을 지불하라는 요구를 받게 될 것을 예상해야 한다. 우리가 성결한 삶에 대한 공공연한 적들과 불필요하게 친밀해지거나 그들로부터 호의를 얻는다면, 우리는 하나님께 불충성하거나 우리에게 은혜를 베푼 이들에게 배은망덕하게 된다. 다윗의 잘못된 위치가 그를 얼마나 깊은 위험 속으로 밀어 넣었는가! 만약 그가 이스라엘과 싸우겠다고 약속하고서 자신의 말을 지키지 않는다면, 그것은 배신행위가 될 것이다. 그러나, 만약 그가 이스라엘과 싸운다면, 그는 자기 백성들의 사랑을 잃고 사울을 죽였다는 비난을 받게 될 것이다. 그가 선한 양심과 깨끗한 명성을 유지한 채 이 딜레마에서 빠져나오는 것은 불가능해 보였다.

"다윗이 아기스에게 이르되 그러면 당신의 종이 행할 바를 아시리이다 하니"(삼상 28:2a). 아마도 다윗은 어떻게 해야 할지 결정하지 못한 채 여호와께서 자신을 이 큰 어려움에서 벗어나도록 도와주시기를 은밀하게 바랐던 것 같다. 그러나 그런 소망은 그에게 아무런 도움이 되지 않았다. "아기스가 다윗에게 이르되 그러면 내가 너를 영원히 내 머리 지키는 자를 삼으리라 하니라"(2b절). 가드 왕은 다윗의 대답을 효과적인 지원에 대한 약속으로 이해했고, 따라서 그를 자기의 호위대장으로 삼기로 결정했다. 그때 다윗은 사람에 대한 두려움으로 너무 크게 흔들렸기에 감히 왕을 수행하는 것을 거부하지 못했다.

당시 사울의 상황

"사무엘이 죽었으므로 온 이스라엘이 그를 두고 슬피 울며 그의 고향 라마에 장사하였고"(삼상 28:3a). 이 말씀은 어째서 이때 블레셋 사람들이 이스라엘을 치기로 했는지 암시할 목적으로 기록된 것으로 보인다. 아마도 사무엘의 죽음에 대한 소식이 그들을 담대하게 만들었을 것이다. 한 나라에서 하나님의 사역자들이 (사무엘의 경우처럼) 죽음으로 인해 떠나거나, (다윗의 경우처럼) 박해로 인해 추방당할 때, 그 나라는 가장 훌륭한 보호자를 빼앗기게 된다. "사울은 신접한 자와 박수를 그 땅에서 쫓아내었더라"(3b절). 이것은 이 장 끝까지 이어지는 내용에 대한 서론으로 언급된 것이다. 즉 이것은 사울의 일관성 없음을 강조하려는 것이다. 이것은 겉으로만 신앙을 고백하는 자들의 일시적인 개선이 얼마나 무가치한지 잘 보여 준다. 그들은 결국 진창으로 돌아가 그 속에서 뒹군다.

"블레셋 사람들이 모여 수넴에 이르러 진 치매 사울이 온 이스라엘을 모아 길보아에 진 쳤더니 사울이 블레셋 사람들의 군대를 보고 두려워서 그의 마음이 크게 떨린지라"(삼상 28:4-5). 만약 사울이 하나님과 교제하는 상태에 있었다면, 그는 그렇게 두려워할 필요가 없었을 것이다. 그러나 그는 거룩하신 분의 화를 돋워 그분이 자기를 버리시도록 만들었다. 사울의 과도한 두려움은 주로 죄책감에서 비롯된 것이다. 그는 사무엘을 조롱했고, 제사장들과 그들의 가족들을 살해했고, 다윗을 적대하며 박해했다. 아마도 그는 블레셋 사람들의 이번 공격이 자신에게 다가오고 있는 운명을 예시한다고 느꼈던 것으로 보인다.

"사울이 여호와께 묻자오되 여호와께서 꿈으로도, 우림으로도, 선지자로도 그에게 대답하지 아니하시므로"(삼상 28:6). 이 말씀은 말할 수 없을 만큼 엄중하다. 이것은 하나님께 버림받은 자의 상황을 보여 준다. 사울이 지금 여호와를 찾는 것은 긴급한 두려움 때문이었지 회개를 위한 준비가 아니었다. 그가 여호와께 "물었던" 것은 그의 운명이 결정된 후였다. 이미 때는 늦은 것이다. 하나님은 조롱받지 않으실 것이다. 오, 신앙을 갖지 않은 독자들이여, "너희는 여호와를 만날 만한 때에 찾으라 가까이 계실 때에 그를 부르라"(사 55:6)는 외침에 유의하라. 그렇게 하지 않는다면, 하나님은 당신을 향해 그분이 오래 전에 했던 말씀을 반복하실 것이다. "이스라엘 족속 중에 그 우상을 마음에 들이며 죄악의 걸림돌을 자기 앞에 두고 선지자에게로 가는 모든 자에게 나 여호와가 그 우상의 수효대로 보응하리라"(겔 14:3).

"사울이 여호와께 묻자오되 여호와께서 꿈으로도, 우림으로도, 선지자로도 그에게 대답하지 아니하시므로" 혹자는 이 진술이 역대상 10장 13-14절에 실려 있는 "사울이 죽은 것은 여호와께 범죄하였기 때문이라 그가 여호와의 말씀을 지키지 아니하고 또 신접한 자에게 가르치기를 청하고 여호와께 묻지 아니하였으므로"라는 진술과 모순된다고 여긴다. 성경의 글자들 밑을 보지 못하는 "문자주의자들"(literalists)은 그 두 구절을 비교하면서 걸려 넘어질 수 있다. 그러나 성경의 영적 의미를 아는 사람은 여기에서 아무런 어려움도 느끼지 않는다. 사람들 사이에서는 하나님께 드리는 "기도"로 간주되지만 실제로는 짐승들의 "부르짖음"에 지나지 않는 것들이 있다(호 7:14 참고). 사울은 위선적인 방식으로 하나님께 "물었다." 그러나 하나님은 그것을 전혀 고려하지 않으셨다. 여호와의 귀는 오직 상한 심령과 통회하는 마음을 가진 자들을 향해서만 열려 있다(시 51:17).

"사울이 그의 신하들에게 이르되 나를 위하여 신접한 여인을 찾으라 내가 그리로 가서 그에게 물으리라 하니 그의 신하들이 그에게 이르되 보소서 엔돌에 신접한 여인이 있나이다"(삼상 28:7). 여기에서 우리는 하나님이 정당하게 포기하신 사람의 무서울 정도의 사악함을 보게 된다. 사울이 그토록 은밀하게 그럼에도 아주 분명하게 사술(邪術)을 부리는 자에게 의존하는 것은 무서울 만큼 염치없는 짓이었다. 불과 얼마 전에 그는 "신접한 자와 박수를 그 땅에서 쫓아"(3절)냈기 때문이다. 이것은 배교자들은 종종 그들이 한때 그리고 아주 열렬하게 반대했던 바로 그 죄를 저지른다는 사실을 잘 보여 준다. 그건 그렇고, 이제 나는 이 장의 나머지 부분을 다루지 않고(그 부분이 이 책의 주인공인 다윗이 아닌 사울에 관한 이야기이기 때문일 것이다 – 역주), 블레셋 사람들과 다윗에 관한 이야기가 계속되는 사무엘상 29장으로 넘어가려 한다.

예기치 않은 구원

"블레셋 사람들은 그들의 모든 군대를 아벡에 모았고 이스라엘 사람들은 이스르엘에 있는 샘 곁에 진 쳤더라 블레셋 사람들의 수령들은 수백 명씩 수천 명씩 인솔하여 나아가고 다윗과 그의 사람들은 아기스와 함께 그 뒤에서 나아가더니"(삼상 29:1-2). "만약 다윗이 진실을 말했다면, 아기스는 결코 그를 블레셋 군대에 등록시키지 않았을 것이다. 다윗을 그런 위치로까지 이끌어간 것은 그 자신의 모략 때문이었다. 블레셋 사람들과 살아 계신 하나님의 군대를 구별할 수 있었고 또 그런 구별을 근거로 이스라엘의 하나님의 도우심을 구하고 얻었던 자가 이제 하나님의 백성의 파멸을 위해 하나님의 적들과 한 패가 되어 있었다. 여호와의 기름 부음을 받은 자에게 손을 대는 것을 그토록 분명하게 거부했던 자가 이제 길보아 산에서 사울과 요나단의 피를 쏟고자 하는 무리에 가담하고 있었다. 바로 그것이 다윗이 갑자기 처하게 된 끔찍한 상황이었다. 그는 아무 소망도 없이 자신의 상황을 넋 놓고 바라보고 있었던 것으로 보인다. 우리는 그가 어떤 방도를 마련하려고 시도했다는 말을 듣지 못한다.

"그러나 다윗은 이스라엘의 위대한 목자의 보살핌의 대상이 되지 않은 적이 없었다. 그는 방황했으나 이제 회복될 참이었다. 하나님의 은밀한 섭리가 다시 한 번 개입했고, 그를 블레셋 사람들의 진영에서 분리시켰다"(B. W. Newton). 그렇다, 인간의 곤경은 하나님의 기회다. 그리고 하나님은 다윗이 아무런 출구를 찾지 못했던 딜레마로부터 은혜롭게 그를 구해내셨다. 그가 손가락 하나 움직이지 않았음에도 그를 위한 구원의 문이 열렸다. 이때 여호와께서 사용하신 방법에 대해 생각할 때, 우리는 지존자께 경배의 머리를 조아리고 그분에 대한 우리의 믿음을 강화시키지 않을 수 없다.

"블레셋 사람들의 방백들이 이르되 이 히브리 사람들이 무엇을 하려느냐 하니 아기스가 블레셋 사람들의 방백들에게 이르되 이는 이스라엘 왕 사울의 신하 다윗이 아니냐 그가 나와 함께 있은 지 여러 날 여러 해로되 그가 망명하여 온 날부터 오늘까지 내가 그의 허물을 보지 못하였노라"(삼상 29:3). 하나님은 자신의 백성을 그들의 어려움으로부터 구해내실 다양한 방법을 갖고 계시다. 경건치 않은 자들이 그들의 목적을 추구하고 그들의 계획을 따르는 동안, 하나님은 은밀하게 그들에게 영향을 미치셔서 그들로 하여금 자신의 성도들에게 유익이 되는 결정을 내리게 하신다.

"블레셋 사람의 방백들이 그에게 노한지라 블레셋 방백들이 그에게 이르되 이 사람을 돌려보내어 왕이 그에게 정하신 그 처소로 가게 하소서 그는 우리와 함께 싸움에 내려가지 못하리니 그가 전장에서 우리의 대적이 될까 하나이다 그가 무엇으로 그 주와 다시 화합하리이까 이 사람들의 머리로 하지 아니하겠나이까 그들이 춤추며 노래하여 이르되 사울이 죽인 자는 천천이요 다윗은 만만이로다 하던 그 다윗이 아니니이까 하니"(삼상 29:4-5). "비록 하나님이 다윗을 그런 어려움에 처하게 하시고 그의 어리석음 때문에 그를 징계하셨을지라도, 다윗의 마음만은 그분에 대해 올바른 상태였으므로, 그분은 그가 감당할 수 있는 것 이상의 시험을 당하도록 내버려 두지 않으셨고, 시험과 함께 피할 길을 마련해 주셨다"[고전 10:13]. 이 난국에서 건짐을 받을 수 있도록 문이 열렸다. 하나님은 블레셋 방백들의 마음을 움직여 다윗이 이번 전투에 가담하는 것에 반대하고, 그가 불명예스러운 상태에 남아 있어야 한다고 주장하게 하셨다. 그리고 그렇게 하심으로써 다윗의 친구들 중 아무도 그에게 친절을 베풀 수 없던 때에 그들이 다윗에 대해 품고 있는 적대감이 오히려 그를 돕는 꼴이 되게 하셨다"(Matthew Henry).

악한 자들의 존경과 애정은 종종 우리에게 덫이 된다. 그러나 그들의 비난, 조롱, 중상모략이나 다름없는 의심 등은 우리에게 유익하다. 또 경건치 않은 자들이 우리를 지기들로부터 내쫓기 위해 이용하는 일들은 우리를 그들과 연결시켜 주는 그들의 우정보다 우리에게 훨씬 더 유익하다. "세상 사람들이 우리에 대해 아무런 악한 말도 하지 않고 오히려 우리의 올바름에 대해 증언할 때, 우리는 더이상 바랄 것이 없다. 그리고 우리는 신중함과 온유함과 흠 없는 삶을 통해 이런 평가를 얻기 위해 노력해야 한다. 그러나 그들의 알랑거리는 칭찬은 거의 언제나 부적절한 순응이나 얼마간의 속임수 때문에 얻어지며, 대개 그런 것은 우리를 혼란에 빠뜨린다. 그러므로 스스로 입장을 바꿨던 사람을 크게 신뢰하는 것은—하나님에 대한 경외감 때문에 실제로 하나님께 의식적인 충성을 바치기로 한 경우를 제외하고—신중하지 못한 것이다"(Thomas Scott). 놀랍게도 하나님은 블레셋 방백들이 다윗의 출전을 반대하기 위해 과거에 있었던 특별한 사건을 이용하게 하신다. 그것은 바로 이스라엘 여인들이 다윗을 칭송하는 노래를 불렀던 사건이었다. 그 노래는 그를 세 번씩이나 불명예스러운 자리에 빠뜨렸다(삼상 18:8; 21:11; 29:4-5 참고-역주). 사람들의 아첨은 그렇게 가치가 없다! 그런 아첨은 다른 사람들의 마음에 질투와 증오를 불러일으켰을 뿐이다. 그러나 이제 하나님의 손 안에서 그것은 다윗의 구원을 위한 도구가 되었다.

아기스가 다윗을 호출한 후 말했다. "그러므로 이제 너는 평안히 돌아가서 블레셋 사람들의 수령들에게 거슬러 보이게 하지 말라 하니라"(삼상 29:7). 의심할 바 없이 다윗은 자신이 이런 괴로운 딜레미에서 구출된 것으로 인해 속으로 쾌재를 불렀을 것이다. 그러나 그는 가드 왕이 그런 사실을 알아채지 못하게 했다. 그는 자신이 그렇게 즉시 소집 해제된 것에 대해 짐짓 염려하는 체 하면서 다시 한 번 그를 속였다. "다윗이 아기스에게 이르되 내가 무엇을 하였나이까 내가 당신 앞에 오늘까지 있는 동안에 당신이 종에게서 무엇을 보셨기에 내가 가서 내 주 왕의 원수와 싸우지 못하게 하시나이까 하니"(삼상 29:8). 하나님의 기름 부음을 받은 자가 그렇게 시치미를 떼며 말하는 모습을 보는 것은 안타까운 일이다. 그러나 아기스는 흔들리지 않고 다시 말했다. "그런즉 너는 너와 함께 온 네 주의 신하들과 더불어 새벽에 일어나라 너희는 새벽에 일어나서 밝거든 곧 떠나라 하니라"(삼상 29:10). 다윗이 그를 옭아맸던 일로부터 이처럼 구출된 것은 놀라운 일이다. 그러나 그것은 결코 그 자신의 공로가 아니었다. 그를 사냥꾼의 덫에서 해방시킨 것은 다름 아닌 하나님의 주권적 은혜였다.

25

시글락에서 맛본 슬픔

사무엘상 29-30장

"하나님이여 나를 지켜 주소서 내가 주께 피하나이다"(시 16:1). 이것은 하나님의 자녀인 자가 실제로 하늘에 계신 아버지께 자주 드리는 기도다. 그는 자신의 불충분성을 시인하고 모든 일에 충분하신 분께 도움을 요청한다. 그는 자신이 자기를 지키고 보호하는 일에 얼마나 무능한지 깨닫고, 모든 일에서 강력한 팔을 갖고 계신 분께 도움을 구한다. 만약 그가 올바른 마음을 갖고 있다면, 그는 어떤 일을 시작하기 전에, 어떤 특별한 위험이 그를 위협할 때, 그리고 잠자리에 들기 전에, 졸지도 주무시지도 않는 분(시 121:4)의 보호와 돌보심에 자신을 맡긴다. 이 얼마나 복된 특권인가! 이 얼마나 현명한 예방 조치인가! 이 얼마나 행복한 의무인가! 주님은 우리가 그분을 온전하게 의지할 때 우리를 지켜주신다.

"여호와께서 자기를 사랑하는 자들은 다 보호하시고"(시 145:20). 대부분의 그리스도인은 그들이 도덕적 악에서 보호될 때보다는 물리적 위험에서 건짐을 받을 때 이 값진 약속의 성취를 보다 잘 실감하고 기꺼이 인정하는 경향이 있다. 이것은 우리가 영적인 것보다는 자연적인 것에 훨씬 더 좌우된다는 것을 보여 준다. 우리는 전염병이 우리 집을 피해갈 때, 무거운 물체가 떨어지면서 우리를 비켜갈 때, 재빠르게 움직이는 자동차가 우리가 타고 있는 차를 스치듯 지나갈 때 하나님의 보호하시는 손길을 쉽게 인식한다. 그러나 우리는 어떤 강력한 시험이 갑자기 제거되거나 그것으로부터 건짐을 받을 때도 그 안에서 하나님의 기적의 손길을 인식할 만큼 영적으로 예민해져야 한다.

"주는 미쁘사 너희를 굳건하게 하시고 악한 자에게서 지키시리라"(살후 3:3). 주님의 백성들은 안팎의 다양한 악들에 둘러싸여 있다. 그들은 자기 안에 죄를 지니고 있는데, 그것은 그들이 어느 때라도 느끼고 경험하는 모든 악과 불행의 원인이자 근거가 된다. 그들 밖에 있는 악한 존재는 그들에게 커다란 악을 초래하기 위해 애쓴다. 그러나 주님이 그들을 "악한 자에게서 지키실 것이다." 이것은 그들이 악으로부터 완전히 그리고 총체적으로 면제된다는 뜻은 아니다. 그러나 그들은 악에 의해 정복되고 삼켜지는 일로부터 보호된다. 그들은 넘어질지라도 완전히 절망에 빠지지는 않을 것이다. 왜냐하면 주님이 그들을 은혜의 손길로 떠받쳐 주시기 때문이다.

은밀한 보호의 역사

하나님이 그분의 성도들을 보호하시는 방법은 놀랍다. 많은 이들이 마음을 다해 임하는 일에서 성공하지 못한다. 그것은 그들의 영혼을 파괴시킬 수 있는 물질적 풍요로부터 그들을 건지시려는 하나님의 역사다. 많은 이들이 사랑에 실패한다. 그것은 그들의 영적 성숙에 계속해서 방해가 될 불경건한 배우자로부터 그들을 건지시려는 하나님의 역사다. 많은 이들이 자기가 믿고 사랑했던 친구들로부터 잔인한 대우를 받는다. 그것은 훗날 그들에게 감당 못할 짐이 될 일을 쳐부수시는 하나님의 역사다. 많은 부모들이 사랑하는 자녀의 죽음으로 인해 슬픔에 빠진다. 그것은 그들에게 우상이 될 수도 있는 것을 은혜롭게 거둬 가시는 하나님의 역사다. 지금 우리는 이런 일들을 거울을 통해서 보듯 보지만, 곧 그날이 이를 것이다. 그리고 독자들이여, 그때 우리는 분명하게 깨닫게 될 것이다―우리에게 불리하게 전개되는 듯 보이던 그 모든 일들이 실제로는 우리를 은혜롭게 다루시는 하나님의 보호의 손길이었음을.

이상의 고찰은 사무엘상 29장에 기록된 내용에 근거하고 있다. 앞 장 말미에서 우리는 하나님이 그분의 종을 사냥꾼의 덫에서 구해내기 위해 자비롭게 개입하셨던 것을 살펴보았다. 다윗은 그 자신의 불신앙과 자기 뜻 때문에 딜레마에 빠졌다. 그는 경건치 못한 가드 왕에게 도움을 구함으로써 스스로 그에게 충성해야 하는 자리에 서게 되었다. 다윗은 블레셋 사람들의 친구요 자기 백성의 적으로 자처함으로써 아기스로부터 이스라엘을 공격하는 일에 참여하라는 부름을 받게 되었다. 바로 그때 여호와께서 개입하셔서 자신의 사랑하는 자가 더 무서운 악에 빠지지 않도록 보호해 주셨다. 그분은 자신의 가련한 종이 감당할 수 없는 시험에 빠지지 않도록 은혜롭게 "피할 길"(고전 10:13)을 열어주셨다.

그러면 그 "피할 길"은 어떻게 열렸던가? 그것이 내가 여기에서 특별하게 주목하고자 하는 요점이다. 그것은 어떤 가시적인 혹은 외적인 사건을 통해서가 아니라 그분의 능력의 내적이고 은밀한 역사를 통해서였다. 주님은 "블레셋 사람의 방백들"이 다윗에 대해 적대적인 마음을 품게 하셨다(삼상 29:3-5). 그 결과 아기스는 다윗을 자신의 군대에서 소집 해제할 수밖에 없게 되었다. 아, 독자들이여, 주님이 세상 사람들로 하여금 당신에 대해 적대감을 갖게 하실 때, 그분은 얼마나 은밀하게 당신을 위해 역사하고 계시는가! 만약 우리가 보다 영적이라면, 우리는 이런 사실을 보다 분명하게 그리고 보다 자주 인식할 것이고, 우리의 은혜로우신 구원자께 그분에게 합당한 찬양을 돌릴 것이다. 다윗이 아기스의 군대에서 소집 해제된 것은 그가 적대감으로 가득 찬 사울에게서 건짐을 받은 것만큼이나 기적적인 일이었다. 블레셋 방백들이 다윗에 대해 질투심과 적대감을 품은 것은 그가 마귀에 사로잡힌 사울이 던진 단창을 피할 수 있었던 것만큼이나(삼상 18:11) 큰 하나님의 보호하시는 능력의 역사였다.

은혜와 의

"이에 다윗이 자기 사람들과 더불어 아침에 일찍이 일어나서 떠나 블레셋 사람들의 땅으로 돌아가고 블레셋 사람들은 이스르엘로 올라가니라"(삼상 29:11). 가드 왕으로부터 그렇게 하라는 명령을 받은 상태에서(10절) 그 이상의 다른 길은 있을 수 없었다. 그렇게 해서 다윗을 옭아맸던 덫은 부서졌고, 그는 이제 자유로이 그 자신의 도시로 돌아가게 되었다. 하지만 그때까지도 그는 당시 그 도시가 자신을 얼마나 긴급하게 필요로 하고 있는지 알지 못했다. 다윗과 그의 사람들이 새벽 미명에 미끄러지듯 진영을 빠져나온 것은 신앙을 저버린 아브라함이 애굽에서 추방당한 것만큼(창 12:20) 경멸할 만한 일은 아니었다. 하나님은 종종 자기 백성들을 그들이 그들 자신의 불신앙 때문에 처하게 된 위험한 상황으로부터 구해내신다. 그럼에도 그분은 적어도 그들에게 그들의 어리석은 짓이 초래한 고통을 맛보게 하신다. 그러나, 우리가 곧 살펴보겠지만, 블레셋 방백들이 다윗에게 씌웠던 수치는 여러 가지로 그에게 유리한 것이 되었다. 그렇게 하나님은 때로 우리의 잘못과 실패조차 우리에게 선한 것이 되도록 은혜롭게 뒤엎으신다.

"이에 다윗이 자기 사람들과 더불어 아침에 일찍이 일어나서 떠나 블레셋 사람들의 땅으로 돌아가고 블레셋 사람들은 이스르엘로 올라가니라." 다윗은 괴로운 딜레마에서 벗어났고 자신의 어깨에서 무거운 짐을 덜어냈기에 아기스의 진영에서 자기 사람들과 함께 빠져나올 무렵 마음이 가벼웠을 것이다. 다윗과 그의 사람들은 그들을 기다리고 있는 심각한 슬픔을 알지 못한 채 가벼운 마음으로 시글락을 향해 발길을 돌렸다. 거기에는 그들이 소중하게 여기는 모든 것이 있었다. 거기에는 그들의 아내와 자식들이 있었다. 거기에는 그들이 쉴 곳이 있었다—그러나 그것은 그들이 하나님을 떠나서 마련한 쉴 곳이었다! 아, 우리 중 그 누구도 하루의 시간이 우리에게 무엇을 가져다 줄지 알지 못한다. 행복한 아침 뒤에 얼마나 자주 슬픈 밤이 찾아오는가! 그러므로 우리는 이 세상에 살 동안 "떨며 즐거워할"(시 2:11) 수많은 이유를 갖고 있다!

다윗은 이스라엘에 대한 전투에서 아기스와 동맹했던 자들 덕분에 어려운 처지에서 건짐을 받았지만 아직 하나님께 완전히 돌아간 것은 아니었다. 그러기 위해서는 그의 마음 깊은 곳의 동요가 필요했다. 그리고 자신의 사람을 치명적인 타락에서 보호하셨던 하나님은 자신의 엇나간 종이 그 과정을 피하지 못하도록 유의하셨다. 그분은 모든 은혜의 하나님이시지만, 그럼에도 그분의 은혜는 "의로 말미암아 왕노릇"(롬 5:21)하며, 결코 의를 희생시키지 않는다. 자비하신 하나님은 그분의 성도들을 그들이 어리석음 때문에 빠졌던 안타까운 함정에서 구해내시지만, 또한 대개 섭리를 통해서 그들이 저지른 잘못에 합당한 벌을 받게 하신다. 그리고 성령께서는 이것을 통해 그들의 죄를 알려 주시고, 그로 인해 그들이 스스로 자기들을 정죄하게 하신나. 이번 경우에 하나님이 취하신 수단은 강렬했으나, 실제 상황이 요구하는 것만큼 강렬했던 것은 아니다.

"다윗과 그의 사람들이 사흘 만에 시글락에 이른 때에 아말렉 사람들이 이미 네겝과 시글락을 침노하였는데 그들이 시글락을 쳐서 불사르고"(삼상 30:1). 바로 이것이 다윗과 그의 사람들이 아기스의 진영을 떠나 각자 자기들의 집에서 휴식을 취하고 가족들의 품에서 기쁨을 얻으리라는 희망을 안고 삼 일간 행군한 끝에 시글락에 돌아와 마주한 상황이었다! 이것은 우리의 영웅에게 얼마나 고통스러운 순간이었겠는가! 그가 소중히 여기던 모든 것이 사라지고 말았다. 그가 자기 가족과 소유물이 있는 곳으로 돌아와 발견한 것은 폐허가 되어 불타고 있는 도시뿐이었다. 거기에는 그를 반겨 줄 그가 사랑했던 이들이 더이상 존재하지 않았다. 우리가 몇 시간이라도 가족을 떠날 때, 우리는 우리가 돌아오기 전까지 가족이나 우리 자신에게 무슨 일이 벌어질지 예견할 수 없다. 그러므로 우리는 우리 가족 모두를 하나님의 보호하심에 맡겨야 하고, 우리가 다시 평화롭고 안전하게 만날 때 그분에게 거짓 없는 감사를 드려야 한다.

"거기에 있는 젊거나 늙은 여인들은 한 사람도 죽이지 아니하고 다 사로잡아 끌고 자기 길을 갔더라"(삼상 30:2). 이것을 통해 우리는 모든 경우에 세상의 위로에 대한 기대를 누그러뜨리는 것이 지혜로운 것임을 배워야 한다. 그래야 지나치게 낙관적이 되었다가 보다 고통스러운 실망을 겪지 않을 수 있기 때문이다. 여기에서 아말렉 사람들이 여자와 아이들을 죽이지 않게 하셨던 여호와의 제어하시는 능력에 주목하라. "아말렉 사람들이 그들을 살려둔 것이 그들을 전리품을 삼아 데려가기 위함이든, 팔아넘기려 하기 위함이든, 아니면 노예로 삼기 위함이든, 우리는 여기에서 하나님의 손길을 인식해야 한다. 그분이 아말렉 사람들을 사용하기로 하신 것은 다윗 집안을 파멸하시기 위함이 아니라 고치시기 위함이었다"(Matthew Henry). 하나님은 "진노 중에라도 긍휼을 잊지"(합 3:2) 않으신다는 사실을 아는 것은 복되다.

"거기에 있는 젊거나 늙은 여인들은 한 사람도 죽이지 아니하고

다 사로잡아 끌고 자기 길을 갔더라." 이를 통해 우리는 다윗이 하나님의 백성들과 맞서 블레셋 사람들 편에 가담하려 했던 것 때문에 얼마나 고통스럽게 징계를 당했는지 알 수 있다. 이로써 주님은 그에게 그가 집에 머물러 자기 일에나 마음을 썼더라면 훨씬 더 나았을 것임을 알려 주셨다. "우리가 자신의 의무를 이행하기 위해 집을 떠날 때, 우리는 우리가 없는 동안 하나님이 우리의 가족을 돌봐주실 것을 안심하며 소망할 수 있다"(Matthew Henry). 그러나 만약 우리가 금지된 영역 속으로 들어가면서 주님이 우리 자신이나 우리의 사랑하는 가족들을 보호해 주시리라고 믿는다면, 그것은 신앙이 아니라 사악한 추론에 불과하다. 마귀가 그리스도를 시험하려 했을 때 그렇게 했다. "뛰어내리라 기록되었으되 그가 너를 위하여 그의 사자들을 명하시리니 그들이 손으로 너를 받들어 발이 돌에 부딪치지 않게 하리로다"(마 4:6).

비탄에 잠김

"다윗과 그의 사람들이 성읍에 이르러 본즉 성읍이 불탔고 자기들의 아내와 자녀들이 사로잡혔는지라 다윗과 그와 함께 한 백성이 울 기력이 없도록 소리를 높여 울었더라"(삼상 30:3-4). 아, 이제 그는 하나님의 온전한 보호하심을 얻지 못하는 자의 비통함을 맛보고 있다. 그는 집 없는 방랑자로서 산 위에서 메추라기처럼 쫓겨도 보았고, 자기 땅에서 편안하게 살아가는 나발 같은 사람에게 조롱도 당해 봤지만, 이런 종류의 비통함은 결코 경험해 본 적이 없었다. 그러나 가드 왕의 보호를 받고 자신의 도시까지 갖고 있는 지금 그는 하나님의 보호하심이 없을 경우 자신이 어떤 위험에 노출될 수 있는지 배우고 있다. 독자들이여, 이것을 통해 우리가 자기의 뜻을 추구할 때 얼마나 많은 것을 잃어버릴 수 있는지 배우라. 처음으로 깊은 실망에 빠진 다윗은 소리 높여 울 수밖에 없었다. 모든 것이 돌이킬 수 없을 만큼 훼손된 것으로 보였던 것이다.

"다윗의 마음이 비탄에 잠긴 것은 놀랄 일이 아니었다. 지금까지 그는 하나님의 징계하시는 손에 이렇게까지 얻어맞은 적이 없었다. 심지어 그는 최근에도 아주 특별하게 그분의 돌보심의 대상이 된 것처럼 보였다. 그러나 이제 하나님은 갑자기 그에게 엄하게 진노하시는 분으로 입장을 바꾸신 듯 보였다. 그동안 다윗은 자기 아버지의 양을 칠 때나, 사울의 궁정에 머물던 때나, 광야에서 시름하며 체류하던 때나, 최근에 시글락에서 여러 가지 사건을 겪으며 머물던 때나 할 것 없이, 하나님의 친절과 보호의 손길을 경험하지 않은 적이 없었다. 그는 오랫동안 하나님의 신실한 돌보심을 통한 보호에 익숙해 있었다. 그래서 그는 그런 보호하심이 중단 없이 계속되리라고 여기고 있었다. 게다가 최근에 그는 '여호와께서 사람에게 그의 공의와 신실을 따라 갚으시리니 … 내 생명을 여호와께서 중히 여기셔서 모든 환난에서 나를 구하여 내시기를 바라나이다"[삼상 26:23-24] 하고 말한 적이 있었다. 그러나 지금 여호와께서는 그의 적이 되시고 그와 맞서 싸우고 계신 듯 보였다. 물론 다윗의 양심은 그 이유를 식별하지 못할 정도는 아니었다. 그의 양심은 여호와의 그런 타격이 정당함을 인정하지 않을 수 없었다. 그러나 그렇다고 해서 그의 고통이 줄어든 것은 아니고, 오히려 커졌을 뿐이다"(B. W. Newton).

"다윗의 두 아내 이스르엘 여인 아히노암과 갈멜 사람 나발의 아내였던 아비가일도 사로잡혔더라"(삼상 30:5). 사무엘서의 저자는 어찌서 이미 아말렉 사람들이 "젊거나 늙은 여인들은 … 다 사로잡아 끌고 자기 길을 갔더라"(2절) 하고 상세하게 말한 후에 이런 구체적인 내용을 다시 언급하는 것일까? 아, 우리가 그 해답을 멀리서 찾아야 할까? 그것은 성령께서 우리에게 여호와께서 다윗을 불쾌하게 여기시는 까닭을 알려 주고 계신 것이 아닐까? 그의 "두 아내"가 여호와와 그의 교제가 단절된 원인이었다. 이것은, 우리가 이미 살펴본 바와 같이, 사울이 다시 그를 공격하고(25:43-44와 26:1-2), 그가 불신앙으로 인해 두려워하고(27:1), 경건하지 않은 자에게 도움을 청하게 된(27:2-3) 직접적인 원인이었다. 내가 이것을 언급하는 이유는, 그것이 사무엘상 25장 44절 이후의 모든 내용에 대한 열쇠를 제공하기 때문이며, 또 내가 아는 한 다른 어느 작가도 그것에 대해 언급한 적이 없기 때문이다.

"백성들이 자녀들 때문에 마음이 슬퍼서 다윗을 돌로 치자 하니"(삼상 30:6). 가련한 다윗이여! 설상가상이었다. 자신의 가족을 잃고 자신의 도시가 불타 마음이 찢어지던 차에 자신의 사람들이 자기에 대해 투덜거리고 폭동을 일으키려 한 것은 그에게 추가적인 고통을 안겨 주었다. 다윗의 사람들은 모든 비난을 다윗에게 덮어씌우려 했는데, 그것은 그가 자기들을 아기스에게 이끌어가면서 시글락을 무방비 상태로 남겨 두었기 때문이며, 또 그가 전에 아말렉 사람들과 그들의 동맹자들을 공격해 그들을 화나게 했기 때문이었다(27:8-9). 이제 아말렉 사람들은 그 잘못된 일에 대해 복수할 기회를 잡았던 것이다. "우리는 어떤 문제에 빠질 때 어떤 식으로든 그 문제의 원인이 된 자에게 분노를 터뜨리는 경향이 있다. 그러나 그렇게 함으로써 우리는 하나님의 섭리를 간과하고 그 안에 있는 하나님의 손길에 적합한 관심을 두지 않게 된다"(B. W. Newton).

그렇다면 다윗에게 닥친 이 괴로운 시련을 통해 주님이 이루고자 하신 것은 무엇이었는가? 그것은 다윗을 짓눌러 절망에 빠뜨리는 것이 아니었다. 아니다, 오히려 그것은 그가 "하나님의 능하신 손 아래에서 겸손"(벧전 5:6)해지고, 자신의 잘못을 고백하고, 하나님과의 행복한 교제를 회복하도록 그에게 영향을 주는 것이었다. 하나님이 자기 사람에게 내리시는 가장 무거운 징계조차 그 징계의 대상에 대한 사랑 안에서 그리고 그 대상의 유익을 위해서 수행된다. 그러나 그런 징계의 유익을 얻고 그로 인한 "의와 평강의 열매"를 맺으려면, 우선 그 징계를 받는 사람이 "연단"을 받아야 한다(히 12:11). 그는 영적 유익을 얻기 전에 우선 회초리 밑에 무릎을 꿇고, 그것이 내리쳐지는 소리를 듣고, 그 회초리에 입을 맞춰야 한다. 그것은 이후의 결과를 통해 드러나듯이 우리의 주인공의 경우에도 마찬가지였다.

26

슬픔 속에서 주를 의지함

사무엘상 30장

앞 장에서 우리는 여호와께서 다윗이 빠져들었던 사냥꾼의 덫으로부터 그를 구해내기 위해 얼마나 은혜롭게 개입하셨는지 살펴보았다. 그로 인한 직접적인 결과를 고찰하기 전에 잠시 하나님이 적절한 시기에 다윗에게 개입하셨던 복된 방식을 살펴보자. "범사에 기한이 있고 … 하나님이 모든 것을 지으시되 때를 따라 아름답게 하셨고"(전 3:1, 11)라는 말씀은 자연계에서뿐 아니라 영적 영역에서도 동일하게 해당된다. 어떤 그리스도인이라도 자신의 삶에서 갑자기 그리고 예기치 않게 상황이 바뀌었던 경험을 떠올릴 수 있을 것이다. 당시에 우리는 그것의 의미를 이해하지 못했지만, 먼 훗날 당시의 상황을 그렇게 만드신 분의 지혜와 선하심을 인식할 수 있었다. 또한 우리가 통제할 수 없고 계속해서 우리를 움직이게 만들었던 어떤 요소로 인해 갑자기 우리의 상황이 뒤바뀐 적도 있었다. 그리고 먼 훗날 우리는 그것이 우리를 통해 곤경에 처한 누군가를 돕고자 하셨던 하나님의 역사였음을 알게 되었다.

"나의 앞날이 주의 손에 있사오니"(시 31:15). 그렇다, 내가 어디엔가 머무는 날과, 여행하는 날과, 번성하는 날과, 역경을 당하는 날과, 성도들과 교제하는 날과, 홀로 외로이 고립되어 있는 날 등 모든 날이 하나님에 의해 정해진다. 이런 사실을 아는 것은 복되다. 또 우리의 마음이 그런 사실에 의지해 쉼을 얻을 수 있다면 그것은 더욱 복되다. 모든 것이 전능하신 분의 명령을 따라 이루어지고 무한한 사랑을 지니신 분에 의해 정해진다는 사실, 영원 전부터 나의 출생일을 정하신 분이 내가 이 세상을 떠날 날도 정해 놓으셨다는 사실, 그리고 내가 젊고 건강한 때와 약하고 병들 때 모두가 한결같이 하나님의 손 안에 있다는 사실을 아는 것 이상으로 우리의 마음을 차분하게 하고 안정시켜 줄 수 있는 것은 아무것도 없다. 그분은 나를 고통스러운 상황에서 구해내실 가장 좋은 때를 알고 계시다. 또 그분의 자비는 내가 움직여야 할 때 나를 위해 길을 열어 주신다.

다윗과 그의 사람들이 아기스의 진영에 머물러 있는 동안, 아말렉 사람들이 그들의 부재를 틈타 무방비 상태의 시글락을 공격해 성읍을 불태우고 여자와 아이들을 잡아갔다. 그렇게 잡혀간 자들의 남편과 아버지들은 그것에 대해 아무것도 알지 못했다. 그러나 하나님은 그 사실을 알고 계셨고 그들을 향해 자비를 베풀 계획을 세우셨다. 그들의 안타까운 상황은 희망이 없어 보였다. 그러나 보이는 것은 기만적이다. 당시 그들은 알지 못했지만, 하나님은 이미 그들을 구해낼 방도를 마련하고 계셨다. 우리와 달리 하나님은 결코 서둘거나 늑장을 부리시지 않는다. 아기스가 다윗과 그의 사람들을 일주일만 일찍 소집 해제했다면, 그들은 시글락을 보호할 수 있었을 것이고, 그랬다면 그들은 자기들에게 필요한 징계와 그로 인한 큰 복을 놓치게 되었을 것이다. 반면에 만약 그들이 일주일만 늦게 집으로 돌아왔다면, 아마도 그들은 사랑하는 가족을 되찾을 기회를 놓치고 말았을 것이다. 그러므로 하나님이 다윗을 블레셋의 멍에로부터 해방시키신 시점이 얼마나 적절했는지 보라!

여호와를 힘입다

"다윗과 그의 사람들이 성읍에 이르러 본즉 성읍이 불탔고 자기들의 아내와 자녀들이 사로잡혔는지라 다윗과 그와 함께 한 백성이 울 기력이 없도록 소리를 높여 울었더라"(삼상 30:3-4). 주목해 보라, 아직도 그들은 하나님께 돌아가거나 그분에게 관심을 두지 않는다!

그들은 충격과 슬픔에 완전히 압도당했다. 아마도 독자들은 각자의 고통스러운 경험을 통해 이런 상태가 무엇을 의미하는지 알 수 있을 것이다. 우리의 영혼을 어둡고 암울한 상태로 밀어넣는 심각한 경제적 실패, 사랑하는 이와의 갑작스러운 사별, 그리고 당신이 슬픔에 처해 있을 때 모든 이들이 당신에게 맞서는 듯 보이고 기도조차 할 수 없을 것 같은 상황……. 아, 다윗과 그의 사람들만 문제와 고뇌에 압도되었던 게 아니다!

"백성들이 자녀들 때문에 마음이 슬퍼서 다윗을 돌로 치자 하니 다윗이 크게 다급하였으나"(삼상 30:6a). 그의 신실한 추종자들이 그에게 등을 돌렸던 것이야말로 다윗이 마셔야 하는 쓴 잔의 절정이었다. 그러나 이것조차 하나님이 하신 일이었다. 만약 그분의 징계의 회초리 한 대가 별 소용이 없다면, 또다른 회초리가 뒤따를 것이다. 그리고 만약 필요하다면, 그 이상의 회초리가 이어질 것이다. 왜냐하면 우리의 거룩하신 아버지는 그분의 엇나가는 자녀들이 뉘우치지 않은 채 남아 있는 것을 무한정 용납하시지 않기 때문이다. 여기서도 마찬가지였다. 다윗은 시글락이 폐허가 되고 자신의 가족들을 잃어버리고서도 하나님 앞에 무릎을 꿇지 않았다. 그렇기에 또다른 수단이 사용되었다. 자기 사람들의 분노는 다윗을 무기력 상태에서 일으켜 세웠다. 그의 절친한 친구들이 그의 생명을 위협했던 것은 하나님이 그를 자신에게 이끄시기 위해 취한 방법이었다.

"그의 하나님 여호와를 힘입고 용기를 얻었더라"(삼상 30:6b). 바로 여기에서 이 어두운 장면 속으로 한 줄기 빛이 뚫고 들어온다. 그러나 우리가 그 빛을 잘못 사용하지 않으려면 조심할 필요가 있다. 하나님의 말씀은 단 한 문장이라도 고립된 단위로 해석되어서는 안 되며, 성경의 말씀은 성경의 다른 말씀들에 비추어 해석되어야 한다. 지금 우리 앞에 놓인 말씀에는 아주 많은 내용이 들어 있기에 어느 작가라도 그것들을 다 밝혀낼 수는 없을 것이다. 여기에서 나는 그 중 세 가지에만 관심을 기울이려 한다. 첫째, 다윗이 하나님 여호와를 힘입었던 것에 전제된 것은 무엇인가? 둘째, 다윗이 하나님 여호와를 힘입었다는 것은 무엇을 의미하는가? 셋째, 다윗이 하나님 여호와를 힘입은 후 어떤 일이 일어났는가? 만약 우리가 하나님의 마음에 맞는 자로서의 다윗의 인물됨을 고려한다면, 우리가 그의 안타까운 실패를 설명하는 모든 정황을 염두에 둔다면, 그리고 무엇보다 만약 우리가 지금 우리 앞에 놓인 구절을 신앙의 유비라는 빛에 비추어 살펴본다면, 우리는 큰 어려움 없이 이 말씀의 행간(行間)을 읽어낼 수 있을 것이다.

회개

"그의 하나님 여호와를 힘입고 용기를 얻었더라." 아, 여기에는 많은 의미가 내포되어 있다. 참으로 다윗은 마음의 앞선 움직임이 없었다면 "여호와를 힘입고 용기를 얻을 수" 없었을 것이다. 즉 그에게는 위로와 위안을 얻기에 앞서 자신의 죄에 대한 자각과 회개와 고백이 필요했다. "자기의 죄를 숨기는 자는 형통하지 못하나 죄를 자복하고 버리는 자는 불쌍히 여김을 받으리라"(잠 28:13). 이 말씀은 하나님이 회개한 자와 회개하지 않은 자 모두를 다루실 때 적용하시는 변함없는 원리를 명확하게 진술한다. 만약 다윗 편의 회개가 없었다면, 그가 자기를 가차 없이 정죄하지 않았다면, 그가 마음을 찢으면서 하나님께 자신의 실패를 시인하지 않았다면, 그는 "죄를 힘입고" 용기를 얻었을 것이고, 그것은 "하나님의 은혜를 도리어 방탕한 것으로 바꾸는"(유 1:4) 셈이 되었을 것이다. 그리스도께서는 자기 백성을 죄의 형벌로부터 구원하기 위해 죽으셨을 뿐 아니라, 또한 성령을 통해 그들의 마음 안에서 역사하심으로써 그들이 자기들의 죄를 혐오하게 하신다! 죄에 대한 고백 없이는 용서와 씻음이 있을 수 없듯이(요일 1:9), 통회하는 마음에서 나오는 경우가 아니고는 하나님께서 받으실 만한 고백도 있을 수 없다.

오늘날 신앙을 고백하는 그리스도인들은 이 원리를 이해하고 마음에 새겨둘 필요가 있다. 만약 우리가 하나님의 의에 대한 요구를 숨기거나 그것에 대해 침묵한다면, 하나님의 영광도 유지되지 않을 뿐 아니라, 그분의 백성들의 유익도 촉진되지 않는다. 하나님의 자비는 거룩한 방식으로 수행된다. 회개가 없는 곳에는 용서도 없다.

죄로부터의 돌아섬이 없는 곳에는 죄의 씻음도 없다. 우리에게는 단순히 하나님이 그리스도로 인해 우리에게 은혜를 베풀어 주시기를 간구하는 것 이상의 무언가가 필요하다. "그 아들 예수의 피가 우리를 모든 죄에서 깨끗하게 하실 것이요"(요일 1:7)라는 약속의 말씀을 인용하는 사람들은 많지만, 그 값진 약속의 전제가 되는 "그가 빛 가운데 계신 것 같이 우리도 빛 가운데 행하면"이라는 특별한 조건을 충실하게 지적하는 사람은 거의 없다. 만약 우리가 하나님의 거룩하심이라는 날카로운 빛을 회피한다면, 또 우리가 자신의 죄를 숨기고, 그것에 대해 변명하고, 매일 그것을 고백하기를 거부한다면, 그때는 분명히 그리스도의 보혈이 "우리를 모든 죄에서 깨끗하게" 해주지 못할 것이다. 그런 조건과 반대되는 일을 계속하는 것은 그리스도의 보혈을 모욕하는 것이고, 그리스도를 악을 묵과하시는 분으로 만드는 것이다.

다음의 말씀을 주의 깊게 생각해 보라. "만일 그들이 주께 범죄함으로 말미암아 하늘이 닫히고 비가 없어서 주께 벌을 받을 때에 이곳을 향하여 기도하며 주의 이름을 찬양하고 그들의 죄에서 떠나거든 주는 하늘에서 들으사 주의 종들과 주의 백성 이스라엘의 죄를 사하시고 … 주의 백성이 그들의 적국과 더불어 싸우고자 하여 주께서 보내신 길로 나갈 때에 그들이 주께서 택하신 성읍과 내가 주의 이름을 위하여 건축한 성전이 있는 쪽을 향하여 여호와께 기도하거든 주는 하늘에서 그들의 기도와 간구를 들으시고 그들의 일을 돌아보옵소서 범죄하지 아니하는 사람이 없사오니 그들이 주께 범죄함으로 주께서 그들에게 진노하사 그들을 적국에게 넘기시매 적국이 그들을 사로잡아 원근을 막론하고 적국의 땅으로 끌어간 후에 그들이 사로잡혀 간 땅에서 스스로 깨닫고 그 사로잡은 자의 땅에서 돌이켜 주께 간구하기를 우리가 범죄하여 반역을 행하여 악을 지었나이다 하며 자기를 사로잡아 간 적국의 땅에서 온 마음과 온 뜻으로 주께 돌아와서 주께서 그들의 조상들에게 주신 땅 곧 주께서 택하신 성읍과 내가 주의 이름을 위하여 건축한 성전 있는 쪽을 향하여 주께 기도하거든 주는 계신 곳 하늘에서 그들의 기도와 간구를 친히 들으시고 그들의 일을 돌아보시오며 주께 범죄한 백성을 용서하시며 주께 범죄한 그 모든 허물을 사하시고 그들을 사로잡아 간 자 앞에서 그들로 불쌍히 여김을 얻게 하사 그 사람들로 그들을 불쌍히 여기게 하옵소서"(왕상 8:35-36, 44-50). 하나님은 지금도 여전히 동일하시다. "세대"의 바뀜은 그분의 본성에 아무런 변화도 일으키지 않으며, 어떤 식으로도 그분의 거룩한 요구들을 완화시키지 않는다. 그분에게는 "변함도 없으시고 회전하는 그림자도 없으시다"(약 1:17).

여호와를 힘입음의 의미

"그의 하나님 여호와를 힘입고 용기를 얻었더라." 이 말씀에 전제된 것이 무엇인지 밝혔으니 이제 잠시 이 말씀 자체가 무엇을 의미하는지 생각해 보자. 타락한 성도에게 죄를 일깨워주시는 성령께서는 그 성도 안에서 역사하셔서 그로 하여금 진지한 회개에 이르게 하시고 하나님을 향해 솔직하고 거리낌 없이 자신의 죄를 고백하게 하실 뿐 아니라, 또한 그가 하나님의 풍성한 자비에 대한 새로운 인식을 얻어 그분의 복된 약속을 믿고 강건해지게 하시고 또 그에게 자신의 변함없는 신실하심(요일 1:9)을 상기시켜 주신다. 그러므로 통회하는 자는 하나님의 무한한 은혜 안에서 쉼을 얻고, 하나님과의 교제를 회복한 자는 그분의 완전하심 안에서 용기를 얻는다. 그러므로 성령께서는 죄를 숨기라는 사탄의 조언으로부터 성도를 구해내실 뿐 아니라, 또한 자기 죄에 대해 유죄 판결을 받은 성도를 절망에 빠뜨리려는 사탄의 시도로부터도 그를 구해내신다.

"그의 하나님 여호와를 힘입고 용기를 얻었더라." 이것은 다윗이 하나님이 그리스도 안에서 자기와 맺으셨던 영원한 언약, 즉 그를 "만사에 구비하고 견고하게 하셨던"(삼하 23:5) 언약을 새롭게 바라보았음을 의미한다. 또 이것은 그가 자신을 향한 하나님의 과거의 선하심과 자비하심을 상기했음을 의미한다 — 이것은 그의 마음에 현재와 미래에 대한 확신을 주었을 것이다. 또 이것은 그가 여호와의 전능하심에 대해 숙고했음을 의미한다 — 그로 인해 그는 그분에게는 어떤 일도 어렵지 않고, 그분은 악한 일을 뒤엎어 선한 일로 만드실 수 있고, 더러운 것에서 깨끗한 것을 만들어내실 수 있으므로, 만약 자신이 그분의 전능한 힘을 의지한다면, 그 어떤 상황에서도 소망이 없지 않다는 것을 깨달았을 것이다. 또 이것은 그가, 비록 자신이 당면하고 있는 문제가 어떻게 해소될지는 모르지만, 자기를 안전하게 왕좌에 올리시겠다는 하나님의 약속을 기억하고, 하나님 안에 희망이 있음을 의심하지 않고, 그분이 자기를 위해 수행하시는 일을 확신을 갖고서 의지했음을 의미한다. 오, 그리스도인 독자들이여, 우리는 곤경에 처해 어찌할 바를 모를 때라도 결코 믿음을 잃지 말아야 한다. 당신의 영혼과 하나님 사이의 모든 일이 올바른 상태가 되도록 유의하라. 그리고 하나님의 충분하심을 신뢰하라.

모든 상황이 그에게 불리하게 되었을 때 비로소 다윗의 믿음이 움직이기 시작했다. 그는 결코 자기를 실망시키신 적이 없는, 그러나 자신이 안타깝게도 등을 돌렸던 분을 향해 돌아섰다. 아, 믿음의 시련은 그것이 아무리 무겁더라도 복되다. 그 시련 속에서 겪는 실망은 그것이 아무리 비통할지라도 값지다. 인내하면서 하나님을 향해 돌아서는 것은 다시 축복의 장소로 돌아가는 것을 의미한다. 다윗에게는 시글락의 황량한 폐허의 한 가운데서 위협적인 폭도들에게 둘러싸였던 것이 하나님의 백성들과 맞서 싸우는 블레셋 사람들의 진영에 남아 있는 것보다 좋은 일이었다. 훨씬 좋은 일이었다. 우리는 비통한 실망이 무엇을 의미하는지 알고 있지 않은가? 또 우리는 그런 실망의 한가운데서 우리를 치셨던 분을 향해 돌아서고 그분 안에서 용기를 얻은 적이 있지 않은가? 그렇다면, 우리는 다윗과 더불어 다음과 같이 말할 수 있으리라. "고난당하기 전에는 내가 그릇 행하였더니 이제는 주의 말씀을 지키나이다"(시 119:67).

오, 주님께서 고통스럽게 낙심하고 있는 자들에게, 즉 더이상 하나님의 얼굴을 뵙는 즐거움을 누리지 못하고 오히려 그분의 찌푸린 얼굴 밑에서 주눅 들어 있는 자들에게 이 장에 실려 있는 교훈을 알려 주시기를! 지금 당신은 슬픔과 낙심에 압도당해 있을 수 있다. 그러나 당신이 하나님 안에서 도움을 발견하지 못할 만큼 심각한 상황은 없다. 의로우심 때문에 당신에게 그런 슬픔을 보내신 분은 하나님이시다. 그러므로 그분의 강한 팔 아래에서 몸을 낮추고 자신의 죄를 시인하라. 그리고 그분의 풍성한 자비와 위로의 약속에 의지해 쉼을 얻기 위해 은혜를 간구하라. 소망이 시들어 버린 폐허의 한 가운데서 믿음이 솟아나는 것은 복된 일이다. 우리 앞에 놓인 본문의 내용은 다윗의 삶에서 전환점을 이룬다. 당신의 삶에서도 그렇게 되기를 바란다. "네 짐을 여호와께 맡기라 그가 너를 붙드시고 의인의 요동함을 영원히 허락하지 아니하시리로다"(시 55:22).

오, 독자들이여, 당신이 신자이든 비신자이든, 당신에게 선을 행하시고 당신의 고민을 해결해 주시고 당신의 마음에서 짐을 덜어

주시고 당신의 삶에 복을 가져다주실 분은 하나님 한분뿐이다. 만약 당신이 그분 앞에서 자신을 낮추고 자신의 뜻을 좇았던 것을 탄식하고 그런 일로부터 돌아서기를 거부한다면, 당신은 당신 자신에게 가장 큰 적이 될 것이고, 자신에게 주어진 자비를 저버리는 셈이 될 것이다. 그러나 만약 당신이 그분 앞에서 무릎을 꿇고 자신의 악함에 대해 회개하고 그분의 뜻을 따라 살기 위해 은혜를 간구한다면, 당신은 용서와 평화와 기쁨을 맛보게 될 것이다. 당신이 과거에 아무리 안타깝게 실패했고 당신이 받은 빛과 은혜를 얼마나 더럽혔을지라도, 당신이 주님 앞에서 마음을 찢고 그 모든 잘못을 시인하기만 한다면, 주님은 기꺼이 당신을 용서하실 것이다.

회개의 결과

"다윗이 아히멜렉의 아들 제사장 아비아달에게 이르되 원하건대 에봇을 내게로 가져오라 아비아달이 에봇을 다윗에게로 가져가매 다윗이 여호와께 묻자와 이르되 내가 이 군대를 추격하면 따라잡겠나이까 하니"(삼상 30:7-8a). 여기에서 우리는 다윗이 하나님을 향해 돌아섬으로써 나타난 첫 번째 결과를 보게 된다. 성령께서 다윗과 여호와 사이에서 은밀하게 일어났던 일에 대해 침묵하시는 것—마치 그분이 그리스도와 베드로의 숨겨진 만남에 대해 그렇게 하시는 것처럼(고전 15:5)—에 주목하는 것은 복되다. 그러나 성령께서는 다윗이 여호와를 힘입어 용기를 얻었다고 말씀한 후 이제 그의 행동에서 일어난 변화를 보여 주신다. 성경에는 다윗이 아기스에게 갈 때(삼상 27:2) 하나님께 조언을 구했다는 내용이 나오지 않는다. 그러나 이제 그는 하나님과의 복된 교제를 회복했고, 하나님의 지침을 묻지 않고는 한 걸음도 앞으로 나아가려고 하지 않고 있다.

본문 7-8절에 기록된 말씀은 참으로 복되다. 모세는 이스라엘의 지도자와 관련해 다음과 같은 사항을 법으로 정해 놓았다. "제사장 엘르아살 앞에 설 것이요 엘르아살은 그를 위하여 우림의 판결로써 여호와 앞에 물을 것이며 그와 온 이스라엘 자손 곧 온 회중은 엘르아살의 말을 따라 나가며 들어올 것이니라"(민 27:21). 그리고 다윗은 그 법을 따라 제사장에게 자신이 이 긴급한 상황에서 어떻게 행동해야 할지에 대해 여호와의 마음을 알아봐 줄 것을 요구했다. 이것을 통해 우리는 우리가 하나님의 계시된 뜻에 순종하는 것이야말로 하나님과 우리의 교제가 회복되었음을 보여 주는 최상의 증거임을 알 수 있다. 그것은 당연한 것이라 할 수 있다. 왜냐하면 자기가 사랑하는 대상을 기쁘게 해주기를 바라는 것이야말로 사랑의 본성이기 때문이다. 그러므로 당신과 하나님의 관계를 당신의 감정이나 말로써가 아니라 당신이 얼마나 그분께 실제적으로 순종하고 있는지 또 얼마나 그분을 의지하며 살아가고 있는지를 기준 삼아 판단해 보라.

여기에서 다윗의 마음에 임한 하나님의 은혜가 그의 육신의 조급함을 어떻게 극복하는지 주목해 보자. 다윗의 단순한 본성은 그에게 서둘러 아말렉 사람들을 쫓아가 아직 살아 있을지 모르는 여자와 아이들을 구해내는 것이야말로 그가 취할 수 있는 최상책이라고 촉구했을 것이다. 그러나 지금 다윗은 충동적인 자기 확신에서 건짐을 받은 상태였고, 그의 영혼은 다시 한 번 "젖 뗀 아이"(시 131:2)처럼 되어 있었다. 이제는 하나님이 그의 삶의 모든 상세한 것들을 결정하실 것이다. 아, 우리들 대부분은 삶의 곁길에서 여러 가지 어려운 일들을 겪은 후에야 비로소 이런 상태에 이른다. 그러므로 우리가 육신의 모든 격정적인 분주함을 가라앉히고 하나님이 우리의 모든 발걸음을 이끌어주시기를 바란다면, 그것은 우리에게 참으로 좋은 일이다. 그때 우리의 삶은 아주 빠르게는 아닐지라도 분명히 나아질 것이다. 또한 그때 주님은 우리에게 손을 펼치셔서 우리를 진정시켜 주실 것이고, 우리로 하여금 오직 그분만을 바라고 그분 안에서만 쉼을 얻게 하실 것이다.

27

아말렉 사람들을 추격함

사무엘상 30장

　이제 다윗이 자기와 하나님 사이의 문제를 정상적으로 돌려놓고 여호와를 힘입어 용기를 얻음으로써 초래한 복된 결과들을 살펴보자. 앞 장 말미에서 우리는 다윗이 하나님께 돌아간 것으로 인해 나타난 첫번째 결과가 제사장에게 에봇을 가져오게 하고 그를 통해 여호와께 자신이 시글락을 불태우고 여자와 아이들을 사로잡아간 자들을 추격할지 여부를 물었던 것이었음을 보았다. 이것은 마음의 참된 변화가 있는 곳에서 늘 작동하는 한 가지 원리를 예시해 준다. 그 원리란, 우리가 자신의 지혜와 강함을 포기하고 하나님의 도우심과 인도하심을 간구하는 것이다. 이것을 통해 우리는 우리 자신의 영혼의 상태를 점검하고 우리가 참으로 하나님과 동행하고 있는지 여부를 알 수 있다. 신앙을 포기하는 것과 독립적 정신을 갖는 것은 늘 함께 일어난다. 반대로 하나님과의 교제와 그분에게 의지하는 것은 결코 분리되지 않는다.

앞 장에서 지적했듯이, 모세는 이스라엘 지도자가 제사장 앞에 서고 제사장은 그를 위해 하나님께 그가 나가서 싸울지 말지를 묻는 것을 법으로 정해 놓았다(민 27:21). 마찬가지로 오늘날의 성도들 역시 "네 길을 여호와께 맡기라"(시 37:5)는 명령을 받고 있다. 우리는 큰일에서든 작은 일에서든 먼저 하나님의 인도하심을 얻지 않고는 한 걸음도 내디뎌서는 안 된다. "너희 중에 누구든지 지혜가 부족하거든 모든 사람에게 후히 주시고 꾸짖지 아니하시는 하나님께 구하라 그리하면 주시리라"(약 1:5). 우리가 위로부터 오는 지혜를 구하지 않는 것은 곧 자기 뜻을 따라 행동하는 것을 의미한다. 그러나 우리가 진실된 마음으로 그리고 간절히 그 지혜를 구하는 것은 우리가 하나님을 기쁘게 해드리기를 바라며 그분께 순종하고 있음을 보여준다.

"너는 범사에 그를 인정하라"(잠 3:6a), 만약 우리가 충실하게 그렇게 한다면, 그때 우리는 "그리하면 네 길을 지도하시리라"는 말씀을 온전하게 확신하게 될 것이다(6b절). 다윗이 가드 땅에서 피난처를 구했을 때 심각한 문제에 빠졌던 것은 그가 자신의 문제에 관해 하나님께 묻지 않았기 때문이었다. 그러나 이제 그는 제사장을 통해 자신의 문제에 관해 하나님께 묻고 있다. "내가 이 군대를 추격하면 따라잡겠나이까"(삼상 30:8a). 이것은 참으로 복되다. 우리가 그를 모방할 수 있기를 바란다. 왜냐하면 자신의 불신앙과 어리석음의 결과들을 없애려는 우리의 인간적인 노력은 우리로 하여금 하나님의 징계를 초래했던 길을 계속해서 걸어가게 할 뿐이고, 그것은 분명히 더 큰 실망으로 끝날 수밖에 없기 때문이다. 그런 경우에 우리는 "너희는 가만히 있어 내가 하나님 됨을 알지어다"(시 46:10)라는 말씀에 유의할 필요가 있다. 우리가 자기 자신을 가차 없이 심판하는 것, 그리고 우리를 자신의 길로 이끌기 위해 우리의 등을 내리치셨던 하나님의 손길을 인정하는 것이야말로 회복을 위한 유일한 길이다. 그때에야 우리는 실망과 슬픔이 우리의 영혼에 복이 되었음을 분명하게 증거할 수 있을 것이다.

여호와의 응답

다윗의 물음에 대한 여호와의 응답은 말할 수 없이 귀하다. "여호와께서 그에게 대답하시되 그를 쫓아가라 네가 반드시 따라잡고 도로 찾으리라"(삼상 30:8b). "하나님의 은혜의 선하심과 완전하심을 보라. 그분의 응답에는 지체도, 은폐도, 모호함도 없었다. 그분은 다윗이 여쭸던 것에 대한 대답 이상의 말씀을 주셨다. 다윗은 자기가 그들을 추격해도 좋을 뿐 아니라 빼앗겼던 모든 것을 도로 찾으리라는 말씀을 들었다. 다윗의 영혼을 어둡게 짓눌렀던 슬픔의 구름이 한순간에 사라졌다. 고뇌가 기쁨으로 바뀌었다. 동료들로부터 죽음의 위협을 당하던 자가 갑자기 여호와 하나님의 명예로운 종이 되어 다시 그들 앞에 섰다. 여호와께서는 그에게 적을 쫓아가 정복하라고 명령하셨다. 그는 적을 쫓아갔고, 모든 것이 여호와의 말씀대로 이루어졌다"(B. W. Newton).

"이에 다윗과 또 그와 함께 한 육백 명이 가서"(삼상 30:9a). 이 구절이 갖고 있는 힘은 우리가 본문 6절에 나오는 "백성들이 자녀들 때문에 마음이 슬퍼서 다윗을 돌로 치자 하니 다윗이 크게 다급하였으나"라는 구절을 상기할 때만 제대로 인식되고 이해될 수 있다. 이 얼마나 큰 변화인가! 다윗의 사람들의 적대감은 잦아들었고, 그들은 다시 자기들의 지도자를 따를 마음을 갖게 되었다. 여기에서 우리는 다윗이 영적으로 변화되고 여호와를 힘입어 용기를 얻음으로써 나타난 세 번째 결과를 보게 된다. 먼저 그는 하나님의 명령에 순종하고 그분의 인도하심을 구했다. 그후 그는 즉시 은혜로운 응답을 받았고, 여호와께서는 그에게 그가 그토록 바라던 확신을 허락해 주셨다. 그리고 이제 하나님의 능력이 다윗의 사람들의 마음에 임해 그들의 반란을 잠재우고 그들로 하여금, 비록 지치고 탈진한 상태였음에도, 그와 더불어 서둘러 아말렉 사람들을 뒤쫓게 했다. 오, 독자들이여, 그러니 하나님과 올바른 관계를 맺지 못할 때 우리는 도대체 얼마나 많은 것을 잃어버리는 셈인가!

"이에 다윗과 또 그와 함께한 육백 명이 가서." 바로 이것이 다윗이 제사장을 통해 하나님으로부터 받은 말씀에 대한 그의 응답이었다. 그는 휴식도 취하지 않은 채 즉시 아말렉 사람들을 뒤쫓기 시작했다. 지치고 약해져 있었음에도 이제 다윗은 또다시 새로운 행군을 시작할 힘을 얻었다. 성경에 "오직 여호와를 앙망하는 자는 새 힘을 얻으리니 독수리가 날개치며 올라감 같을 것이요 달음박질하여도 곤비하지 아니하겠고 걸어가도 피곤하지 아니하리로다"(사 40:31)라고 기록되어 있지 않은가? 지금이 그러했다. 만약 우리가 진실로 주님이 우리를 영적으로 인도해 주시기를 바라고 우리의 그런 마음을 그분께 겸손하고 진실하게 아뢴다면, 그 즉시 우리의 속사람이 새로워질 것이고, 우리는 그분이 명령하시는 길을 따를 힘을 얻게 될 것이다.

믿음의 증거

"브솔 시내에 이르러 뒤떨어진 자를 거기 머물게 했으되"(삼상 30:9b). 이것은 우리에게, 설령 우리가 하나님의 계시된 뜻을 따르고

자 할지라도, 모든 것이 필연적으로 순탄하게 진행되지는 않는다는 것을 가르쳐 준다. 우리는 순종의 길을 갈 때조차 수많은 어려움과 장애물을 만날 준비를 해야 한다. 다윗이 시글락의 폐허에서 일어섰던 것은 그가 여호와로부터 받은 말씀에 대한 믿음 때문이었다. 그럼에도 그 믿음은 시험을 받아야 했다. 이제 다윗은 심각한 시련에 처했다. 다윗의 사람들 중 많은 이들이 앞선 여행으로 인한 피로와 그들이 목격한 슬픈 광경으로 인한 낙심 때문에 마음으로는 원했음에도 더이상 행군을 계속할 수가 없었다. 그로 인해 그는 2백 명이나 되는 사람들을 브솔 시내 곁에 머물게 해야 했다.

"곧 피곤하여 브솔 시내를 건너지 못하는 이백 명을 머물게 했고 다윗은 사백 명을 거느리고 쫓아가니라"(삼상 30:10). 자기 사람들의 상태를 이해했던 다윗은 더이상 자기를 따를 만한 힘이 없는 자들을 억지로 내몰려 하지 않았다. 이것은 우리의 영웅이 다시 하나님과 교제하고 있음을 보여 주는 추가적인 증거였다. 왜냐하면 여호와께서는 우리의 체질을 아시고 우리가 먼지에 불과한 존재임을 기억하시기 때문이다(시 103:4). 아, 그분의 이름을 고백하는 자들 중 얼마나 많은 이들이 이 사실을 잊는가! 그러나 비록 동료의 수가 삼분의 일로 줄어들었음에도, 또 본문 16절이 분명히 암시하듯이 그들의 수가 아말렉 사람들의 수에 훨씬 못 미쳤음에도, 다윗은 무조건 하나님의 말씀을 의지했고 계속해서 전진했다.

하나님의 섭리적 개입

"무리가 들에서 애굽 사람 하나를 만나 그를 다윗에게로 데려다가 떡을 주어 먹게 하며 물을 마시게 하고 그에게 무화과 뭉치에서 뗀 덩이 하나와 건포도 두 송이를 주었으니 그가 밤낮 사흘 동안 떡도 먹지 못하였고 물도 마시지 못하였음이니라 그가 먹고 정신을 차리매 다윗이 그에게 이르되 너는 누구에게 속하였으며 어디에서 왔느냐 하니 그가 이르되 나는 애굽 소년이요 아말렉 사람의 종이더니 사흘 전에 병이 들매 주인이 나를 버렸나이다 우리가 그렛 사람의 남방과 유다에 속한 지방과 갈렙 남방을 침노하고 시글락을 불살랐나이다 다윗이 그에게 이르되 네가 나를 그 군대로 인도하겠느냐 하니 그가 이르되 당신이 나를 죽이지도 아니하고 내 주인의 수중에 넘기지도 아니하겠다고 하나님의 이름으로 내게 맹세하소서 그리하면 내가 당신을 그 군대로 인도하리이다 하니라"(삼상 30:11-15). 나는 이 구절들을 두 가지 측면에게 고찰할 것이다. 하나는 그것들이 우리가 위에서 살펴본 내용에 덧붙이는 내용이고, 다른 하나는 그것들이 포함하고 있는 복음과의 사랑스러운 유사성이다.

우리는 방금 인용한 구절들에서 다윗이 하나님과의 관계를 바로잡은 후 발생한 일곱 번 째 결과를 식별할 수 있을 것이다. 첫째, 그는 여호와를 힘입어 용기를 얻었다(6절). 둘째, 그는 하나님의 명령에 순종했고 하나님의 인도하심을 구했다(7, 8절). 셋째, 그는 자기의 길을 비춰 줄 빛과 하나님의 도우심에 대한 확신을 얻었다(8절). 넷째, 하나님의 능력이 그의 사람들의 마음에 임해 그들의 반란을 잠재웠다(9절). 다섯째, 그는 새로운 힘을 얻어 강하고 신속한 행군을 시작할 수 있었다(9절). 여섯째, 그는 하나님의 은혜로 인해 괴로운 믿음의 시련을 이겨낼 수 있었다(10절). 그리고 이제 우리는 여호와께서 모든 일이 다윗에게 도움이 되도록 섭리하시면서 얼마나 강력하게 다윗 편에 서셨는지 살펴 볼 것이다. 바로 이런 것들이, 만약 우리가 자신의 죄를 비난하거나 고백하지 않아 우리와 하나님 사이의 축복의 통로를 틀어막지만 않는다면, 우리가 확신을 갖고서 기대할 수 있는 하나님의 은혜의 몇 가지 측면들이다.

여기에서 하나님의 섭리의 놀라운 개입이 나타난다. 다윗은 아말렉 사람들을 뒤쫓고 있었다. 그리고 정황상 그는 아말렉 사람들이 어디로 갔는지 또 얼마나 멀리 갔는지 알지 못했던 것으로 보인다. 그러나 하나님은 아주 자연스러운 방식으로 그에게 필요한 정보를 제공하셨다. 다윗의 사람들은 들에서 병들고 굶주린 사람 하나를 만났다. 그는 자기의 주인이었던 아말렉 사람에게서 잔인하게 버림 받은 애굽인 노예였다. 사람들이 그를 데려오자 다윗은 그에게 필요한 것들을 제공했다. 그 사람은 자신의 생명이 안전하리라는 확신을 얻자 다윗과 그의 사람들을 아말렉 사람들이 진 친 곳까지 안내하기로 동의했다. 이제 하나님이 다윗을 위해 행하신 이 놀랍고도 비밀스러운 섭리와 그 섭리를 구성하는 몇 가지 요소들을 살펴보자.

첫째, 하나님은 지고한 주권으로 이 애굽인 노예가 병들게 하셨다(13절). 둘째, 그의 주인이 아주 비인간적으로 행동하게 하셨다. 즉 그가 길가에서 죽도록 방치한 채 떠나게 하셨다(13절). 셋째, 다윗의 사람들의 마음을 움직여 그를 살려 주게 하셨다(11절). 넷째, 그 노예는 아말렉 사람이 아니라 애굽인이었다(11절). 만약 그가 아말렉 사람이었다면, 다윗의 사람들이 그를 죽였을 것이다(신 25:19). 다섯째, 다윗이 그에게 자비를 베풀게 하셨다(11절). 여섯째, 그에게 제공된 음식이 아주 빨리 그를 소생시키게 하셨다(12절). 일곱째, 그가 다윗의 질문에 흔쾌히 대답하게 하셨고 그를 아말렉 사람들의 진영까지 인도하게 하셨다. 그리고 무엇보다 이런 일곱 가지 요소들 각각이 결합하도록 하셨다. 만약 그렇지 않았더라면 결과는 달라졌을 것이다. 하나님은 "모든 것이 합력하여"(롬 8:28) 다윗에게 유익이 되게 하셨다. 그분은 우리를 위해서도 그렇게 하신다. 그분의 섭리는 매일 우리를 위해 놀랍게 역사한다.

복음과의 유사성

이제 다른 측면에서 이 구절들(삼상 30:11-15)에 접근해 보자. 우리는 그 안에서 죄인이 그리스도에 의해 구원을 받는 것에 대한 아름다운 설명을 발견할 수 있다. 이 사랑스러운 설명 안에는 여러 가지 분명한 메시지들이 들어 있다. 여기에서는 그것들을 간략하게만 지적하기로 하겠다.

1. 그의 시민권. "무리가 들에서 애굽 사람 하나를 만나"(11절). 성경에서 애굽은 세상, 즉 중생하지 못한 자들이 속해 있고 그런 이들이 그 안에서 만족을 추구하는 세상에 대한 상징이다. 누군가 말했듯이, "그 도시는 가인 시대에 시작되었다. 즉 그 도시는 가인이 '여호와 앞을 떠나서' [창 4:16], 그와 그의 후손들이 도시들을 세우고, 놋과 철로 기지가 넘치는 물건들을 고안하고, 악기들을 만들고, 하나님을 잊은 채 좋은 시간을 가졌을 때 시작되었다. 그리고 그 도시는 오늘날까지 계속되고 있다. 애굽 땅은 이것을 상징한다. 그곳에서는 사탄의 예표인 바로가 다스리며 폭정을 행하고 있다."

2. 그의 끔찍한 상황. "사흘 전에 병이 들매"(13절). 타락한 아담의 모든 후손들의 상태가 그러하다. 중생하지 못한 자들 안에서는 끔찍한 질병이 발생한다. 그 질병은 죄다. 그리고 "죄가 장성한즉 사망을 낳는다"(약 1:15). 사람에게서 그의 원래의 아름다움을 빼앗아가는 것은 죄다. 죄는 우리의 총명을 어둡게 하고, 우리의 마음을 부패케 하고, 우리의 뜻을 왜곡시키고, 하나님을 향해 움직이는 우리의 모든

능력을 마비시킨다. 그러나 이 애굽인은 절망적일 만큼 병들어 있었을 뿐 아니라, 또한 굶주리고 있었다. 그는 삼일 동안 아무것도 먹거나 마시지 못했다. 그는 "나는 여기서 주려 죽는구나"(눅 15:17) 하고 부르짖을 만했다.

3. 그의 안타까운 상황. "주인이 나를 버렸나이다"(13절). 그는 노예였다. 그리고 그의 주인은 그가 더 이상 소용이 없게 되자 매정하게 그를 버리고 떠났다. "이것이 마귀가 그의 하수인들을 다루는 방식이다. 그는 할 수 있는 한 그들을 도구로 이용한다. 그러나 더이상 그들을 이용할 수 없으면 그들을 그들의 어리석음 속에 버려 둔 채 떠난다. 마귀는 유다를, 그리고 그 이전과 이후의 수많은 다른 이들을 그렇게 다뤘다"(C. Knapp).

4. 그의 구원. "그를 다윗에게로 데려다가"(11절). 의심할 바 없이 그는 너무 약했고 병들어 있었기에 혼자서는 다윗에게 올 수 없었다. 또 설령 그럴 만한 힘이 있었더라도, 그는 결코 그 힘을 사용하지 않았을 것이다. 왜냐하면 다윗은 그에게 아주 낯선 자였기 때문이다! 중생하지 못한 죄인들과 다윗이 예표하는 복된 분 사이의 관계도 마찬가지다. 그렇기에 그리스도께서는 다음과 같이 말씀하신다. "나를 보내신 아버지께서 이끌지 아니하시면 아무도 내게 올 수 없으니"(요 6:44). 하나님이 택하신 자들은 모두 성령에 의해 그리스도께

이끌린다.

5. 그의 구원자. 의심할 바 없이 이 반쯤 죽은 애굽인은 하나님의 마음에 맞는 자 앞으로 실려 왔을 때 아주 처참한 모습이었을 것이다. 그러나 그의 이런 처참한 모습이 다윗의 동정심을 유발했다. 구주께서도 마찬가지다. 우리의 죄가 우리를 아무리 심하게 파괴했을지라도, 그것이 우리를 아무리 혐오스럽게 만들었을지라도, 그리스도께서는 그분의 아버지가 그에게 이끄신 자들을 받아들이고 그들에게 친절을 베푸는 일을 거부하지 않으신다.

6. 그가 받은 환대. "떡을 주어 먹게 하며 물을 마시게 하고 그에게 무화과 뭉치에서 뗀 덩이 하나와 건포도 두 송이를 주었으니"(11-12절). 그리스도 안에 쌓여 있는 하나님의 은혜의 이런 측면은 매우 귀하다. 성령에 의해 그분께 이끌린 자들 중 빈손으로 돌아갈 사람은 아무도 없다. 이것은 우리에게 탕자 아들이 받았던 아버지의 환대와 풍성한 잔치상을 떠올리게 한다.

7. 그의 고백. 다윗이 그에게 그가 누구에게 속해 있으며 어디에서 왔는지 물었을 때, 그는 솔직하게 그리고 즉각 대답했다. "나는 애굽 소년이요 아말렉 사람의 종이었습니다"(13절). 이것은 택함을 받은 죄인이 그리스도께 이끌려와 빵과 생수를 제공 받은 후 취해야 할

적절한 자세를 놀랍게 예시한다. 그는 자기가 본래 누구였으며 지금 자기가 누구인지 솔직하게 밝혀야 한다., "만일 우리가 우리 죄를 자백하면 그는 미쁘시고 의로우사 우리 죄를 사하시며 우리를 모든 불의에서 깨끗하게 하실 것이요"(요일 1:9).

8. **그의 의무.** "다윗이 그에게 이르되 네가 나를 그 군대로 인도하겠느냐 하니"(15절). 이 구절에서 우리는 다윗이 자기가 친절을 베푼 자에게 자신의 요구를 표현하는 방식을 볼 수 있다. 다윗이 그에게 직설적인 명령이 아니라 호소의 형식으로 말하고 있음에 주목하는 것은 복되다. 마찬가지로 신자들을 향한 그분의 말씀 역시 다음과 같다. "그러므로 형제들아 내가 하나님의 모든 자비하심으로 너희를 권하노니 너희 몸을 하나님이 기뻐하시는 거룩한 산 제물로 드리라 이는 너희가 드릴 영적 예배니라"(롬 12:1).

9. **그의 확신에 대한 갈망.** "그가 이르되 당신이 나를 죽이지도 아니하고 내 주인의 수중에 넘기지도 아니하겠다고 하나님의 이름으로 내게 맹세하소서 그리하면 내가 당신을 그 군대로 인도하리이다 하니라"(15절). 자기가 옛 주인에게 돌려보내지지 않으리라는 확신을 얻기 전까지는 새로운 주인을 섬기는 기쁨이 있을 수 없다. 그러므로 우리가 그리스도께서 그의 백성들을 다가오는 진노에서뿐 아니라 죄의 지배로부터도 구원하신다는 사실을 아는 것은 복되다.

10. 그의 감사. "그가 다윗을 인도하여 내려가니"(16절). 그는 이제 다윗의 관심사에 헌신한다. 그리고 다윗이 요구한 일을 행한다. 마찬가지로 그리스도인들은 다음과 같은 말씀을 듣는다. "우리는 그가 만드신 바라 그리스도 예수 안에서 선한 일을 위하여 지으심을 받은 자니"(엡 2:10). 오, 주님께서 우리가 중생하지 못했던 시절에 죄와 사망을 섬겼던 것처럼 열심히 그리스도를 섬길 수 있도록 우리에게 은혜를 베풀어 주시기를!

28

잃은 것을 되찾음

사무엘상 30장

"그가 다윗을 인도하여 내려가니 그들이 온 땅에 편만하여 블레셋 사람들의 땅과 유다 땅에서 크게 약탈하였음으로 말미암아 먹고 마시며 춤추는지라 다윗이 새벽부터 이튿날 저물 때까지 그들을 치매 낙타를 타고 도망한 소년 사백 명 외에는 피한 사람이 없었더라"(삼상 30:16-17). 앞 장에서 이야기를 끝냈던 지점으로 되돌아가 보자. 이 구절들은 우리가 앞에서 살펴보았던 일들의 엄중한 결과와, 그 일들의 다른 측면들을 제시해 준다.

아마도 아말렉 사람들은 이스라엘과 블레셋이 자기들과 멀리 떨어진 곳에서 싸우고 있다는 사실을 알았을 것이고, 따라서 다윗과 그의 사람들이 그곳에서 가드 왕을 돕고 있으리라고 추정했을 것이다. 그런 이유로 자기들이 안전하다고 생각했던 아말렉 사람들은 경솔하게 시글락을 침략했고, 적의 접근을 감시하기 위한 보초들조차 세우지 않은 채 자기들이 노획한 것들로 풍성한 잔치를 벌였다. 그들은 군대의 진영이라고 할 수도 없을 만큼 무질서하게 여기저기 무리를 이룬 채 아무렇게나 산개해 있었다. 결과적으로 다윗과 그의 소수의 병력은 발각되지 않은 채 그들에게 다가가 그들을 무섭게 학살할 수 있었다. "그들이 평안하다, 안전하다 할 그때에 임신한 여자에게 해산의 고통이 이름과 같이 멸망이 갑자기 그들에게 이르리니 결코 피하지 못하리라"(살전 5:3).

세상 사람들의 좋은 시간

병들어 버림을 받았다가 다윗에게 호의를 입은 애굽인이 그리스도로 인해 구원을 얻는 자들을 예표하듯이, 육체의 일에 탐닉했던 아말렉 사람들은 그리스도에 의해 멸망에 이를 부주의한 죄인들을 예표한다. 그것은 데살로니가후서 1장 7-9절에서 다음과 같이 엄중하게 선언된다. "주 예수께서 자기의 능력의 천사들과 함께 하늘로부터 불꽃 가운데에 나타나실 때에 하나님을 모르는 자들과 우리 주 예수의 복음에 복종하지 않는 자들에게 형벌을 내리시리니 이런 자들은 주의 얼굴과 그의 힘의 영광을 떠나 영원한 멸망의 형벌을 받으리로다." 또 성경에는 다음과 같은 말씀도 실려 있다. "보라 주께서 그 수만의 거룩한 자와 함께 임하셨나니 이는 뭇 사람을 심판하사 모든 경건하지 않은 자가 경건하지 않게 행한 모든 경건하지 않은 일과 또 경건하지 않은 죄인들이 주를 거슬러 한 모든 완악한 말로 말미암아 그들을 정죄하려 하심이라 하였느니라"(유 14-15).

그러나 하나님이 그분의 말씀을 통해 주신 말할 수 없을 만큼 엄중한 이런 경고들은 오늘날 그 말씀에 무관심한 채 사탄에 휘둘리고 있는 세상에 대해 별다른 제어의 효과를 발휘하지 못하고 있다. 대부분의 사람들은 마치 자기들에게 다가오고 있는 영원이 존재하지 않는 것처럼, 즉 자기들이 하나님 앞에 서서 자기들이 행한 모든 일들에 대해 해명하고 그 행위를 따라 심판 받을 날이 없는 것처럼 살아가고 있다. 그들은 이생의 삶이 얼마나 짧고 불확실한지 잘 알고 있다. 그들의 동료들이 자주 죽음의 손에 이끌려 그들 곁을 떠나간다. 하지만 그런 일조차 그들에게 아무런 지속적인 혹은 진지한 인상을 남기지 않는다. 오히려 그들은 하나님의 위협에 대해 마음을 강퍅하게 하고, 양심의 목소리에 귀를 틀어막고, 그들이 기독교인 친구들이나 하나님의 종들을 통해 받는 간청이나 충고들을 무시하면서 계속 쾌락을 추구하는 혼란스러운 삶을 살아나갈 뿐이다.

오, 지금 우리가 고찰하고 있는 구절에서 제시되는 어두운 광경은 이 세상의 삶의 모습과 얼마나 비극적으로 맞아떨어지는가! 아말렉 사람들은 아무 근심 없이 "먹고 마시고 춤췄다"(삼상 30:16). 그들은 자기들이 안전하다고 착각하면서 이 타락한 세대의 젊은이들이 "좋은 시간"(good time)이라고 부르는 일에 빠져들었다. 그들에게는 먹을 음식이 충분했다. 그러니 왜 그들이 육신의 욕망을 거부해야 하겠는가? 그들은 이웃을 약탈하는 데 성공했다. 그러니 왜 그들이 그 성공을 축하하고 좋은 시간을 갖지 말아야 하겠는가? 모두가 한껏 기분이 좋았다. 그러니 왜 그들이 노래하고 웃지 말아야 하겠는가? 그렇다, 오늘날 수많은 사람들이 행하는 치명적인 추론이 이와 유사하다. 그러나 그것의 두려운 결과에 주목하라. "다윗이 새벽부터 이튿날 저물 때까지 그들을 쳤다"(삼상 30:17). 아, 그들의 안전이란 그 정도의 가치밖에 없었다!

애굽인 노예가 얻은 구원

다윗은 가련한 애굽인에게 호의를 베풀었을 때처럼 아말렉 사람들을 죽이는 일에서도 그리스도의 예표가 되었다. 아, 독자들이여, 자신의 주님으로서의 그리스도께 순종하고 자신의 구속주로서의 그리스도를 신뢰하는 자들은 훗날 틀림없이 그분을 경멸하고 거부하는 자들을 심판하고 파멸시키게 될 것이다. 그날 그리스도는 다음과 같이 말씀하실 것이다. "내가 왕 됨을 원하지 아니하던 저 원수들을 이리로 끌어다가 내 앞에서 죽이라"(눅 19:27). 그날 당신의 형편은 어떠할 것인가? 이 질문에 대한 대답은 당신이 참으로 그분을 당신을 가르치는 선지자(Prophet)로, 당신의 죄를 보속하는 제사장(Priest)으로, 당신의 마음과 삶을 지배하고 다스리는 왕(King)으로 받아들였는지 여부에 따라 결정될 것이다. 만약 당신이 아직 그렇게 하지 않았다면, 그분과 맞서 싸우려고 손에 쥐었던 무기를 내려놓고 그분께 전적으로 항복하면서 위로부터 오는 은혜를 구하라.

"그 애굽인 젊은이는 아말렉 사람들에게 이를 때 다윗과 함께 있었다. 한때 그는 그들 편에 속해 있었고 그들 중 하나였다. 만약 그가 그들과 분리되지 않았더라면, 그는 분명히 그들과 운명을 같이 했을 것이다. 회개하지 않는다면, 당신은 이미 오래 전에 심판이 끝나 있는 [벧후 2:3] 죄인들의 세상의 일원인 셈이다. 하나님의 복수가 그 세상과 함께 당신을 파멸시키기 전에 그 세상으로부터 돌아서라. 하나님은 그 세상을 오래 참아 주셨다. 기독교계의 죄악은 하늘을 찔렀고 복수를 부르고 있다. 그리스도는 당신의 유일한 피난처다. 지금 그에게 나아오라. 그러면 당신은 방주에 탄 노아나 산 위의 롯처럼 세상을 휩쓰는 폭풍으로부터 안전할 것이다. 그 애굽인 젊은이처럼 당신은 심판의 폭풍이 닥치기 전에 세상에서 빼냄을 받을 것이다. 당신은 그리스도와 함께 그리고 그분이 세상을 심판하고

멸하러 오실 때 그분을 수행하는 수많은 거룩한 사람들 중에 있게 될 것이다"(C. Knapp).

되찾음

이제 우리의 이야기로 돌아가 그것이 오늘날의 그리스도인들에게 제공하는 실제적 교훈을 살펴보도록 하자. "그가 다윗을 인도하여 내려가니 그들이 온 땅에 편만하여 블레셋 사람들의 땅과 유다 땅에서 크게 약탈하였음으로 말미암아 먹고 마시며 춤추는지라"(삼상 30:16). 우리는 다윗에게 호의를 입은 애굽인 젊은이가 다윗과 그의 사람들을 얼마나 멀리 인도해 갔는지 알지 못한다. 그러나 아마도 그것은 상당히 긴 거리였을 것이다. 그들은 앞선 행군으로 인한 피로에도 불구하고 불가사의한 힘을 발휘해 또다시 격렬한 행군을 해야 했을 것이다. 그것은 하나님이 아무렇게나 버려졌던 가련한 애굽인을 아말렉 사람들에 대한 심판의 도구로 사용하셨던 것만큼이나 불가사의한 일이었다.

"다윗이 새벽부터 이튿날 저물 때까지 그들을 치매 낙타를 타고 도망한 소년 사백 명 외에는 피한 사람이 없었더라 다윗이 아말렉 사람들이 빼앗아 갔던 모든 것을 도로 찾고 그의 두 아내를 구원하였고 그들이 약탈하였던 것 곧 무리의 자녀들이나 빼앗겼던 것은 크고 작은 것을 막론하고 아무것도 잃은 것이 없이 모두 다윗이 도로 찾아왔고"(삼상 30:17-19). 여기에 이 장의 앞선 구절들에 기록된 사건들의 복된 결과가 나온다. 이것은 지금 다윗의 마음이 여호와를 향해 온전한 상태에 있음을 보여 주는 얼마나 큰 증거인가! 여호와께서는 다윗이 행한 노력에 큰 성공을 허락하심으로써 자신이 다윗을 위해 얼마나 강력하게 행동하고 계신지를 아주 분명하게 보여 주셨다. 아, 우리가 죄를 털어내고 용서를 얻고 주님의 인도를 따라 행동할 때, 우리는 전에 우리 자신의 어리석음 때문에 잃어버렸던 것을 고스란히 되찾게 될 것이다.

"다윗이 또 양떼와 소떼를 다 되찾았더니 무리가 그 가축들을 앞에 몰고 가며 이르되 이는 다윗의 전리품이라 하였더라"(삼상 30:20). 이 구절이 갖고 있는 표면상의 모호함은 본문 16절에 있는 말씀을 되돌아본다면 쉽게 해소될 수 있다—아말렉 사람들은 시글락을 치기 전에 다른 여러 지역을 성공적으로 급습한 바 있었다. 다윗과 그의 사람들은 탈취한 전리품을 나눴다. 그리고 다윗은 아말렉 사람들이 블레셋과 유다 땅에서 취한 양떼와 소떼를 자신의 몫으로 주장했다. 그가 그것들을 얼마나 귀하게 사용했는지에 대해서는 잠시 후에 살펴볼 것이다.

의로운 지도자

"다윗이 전에 피곤하여 능히 자기를 따르지 못하므로 브솔 시내에 머물게 한 이백 명에게 오매 그들이 다윗과 그와 함께 한 백성을 영접하러 나오는지라 다윗이 그 백성에게 이르러 문안하매"(삼상 30:21). 여기에서 "브솔 시내에 머물게 한"이라는 표현은 그 피곤에 지친 사람들이 계속해서 다윗을 따르기를 간절히 바랐음에도 그렇게 하지 못하도록 강제되었던 것임을 분명하게 보여 준다. 또한 이것은 우리에게 모든 그리스도인들이 주님을 따르는 일에서 동등하게 강한 것은 아님을 보여 준다(요일 2:13 참고). 이 구절에 등장하는 "문안하다"라는 말에 해당하는 히브리어는 "그가 그들에게 평안하느냐고 물었다"를 의미한다. 즉 그가 그들의 안녕을 염려하며 그동안 어떻게 지냈느냐고 물었다는 의미다. 비록 우리 그리스도인들 모두가 영적으로 동일하게 강건하지는 않을지라도, 우리 모두는 그리스도께 동일하게 소중한 사람들이다.

"다윗과 함께 갔던 자들 가운데 악한 자와 불량배들이 다 이르되 그들이 우리와 함께 가지 아니하였은즉 우리가 도로 찾은 물건은 무엇이든지 그들에게 주지 말고 각자의 처자만 데리고 떠나가게 하라 하는지라"(삼상 30:22). 하나님으로부터 가장 큰 은혜를 받은 무리 중에도 이기적인 자들, 즉 그분의 친절하심과 은혜에 대해 감사하기는커녕 자신들만 잘 먹고 잘 살기 위해 동료들을 굶주리게 하려는 자들이 있게 마련이다. 다윗의 무리 중에도 그렇게 탐욕스럽고 욕심 많은 악한 자와 불량배들이 있었다. 의심할 바 없이 그들은 앞에서 다윗을 돌로 치자고 주장했던(6절) 사람들일 것이다. 여기에서 그들의 실제 성격이 아주 분명하게 드러났다. 여기에서 우리는 다윗의 마음이 그들의 악한 제안을 통해 얼마나 큰 시험에 처했을지 짐작할 수 있을 것이다.

"다윗이 이르되 나의 형제들아 여호와께서 우리를 보호하시고 우리를 치러 온 그 군대를 우리 손에 넘기셨은즉 그가 우리에게 주신 것을 너희가 이같이 못하리라"(삼상 30:23). 욕심 많은 동료들의 이기적인 제안에 대한 다윗의 답변은 온유하고 경건하고 의로웠다. 또 그것은 동료들을 설복시킬 만큼 강력했다. 그가 불량배들에게조차 얼마나 부드럽게 대응했는지 주목하라. 그는 그들을 "나의 형제들아"라고 부른다. 그러나 또한 그가 그와 동시에 사령관으로서의 자신의 위엄을 유지했음에 주목하라. 그는 그들의 요구를 직설적으로 거부했다. 하지만 그것은 자신의 권위에 의지한 임의적인 주장이 아니었다. 그는 다음과 같은 강력한 논리를 바탕으로 "너희가 이같이 못하리라"고 말했던 것이다.

첫째, 다윗은 그 이기적인 동료들에게 그들이 아말렉 사람들에게서 빼앗은 전리품은 그들의 것이 아니라 "그 [여호와]가 우리에게 주신 것"임을 상기시켰다. 이로써 다윗은 우리의 기독교적 청지기직의 수행과 관련해 지침이 될 만한 중요한 원리 하나를 가르쳐 준다. 그것은, 우리는 모든 것을 하나님께로부터 값없이 받았으므로 다른 이들에게도 값없이 주어야 한다는 것이다. 누군가 하나님의 백성임을 자처하며 인색하게 행동하는 것은 자신이 참으로 하나님의 은혜에 빚지고 있음을 실제적으로 부인하는 것이나 다름없다.

둘째, 다윗은 그 동료들에게 그들이 수적으로 그들보다 훨씬 우월한 적들을 쳤을 때 여호와께서 그들을 얼마나 자비롭게 "보호해 주셨는지" 상기시켰다. 또 그는 여호와께서 아말렉 사람들을 어떻게 그들의 손에 "넘기셨는지" 상기시켰다. 그들은 그 승리를 자신들의 용맹 탓으로 돌릴 수 없었다. 따라서 그들은 그 승리를 통해 얻은 전리품을 전적으로 자기들에게 속한 것이라고 주장해서는 안 되었다. 여호와께서 우리에게 특별한 자비를 보이실 때, 우리는 탐욕스러운 마음을 갖지 말아야 한다.

셋째, 다윗은 그들의 악한 주장은 지혜롭고 공정하고 의롭게 생각하는 사람들에게는 결코 먹혀들지 않을 것임을 지적했다. "이 일에 누가 너희에게 듣겠느냐"(24a절). 하나님의 백성이 다수일 때, 그들은 탐욕스러운 자들의 제안을 부결시켜야 한다. 그러나 중생하지 못한 자들이 하나님의 백성들보다 많을 때, 그들에게는 화가 있을 것이다!

넷째, 다윗은 그들에게 브솔 시내에 머물렀던 자들은 자기에게 불충성했거나 내키지 않아서 그렇게 했던 것이 아님을 상기시켰다. 그들은 전에도 용감하게 싸웠고 지금도 무리의 소유물을 지키는 일을 충실하게 수행했으므로 전리품을 나눠가질 자격이 있다는 것이었다. "전장에 내려갔던 자의 분깃이나 소유물 곁에 머물렀던 자의 분깃이 동일할지니 같이 분배할 것이니라"(24b절).

이상의 내용은 타락한 신자가 하나님과의 교제를 회복할 때 그가 회복한 소유물을 즐길 수 있는 마음을 갖게 된다는 것을 잘 보여 준다. 그의 소유물은 더이상 그에게 덫이 되지 않는다. 하나님은 간혹 우리에게 교훈을 주시기 위해 무언가를 빼앗아 가신다. 하지만 우리가 그 교훈을 배운 후에는 다시 그것을 우리에게 돌려주신다. 항상 그런 것은 아니지만 그분은 종종 그렇게 하신다. 믿음이 다시 우세해지면, 하나님의 은혜가 회복된다. 다윗처럼 진정으로 회복된 자나 과거의 자신의 실패가 어떤 것이었는지 아는 자는 불량배들이 옹호하는 이기심을 허락하지 않는다. 짐 곁에 머물러 있던 자들도 승리의 몫을 얻어야 한다. 참으로 그것은 하나님의 학교에서 배웠던 사람의 특징을 이루는 관대한 마음을 보여 준다.

그러나 믿음과 힘이 부족한 사람들에게 인색하게 구는 이들이 항상 있게 마련이다. 하지만 자신이 참으로 하나님의 은혜에 크게 빚지고 있음을 아는 자는 자기가 얻은 것을 다른 이들에게 베풀기를 기뻐한다. 주님께서 그분의 종들 중 하나에게 자신의 귀한 말씀의 일부를 들려주실 때, 그 종은 큰마음을 갖고서 다른 이들에게 그 말씀을 전할 모든 기회를 기뻐한다. 그러나 종종 그의 열정에 찬물을 끼얹고자 하는 사람들이 있다. 그들은 그런 일은 현명하지도 적절하지도 않을 뿐 아니라 위험하기까지 하다고 주장한다. 어린아이의 빵을 취해 개들에게 던지는 것이 적절하지 않은 것은 사실이다. 그러나 굶주린 자들에게 생명의 빵 한 조각을 제공하지 않으려 하는 것은 죄악이다. 만약 하나님이 우리에게 그분의 진리를 얼마간 알려주신다면, 우리는 믿음의 가족 전체를 대신해 다른 이들에게 그것을 나눠줄 책임을 맡은 셈이다.

전리품을 유다로 보냄

"다윗이 시글락에 이르러 전리품을 그의 친구 유다 장로들에게 보내어 이르되 보라 여호와의 원수에게서 탈취한 것을 너희에게 선사하노라 하고"(삼상 30:26). "다윗은 전리품을 광야에서 자기를 따르면서 위험을 감수했던 모든 사람들에게 나눠주었을 뿐 아니라, 비록 이스라엘에서 그들이 누리던 지위를 포기하지 못하고 아둘람 굴의 상황 앞에서 움츠리기는 했지만 여전히 자기를 사랑하고 자기에게 호의를 베풀었던 이들을 기억했다. 비록 그들은 그를 따르지 못했고 그가 마시는 슬픔의 잔을 함께 마시지도 않았지만, 승리를 거둔 순간에 다윗은 그들이 자신의 기쁨에 동참하는 것을 가로막지 않았다. 은혜 안에서 자신의 몫을 구하고 찾은 사람의 마음은 그만큼 자유롭다"(B. W. Newton).

사무엘상 30장 마지막 단락에 기록된 내용은 참으로 복되다. 하나님을 자신에게 모든 것을 풍족하게 주시는 분으로 여기는 자들은 자기들이 받은 것을 다른 이들에게도 공평하고 자유롭게 나눠주려 한다. 그들은 다른 이들이 불의를 행하지 못하게 하고(삼상 30:23), 유익한 선례를 남기려 하고(25절), 자기의 것을 친구들과 나누려 한다(26-31절). 아말렉 사람들은 본문 26-31절에서 언급되는 유다의 일부 지역을 약탈한 바 있었다. 그렇기에 다윗은 이제 그런 고통을 당한 자들에게 구호품을 보냈다. 그는 빼앗긴 것을 빼앗긴 자들에게 돌려주는 것이야말로 정의의 일부라고 여겼다. 더 나아가 그는 자기가 사울에게 박해를 당하는 동안 은밀하게 자기에게 은혜를 베풀고 그 어려운 시기에 자기의 사람들을 숨겨 주고 지원해 주었던(31절) 친구들을 감사하는 마음으로 기억했다. 다윗은 이기적으로 자기 배만 채웠던 것이 아니라, 다른 이들에게 관대하게 친절을 베풀었고, 그렇게 함으로써 그들에게 여호와께서 자기와 함께하신다는 증거를 보여 주었다.

　사람들이 동일한 시련과 축복을 경험하고도 서로 얼마나 다른 반응을 보이는지 살피는 것은 두려울 정도다. "불량배들"은 다윗이 슬픔의 밤을 지내는 동안 마치 유다가 그리스도와 함께했던 것처럼 그와 함께했고 다윗의 자비를 얻었다. 그러나 이제 그들은 하나님의 눈에 "악한 자"(22절)로 보일 정도로 그들의 악한 마음을 분명하게 드러냈다. 하나님의 은혜의 폭을 좁히는 것보다 하나님께 더 혐오스러운 것이 무엇이겠는가! 온갖 구실을 들어 다른 이들을 하나님의 값없는 은혜로부터 배제하고 자신만 살찌우고자 하는 이기적인 마음보다 그분이 미워하시는 것이 무엇이겠는가(요 12:4-6 참고)! 그러나 다윗은 얼마나 달랐는가! 그는 시글락의 폐허로부터 일어나 한걸음씩 보다 높은 신앙을 향해 나아갔다. 그는 자신이 하나님을 의지하고 있음을 드러냈고, 그분의 인도하심을 바랐고, 적을 뒤쫓을 힘을 얻었고, 자신이 얻은 전리품을 관대하게 모든 이들과 함께 나눴다. 이로써 그는 "용사가 빼앗은 것을 도로 빼앗고"(사 49:24) "사로잡혔던 자들을 사로잡고 사람들에게 선물을 주셨던"(엡 4:8) 분에 대한 탁월한 예표가 되었다.

29

사울을 위한 애가

사무엘상 31장-사무엘하 1장

　사무엘상의 마지막 장은 말할 수 없을 만큼 엄중하고 무서운 장면을 보여 주는데, 그것은 다윗이 아니라 사울의 세상에서의 삶의 마지막과 관련되어 있다. 지금까지 나는 사울에 관해서는 말을 아껴 왔다. 그러나 지금은 그의 비극적인 생애와 무서운 죽음에 관해 한두 마디 해야 할 것 같다. 우리가 이 사건을 하나님 편에서 어떻게 보아야 하는지 잘 보여 주는 말씀은 호세아 13장 11절에 나온다. "내가 분노하므로 네게 왕을 주고 진노하므로 폐하였노라." 이 말씀은 사울에 대한 언급이었다.

　사울의 이야기는 사무엘상 8장에서 시작된다. 거기에서 우리는 반역에 빠진 이스라엘 사람들이 점점 더 여호와로부터 멀어지면서 결국 그분 대신 왕을 바라는 데까지 이르는 것을 보게 된다. 사무엘 선지자를 통해 정확하게 충고를 받고, 성급한 결정을 번복할 충분한 기회가 주어졌음에도, 모든 게 허사였다. 그들은 그들 자신의 길을 가기로 결정했다. "백성이 사무엘의 말 듣기를 거절하여 이르되 아니로소이다 우리도 우리 왕이 있어야 하리니 우리도 다른 나라들 같이 되어 우리의 왕이 우리를 다스리며 우리 앞에 나가서 우리의 싸움을 싸워야 할 것이니이다 하는지라"(삼상 8:19-20). 그런 까닭에 하나님은 "분노하므로" 그들의 사악한 욕심을 방치하셨고, 그들에게 실망과 자주의 대상이 되어버린 사람에 의해 괴롭힘을 당하게 하셨다. 결국 그 사람은 그의 사악한 무능함으로 인해 이스라엘 왕국을 멸망 직전까지 이끌어갔다.

사울이 버림받은 이유

인간적 측면에서 본다면, 사울은 아주 많은 것을 갖추고 있었고, 놀라운 기회를 부여받았고, 전도가 양양한 사람이었다. 그의 신체와 관련해 우리는 다음과 같은 말씀을 듣는다. "이스라엘 자손 중에 그보다 더 준수한 자가 없고 키는 모든 백성보다 어깨 위만큼 더 컸더라"(삼상 9:2). 사무엘이 그를 이스라엘 백성 앞에 세웠을 때 그가 그들에게 어떻게 받아들여졌는지와 관련해 우리는 다음과 같은 말씀을 듣는다. "모든 백성이 왕의 만세를 외쳐 부르니라"(10:24). "사울이 기브아 자기 집으로 갈 때에 마음이 하나님께 감동된 유력한 자들과 함께 갔느니라"(10:26). 뿐만 아니라 그는 "하나님의 영에게 크게 감동"(11:6)되었는데, 이것은 그를 그의 직무를 위해 구비시키는 것이었고, 만약 그가 하나님의 멍에를 메려고만 한다면 하나님이 그를 위해 행동하시리라는 증거였다.

그러나 이런 고귀한 특권을 누렸음에도 사울은 영적 광기에 사로잡혀 언행이 일치하지 않는 삶을 살면서 자신의 생명을 갉아먹었고, 하나님께 불순종하고 반항하면서 자신의 영혼을 파멸에 이르게 하고 말았다. 사무엘상 13장에서 우리는 사울이 시험을 당한 후 부적합한 자로 판명되는 것을 보게 된다. 사무엘 선지자는 사울에게 길갈로 가서 자기가 그곳에 이르러 제사를 드릴 때까지 기다리라고 명령한 후 잠시 그를 내버려두었다. 그리고 우리는 다음과 같은 말씀을 듣는다. "사울은 사무엘이 정한 기한대로 이레 동안을 기다렸으나 사무엘이 길갈로 오지 아니하매 백성이 사울에게서 흩어지는지라"(8절). 이것은 백성들이 왕이 자기들을 이끌어 블레셋과의 전투에서 승리하게 해주리라는 확신을 잃었음을 의미한다. 사무엘의 지체로 인해 초조해진 사울은 주제넘게도 선지자의 특권을 침해하면서 "번제와 화목제물을 이리로 가져오라 하여 번제를 드렸다"(9절). 그렇게 해서 그는 여호와의 말씀을 저버리고 그분으로부터 받았던 첫 번째 명령을 어겼다.

사무엘상 15장에서 우리는 그가 다시 여호와의 명령을 통해 시험을 받는 것을 보게 된다. "만군의 여호와께서 이같이 말씀하시기를 아말렉이 이스라엘에게 행한 일 곧 애굽에서 나올 때에 길에서 대적한 일로 내가 그들을 벌하노니 지금 가서 아말렉을 쳐서 그들의 모든 소유를 남기지 말고 진멸하되 남녀와 소아와 젖 먹는 아이와 우양과 낙타와 나귀를 죽이라 하셨나이다"(2-3절). 그러나 그는 다시 불순종했다. "사울과 백성이 아각과 그의 양과 소의 가장 좋은 것 또는 기름진 것과 어린 양과 보는 좋은 것을 남기고 진멸하기를 즐겨 아니하고 가치 없고 하찮은 것은 진멸하니라"(9절). 그로 인해 사무엘 선지자는 다음과 같이 선언했다. "여호와께서 번제와 다른 제사를 그의 목소리를 청종하는 것을 좋아하심 같이 좋아하시겠나이까 순종이 제사보다 낫고 듣는 것이 숫양의 기름보다 나으니 이는 거역하는 것은 점치는 죄와 같고 완고한 것은 사신 우상에게 절하는 죄와 같음이라 왕이 여호와의 말씀을 버렸으므로 여호와께서도 왕을 버려 왕이 되지 못하게 하셨나이다"(22-23절). 그때로부터 사울은 급속하게 나빠지기 시작했다. 그는 다윗과 맞서면서 무자비하게 그의 목숨을 노리고 하나님의 제사장들의 피를 흘렸을 뿐 아니라 급기야 마귀의 도움을 요청하는 것조차 꺼리지 않았다(삼상 28:7-8).

사울의 죽음

그리고 이제 보응의 날이 다가 왔다. 그날은 계속해서 점점 더 불경한 길을 걸어왔던 자가 이제 가련하게도 자기가 지은 죄로 인해 멸망해야 하는 날이었다. 이에 대한 이야기가 사무엘상 31장에 실려 있다. 블레셋 사람들이 연합해서 이스라엘을 공격했다. 먼저 사울의 군대가 패했다(1절). 다음으로 그의 가족의 희망이던 그의 아들들이 그의 면전에서 살해당했다(2절). 그리고 왕 자신이 활 쏘는 자에게 중상을 입었다(3절). 이후에 벌어진 일은 참으로 무서웠다. 더이상 적들과 맞설 수 없을 뿐 아니라 그들에게서 도망칠 수도 없었던 사울은 굳이 목숨을 부지하고자 하지 않았다. 그는 블레셋 사람들이 부상당한 자신을 양양하게 바라보며 고문하지 못하도록 속히 자신의 목숨이 끊어지기만을 바랐다.

먼저 그는 자기의 무기를 든 자에게 자신의 비참한 목숨을 끊어달라고 부탁했다. 그러나 그의 종은 비록 하나님이나 죽음을 두려워하는 자는 아니었으나 자기의 주군에 대해서는 아주 큰 존경심을 갖고 있었기에 감히 사울에게 손을 대지 못했다(4절). 그러자 사울은 자살이라는 방법을 택했다. 그는 스스로 칼을 취해 그 위에 엎드러졌다. 그리고 그의 무기를 든 자 역시 주인에 대한 광기어린 충성의 표시로 그의 무서운 죽음을 모방했다. 그렇게 해서 사울은 자기 종에게 끔찍한 악을 행하게 하는 원인이 되었다. 성경의 말씀처럼 "그의 죄악으로 멸망한 자가 그 한 사람만이 아니었다"(수 22:20). 그는 그렇게 살다가, 그렇게 죽었다. 그는 오만하고 질투심이 강했고, 자기 자신과 자기 주변 사람들에게 공포의 대상이었고, 하나님을 경외하지도 그분에게 소망을 두지도 않았다. 이것은 우리에게 얼마나 엄중한 경고가 되는가! 우리는 다음과 같은 권면에 유의할 필요가 있다. "오직 오늘이라 일컫는 동안에 매일 피차 권면하여 너희 중에 누구든지 죄의 유혹으로 완고하게 되지 않도록 하라"(히 3:13).

사울의 경우 외에 성경에 기록된 자살자들의 다른 예는 아히도벨(삼하 17:23), 시므리(왕상 16:18), 그리고 배신자 유다(마 27:5)뿐이다. 이스라엘에서 자살이라는 무서운 죄가 나타난 경우는 아주 드물다. 그리고 위에 언급한 경우들 중 어느 것도 그 행위를 정신이상의 탓으로 돌릴 수 없다! 이 사람들의 성격을 조사해 본다면, 우리는 그들로 하여금 자기들의 비참한 삶을 스스로 끝내게 만들었던 극악무도한 죄악뿐 아니라, 또한 그 치명적인 행위에 뒤따르는 말할 수 없을 만큼 무서운 결과들까지도 알아낼 수 있을 것이다. 하기야, 사람들이 하나님의 자비를 어리석게 이용하거나 그것에 대해 절망할 때, 즉 일시적인 고통이나 치욕을 피하기 위해 그분이 주신 생명이라는 선물을 경멸하고 부름을 받지 않은 상태에서 그분의 법정으로 달려나갈 때, 사정이 어찌 달라질 수 있겠는가? 자살은 하나님의 정의를 무시하고 그분의 권위에 직접 도전하면서 회개하지 않은 죄에 대한 책임을 그대로 간직한 채 하나님의 둥근 방패의 양각(陽角) 장식 위로 자신을 내던지는 것이다.

"그 이튿날 블레셋 사람들이 죽은 자를 벗기러 왔다가 사울과 그의 세 아들이 길보아 산에서 죽은 것을 보고 사울의 머리를 베고 그의 갑옷을 벗기고 자기들의 신당과 백성에게 알리기 위하여 그것을 블레셋 사람들의 땅 사방에 보내고 그의 갑옷은 아스다롯의 집에 두고 그의 시체는 벧산 성벽에 못 박으매"(삼상 31:8-10). 비록 사울은 블레셋 사람들에게 고문을 당하는 일은 피했으나, 그의 시체는 심각하게 훼손되었다. 이것은, 의심할 바 없이, 현재 그의 영혼이 겪고 있을, 또 앞으로 영원히 겪게 될 끔찍한 고통을 암시하는 것이다. 사울의 자살은 우리가 주제넘음과 절망 모두로부터 보호를 받고, 삶의 시련들을 견뎌내고, 잠잠히 여호와의 구원을 바랄 수 있도록(애 3:26, 또 사탄이 우리를 유혹해 성경이 그것에 대해 아무런 용서의 소망도 제공하지 않는 자살이라는 무서운 죄에 빠뜨리지 않도록 깨어 기도해야 한다는 아주 엄중한 경고를 제공한다.

아말렉 사람의 거짓 보고

"사울이 죽은 후에 다윗이 아말렉 사람을 쳐죽이고 돌아와 다윗이 시글락에서 이틀을 머물더니"(삼하 1:1). 다윗은 시글락으로 돌아왔다. 거기에서 그는 자기가 노획한 전리품을 나눠 자기 친구들에게 선물로 보내는 일을 하고 있었다(삼상 30:26-31). "이상하게도 그는 아기스의 진영에 블레셋 사람들과 사울의 군대 간의 교전 상황을 좀더 일찍 자기에게 전해 줄 첩자 몇 명을 남겨 두지 않았다. 이것은 그가 사울이 비참하게 죽는 날을 바라지 않았고, 자기가 왕위에 오르는 문제에 대해 조바심내지 않았으며, 이런저런 소식이 전해질 때까지 기꺼이 기다리기로 마음먹고 있었음을 보여 주는 징표였다. 믿는 자는 서둘지 않고, 다가오는 좋은 소식을 기다린다. 또 그는 그 소식이 오는 동안 지치지 않는다"(Matthew Henry).

"사흘째 되는 날에 한 사람이 사울의 진영에서 나왔는데 그의 옷은 찢어졌고 머리에는 흙이 있더라 그가 다윗에게 나아와 땅에 엎드려 절하매 다윗이 그에게 묻되 너는 어디서 왔느냐 하니 대답하되 이스라엘 진영에서 도망하여 왔나이다 하니라 다윗이 그에게 이르되 일이 어떻게 되었느냐 너는 내게 말하라 그가 대답하되 군사가 전쟁 중에 도망하기도 하였고 무리 가운데 엎드러져 죽은 자도 많았고 사울과 그의 아들 요나단도 죽었나이다 하는지라"(삼하 1:2-4). 이 아말렉 사람(8절)은 자신이 죽은 왕을 애도하는 자인 동시에 또한 사울의 뒤를 이을 사람의 충성스러운 신하임을 자처했다. 의심할 바 없이 그는 자기가 선택된 통치자에게 경의를 표하는 첫 번째 사람임을 자랑하면서 새 왕에게 그렇게 좋은 소식을 가져온 것에 대한 보상을 기대했을 것이다(삼하 4:10). 그러나 그는 다윗에게 죽음을 선고받은 첫 번째 사람이 되고 말았다.

"다윗이 자기에게 알리는 청년에게 묻되 사울과 그의 아들 요나단이 죽은 줄을 네가 어떻게 아느냐 그에게 알리는 청년이 이르되 내가 우연히 길보아 산에 올라가 보니 사울이 자기 창에 기대고 병거와 기병은 그를 급히 따르는데 사울이 뒤로 돌아 나를 보고 부르시기로 내가 대답하되 내가 여기 있나이다 한즉 내게 이르되 너는 누구냐 하시기로 내가 그에게 대답하되 나는 아말렉 사람이니이다 한즉 또 내게 이르시되 내 목숨이 아직 내게 완전히 있으므로 내가 고통 중에 있나니 청하건대 너는 내 곁에 서서 나를 죽이라 하시기로 그가 엎드러진 후에는 살 수 없는 줄을 내가 알고 그의 곁에 서서 죽이고 그의 머리에 있는 왕관과 팔에 있는 고리를 벗겨서 내 주께로 가져왔나이다 하니라"(삼하 1:5-10). 이것은 무신론자들과 불신자들이 성경은 모순으로 가득 차 있다고 주장하기 위해 취하는 구절들 중 하나다. 왜냐하면 여기에서 사울의 죽음과 관련해 제공되는 설명은 앞 장에 기록된 내용과 부합하지 않기 때문이다. 그러나 겉보기에 어려워 보이는 이 문제는 쉽게 해결될 수 있다. 사무엘상 31장은 사울의 죽음에 대한 성령의 설명을 담고 있고, 사무엘하 1장은 인간이 그것에 대해 지어낸 이야기를 담고 있는 것이다. 성령은 하나님의 종들의 참된 진술들뿐 아니라 하나님의 적들의 거짓말들까지 기록하고 있다(창 3:4).

사무엘상 31장 4절은 분명히 사울이 자살했으며 그의 무기를 든 자가 자살하기 전에 죽었다고 밝히고 있다. 이것은 틀림없는 성령의 기록이며 잠시라도 의심의 대상이 되어서는 안 된다. 이런 내용에 비추어 볼 때, 다윗에게 사울의 죽음에 관한 소식을 전한 아말렉 사람이 그 정황의 미세한 부분들에서 거짓말을 하고 있음이 아주 분명해진다. 왕의 표장(標章)을 지닌 사울의 시체-이것은 얼빠진 사울 왕의 자만과 무분별함을 모두 보여 준다. 전장에 나가면서 머리에 왕관을 쓰는 것은 블레셋의 활 쏘는 자들에게 자처해서 표적이 되는 셈이기 때문이다-를 발견한 아말렉 사람은 그 시체에서 왕관과 팔고리를 벗겼다(10절). 그리고 다윗에게 환심을 살 요량으로 이야기를 지어냈다. 그 가련한 사람은 그런 식으로 사울의 죽음을 통해 이득을 얻으려 했고, 그 과정에서 사실을 숨기는 것을 주저하지 않았다. 사악한 마음을 가졌던 그는 다윗이 자기가 전하는 소식에 기뻐하리라고 생각했던 것이다.

다윗의 반응

사울과 요나단의 죽음은 다윗이 왕위에 오를 길을 열어놓았다.

"비록 이스라엘 백성 중 많은 이들이 이스보셋의 권리를 옹호했지만, 그는 아주 하찮은 인물이었고[삼하 2-4], 훨씬 더 많은 사람들이 요나단을 열렬하게 지지하고 있었다. 그리고 비록 그가 기꺼이 자기 자리를 내주었음에도, 그의 형제들과 백성들 대다수는 다윗이 왕국을 승계하는 것에 반대했다"(Thomas Scott). 그러나 다윗은 그 아말렉 사람이 기대했던 것처럼 크게 기뻐하기는커녕 오히려 슬퍼하며 울었다. "이에 다윗이 자기 옷을 잡아 찢으매 함께 있는 모든 사람도 그리하고 사울과 그의 아들 요나단과 여호와의 백성과 이스라엘 족속이 칼에 죽음으로 말미암아 저녁 때까지 슬퍼하여 울며 금식하니라"(삼하 1:11-12).

"네 원수가 넘어질 때에 즐거워하지 말며 그가 엎드러질 때에 마음에 기뻐하지 말라"(잠 24:17). 자기에게 해를 주었던 사람들의 죽음을 은밀하게 바라거나, 그들이 명예나 재산을 얻지 못하게 하거나, 그들이 죽었을 때 겉으로는 애도하는 체하면서도 속으로는 기뻐하는 사람들이 많이 있다. 그러나 하나님의 은혜는 이런 천한 성향을 누그러뜨리고 우리의 정신을 좀더 관대해지도록 만든다. 영적인 사람은 세상적인 성공에 대한 전망 때문에 기뻐 날뛰지 않는다. 왜냐하면 그는 그런 것은 자신의 책임을 증대시킬 것이고, 그로 인해 자신이 보다 큰 시험에 빠질 것이고, 또한 추가적인 의무와 염려를 떠맡게 되리라는 것을 알기 때문이다. 다윗은 억지로가 아니라 진정한 마음으로, 또한 적대감을 내던지고 동정심에 북받쳐 사울을 위해 슬피 울었다. 그것은 이스라엘이 하나님의 적들에 의해 정복되었기 때문만이 아니라, 사울의 죽음으로 인해 발생할 우울한 상황과 무서운 결과들에 대한 예상 때문이었다.

"다윗이 그 소식을 전한 청년에게 묻되 너는 어디 사람이냐 대답하되 나는 아말렉 사람 곧 외국인의 아들이니이다 하니 다윗이 그에게 이르되 네가 어찌하여 손을 들어 여호와의 기름 부음 받은 자 죽이기를 두려워하지 아니하였느냐 하고 다윗이 청년 중 한 사람을 불러 이르되 가까이 가서 그를 죽이라 하매 그가 치매 곧 죽으니라 다윗이 그에게 이르기를 네 피가 네 머리로 돌아갈지어다 네 입이 네게 대하여 증언하기를 내가 여호와의 기름 부음 받은 자를 죽였노라 함이니라 하였더라"(삼하 1:13-16). 아말렉 사람이었던 그는 죽임을 당하도록 되어 있었다(신 25:17-19). 그리고 이제 선택된 왕으로서 다윗은 그에게 죽음의 선고를 내릴 필요가 있었다.

이 장의 마지막 구절들은 다윗이 사울과 요나단을 위해 지은 애가(哀歌)를 기록하고 있다(삼하 1:17-27). 다윗은 자신의 대적이 죽은 것으로 인해 옷을 찢고 울고 금식했을 뿐 아니라, 또한 그의 명예를 위해 시를 지었다(삼하 1:17-27). 그를 자극해 애가를 짓게 한 것은 단순한 감정이 아니었다. 오히려 그것은 그가 사울을 이스라엘의 왕, 즉 "여호와의 기름 부음을 받은 자"(16절)로 여겼기 때문이었다. 이 애가는 사울에 대한 존경과 요나단에 대한 깊은 애정의 표현이었다. 첫째, 그는 용사가 쓰러졌음을 슬퍼했다(19절). 둘째, 그는 블레셋 사람들의 도시에 사는 하나님의 적들이 기뻐하는 것을 비난했다(20절). 셋째, 그는 사울의 용기와 군사적 위용을 찬양했다(21-22절). 넷째, 그는 요나단이 자기 아버지에게 죽기까지 헌신한 것을 감동적으로 언급했다(23절). 다섯째, 그는 한때 사울을 찬양하는 노래를 불렀던 이스라엘의 딸들에게 이제 그들의 쓰러진 지도자를 위해 울라고 요청했다(24절). 여섯째, 그는 사울의 잘못들을 자애롭게 덮어주었다. 일곱째, 그는 사울의 신앙에 관해서는 진실에 입각해 아무것도 말하지 않았다. 그렇게 함으로써 다윗은 낯 뜨거운 거짓말을 하지 않았다 -이것은 오늘날 수많은 장례식 추도사에서 나타나는 진실하지 않은 아첨의 말들을 얼마나 부끄럽게 만드는가! 여덟째, 그는 자신에 대한 요나단의 뜨거운 사랑을 기억하는 것으로 애가를 마감했다(26절).

30

유다 지파의 왕이 됨

사무엘하 2장

망명 상태에 있던 다윗은 사울의 죽음에 관한 소식을 특별한 방식으로 받아들였다. 그는 먼저 거짓말쟁이 아말렉 사람을 향해 불같이 화를 냈다. 그 사람이 자기가 사울을 죽였다고 거짓말을 한 것은 그것이 다윗의 가려운 곳을 긁어 주리라고 생각했기 때문이었다. 그러나 짧은 고해(告解) 후에 피를 흘리고 죽는 것이 그의 운명이었다. 이어서 다윗의 분노는 슬픔으로 바뀌었다. 우리의 영웅은 그 죽은 적이 자기에게 가했던 광기어린 증오와 무자비한 박해를 잊은 채, 오직 자신이 그와 나눴던 초기의 우정과 여호와의 기름 부음을 받은 자로서의 그의 공식적인 지위만을 생각하면서 사울과 요나단의 시신 위에 고귀한 애가(哀歌)라는 덮개를 씌워 주었다. 그 애가를 통해 그는 한 사람에게는 찬양을 그리고 다른 사람에게는 사랑을 바쳤다. 그런 정의와 사랑의 일을 마치기 전까지 그는 자기 자신에 대해서나 이제 자신의 운명에 영향을 줄 상황의 변화에 대해 생각하지 않았다.

하나님의 인도를 기다림

다윗이 사울을 자기와 왕국 사이를 가로막는 존재로 여기지 않았던 것은 분명해 보인다. 사울의 죽음에 대한 그의 첫 번째 반응은, 흔히 신앙심이 없고 관대하지 못한 마음의 소유자들이 하듯이, 비어 있는 왕좌에 대해 생각하며 크게 기뻐하는 것이 아니었다. 오히려 그는 공허감으로 인한 날카로운 슬픔의 고통을 드러내 보였다. 또 그는 자신에게 임박한 미래와 변화된 운명에 관해 생각하기 시작했을 때조차 칭찬할 만한 자제력을 보였다. 당시 다윗은 여전히 시글락의 폐허 가운데 있는 망명객 신세였음에도 서둘러 달려나가 자기에게 주어진 기회를 최대한 활용해 비어 있는 왕좌를 차지하려고 하지 않았다. 오히려 그는 묵묵히 기다리며 여호와의 지시를 받고자 했다. 아, 우리는 큰 고통의 순간에만 하나님께 돌아설 것이 아니라, 그분의 외적 섭리가 우리에게 결정적으로 유리하게 역사하는 듯 보일 때도 동일하게 그렇게 해야 한다.

다윗은 이 중요한 시기에, 즉 지금까지 멀리 있는 희망처럼 보이던 모든 것이 급속하게 현재의 사실이 되어가고 있는 상황 속에서 아무것도 하지 않은 채 자신의 목자께서 자기를 인도해 주시기를 기다렸다. 그는 본래 참을성이 부족하고 충동적인 사람이었다. 뿐만 아니라 그는 그동안의 경험을 통해 신속한 결단을 내리고 재빨리 행동하는 것이 얼마나 중요한지 배웠다. 따라서 그는 지금처럼 모든 것이 혼란스럽고 절망적일 때 신속한 공격 한 번이 자신을 왕좌에 올려놓을 수도 있음을 알고 있었다. 그럼에도 그는 하나님이 하시는 말씀을 듣기 위해 자신의 육신과 인간적인 책략과 자기를 추종하는 자들의 조급증을 억눌렀다. 다윗처럼 경험 많은 사람에게 지금 이 순간은 사울의 잔당들을 제압하고, 자신의 충성스러운 친구들을 다시 자기 주변으로 불러 모으고, 왕관과 홀(笏)을 손에 넣고, 흡족한 미소를 짓고 있는 블레셋 사람들을 물리치고, 이스라엘 왕국을 자신의 것으로 확보할 절호의 기회로 보였을 것임에 틀림없다. 그럼에도 그는 이 문제와 관련해 여호와께서 그분의 뜻을 알려 주시기 전에는 한 걸음도 앞으로 나아가려고 하지 않았다.

이 경우에 다윗이 취한 행동 방식은 우리가 마음에 새겨 두고 수시로 따라야 할 하나의 본보기를 제공한다. 여기에서 예시된 행동의 중요한 원리는 다른 이에 의해 잘 표현된 바 있다. "만약 우리가 일시적인 것들을 축복으로 얻고자 한다면, 우리는 그것들을 붙잡기 위해 열심히 애쓰거나, 우리에게 유리한 사건이나 인간적인 조언에 의지해 움직여서는 안 된다. 오히려 우리는 하나님의 말씀의 법을 준수하고 그분의 인도하심을 간구해야 한다. 그것들을 추구함에 있어 오직 그분이 정하시고 허락하시는 수단들만 활용하고 모든 악이나 악의 모양이라도 피해야 한다. 그러면, 설령 우리가 어떤 일에서 실패하더라도, 우리는 하늘의 왕국에 이르는 길로 인도될 것이다"(Thomas Scott). "너는 마음을 다하여 여호와를 신뢰하고 네 명철을 의지하지 말라 너는 범사에 그를 인정하라 그리하면 네 길을 지도하시리라"(잠 3:5-6).

하나님의 뜻을 물음

범사에 그를 인정한다는 것은 우리가 우리의 모든 일들을 처리함에 있어 자족감이나 자기 뜻을 따라 행동하는 대신, 위로부터 오는 지혜를 구하고, 하나님이 말씀을 통해 우리의 길을 비춰 주시기를 간구하고, 우리가 시도하는 모든 일에서 그분의 명예와 영광만을 구하는 것을 의미한다. 지금 다윗이 그렇게 하고 있다. "그후에 다윗이 여호와께 여쭈어 아뢰되 내가 유다 한 성읍으로 올라가리이까"(삼하 2:1a). 이 구절은 아주 복되며, 사무엘상 30장 6-31절에 실려 있는 내용과 인과관계로 연결될 수 있다. 즉 여기에서 다윗에 관해 기록되고 있는 내용은 그가 불신앙에서 회복되었음에 대한 추가적인 증거를 제공해 준다. 앞에서 그는 "그 마음에 생각"(삼상 27:1)을 따라 유다를 떠났다. 그러나 지금 그는 하나님의 이끄심을 따라서 그리로 돌아갈 생각을 하고 있다. 아, 우리들 대부분은 여러 가지 고통스럽고 굴욕적인 경험을 하고난 후에야 이런 교훈을 배운다.

"그후에 다윗이 여호와께 여쭈어 아뢰되 내가 유다 한 성읍으로 올라가리이까." 여호와께서 그에게 이스라엘 왕국을 약속하셨음에도, 그가 이미 사무엘에게 기름 부음을 받아 그 나라의 왕으로 임명되었음에도, 그리고 마침내 사울이 죽었음에도, 다윗은 서둘러 문제를 자기 손으로 해결하려고 하지 않고, 오히려 하나님의 인도하심에 자신을 맡기고 그분이 계시하시는 뜻을 따라 행동하고자 했다. 이것은 그가 자기에게 왕국을 약속하시고 그것을 적당한 때에 적절한 방식으로 자기에게 주실 분을 참으로 신뢰하고 있음을 보여 주는 증거였다. 그는 자신이 분명히 그 나라를 얻게 되리라고 믿었기에 혹시라도 훗날 사울의 잔당들이 자기를 비난할 빌미가 될 수도 있는 모든 악의 모양을 피하려고 했다. 그렇게 함으로써 그는 자기가 쓴 초기 시의 한 구절의 내용을 몸소 이행했다. "하나님은 나의 요새이시니 그의 힘으로 말미암아 내가 주를 바라리이다"(시 59:9). 우리는 하나님을 믿고 인내하며 그분을 기다릴 때 아무것도 잃지 않는다. 그러나 우리가 자신의 힘으로 문제를 해결하기 위해 성급하게 행동할 때 우리는 늘 고통을 당한다.

헤브론으로

"내가 유다 한 성읍으로 올라가리이까." 다윗은 여호와께서 명령하시는 곳으로 갈 준비가 되어 있었다. 그가 "유다 한 성읍"에 관해 특별히 질문한 것은 그곳이 자신의 부족이 사는 곳이었고 자기의 친구들 대부분이 그곳에 있었기 때문이다. "여호와께서 이르시되 올라가라"(삼하 2:1b). 여호와께서는 다윗에게 어떤 특정한 도시를 언급하지 않으신 채 이제 시글락을 떠나 유다 땅으로 가라고 명하셨다. 이것이 여호와의 일반적인 방식이다. 그분은 먼저 우리에게 우리를 향한 자신의 뜻에 대한 개괄적인 암시를 주신다. 그리고 나중에 조금씩 더 상세한 명령을 내리신다. 그분은 우리에게 단번에 모든 길을 보여 주지 않으시고, 우리가 한 걸음씩 걸어갈 때마다 빛과 힘을 얻기 위해 계속해서 그분을 의지하게 하신다. 이것은 우리에게 유익을 주시기 위함이고, 또한 우리를 훈련하시기 위함이다. 하나님은 안내를 아주 귀하게 보신다. 그리고 그것은 오직 훈련을 통해서만 개발될 수 있다. "인내를 온전히 이루라"(약 1:4)는 권면에 유의하면서 부지런히 은혜를 구하고 주님께서 우리에게 그것을 허락해 주시기를 간구하라.

"여호와께서 이르시되 올라가라." 그러나 보다 분명한 무언가가 없었던 것이 다윗에게 시험이 되었다. 만약 이때 육신이 그를 주관하고 있었다면, 그는 크게 기뻐하면서 이제 자기가 즉시 시글락을 떠나 이스라엘 왕국을 차지하기 위한 즉각적인 수단을 강구해도 좋다는 허락을 받았다고 생각했을 것이다. 그가 이 시험에 어떻게 대응했는지 살펴보는 것은 복되다. 그는 서둘지 않고 여호와께서 보다 분명한 지침을 내려 주시기를 기다렸다. 그는 다시 여호와께 물었다. "어디로 가리이까"(삼하 2:1d) – 유다의 어느 지역입니까, 예루살렘입니까, 아니면 다른 곳입니까? 다윗은 과거에 여호와께서 명하시지 않은 곳으로 가고, 그분이 정해 주시지 않은 곳에 가서 살다가 낭패를 당한 적이 있었다. 그리고 이제 그는 오직 하나님이 정해 주시는 곳으로만 가고자 했다. 독자들이여, 당신은 영적 경험에 있어서 이 정도 수준에까지 이른 적이 있는가? 당신은 참으로 그리스도의 주되심에 온전하게 굴복해 본 적이 있는가? 그래서 당신의 삶에 대한 모든 통제권을 그분에게 내어드린 적이 있는가? 만약 그렇지 않다면, 당신은 자신이 얼마나 큰 평안과 기쁨과 축복을 놓치고 있는지 알지 못할 것이다.

"이르시되 헤브론으로 갈지니라"(삼하 2:1e). 이 구절에는 오직 우리가 성경을 성경에 비추어 해석할 때만 파악할 수 있는 영적인 아름다움이 들어 있다. 구약성경에서 "헤브론"은 일반적으로 "교제"(communion)를 의미하는 장소였다. 이것은 그 단어가 언급되는 구절들을 통해 알 수 있다. "이에 아브람이 장막을 옮겨 헤브론에 있는 마므레 상수리 수풀에 이르러 거주하며 거기서 여호와를 위하여 제단을 쌓았더라"(창 13:18). "이스라엘이 그에게 이르되 가서 네 형들과 양떼가 다 잘 있는지를 보고 돌아와 내게 말하라 하고 그를 헤브론 골짜기에서 보내니 그가 세겜으로 가니라"(창 37:14) — 이것은 성부께서 성자를 보내 자신의 택한 자들에게 은혜의 일을 수행하게 하시는 것을 예표한다. "그들이 모세가 명령한 대로 헤브론을 갈렙에게 주었더니"(삿 1:20) — 교제의 장소가 여호와를 "온전히 따랐던" (민 14:24) 사람의 분깃이 된 것이다. 그러므로 신앙을 회복한 다윗이 헤브론으로 돌아가는 것은 얼마나 적절한 일이었던가! 그것은 여호와께서 자신의 방황하는 자녀를 자신과의 교제로 회복시키시는 것을 의미했다. 오, 우리는 성령께서 우리를 하나님과의 교제로 회복시키실 때, 비록 그것이 우리의 육신이 다윗이 시글락에서 겪은 것과 같은 실망과 슬픔을 값으로 치르고 이루어지는 것일지라도, 그분께 크게 감사드려야 한다!

유다 지파의 왕이 되다

"다윗이 … 그리로 올라갈 때에"(삼하 2:2a. KJV의 문장은 So David went up thither, and his two wives also…로 되어 있다 — 역주). 하나님은 은혜롭게도 다윗에게 필요한 인도의 말씀을 주셨고, 그는 그 말씀에 순종했다. 오, 만약 그의 모든 행동이 동일한 원리에 의해 통제되었다면, 그는 여러 가지 문제와 슬픔으로부터 벗어날 수 있었을 것이다. 그러나 안타깝게도 그렇지가 않았다. 그의 이런 순종은 다음 진술에서 나타나는 그의 행동과 엄중한 대조를 이룬다. "그의 두 아내 이스르엘 여인 아히노암과 갈멜 사람 나빌의 아내였던 아비가일을 데리고"(2b절). 그로 인해, 달리 했으면 완벽했을 그림 위에 한 가지 오점이 남게 되었다. 다윗의 육신의 정욕이 불쑥 머리를 내밀었다. 그렇다, 그가 하나님의 인도하심을 간구한 직후의 상태가 그러했다! 이것은 우리에게 얼마나 큰 경고가 되는가! 전능자의 팔이 우리를 떠받쳐 주지 않는다면, 우리는 한 순간도 안전할 수 없다. 앞의 장들에서 보았듯이, 다윗에 대한 하나님의 징계는 사무엘상 25장 43절에 나오는 사건(다윗이 두 명의 아내를 취했던 사건-역주)의 결과였다. 그러므로 이제 우리는 그가 "두 아내"를 데리고 헤브론으로 올라간 것이 그의 미래에 불길한 징조가 되고 있음을 알 수 있을 것이다.

"또 자기와 함께한 추종자들과 그들의 가족들을 다윗이 다 데리고 올라가서 헤브론 각 성읍에 살게 하니라"(삼하 2:3). 다윗은 왕국을 향해 올라가면서 고난의 시기에 자기와 함께 했던 자들을 잊지 않았다. 이것은 "참으면 또한 함께 왕 노릇 할 것이요"(딤후 2:12)라는 말씀에 대한 얼마나 복된 예시인가!

"유다 사람들이 와서 거기서 다윗에게 기름을 부어 유다 족속의 왕으로 삼았더라"(삼하 2:4). 다윗은 이미 사울의 후계자로서 은밀하게 기름 부음을 받은 적이 있었다(삼상 16:12-13). 그리고 이제 유다 족속의 중요한 인사들이 그를 자신들의 왕으로 공식적으로 시인했다. 그들은 그를 온 이스라엘의 왕으로 삼으려 하지 않았고, 다른 부족들에게는 그들이 좋은 대로 하도록 내버려 두었다. 의심할 바 없이 이것은 그들이 다윗의 마음을 헤아려 한 일이었을 것이다. 다윗은 자신이 억지로 즉시 온 나라의 왕으로 임명되기를 바라지 않았다. 오히려 그는 하나님의 섭리가 길을 열어 주시는 대로 점차적으로 그들에 대한 지배권을 얻고 싶어 했다. "다윗이 점차적으로 일어서는 것을 보라. 그는 먼저 비밀리에 왕으로 임명되었고, 그후 단 한 부족의 왕이 되었고, 결국에는 이스라엘 온 부족의 왕이 되었다. 다윗의 자손인 메시아의 왕국 역시 점차적으로 성장한다. 그 메시아는 하나님에 의해 임명된 모든 이의 주님이시다. 하지만 '지금 우리는 만물이 아직 그에게 복종하고 있는 것을 보지 못하고 있다' [히 2:8]"(Matthew Henry).

유다 왕으로서의 처사

"다윗이 길르앗 야베스 사람들에게 전령들을 보내 그들에게 이르되 너희가 너희 주 사울에게 이처럼 은혜를 베풀어 그를 장사하였으니 여호와께 복을 받을지어다"(삼하 2:5). 다윗은 야베스 사람들이 사울과 그의 아들들의 시신을 블레셋 사람들로부터 빼내와 친절하게 돌봤던 것에 대해 감사를 표명했다. 다윗은 그들에게 여호와의 복을 선포했다. 아마도 이것은 그가 여호와께 그들의 선행에게 보답해 주실 것을 부탁했다는 의미일 것이다. 그는 그렇게 자신의 전임자를 높임으로써 자기가 인간적인 야심이나 사울에 대한 적대감 때문에 왕관을 노렸던 것이 아니라, 오직 자신이 하나님으로부터 그것을 차지하라는 명령을 받았을 뿐이었음을 입증했다.

"너희가 이 일을 하였으니 이제 여호와께서 은혜와 진리로 너희에게 베푸시기를 원하고 나도 이 선한 일을 너희에게 갚으리니"(삼하 2:6). 다윗은 사울의 시신을 돌봤던 이들에게 하나님의 은혜를 간구했을 뿐 아니라, 기회가 허락된다면 자신이 그들의 선행에 보답하리라고 약속했다. 마지막으로 그는 야베스 사람들에게 그들이 행한 일 때문에 그들에게 분개하고 복수를 꾀하고 있는—특히 이제 그들에게 더이상 왕이 없는 상태에서 그렇게 하고 있는—블레셋 사람들을 두려워하지 말라고 했다. 그리고 자신이 유다의 왕으로서 그들 편에 서서 그들을 도울 것이라고 약속했다. "이제 너희는 손을 강하게 하고 담대히 할지어다 너희 주 사울이 죽었고 또 유다 족속이 내게 기름을 부어 그들의 왕으로 삼았음이니라 하니라"(삼하 2:7). 그렇게 그는 계속해서 죽은 왕에 대한 자신의 존경심을 드러내 보였다. 또 야베스에 전령들을 파견함으로써 사울의 잔당들과의 화해를 위한 절차를 시작했다.

반대 세력

"그러나 사울의 군사령관 넬의 아들 아브넬이 이미 사울의 아들 이스보셋을 데리고 마하나임으로 건너가"(삼하 2:8). 이것은 엄중한 "그러나"(But, KJV. 한글 성경에는 번역되어 있지 않다-역주)이다. 내가 믿기로 이것의 원인은 본문 2절에 나오는 "두 아내"에게까지 추적될 수 있다! 다윗은 온 이스라엘의 왕이 되기 전에 추가적인 반대에 직면해야 했다. 아브넬은 군사령관이었고, 의심할 바 없이 자신의 지위를 유지하기를 바랐다. 그는 이제 남아 있는 사울의 유일한 아들 이스보셋을 데리고 가드의 영토(수 13:24-26)였던 요단강 건너편으로 갔다. 이것은 부분적으로는 야베스 길르앗 사람들에게 겁을 줘서 그들이 다윗과 결탁하지 못하게 하기 위함이었고, 또 부분적으로는 블레셋 사람들과 다윗 모두로부터 얼마간 거리를 둔 채 자신의 계획을 진행시키기 위함이었다. "이스보셋"이라는 이름의 의미는 "수치의 사람"이다. 그는 자기 아버지를 따라 전장에 나갈 만한 위인도 되지 못했으나, 이제는 다윗을 배제하고 왕위에 오를 자격을 갖춘 자로 간주되었다.

"[이스보셋을] 길르앗과 아술과 이스르엘과 에브라임과 베냐민과 온 이스라엘의 왕으로 삼았더라"(삼하 2:9). 이스라엘 백성은 하나님이 그들을 위해 세우신 사사들을 거부하고 왕을 요구했다. 그리고 이제 그들은 동일하게 반역적인 정신을 품고서 여호와께서 그들을 위해 택하신 군주를 거부했다. 이것은 훗날 이스라엘 백성이 예수 그리스도 대신 바라바를 택하는 것을 예시한다. 아브넬은 유다를 제외한 이스라엘 온 부족이 이스보셋을 그들의 왕으로 인정하게 만들 만큼 막강한 힘을 갖고 있었다. 이 모든 일이 진행되는 동안 다윗은 아무런 저항도 하지 않은 채, 그리고 사무엘상 24장 21-22절에 실려 있는 자신의 맹세를 지키면서 잠잠히 있었다!

"신자의 성숙은 점진적으로 이루어져야 한다. 그가 어떤 종류의 성공이든 그것을 적절하게 유지하려면, 먼저 그의 믿음과 그가 받은 은혜가 입증되어야 하고 그의 오만함이 누그러져야 한다. 그리고 이런 목적을 위해 주님은 종종 그의 괴팍한 형제들을 이용하신다. 그 형제들은 그런 사실을 알지 못한 채 혹은 종종 자신들의 의도와는 달리 그렇게 이용된다. 신앙을 고백하는 교회 안에조차 주님이 귀하게 여기시는 사람들을 귀하게 여기는 자들은 거의 없다. 예수님이 오시기 전에 그리고 그후의 각 세대 안에서 교회의 설립자들은 하나님이 탁월한 상황을 위해 의도했던 것들을 거부해 왔다. 그러나 하나님의 종들은 그분께 순응해야 한다. 야망, 질시, 질투, 그리고 다른 악한 열정들은 인간으로 하여금 하나님의 말씀에 반역하도록 만든다. 그러나 일반적으로 그것들은 어떤 그럴 듯한 구실 밑에 자신들의 진짜 동기를 감추려고 한다. 그러나 지혜로운 신자들은 상처를 받으면서도 조용히 침묵하며 기다리고, 자신이 분명하게 적극적으로 행동해야 할 경우가 아니라면, 하나님이 자기를 변호해 주시기를 바라며 자신의 상황을 그분께 맡긴다"(Thomas Scott).

31

시험

사무엘하 2장

다윗의 경우처럼 엇나가던 신자가 하나님과의 교제를 회복하는 것은 놀라운 일이다. 우리를 그런 교제에서 떠나게 하는 것은 죄다. 그리고 죄는 처음에는 육신에 달콤한 것으로 보이지만 그것에 굴복한 자에게 곧 비통한 것으로 바뀌고 궁극적으로는 쓰디쓴 담즙이 되고 만다. "사악한 자의 길은 험하니라"(잠 13:15). 사악한 자는 다음 세상에서 그것이 온전한 진리임을 발견하게 될 것이다. 그곳에서 그들은 "죄의 삯은 사망"(롬 6:23)임을 — 본질적으로는 고통스럽고 기간적으로는 영원한 — 알게 될 것이다. 그러나 사악한 자는 대개 이생에서도 그가 광기어린 자기 뜻을 따라 택한 길의 가혹한 결과를 맛보게 될 것이다. 그리고 이것은 특히 신자들의 경우에 해당된다. 왜냐하면 대개 신자는 그가 잘못 뿌린 씨앗의 열매를 이생에서 거두기 때문이다. 그리스도인은 비그리스도인과 마찬가지로 하나님의 통치하에 있다. 그리고 그는 하나님은 계속해서 조롱당하시지 않는다는 사실을 비그리스도인보다 두 배나 더 분명하게 인식해야 한다.

이런 사실은 구약 시대에 이스라엘의 역사를 통해 엄중하게 예시되었다. 이런 원리는 하나님이 그들을 다루셨던 모든 사건들을 이해하기 위한 열쇠를 제공해 준다. 다른 그 어느 국가의 역사도 이스라엘의 역사처럼 변화무쌍하지 않다. 다른 그 어느 민족도 하나님의 은혜를 입은 야곱의 후손들처럼 심각하게 그리고 자주 고통을 받은 적이 없다. 여호수아가 죽은 후부터 말라기 선지자 시대에 이르기까지 그들은 거듭해서 하나님으로부터 심판을 당했다. 기근, 역병, 지진, 내분, 주변 국가들의 외침 등이 꼬리를 물고 이어졌고 거듭 반복되었다. 간혹 짧은 휴지(休止)와 얼마간의 평안과 번영의 기간이 있기는 했으나, 대개 그것은 또다른 고통스러운 시련으로 이어졌을 뿐이다. 하나님은 율법의 경륜이 펼쳐지던 시기에 다른 나라들을 그렇게 다루지 않으셨다. 사실 이방 나라들 역시 고통을 당했고, 궁극적으로 그들의 음란함의 값을 치루며 붕괴했다. 그러나 대부분의 경우 하나님은 "모든 민족으로 자기들의 길들을 가게 방임하셨고"(행 14:16), "알지 못하던 시대에는 하나님이 간과하셨다"(17:30).

언약 백성의 의무

그러나 그분의 언약 백성들의 사정은 아주 달랐다. 그동안 많은 이들이 이런 사실에 놀라워했다. 그러나 그래서는 안 된다. 하나님은 이스라엘을 향해 "내가 땅의 모든 족속 가운데 너희만을 알았나니"(암 3:2)라고 말씀하셨다. 그렇다, 그리고 구약성경의 독자들은 대개 그 말씀을 잘 인식하고 있다. 그러나 그들은 바로 그 구절 다음에 나오는 말씀을 놓치고 있다. "그러므로 내가 너희 모든 죄악을 너희에게 보응하리라." 아, 성경은 "내가 땅의 모든 족속 가운데 너희만을 알았나니 그러므로 내가 너희 보는 죄악을 눈감아 주고, 너희의 잘못을 용서해 주고, 너희의 범죄 행위를 묵과하리라"고 말씀하지 않는다. 아니다, 결코 아니다. 그것과는 거리가 멀다. 하나님은 이스라엘에게 자신을 계시하셨다. "하나님은 유다에 알려지셨으며 그의 이름이 이스라엘에 알려지셨도다"(시 76:1). 그러므로 그분은 그들의 마음과 눈앞에 자신의 형언할 수 없는 거룩하심과 불변하는 정의를 분명하게 보여 주신 셈이다. 따라서 그들이 나태하고 풀어져서 하나님의 권위를 업신여기고 부주의하고 뻔뻔하게 그분의 법을 깨뜨릴 때, 그분은 자신이 죄를 얼마나 미워하시는지 그리고 특히 무엇보다도 자신과 가장 가까이 있는 자들의 죄를 얼마나 혐오하시는지 분명하게 드러내심으로써 자신의 영광을 회복하실 것이다(겔 9:6)!

바로 그것이 이스라엘의 또다른 선지자가 세상의 언약에 비추어 여호와의 신부(新婦)라는 신분을 갖고 있던 자들을 향해 "[너희의] 모든 죄로 말미암아 여호와의 손에서 벌을 배나 받았느니라"(사 40:2)라고 선언했던 이유다. 이것이 놀랄 만큼 이상하게 느껴지는가? 그러나 어째서 그런가? 하나님을 고백하는 자들의 죄는 그런 고백을 하지 않는 자들의 죄보다 두 배나 가증스러운 것 아닌가? 이스라엘의 죄와 참되신 하나님에 대한 지식을 갖고 있지 않은 이방 나라들의 죄가 어떻게 비교될 수 있는가? 전자의 죄는 빛과 맞서는 죄, 하늘로부터 온 명백하게 문서화된 계시에 맞서는 죄, 그들을 향한 하나님의 선하고 놀랍고 풍성한 은혜와 맞서는 죄다. 그러므로 거룩하고 의로우신 하나님은 그들을 가장 엄격한 본보기로 삼으신다. 핵심을 놓치지 말라. 하나님은 자신의 거룩하심을 (겉으로나마) 자신과 가장 가까이 있는 자들을 통해서(by) 나타내시든 아니면 그들 위에(upon) 나타내시든 하실 것이다(레 10:3).

그러므로 아모스 3장 2절은 하나님이 기독교계를 다루시는 방식에 대한 예언이 된다. 이스라엘과 이방 나라들 사이에 존재하던 큰 차이는 오늘날 기독교계와 이교 세계의 차이에서 그 유사성을 찾을 수 있다. 이런 비교에는 다음과 같은 아주 엄중한 추가적인 성찰이 필요하다. 즉 그것은 증대된 특권에는 필연적으로 증대된 책임이 따른다는 것이다. 오늘 우리의 기독교 시대는 주 예수 그리스도로 인해 이스라엘이 구약 시대에 가졌던 것보다 훨씬 더 고상하고 웅장한 하나님에 관한 계시를 갖고 있다. 그러므로 만약 열등한 계시하에 있던 이스라엘이 하나님을 업신여긴 것이 그들이 옛 언약하에서 누리던 일시적 안녕에 무서운 결과를 초래했다면, 새 언약하에서 가장 고상한 계시를 받은 자들이 하나님을 업신여기는 것은 어떤 결과를 초래하겠는가? "너희는 삼가 말씀하신 이를 거역하지 말라 땅에서 경고하신 이를 거역한 그들이 피하지 못하였거든 하물며 하늘로부터 경고하신 이를 배반하는 우리일까보냐"(히 12:25).

하나님의 변함없는 통치 원리

그러나 이상에서 말한 것이 다윗의 삶과 무슨 상관이 있는가? 아주 많은 상관이 있다. 하나님은 겉으로나마 자신과 가까웠던 나라를 다루시는 것과 동일한 원칙 위에서 자신과 영적으로 가까운 성도들 개인을 다루신다. 그러므로 다윗은 그가 자신의 행위를 통해 뿌렸던 것을 그가 처한 환경 속에서 거둬들여야 했다. 우리가 앞의 두 장에서 살펴보았듯이, 하나님은 이새의 아들에게 놀라운 은혜를 베푸셨고, 그가 회개하고 하나님과의 관계를 올바로 설정한 후에는 아주 분명하게 그의 편에 서셨고 결국 그를 교제의 장소인 헤브론으로 돌아가게 하셨다. 그렇게 해서 다윗은 하나님께서 그를 향해 "보라 네가 나았으니 더 심한 것이 생기지 않게 다시는 죄를 범하지 말라"(요 5:14)고 말씀하시는 상태에 이르게 되었다.

그렇다면 우리가 다음과 같이 물을 수 있을까? "그러나 그것이 우리와 무슨 상관이 있는가? 우리는 지금 '은혜의 세대' [Dispensation of Grace]에 살고 있고, 하나님은 지금 우리를—집단적으로는 국가로서, 개별적으로는 성도로서—그분이 구약 시대에 하셨던 것과는 아주 다른 방식으로 다루고 계시다." 이것은 아주 큰 오류다. 번쩍거리기는 하지만 끔찍한 오류다. 확실히 그것은 번쩍거린다. 로마서 15장 4절은 "무엇이든지 전에 기록된 바는 우리의 교훈을 위하여 기록된 것이니"라고 분명하게 말씀한다. 그러나 만약 지금 하나님이 과거와는 아주 다른 원리를 따라 행동하고 계시다면, 우리가 과거에 그분이 자기 백성을 다루셨던 방식으로부터 무언가를 배우는 게 가능할까? 아마도 불가능할 것이다. 사실, 그런 경우라면, 우리는 혼란에 빠지지 않기 위해 구약성경을 덜 읽는 편이 좋을 것이다. 아, 독자들이여, 우리는 신약성경에서도 "하나님의 집에서 심판을 시작할 때가 되었나니"(벧전 4:17)라는 말씀을 읽는다. 그리스도인들 역시 "스스로 속이지 말라 하나님은 업신여김을 받지 아니하시나니 사람이 무엇으로 심든지 그대로 거두리라"(갈 6:7)는 경고를 받고 있다. 그러므로 세대주의자들의 가르침은 무섭다. 왜냐하면 그런 가르침은 불변하시는 하나님이 그분의 통치의 원리를 바꾸신다고 주장하기 때문이다.

윗 문단에서 지적된 내용은 구약성경에서 만날 수 있는 여러 가지 이야기들을 설명하고 하나님이 집단적으로는 이스라엘을 그리고 개별적으로는 그 나라의 탁월한 사람들을 다루셨던 방식에 빛을 비춰주는 흥미롭고 교훈적인 역사적 정보의 한 토막에 불과한 것이 아니라 오늘의 그리스도인들에게도 아주 중요하다. "의와 공평이 그의 보좌의 기초"(시 97:2)다. 그리고 우리의 세상의 일들은 하나님이 과거에 그분의 백성들의 일을 결정하셨던 것과 동일한 도덕적 통치의 원리를 따라 결정된다. 만약 하나님의 특별한 은혜가 죄를 제어하지 못한다면, 그 은혜는 우리를 하나님의 징계로부터 면제시켜 주지도 못할 것이다. 우리가 하나님의 특권을 즐길수록, 우리가 신앙 고백과 은혜를 얻는 일에서 하나님과 가까이 있을수록, 그분은 우리의 불일치를 그만큼 빨리 알아채실 것이고, 따라서 우리의 죄를 보다 가혹하게 다루실 것이다.

"모세의 법을 폐한 자도 두세 증인으로 말미암아 불쌍히 여김을 받지 못하고 죽었거든 하물며 하나님의 아들을 짓밟고 자기를 거룩하게 한 언약의 피를 부정한 것으로 여기고 은혜의 성령을 욕되게 하는 자가 당연히 받을 형벌은 얼마나 더 무겁겠느냐 너희는 생각하라"(히 10:28-29). 이것은 내가 그동안 자세히 설명하고 예증하고자 해왔던 일반적인 원리에 대한 진술이다. 물론 이 특별한 구절에서 그 원리는 배교자들에게 적용된다. 그러나 이 구절은 또한 큰 특권에는 큰 의무가 뒤따르며, 그런 의무를 무시할 때 보다 큰 죄책이 뒤따른다는 사실을 아주 분명하게 보여 준다. 동일한 원리가, 비록 그로 인한 결과는 다르지만, 그리스도인의 죄와 비그리스도인의 죄에 대한 비교에서도 적용된다. 전자의 죄는 후자의 그것보다 더 가증스럽다. 어째서 그런가? 그것은 하나님은 아무런 신앙 고백을 하지 않는 자들이 지은 죄보다 그분의 이름을 고백하는 자들이 지은 죄로 인해 훨씬 더 모욕을 당하시기 때문이다.

동일한 원리가 서로 다른 삶의 단계에 있는 그리스도인 개인에게도 해당된다. 하나님이 누군가에게 더 많은 빛을 주실수록, 그분은 그에게 더 실제적인 경건을 요구하신다. 그가 더 많은 은혜를 받고 더 큰 특권을 즐길수록, 그는 더 많은 열매를 맺어야 할 책임을 갖는다. 그런 사람이 지은 죄 역시 상대적으로 가벼운 징계를 받을 수도 있다. 그러나 그런 죄를 반복할 경우 그는 자기가 보다 무거운 징계를 받으리라고 예상해야 한다. 마찬가지로 하나님은 그분의 엇나가는 자녀들 중 하나를 오래 참으실 수 있다. 그리고 그 엇나간 자는, 비록 회복의 길이 험난할지라도, 여전히 "나는 더 심한 대우를 받아 마땅하다"라고 외쳐야 한다. 그러나 만약 그가 회복되어 하나님과 교제하는 자리에 이른 후 다시 그분을 떠난다면, 그때 그는 전보다 훨씬 더 나쁜 결과를 맞게 될 것이다.

용서의 이유

"그러나 사유하심이 주께 있음은 주를 경외하게 하심이니이다" (시 130:4). 그렇다, 하나님이 우리를 용서하시는 것은 우리가 그분을 "조롱하게" 하거나 확신을 갖고서 마음껏 자신의 욕망을 추구하게 하시기 위함이 아니라, 우리가 그분을 "경외하게" 하시기 위함이다. 진정으로 하나님의 자비하심을 깨달을 때 우리는 더 담대하게 죄를 지을 것이 아니라, 오히려 죄를 깊이 혐오하고 멀리하기 위해 분투해야 한다. 우리를 향한 하나님의 넘치는 은혜를 영적으로 깨달을 때 우리는 그런 은혜를 이유로 무수의해질 것이 아니라, 그토록 친절하고 선하신 분을 불쾌하게 해드리지 않기 위해서 좀더 조심스러워져야 한다. 그리스도인이 그분을 슬프게 하지 않기 위해 조심하라는 권고를 받는 까닭은 그가 구속의 날까지 성령에 의해 인치심을 받았기 때문이다(엡 4:30). 참으로 우리가 우리를 향한 하나님의 놀라운 사랑의 무한히 크심을 인식할수록, 우리는 더욱 더 "내가 어찌 그분을 향해 이 큰 죄악을 지을 수 있겠는가!" 하고 외쳐야 한다.

"그러나 사유하심이 주께 있음은 주를 경외하게 하심이니이다." 그렇다, 다시 말하지만, "조롱하게"가 아니라 "경외하게"다. 하나님이 신앙을 잃었다가 용서받고 은혜를 통해 다시 자신과의 교제를 회복한 자들에게 주시는 말씀은 다음과 같다. "다시 어리석은 데로 돌아가지 말지로다"(시 85:8). 즉 냉담하게 되어 옛날 방식으로 되돌아가거나, 하나님의 자비를 악용하거나, 그분의 은혜를 음탕한 것으로 변질시키지 않기 위해 간절히 기도하고 단호하게 노력하라는 것이다. 우리는 질투하시는 하나님을 섬기고 있다. 따라서 우리는 죄를 짓지 않기 위해 끊임없이 깨어 있어야 한다. 만약 그렇게 하지 않고 우리가 "다시 어리석은 데로 돌아간다면," 그때는 우리의 등짝에 아주 분명하게 보다 무거운 회초리가 떨어질 것이다. 그리고 우리의 내적 평안이 깨질 뿐 아니라, 우리의 외적 환경 역시 우리를 괴롭히게 될 것이다.

이 원리는 여호와께서 그 옛날 이스라엘 백성들에게 행하신 위협을 통해 아주 분명하게 진술되고 있다. "이런 일을 당하여도 너희가 내게로 돌아오지 아니하고 내게 대항할진대 나 곧 나도 너희에게 대항하여 너희 죄로 말미암아 너희를 칠 배나 더 치리라"(레 26:23-24). 만약 하나님의 불쾌한 심기를 보여 주는 분명한 증거들이 우리를 그분의 전능하신 손길 아래에 무릎 꿇게 하거나 우리의 길을 돌이키게 하지 못한다면, 또 그분의 보다 유순한 심판이 우리를 그런 길로 이끌지 못한다면, 분명히 그분은 우리에게 보다 고통스러운 심판을 내리실 것이다. 에스라는 이 원리를 잘 알고 있었다. 그는 바벨론으로부터 돌아온 남은 자들을 향해 다음과 같이 말했다. "우리의 악한 행실과 큰 죄로 말미암아 이 모든 일을 당하였사오나 우리 하나님이 우리 죄악보다 형벌을 가볍게 하시고 이만큼 백성을 남겨 주셨사오니 우리가 어찌 다시 주의 계명을 거역하고 이 가증한 백성들과 통혼하오리이까 그리하면 주께서 어찌 우리를 멸하시고 남아 피할 자가 없도록 진노하시지 아니하시리이까"(스 9:13-14). 그러므로 우리는 하나님을 조롱하지 않도록 조심하자. 특히 그분이 우리를 일시적인 방황으로부터 회복시켜 주셨을 때 그렇게 하자.

은혜의 조건

여기에서 나는 사무엘하 2장 9-32절의 내용(이스라엘과 유다의 소규모 전투에 관한 이야기 - 역주)을 상세히 살피는 일은 삼가려고 한다. 대신 나는 그 내용이 그것에 이어지는 내용을 이해하는 데 아주 유용하다는 점만을 밝혀 두고자 한다. 그 구절들은 서로 경쟁하는 당파들 사이의 충돌에 관해 기록하고 있다. 도전장을 던진 것은 사울의 아들 이스보셋을 추종하는 자들의 사령관이던 아브넬이었다(12절). 그리고 다윗 군대를 이끌던 요압이 그 도전을 받아들였다(13절). 어느 쪽도 그들의 군대 전체를 전장으로 이끌어가지 않았고, 그 전투에서 죽은 자도 소수에 불과했다(30절). 도전장을 내밀었던 아브넬의 사람들이 패주했고, 그날이 다 가기 전에 그들의 대장은 화의(和議)를 청했다(26절). 다윗이 사울 집안과의 싸움을 원치 않고 그들과의 화해를 바라고 있음을 아는 요압은 싸움의 중지를 명령했다(28절). 그리고 양 편은 각자의 진영으로 돌아갔다(29-32절).

    이제 내가 이 장에 "시험"이라는 제목을 붙인 이유에 대해 한마디 하고 끝내기로 하자. 지금 다윗은 하나님과의 "교제" 혹은 "친교"를 의미하는 지역인 헤브론에 있다. 유다 사람들은 그를 자기들의 왕으로 삼았다(삼하 2:4). 이것은 그가 온 이스라엘의 왕이 되리라는 약속을 향한 큰 걸음이기는 했으나 어떤 의미로도 그 약속의 완성은 아니었다. 다윗은 죽은 사울을 따랐던 길르앗 야베스 사람들에게 친절한 말을 전하며(5-6절), 이제 그들이 자신에게 충성을 보일 것을 소망한다는 의견을 표명했다(7절). 그렇다면 여호와께서는 그와 경쟁하는 무리들의 마음을 그에게 돌리심으로써 계속해서 그를 위해 강력하게 역사하실 것인가? 다윗에게 그것이 필요한 것은 분명했다(7-10절). 그리고 하나님이 그들 사이의 불화를 치유하시고 다윗이 모든 사람들에게 호의를 얻게 하시는 것은 쉬운 일이었다. 그런데 과연 그분이 그렇게 하실 것인가? 다윗의 현재의 행동은 그런 은혜를 얼마나 정당화할 수 있을까? 왜냐하면 하나님은 죄에 대해 상을 내리지는 않으실 것이기 때문이다. 다윗은 지금 시험에 처해 있다. 그가 이 시험에서 어떻게 처신했는지에 대해서는 다음 장에서 다루기로 하자.

32

도덕적 실패

사무엘하 3-4장

앞 장에서 나는 앞으로 많은 것이 다윗의 처신에 따라 결정될 것이라고 말했다. 다윗의 삶에 아주 심각한 위기가 찾아왔다. 그가 헤브론에서 보낸 시간은 그의 삶의 분기점이었다. 어느 면에서 그 시간은 그가 거부당했던 시기였다. 이스라엘 백성 대다수는 아직도 사울에게 집착하면서 계속해서 그를 괴롭히고 있었기 때문이다. 그러나 다른 한편으로 그 시간은 다윗이 그 나라를 통치했던 고양(高揚)의 시기라고도 할 수 있다. 그동안 나는 다윗의 삶의 초창기에 벌어졌던 여러 가지 사건들에 대해 생각하면서 그 사건들 사이의 도덕적 연관성을 지적하고자 했다. 즉 다윗이 행한 특별한 행동과 그로 인해 하나님이 통치적 행위를 통해 조성하셨던 여러 가지 환경들 사이의 인과관계를 추적하고자 했다. 나는 하나님의 도우심에 의지해 다윗의 생애의 두 번째 시기의 상세한 내용들 역시 비슷한 절차를 따라 다룰 작정이다.

우리는 이 책의 제20장에서 다윗이 두 명의 아내를 취함으로써 어떻게 여호와를 불쾌하게 해드렸는지 살펴보았다. 제22장에서는 한 가지 죄가 어떻게 또 다른 죄로 이어지는지에 주목했고, 제24장에서는 그로 인한 하나님의 징계에 대해 살펴보았다. 제26장에서는 다윗이 하나님과 올바른 관계를 설정하고 여호와 안에서 용기를 얻었던 것에 대해 살펴보았고, 제27-28장에서는 그로 인해 어떤 복된 결과들이 발생했는지 추적해 보았다. 그 복된 결과는, 하나님이 그를 헤브론으로 인도하시는 것을 통해 드러나듯이, 그와 여호와 사이의 온전한 교제의 회복으로 이어졌다. 헤브론에서 다윗은 자기 족속의 사람들의 환영을 받으며 "은총의 표적"(시 86:17)을 얻었다. 그들은 "다윗에게 기름을 부어 유다 족속의 왕으로 삼았다"(삼하 2:4). 참으로 이것은 만약 그의 처신이 계속해서 여호와를 기쁘게 해드린다면, 그분께서 "그 사람의 원수라도 그와 더불어 화목하게"(잠 16:7) 해주시리라는 희망적인 암시였다. 그러나 다른 한편으로 그 "은총의 표적"은, 이후에 벌어질 모든 일들에 비추어 본다면, 보다 엄중한 것이 될 뿐이다.

사무엘하 후반부에는 애처롭고 비극적인 내용들이 많이 나온다. 다윗만큼 고통스럽게 정치적·가정적 시련을 겪은 사람은 거의 없다. 그는 자기 나라 안에서 정치적 반역자들로 인해 여러 가지 문제를 겪어야 했다. 그러나 그에게 더 고통스러웠던 것은 자신의 가족들로 인해 큰 슬픔을 경험해야 했던 것이다. 그가 사랑했던 아내는 그에게 등을 돌렸고(삼하 6:20-22). 그의 딸 다말은 배다른 오빠에게 강간을 당했고(13:14), 그의 아들 암논은 살해당했고(13:28-29), 그가 사랑했던 아들 압살롬은 아버지의 나라를 탈취하려고 했다가 살해되었다(18:14). 그가 죽기 직전에는 그의 또다른 아들인 아도니야가 왕권 탈취를 시도하다가(왕상 1:5) 역시 살해되고 말았다(왕상 2:24-25). 만약 우리가 여호와께서 고의로 우리를 괴롭히시는 것이 아니라(애 3:33) 우리의 죄로 인해 고통이 야기되는 것이라고 가정한다면, 우리는 다윗이 겪어야 했던 그토록 고통스러운 가족사를 어떻게 설명해야 하는가?

혹시 성령께서 우리에게 다윗이 그의 생애 후반에 겪어야 했던 괴로운 시련들의 이유를 설명해 주시거나 사무엘하 후반부에 기록된 내용을 조명해 줄 만한 자료들을 제공해 주시기 원하셨다면, 우리는 그런 설명과 자료들을 다른 데서가 아니라 사무엘서의 앞 장들에서 찾아보아야 할 것이다. 이것은 성경의 올바른 이해를 위한 아주 중요한 원리다. 대개 하나님은 문틀 위에 열쇠를 놓아두신다. 그러므로 성경에서는 대개 앞의 장들(종종 첫 번째 구절들)이 그 이후의 장들에 대한 분명한 암시나 예시를 포함하고 있다. 물론, 이런 원리는 경우에 따라 보다 분명하게 드러나기도 하고 덜 드러나기도 한다. 그러나 성경 66권 각각에 관한 한, 그 서론 부분에서 나타나는 주제에 세심하게 관심을 기울일수록, 그 주제의 발전 과정을 따라가기가 더 쉬워진다. 여기 사무엘하의 경우도 마찬가지다.

당파간의 분쟁

"사울의 집과 다윗의 집 사이에 전쟁이 오래매 다윗은 점점 강하여 가고 사울의 집은 점점 약하여 가니라"(삼하 3:1). 우리가 앞 장 말미에서 언급했던 싸움은, 비록 다윗에게 아주 유리하게 전개되었지만, 그와 이스보셋 사이의 전쟁을 끝내지 못했다. 사울이 더이상 존재하지 않았음에도 그의 아들과 백성들은 다윗의 통치를 순순히 받아들이려 하지 않았다. 그들은 그후로도 5년 동안이나 계속해서 다윗과 맞섰고, 이스보셋의 사람들과 다윗의 충직한 백성들 사이에서는 여러 차례 소규모 전투가 벌어졌다. 다윗은 이스보셋의 사람들에게 거친 방법을 쓰는 것을 좋아하지 않았다. 어쩌면 그의 이런 관대함과 온유함이 약함이나 두려움으로 오해될 수 있었고, 그로 인해 그의 적들이 그를 타도하기 위해 계속해서 애를 쓸 빌미를 제공했을지도 모른다. 그러나 그들은 점차 약해져갔고, 마침내 이스보셋은 다윗과 동맹을 맺을 마음까지 먹게 되었다.

"사울의 집과 다윗의 집 사이에 전쟁이 오래매 다윗은 점점 강하여 가고 사울의 집은 점점 약하여 가니라." 이 구절의 내용은 그리스도인들의 마음에서 일어나는 갈등에 대한 예표로 간주될 수 있다. 유다의 왕으로 높아진 다윗은 아담의 타락 때문에 진창에 빠졌다가 건짐을 받아 영원한 바위 위에 발을 올려놓은 하나님의 백성들 중 하나로 간주될 수 있다. 사무엘상 2장 8절은 다음과 같이 선언한다. "가난한 자를 진토에서 일으키시며 빈궁한 자를 거름더미에서 올리사 귀족들과 함께 앉게 하시며 영광의 자리를 차지하게 하시는도다." 그러나 그렇다면 이제부터는 평안과 기쁨만 계속될 것인가? 전혀 그렇지 않다. 내적 타락이라는 것이 존재하며, 그것은 거듭남과 더불어 주어진 은혜의 원리를 계속해서 공격한다. "육체의 소욕은 성령을 거스르고 성령은 육체를 거스르나니"(갈 5:17). 그로 인한 결과는 무엇인가? 육체가 승리하는가? 아니다, 그것은 성령을 괴롭힐 수 있고, 소규모 싸움에서 승리를 거둘 수도 있다. 그러나 점차 육체는 약해지고, 성령이 힘을 얻는다. 그러다가 결국 죄가 완전히 파멸한다.

"사울의 집과 다윗의 집 사이에 전쟁이 오래매." 그렇게 해서 이스라엘 왕국은 내전으로 인해 분열되었다. 다윗이 옳았음에도 그런 상태가 오랫동안 지속되었던 것은 주석가들에게 곤란한 문제를 제기해 왔다. 개인적으로 나는 이 구절이 다윗이 "하나님의 최선(God's best)을 놓치고 있음"을 보여 주는 암시라고 여긴다. 이것은 요즘 내가 자주 사용하는 표현인데, 여기에서 그것에 대해 상술하는 것은 적절하지 않을 것이다. 다만 그것이 어떤 식으로든 하나님의 계획이 우리에 의해 훼방 받는다는 의미가 아니라는 것만은 지적해 두고자 한다. 그것은 정말 아니다. 보잘것없는 인간이 전능하신 분의 계획을 뒤엎기보다는 태양이 빛을 비추지 못하게 하거나 파도가 넘실거리지 못하게 하는 편이 쉬울 것이다. "오직 우리 하나님은 하늘에 계셔서 원하시는 모든 것을 행하셨나이다"(시 115:3).

조건적 약속

하나님의 약속과 그분의 영원한 명령 사이에는 큰 차이가 있다. 하나님의 약속들 중 많은 것이 조건적인 반면, 그분의 명령은 변할 수 없으며 그것의 성취를 위해 그분의 전능하심 외에는 아무데도 의존하지 않는다. 성경에 기록된 하나님의 약속들 중 많은 것이 "조건적"(conditional)이라는 말은 그것들이 불확실하거나 믿을 만하지 않다는 의미가 아니다. 전혀 그렇지 않다. 내 말의 뜻은, 그 약속들은 우리가 어떤 행동 과정을 따를 경우 하나님이 틀림없이 행하시거나 주실 것에 대한 절대 확실한 선언이라는 것이다. 이것은 성경에 기록된 하나님의 위협이 만약 우리가 어떤 행동 과정을 따른다면 그분께서 행하실 일에 대한 선언인 것과 마찬가지다. 예를 들어, 하나님은 다음과 같이 선언하신 바 있다. "나를 존중히 여기는 자를 내가 존중히 여기고"(삼상 2:30a). 그러나 만약 우리가 하나님을 존중히 여기지 않고 그분이 옳은 방법으로 간절히 은혜를 추구하는 자들에게 기꺼이 제공하고자 하시는 은혜를 얻지 못한다면, 그때는 사정이 어찌되겠는가? 동일한 구절은 다음과 같이 말씀한다. "나를 멸시하는 자를 내가 경멸하리라"(30b절).

여호수아 1장 8절에 나오는 선언을 예로 들어 보자. "이 율법책을 네 입에서 떠나지 말게 하며 주야로 그것을 묵상하여 그 안에 기록된 대로 다 지켜 행하라 그리하면 네 길이 평탄하게 될 것이며 네가 형통하리라"(수 1:8). 첫째, 이 구절이 우리의 영원한 운명과는 아무 상관이 없음을 지적해 두자. 이것은 성도의 현재의 삶과 관련되어 있을 뿐이다. 이 구절 속에서 하나님은 우리에게 만약 우리가 모든 일에서 그분의 말씀을 우선시하고 그 말씀의 가르침을 따라 우리의 내적·외적 삶을 다스린다면, 그분이 우리의 길을 평탄케 하실 것이고, 그로 인해 우리가 형통케 되리라고 말씀하신다. 이것은 우리가 백만장자가 될 것이라는 의미가 아니라, 우리가 하나님의 말씀의 법을 따를 때 우리의 동료들 대부분이 좌초하는 바위들을 피해갈 것이며, 우리의 삶의 모든 다양한 측면과 관계들 속에 하나님의 은혜가 임하리라는 뜻이다. 즉 지극히 현명한 주권자이신 하나님이 자신의 영광과 우리의 최고선을 위한 형통의 종류와 방법 모두를 결정하시리라는 것이다.

여호수아 1장 8절에 나타나는 원리들은 옛 언약하에서 살았던 사람들에게만 적용되는 게 아니다. 하나님의 통치 방식이 모든 세대에 동일하게 남아 있는 한, 그 원리는 모든 세대에 효력이 있다. "여호와께서 … 정직하게 행하는 자에게 좋은 것을 아끼지 아니하실 것이다"(시 84:11)라는 말씀은 인간 역사의 초기부터 진실이었고, 역사의 마지막 때까지 그러할 것이다. 한편, 하나님의 말씀에 순종하지 않고 자신이 고안한 수단을 따르며 육신의 정욕에 굴복하는 자들은 역경을 당할 것이고 하나님의 징계의 채찍을 맞으리라는 것 역시 동일하게 진리다. 그것에 관해 성경은 다음과 같이 말씀한다. "너희 죄가 너희로부터 좋은 것을 막았느니라"(렘 5:25). 다시 말해, 그들은 "하나님의 최선"을 놓친 것이다. 이것은 그들이 하나님이 영원 전부터 그들의 것으로 정해 놓으신 은혜를 얻지 못한다는 뜻이 아니라, 그들이 하나님의 말씀이 순종의 삶을 사는 자들의 현재의 분깃이 되리라고 약속하고 있는 좋은 것을 얻지 못한다는 뜻이다.

"나의 백성 이스라엘이 내 말을 듣기만 했어도, 내가 가라는 길로 가기만 했어도, 나는 당장 그들의 원수를 굴복시키고, 내가 손을 들어서 그 대적을 쳤을 것이다. 나를 미워하는 자들은 내 앞에 무릎을 꿇렸을 것이며, 그들의 형벌은 영원히 계속되었을 것이다. 그리고 나는 기름진 밀 곡식으로 너희를 먹였을 것이고, 바위에서 따 낸 꿀로 너희를 배부르게 하였을 것이다. 그러나 너희는 내 말을 듣지 않았다!"(시 81:13-16, 표준새번역). 이보다 더 분명한 말씀이 있겠는가! 이 구절은 하나님의 영원한 계획에 대한 말씀이 아니라, 이 세상을 살아가는 사람들에 대한 그분의 통치적 대응에 관한 말씀이다.

위의 구절을 이해하는 핵심은 그 말씀의 맥락 속에서 발견된다. "내 백성은 내 말을 듣지 않고, 이스라엘은 내 뜻을 따르지 않았다. 그래서 나는 그들의 고집대로 버려 두고, 그들이 원하는 대로 가게 하였다"(11-12, 표준새번역). 이스라엘 백성은 여호와의 계시된 뜻-그분의 영원한 계획이 아니라-에 어긋나게 행동했다. 그들은 하나님의 말씀을 통해 명령된 법에 굴복하지 않고, 오히려 자기들의 뜻을 따라 이런저런 변명을 하면서 자기들이 원하는 길을 걸어가기로 결심했다. 그 결과 그들은 이 세상에서 그들을 위한 하나님의 최선을 놓치고 말았다. 하나님은 그들의 적들을 진압하시는 대신 그들이 이스라엘 백성을 정복하도록 허락하셨다. 그분은 이스라엘에게 풍성한 수확을 허락하시는 대신 그들에게 기근을 보내셨다. 그분은 그들에게 자신의 마음에 맞는 목자들을 보내시는 대신 거짓 선지자들이 그들을 속이도록 허락하셨다.

우리는 구약성경과 신약성경 모두에서 동일한 진리를 제시하는 더 많은 구절들-그것들은 만약 우리가 성경의 명령과 엇나가는 삶을 살아간다면, 그로 인해 우리가 이 세상에서 사는 동안 영혼과 육체 그리고 재산과 환경 모두에 있어서 말씀이 그것에 순종하는 자들에게 약속하는 영적인 축복과 세상적인 축복을 얻지 못하게 되리라고 경고한다-을 인용할 수 있을 것이다. 이것은 옛 경륜하에서 그랬던 것처럼 오늘날에도 진리다. 이것은 여러 가지 문제들을 위한 열쇠를 제공하며, 하나님이 우리를 다스리시는 일과 관련해 많은 것들을 설명해 준다. 또 이것은 분명히 다윗의 삶을 이해하기 위한 열쇠를 제공해 주며, 어째서 그와 그의 가족에게 하나님의 징계의 회초리가 그토록 무겁게 내렸는지 설명해 준다. 이상에서 언급한 내용을 신중하게 유념하면서 이후의 구절들을 읽어보라. 그러면 우리가 사무엘하 마지막 부분까지 기록되어 있는 내용에 대해 놀라지 말아야 할 분명한 이유를 찾을 수 있을 것이다.

육신의 정욕

"다윗이 헤브론에서 아들들을 낳았으되 맏아들은 암논이라 이스르엘 여인 아히노암의 소생이요 둘째는 길르압이라 갈멜 사람 나발의 아내였던 아비가일의 소생이요 셋째는 압살롬이라 그술 왕 달매의 딸 마아가의 아들이요 넷째는 아도니야라 학깃의 아들이요 다섯째는 스바댜라 아비달의 아들이요 여섯째는 이드르암이라 다윗의 아내 에글라의 소생이니 이들은 다윗이 헤브론에서 낳은 자들이더라"(삼하 3:2-5). 앞 장과 이 장에서 논의된 모든 것을 감안한다면, 내가 여기에서 이 불쾌한 구절들에 대해 상세하게 설명하는 것은 불필요해 보인다. 여기에서 우리는 다윗이 육신의 정욕(情慾)에 굴복해 일부다처 행위를 하고 있음을 발견한다. 그리고 훗날 그는 자신이 육신을 위해 자신의 가족 안에 뿌린 것을 그 가족 안에서 거뒀다. 위에 언급된 그의 아들 중 셋이 살해되었다!

일부다처 행위는 여기에서 다루기에는 너무 큰 주제다. 따라서 나는 여기에서 그 문제를 다른 족장들의 삶과 관련해서처럼 길게 논의할 생각이 없다. 하나님이 처음에 한 남자와 한 여자만 창조하셨던 것은 처음부터 일부일처가 하나님이 인간에게 주신 명령이었음을 보여 준다(마 19:4-5). 우리가 성경에서 읽는 바 한 명 이상의 아내를 두었던 첫 번째 사람은 가인의 악한 계열에 속한 라멕(창 4:19)이었다. 그리고 모세는, 비록 이스라엘 백성의 완악한 마음 때문에 이혼에 관한 성문법을 제공하기는 했으나(마 19:8), 여러 명의 아내를 두는 것을 인정한 적이 없었다. 오직 한 명의 아내만 두어야 한다는 제한은 잠언 5장 18절과 18장 22절 같은 말씀을 통해 분명하게 제기되고 있다.

"반드시 네 하나님 여호와께서 택하신 자를 네 위에 왕으로 세울 것이며 네 위에 왕을 세우려면 네 형제 중에서 한 사람을 할 것이요 네 형제 아닌 타국인을 네 위에 세우지 말 것이며 그는 병마를 많이 두지 말 것이요 병마를 많이 얻으려고 그 백성을 애굽으로 돌아가게 하지 말 것이니 이는 여호와께서 너희에게 이르시기를 너희가 이 후에는 그 길로 다시 돌아가지 말 것이라 하셨음이며 그에게 아내를 많이 두어 그의 마음이 미혹되게 하지 말 것이며 자기를 위하여 은금을 많이 쌓지 말 것이니라"(신 17:15-17). 이 구절 속에는 이스라엘의 왕들이 순종해야 할, 또한 그로 인해 백성들 앞에 절제와 결혼 생활의 정절의 예로서 제시되어야 할 분명하고도 특별한 법이 들어 있다. 그리고 다윗은 이 법을 철저하게 무시했다. 그는 "유다 족속의 왕으로"(삼하 2:4) 즉위하자마자 아내들을 늘리기 시작했던 것이다(3:2-5). 그뿐 아니라 다윗은 아브넬이 자기와 동맹을 맺고자 했을 때 그에게 자신의 첫 번째 아내 미갈—그녀는 이미 다른 남자에게 주어진 상태였다(삼상 25:44)—을 자기에게 데려오는 것을 동맹의 조건으로 내세웠다(삼하 3:13). 이것은 신명기 24장 1-4절에 실려 있는 법에 대한 공개적인 위반이었다.

얼마 후에 우리는 다음과 같은 말씀을 읽게 된다. "다윗이 헤브론에서 올라온 후에 예루살렘에서 처첩들을 더 두었으므로"(삼하 5:13). 바로 그것이 다윗을 에워싸고 있는 죄, 즉 그가 거리낌없이 굴복했던 죄였다. 그러니 그의 아들 솔로몬이 그의 발자취를 따랐던 것은 놀랄 일도 아니다! 그리고 거룩하신 하나님은 악, 특히 자기 백성들 위해 지도자로 세우신 사람들의 악을 관용하지 않으신다. 대체로 다윗의 삶이 하나님을 기쁘게 해드렸던 것은 사실이며 그 안에서 영적인 탁월함이 발견되는 것도 사실이다. 그럼에도 그에게는 이런 안타까운 약함이 있었다. 그가 그 악에 굴복한 것은 그에게 오랫동안 극심한 징계를 초래했다. 그리고 성경이 이런 내용—죄의 씨 뿌림과 그로 인한 수확—을 기록하고 있는 것은 우리에게 교훈과 경고가 되게 하기 위함이다. 그러므로, 독자들이여, 당신이 불신앙에서 회복되어 다시 하나님과 교제할 때라도, 당신의 안전은 매일 그분을 향해 "나를 붙드소서 그리하시면 내가 구원을 얻으리이다"(시 119:117) 하고 간절히 부르짖는 것에 달려 있음을 깨달으라.

—제2권으로 계속됨

다윗의 생애 ❶

지은이 | 아더 핑크
옮긴이 | 김광남
펴낸이 | 윤순식

초판 발행 | 2009년 1월 20일
펴낸곳 | 뉴라이프
등록번호 | 제396-2007-000150호
등록일 | 2008년 1월 22일
주소 | 경기도 고양시 일산구 장항동 573-28
전화 | 031-906-0011 팩스 | 031-905-0288
이메일 | cwpub@hanmail.net

값 18,000원
ISBN 978-89-960743-3-5

본서의 한국어판 저작권은 뉴라이프에 있습니다.
저작권법에 의해 한국 내에서 보호를 받는 저작물이므로
무단 전재와 복제를 금합니다.